W0057976

BASTEI
LÜBBE
TASCHENBUCH

Über den Autor:

Dieter Breuers, geboren 1935, studierte Geschichte, Germa-
nistik und Amerikanistik in Köln und Berlin. Der aus Düsseldorf stammende Journalist war viele Jahre Chefredakteur der
Kölnischen Rundschau / Bonner Rundschau. In seinen Büchern
beschreibt er das Mittelalter und die frühe Neuzeit mit pro-
fundem Wissen und journalistischem Blick – leidenschaftlich,
farbenprächtig und lebendig wie kein anderer.

Dieter Breuers

COLONIA IM MITTELALTER

Über das Leben in der Stadt

BASTEI
LÜBBE
TASCHENBUCH

BASTEI LÜBBE TASCHENBUCH
Band 60718

1. Auflage: April 2013

Dieser Titel ist auch als E-Book erschienen

Vollständige Taschenbuchausgabe
der bei Lübbe Hardcover erschienenen Hardcoverausgabe

Copyright © 2013 by Bastei Lübbe GmbH & Co. KG, Köln
Textredaktion: Matthias Michel, Wiesbaden
Registererstellung: Kim Leopold, Geilenkirchen,
und Susanne Hillar, Dillingen/Saar
Umschlaggestaltung: Gisela Kullowatz
Titelbild: akg-images
Satz: Bosbach Kommunikation & Design GmbH, Köln
Gesetzt aus der Weiss
Druck und Verarbeitung: CPI – Ebner & Spiegel, Ulm
Printed in Germany
ISBN 978-3-404-60718-1

Sie finden uns im Internet unter
www.luebbe.de
Bitte beachten Sie auch: www.lesejury.de

Der Preis dieses Bandes versteht sich einschließlich
der gesetzlichen Mehrwertsteuer.

INHALTSVERZEICHNIS

Das Unheil brach aus heiterem Himmel über das Viertel herein. Andreas, der Nagelschmied, erfuhr es als einer der Ersten, als er seinen alten Freund besuchen wollte: Ruben, den 27-jährigen Neffen des Rabbiners, der gerade dabei war, den Müll vor seinem Haus Unter Goldschmied wegzufegen. Ruben starrte ihn fassungslos an, als er die Hiobsnachricht erhielt.

Das Jahr 1095 lag genau 50 Jahre zurück, und obwohl die Menschen noch nicht vergessen hatten, welche Verbrechen die angeblich so christlichen Kreuzfahrer damals im Rheinland angerichtet hatten, so fühlten sich wenigstens die Juden in Köln inzwischen wieder einigermaßen sicher.

Sie waren in den letzten Jahrzehnten von überall her zusammengeströmt, um sich hier niederzulassen: aus Limburg und Lahnstein, aus Bonn und Basel, aus Roermond und Remagen. Ihre Häuser bauten sie mitten in der Kölner Altstadt, direkt neben dem Bürgerhaus, zwischen der Judengasse und der Straße Unter Goldschmied, zwischen Obenmarspforten und der Budengasse, durch die sie wiederum von den Häusern und Palästen des Erzbischofs und dem alten Dom getrennt waren.

Hier wohnt natürlich der Rabbiner, aber beispielsweise auch der Metzger, der die geschlachteten Lämmer und Rinder schächtet, denn schon Moses hatte gepredigt: »Esset das Fleisch nicht mit seinem Blut, in dem sich noch das Leben des Tieres befindet!«

Moses hatte ferner geboten, während des sieben Tage dauernden Passah-Festes, wenn die Juden der Befreiung aus der ägyptischen Gefangenschaft gedenken, auf alle gegorenen Speisen zu verzichten, weil sie unrein sind, und weil vor allem in ungesäuertem Brot der böse Trieb steckt. Folglich muss es im Viertel auch einen Bäcker geben, der dies berücksichtigt.

In der Mitte des Viertels steht natürlich die Synagoge, und direkt neben ihr befindet sich die Mikwe, das jüdische Badehaus, das allerdings nicht der körperlichen Reinigung dient, sondern hauptsächlich von den Frauen benutzt wird, die vor der Heirat, nach der Geburt eines Kindes und allmonatlich nach ihrer Menstruation im dortigen Quellwasser untertauchen, um wieder rein zu werden.

Für diejenigen Gemeindemitglieder, die sich nur waschen wollten, gab es ein anderes, ausschließlich Juden vorbehaltenes Haus, denn gemeinsam mit den christlichen Mitbürgern zu baden war streng verboten.

Gründe genug, ein Haus direkt im Viertel zu erwerben – nur: Vorgeschrieben war das für jüdische Bürger nicht. Gemeindemitgliedern, die sich lieber ein Haus in den umliegenden Gassen kaufen wollten, wurde vonseiten der Stadt kein Stein in den Weg gelegt; allenfalls vom Rabbiner, der streng darauf achtete, dass sich keine jüdische Familie weiter als tausend Schritte von der Synagoge entfernt niederließ. Einen längeren Weg nämlich durfte kein Strenggläubiger am Sabbat zurücklegen.

In einer Hinsicht allerdings drückte er beide Augen ganz fest zu: Wie alle Kölner Bürger hatten auch die Juden zur Verteidigung der Stadt beizutragen. Und wie alle Kölner hatten sie sich auf eigene Kosten Waffen zuzulegen, die im Normalfall daheim aufbewahrt wurden. Tauchte aber ein Feind vor den Toren auf, hatten sie ihren Teil der Stadtmauer zu verteidigen.

Mit Sondererlaubnis des Rabbiners selbst am Sabbat!

So unterschieden sich die Juden bis zu diesem Zeitpunkt kaum von ihren christlichen Nachbarn, weder was ihren Beruf anging noch ihre Kleidung noch ihre Sprache. Sie konnten zunächst jedes beliebige Handwerk ausüben und hießen beileibe nicht nur Abraham oder Isaak, Rebecca oder Ruth, sondern durchaus auch Gottlieb oder Arnold, Jutta oder Himmeltrud. Sie konnten – wenn sie denn wollten – auch zum Christentum übertreten.

Aber das war relativ selten.

Auch bei ihren Festen blieben sie lieber unter sich, am Sabbat natürlich, aber auch wenn eine Beschneidung anstand oder ein junges Paar heiratete. Nach der feierlichen Zeremonie zog sich das Brautpaar übrigens sofort zurück, um die Ehe zu vollziehen und dann mit den Hochzeitsgästen weiterzufeiern. Besonders ausgelassen wird das Purim gefeiert, ein Freudenfest, das an die Errettung des jüdischen Volkes vor den Persern erinnert. Da ist es nicht nur erlaubt, sich fürchterlich zu betrinken.

Es ist geradezu Pflicht.

Bei der Feier ruft man nämlich nicht nur »Verflucht sei Haman!« – das ist jener persische Würdenträger, der alle Juden ausrotten wollte –, sondern auch »Gesegnet sei Mordechai« – das ist der brave Jude, der damals zusammen mit seiner Tochter Ester die Katastrophe verhindert hat. Erst wenn man derart viel getrunken hat, dass man die beiden so unterschiedlichen Namen miteinander verwechselt, darf man das Gelage beenden.

Wenn man sich bis dahin nicht zu Tode gesoffen hat.

Neben Talmudschule, Hospital und Tanzsaal gab es natürlich auch einen Friedhof, der in Köln ebenso wie bei allen anderen jüdischen Gemeinden außerhalb der Mauern lag, und zwar an der Straße nach Bonn, auf dem sogenannten Judenbüchel. Auf ebendieser Straße war an jenem warmen Tag im August des Jahres 1146 ein Bote herangejagt, der dem Nagelschmied vom Pferderücken aus die Schreckensnachricht zugerufen hatte: Es wird einen neuen Kreuzzug ins Heilige Land geben!

Mit allem, was dazugehört!

Papst Eugen III. hatte im Jahr zuvor dazu aufgerufen, ein gewisser Bernhard von Clairvaux, der anscheinend sehr berühmt war, hatte ihn unterstützt, und Peter, der Abt des berühmten französischen Klosters Cluny, hatte dem französischen König geschrieben, es habe wenig Sinn, in die Ferne zu ziehen, um dort gegen die Heiden zu kämpfen, solange daheim noch die lästerlichen und lasterhaften Juden ungestraft Gott und die Sakramente schmähen dürften. Gott wolle zwar nicht, dass man sie töte, aber nur zuschauen, wie sie ihren unredlich ergaunerten Reichtum genießen, das könne ja wohl auch nicht der Wille des Allerhöchsten sein. Also solle man sich ihres Geldes bemächtigen und damit den Kreuzzug finanzieren, anstatt arme Christenmenschen zur Kasse zu bitten.

Nicht nur dem französischen König hatte der Brief gefallen. Ein Zisterziensermönch namens Rudolf war daraufhin aus seinem Kloster geflohen, nach Deutschland gewandert und warb dort für den bevorstehenden Kreuzzug, nicht ohne seine Zuhörer zu ermahnen, sie möchten doch bitte den Glauben zunächst in der Heimat verteidigen – gegen die Juden natürlich.

Wie alle Demagogen fand auch Rudolf rasch Anhänger, und nachdem er schon die Menschen in den umliegenden Ortschaften lange genug aufgehetzt hatte, befand er sich – wie der Bote weiter berichtete – mit seinen Scharen bereits kurz vor den Toren Kölns.

Andreas und Ruben trommelten an alle Türen im Viertel, und die ganze Gemeinde lief zusammen. Man ahnte, was jetzt geschehen konnte, und alle wehrfähigen Männer, die Waffen besaßen, besetzten die Zugangsstraßen zu ihrem Viertel, entschlossen, sich und ihre Familien bis zum letzten Blutstropfen zu verteidigen.

Auch Andreas lief nach Hause, um in der Streitzeuggasse und den benachbarten Straßen seine Freunde aufzufordern, den jüdischen Mitbürgern zu helfen. Noch einmal durfte nicht geschehen, was vor dem ersten Kreuzzug in vielen deutschen Städten geschehen war. Aber wer wusste schon, wozu ein aufgestachelter Mob in der Lage ist!

Zunächst schien es, als würden sich Rudolf und seine Horde ruhig verhalten. Ein Jude namens Simeon jedoch, den man den Frommen nannte und der gerade von einer Reise nach England zurückgekehrt war, wagte sich aus dem Viertel, um unten am Rhein ein Schiff zu besteigen, das ihn heim nach Trier bringen sollte.

Darauf hatte Rudolf nur gewartet. Man schnappte den frommen Mann und stellte ihn vor die Wahl: Taufe oder Tod. Da er sich weigerte, seinen Glauben zu verleugnen, hackte man ihm den Kopf ab und steckte ihn auf den Giebel eines Hauses.

In der jüdischen Gemeinde herrschte blankes Entsetzen. Ihre Vorsteher sprachen im erzbischöflichen Palast vor und baten um Schutz und um die würdige Bestattung ihres Märtyrers, aber schon kam die nächste Schreckensbotschaft: Rudolfs Männer hatten eine aus Speyer stammende Jüdin namens Minna ergriffen und wollten auch sie zwangstaufen. Als sie sich erbittert wehrte, schnitt man ihr die Ohren und beide Daumen ab.

Angesichts solcher Gräueltaten, und weil auch nicht sicher war, dass die Juden ihr Viertel auf Dauer würden verteidigen können, wandten sie sich um Hilfe an den Erzbischof, und der fürchtete inzwischen auch um ihr Leben. Und natürlich um die Steuern, die sie zahlten. Er wartete noch ab, bis sie im Herbst ihr Laubhüttenfest gefeiert hatten, und ließ sie dann von Kriegsknechten vorübergehend auf seine Festung Wolkenburg im Siebengebirge evakuieren. Gegen entsprechende Gebühr, versteht sich, und ihre Häuser im Viertel mussten sie ihm natürlich als Pfand hinterlassen.

Für den Fall, dass ihnen doch etwas zustoßen sollte.

Auf der Burg saßen die Juden allerdings fest, und als einmal zwei neugierige jüdische Knaben aus dem Dorf Königswinter zur Burg hochsteigen wollten, um die Neuankömmlinge zu sehen, wurden sie von Rudolfs Männern abgefangen und erschlagen. Ähnlich ging es anderen Juden, die sich auf die nahe Bacharach gelegene Burg Stahleck geflüchtet hatten. Auch ihnen wurde ihre Neugierde zum Verhängnis, denn als sie sich aus den Mauern der Burg wagten, wurden sie ebenfalls ermordet.

Und das gleiche Schicksal war einem Juden aus Worms beschert, der ebenfalls in den Weinbergen überfallen wurde. Es gelang ihm zwar, noch drei seiner Angreifer zu töten, aber dann erlag er schließlich doch der Übermacht.

* * *

Was war da am Rhein passiert? Wie kam es immer wieder zu derartigen Hassausbrüchen, obwohl doch Christen und Juden über tausend Jahre lang friedlich mit- und nebeneinander gelebt hatten? Schließlich waren Jesus und seine Apostel doch auch Juden gewesen.

Man muss weit ausholen und beispielsweise nachlesen, was die vier Evangelisten über die Leidensgeschichte Jesu schreiben. Wer legte da falsches Zeugnis gegen den Gottessohn ab? Wer schrie da »Ans Kreuz mit ihm«? Wer verhöhnte den sterbenden Christus? *Die* Juden etwa? Keineswegs. Es war das aufgehetzte Volk, der Pöbel, Abschaum, wie jener, der soeben mit Rudolf durch Köln streifte. Solange es Juden waren, die sich *Christus* anschlossen, um so zu *Christen* zu werden, war Jude kein Schimpfwort.

Dann aber entstand unter den Aposteln ein Streit, bei dem es um die Frage ging, ob ein Heide getauft werden dürfe, ohne sich vorher zum Judentum zu bekennen. Petrus war dagegen, Paulus dafür, und er, obwohl selber Jude, setzte sich schließlich durch. Nun wurden in rascher Folge immer mehr Nichtjuden zu Christen, sodass sie schon bald in der Überzahl waren und sich plötzlich daran erinnerten, dass es nicht Römer oder Griechen gewesen waren, die einst »Ans Kreuz mit ihm« geschrien hatten, sondern »die Juden«.

Die große Zahl der Juden, die nicht daran glaubten, dass Jesus der ersehnte Messias war, sondern den Mann aus Galiläa für einen Gotteslästerer hielten, stellte sich in den ersten frühchristlichen Jahrhunderten, als die Christen in den Untergrund flüchten mussten, auf die Seite der staatlichen Verfolgungsbehörden. Sie gaben den römischen Häschern manchen Tipp, wo man jene Volksfeinde finden konnte, die sich weigerten, den Göttern zu opfern.

Andererseits war es für die ersten christlichen Missionare sehr viel leichter, einen Heiden zu bekehren als einen Juden, und alsbald galten diese als verstockt und folglich verdammt. Pilatus, der Jesus nicht verurteilen wollte, hatte bekanntlich seine Hände in Unschuld gewaschen, während – laut Matthäus 27,25 – das ganze Volk geschrien habe: »Sein Blut komme über uns und unsere Kinder!«

Es waren also aus der Sicht der frühen Kirchenväter nicht Einzelne, die da unten vor Pilatus gestanden haben, sondern das ganze Volk Israel hatte damals kollektiv die Schuld übernommen, und die Juden galten fortan in ihrer Gesamtheit als Mörder Christi. Sie sind deshalb auf alle Zeit verdammt, weil sie damals nicht nur den Menschen Jesus, sondern in ihm zugleich Gott ermordet haben.

»Die Juden«, lehrte der Patriarch von Konstantinopel, Johannes Chrysostomus (auf Griechisch »Goldmund«), im 4. Jahrhundert, »sind Hunde, Schweine und Böcke. Wer Christus liebt, muss die Juden hassen.« Und der Kirchenlehrer Augustinus predigte rund hundert Jahre später, die Juden seien vom Satan inspiriert, und ihre Verbrechen seien unsühnbar.

Aber auch die Juden, die nach der Eroberung Jerusalems durch die Römer (70 n. Chr.) im wahrsten Sinne des Wortes in aller Welt verstreut waren, taten einiges, um den Hass anderer auf sich zu ziehen. Sie waren zwar allerorts in der Minderheit, aber sie fühlten sich nach wie vor als das von Gott selbst auserwählte Volk und ließen das ihre nichtjüdischen Mitbürger spüren, indem sie sich bewusst abkapselten und sich freiwillig in ihre Viertel zurückzogen, wo sie demonstrativ unter sich blieben und jede Integration ablehnten.

Aber nicht nur das.

Der römische Kaiser Konstantin hatte 313 n. Chr. Religions-
freiheit verkündet, und 380 war das Christentum sogar zur Staats-
religion geworden. Damals kam auch Palästina und damit Jerusalem unter christliche Herrschaft. Juden und Christen lebten in
der wieder aufgebauten Stadt halbwegs friedlich miteinander, bis
von 610 n. Chr. an ein persisches Heer nacheinander Antiochia
und Damaskus eroberte, in Palästina eindrang und alle Orte dem
Erdboden gleichmachte.

Die Geburtskirche in Bethlehem wurde auf wunderbare Weise
nur deshalb verschont, weil ein Mosaik über dem Portal die drei
Weisen aus dem Morgenland darstellte – in persischen Gewändern!

Schließlich schloss das Heer Jerusalem ein, aber während der
Patriarch Zacharias bereit war, die Stadt zu übergeben, leiste-
ten die Christen erbittert Widerstand. Nach drei Wochen indes
gelang es den Persern – offensichtlich mit Hilfe der jüdischen
Einwohner –, in die Stadt einzudringen. Es kam zu einem entsetzlichen Massaker an den Christen, bei dem angeblich 60 000
Menschen abgeschlachtet wurden. Viele von den Persern, mehr
noch, wie berichtet wird, von den Juden. Wer überlebte, wurde
in die Sklaverei verkauft.

Die Rolle, die die Juden bei diesem Verbrechen spielten,
wurde von den Christen nie vergessen, geschweige denn verziehen.

Trotzdem: Die zumeist sehr gebildeten Juden wurden in der
merowingischen und karolingischen Zeit von den eher ungebildeten Herrschern als sprachgewandte Untertanen und vor
allem wegen ihrer guten Beziehungen in ferne Länder sehr geschätzt.

Karl der Große beispielsweise schickte eine Gesandtschaft zu
dem arabischen Kalifen Harun al-Raschid nach Bagdad. Sie bestand aus zwei fränkischen Edelleuten und dem Juden Isaak, der
übrigens als Einziger zurückkehrte. Die beiden Franken waren auf

dem Heimweg gestorben. Angeblich an einer Geschlechtskrankheit, aber das ist wohl Unfug. Isaak jedenfalls brachte die wertvollen Geschenke des Kalifen mit nach Hause, darunter einen weißen Elefanten mit dem schönen Namen Abulabaz.

Kaiser Otto II. zählte zu seinen engsten Ratgebern einen Mainzer Rabbiner, und ein Jude war es auch, der ihm 982 nach einer verlorenen Schlacht gegen die Sarazenen in Kalabrien das Leben rettete, indem er ihm sein Pferd überließ, auf dem der Kaiser entkam. Otto bedankte sich später dafür, indem er besagtem Kalonymos nicht nur ein stattliches Haus in Mainz schenkte, sondern auch die dortigen Bürgerrechte gewährte. Letztlich kennen wir einen gewissen Wezzelin, der vom jüdischen zum christlichen Glauben konvertierte und Geistlicher am Hofe Kaiser Heinrichs II. war.

Mit dem Aufblühen der Städte stieg die Nachfrage nach Bargeld, und das durften nur Juden verleihen. In der Bergpredigt hatte Jesus gesagt: »Tut Gutes und leiht, ohne etwas zurückzuerhoffen, und euer Lohn wird groß sein!« Das schließt Geldverleihen gegen Zinsen aus. Den Juden hingegen war es ausdrücklich gestattet – allerdings nur bei Fremden! Im 5. Buch Moses, dem Deuteronomium, heißt es wörtlich: »Von dem Ausländer darfst du Zinsen nehmen, von deinen Stammesgenossen nicht.«

Die weit gereisten und erfahrenen deutschen Kaufleute betrachteten das durchaus nicht als sittenwidrig. Sie unterhielten vollkommen normale Beziehungen zu den jüdischen Mitbürgern, von deren Geschäften auch sie profitierten. Es störte auch kaum jemanden, dass die Juden die von deutschen Rittern im Osten gefangenen Slawen als Sklaven in das damals noch maurische Spanien verkauften. Es waren ja lediglich Heiden.

Aber dann kam der erste Kreuzzug.

Angefangen hatte alles 1095 mit einer Ansprache von Papst Urban II. auf einer Synode in der französischen Stadt Clermont, bei der er – fälschlicherweise – behauptete, die Ungläubigen hätten Bethlehem und Jerusalem verwüstet und würden christlichen Pilgern den Zutritt zu den Heiligen Stätten verweigern. In einer flammenden Rede forderte er die Ritter des Abendlandes auf, das Kreuz zu nehmen und den Weg nach Jerusalem freizukämpfen.

Er versprach allen Teilnehmern an diesem Kreuzzug nicht nur die Vergebung aller ihrer bis dahin begangenen Sünden, sondern außerdem Ruhm, Ehre und – nicht zuletzt – reiche Beute.

Der deutsche Kaiser und der französische König hielten sich vornehm zurück, aber für den Adel bot sich hier anscheinend eine große Chance. Bevor jedoch die notwendigen Vorkehrungen getroffen werden konnten, betrat in Frankreich ein merkwürdiger Heiliger die Bühne, der als Peter der Einsiedler oder auch Peter der Eremit in die Geschichte einging. Er war klein und hässlich und glich auf verblüffende Weise dem Esel, den er ritt, aber das Volk verehrte ihn wie einen Heiligen und seinen Esel nicht minder. Man zupfte dem armen Vieh sogar die Haare aus und führte sie als Reliquien mit sich.

Besagter Peter scharte einen unglaublich großen Haufen zumeist bettelarmer Menschen um sich, die er ins Heilige Land zu führen versprach, und als er in Köln eintraf, war deren Zahl auf geschätzte 15 000 angewachsen. Mit denen zog er weiter nach Südosten, über den Balkan in die heutige Türkei, wo sein Heer – wenn man es denn so nennen will – alsbald von den feindlichen Seldschuken vernichtet wurde. Peter entkam, aber er spielt hier auch keine Rolle mehr.

Weitaus schlimmer waren die Massaker, die etliche seiner zunächst noch zurückgebliebenen Anhänger unter den Mitgliedern der jüdischen Gemeinden anrichteten. Der Schlimmste von ihnen war Emicho von Leiningen, ein Graf aus dem Wormser Land. An der Spitze einer Armee von rund 10 000 Männern, Frauen und Kindern zog er durch das Rheintal, um vor dem geplanten Zug ins Heilige Land zunächst einmal alle hier ansässigen Feinde Jesu – und damit meinte er natürlich die Juden – zu vernichten.

Aber Hass gegenüber den »Mördern Christi« war nicht das

einzige Motiv, was viele Ritter antrieb, sich dem Pöbel anzuschließen oder sich gar an dessen Spitze zu stellen. Die Ausrüstung eines Ritters war außerordentlich teuer, die meisten Juden aber besaßen Vermögen, Bargeld, um genau zu sein. Und das boten viele von ihnen den Mörderbanden an, um sich so freizukaufen. Manchmal half es, oft indes wurde das Geld genommen und der Eigentümer trotzdem erschlagen, zumal wenn er sich nicht taufen lassen wollte.

Und es waren ja keineswegs die Adeligen allein, die bitter Geld brauchten. Da waren ja auch die kleinen Leute, unter ihnen viele Bauern, die – aus welchem Grund auch immer – Schulden bei Juden hatten machen müssen. Wie groß war für sie die Versuchung, sich dem umherziehenden Pöbel während eines Massakers anzuschließen, um aus den geplünderten Häusern im Getto die eigenen Schuldscheine zu stehlen und zu vernichten!

Die Erzbischöfe versuchten, die Juden zu retten. Der Mainzer zog Emicho sogar mit einem kleinen Heer entgegen, nachdem er die Juden aus ihrem Viertel evakuiert hatte. Trotzdem wurden noch elf Juden aufgestöbert und umgebracht. Der Erzbischof ließ daraufhin einige von Emichos Leuten festnehmen und ihnen die Hände abhacken.

Wenig später fielen die Verbrecher in Worms ein. Alle Juden, derer man habhaft werden konnte, wurden ermordet. Andere waren in den bischöflichen Palast geflüchtet, wo sie sich zu verteidigen suchten. Vergeblich. Gefangene Juden wurden vor die übliche Alternative gestellt: Taufe oder Tod. Einige Juden bekehrten sich zum Schein, um wenigstens ihre Toten bestatten zu können. Dann begingen sie Selbstmord. Insgesamt fanden ihrer 8000 den Tod.

Von Worms aus zogen Emichos Leute weiter nach Mainz. Der dortige Erzbischof und der Burggraf gewährten ihren jüdischen Untertanen Zuflucht in ihren Palästen, aber Kollaborateure aus der Stadt öffneten heimlich die Tore. 1100 Juden wurden ermordet.

Energischen Widerstand leistete der Kölner Erzbischof, so-dass sich die Zahl der ermordeten Juden in Grenzen hielt. Aber andere Anhänger Emichos zogen weiter und verübten Massaker in Trier, Neuss, Wevelinghofen, Eller bei Düsseldorf und Xanten, ehe sie sich auf die Weiterreise begaben. Emicho allerdings ist nie im Heiligen Land angekommen. Er erlitt in einer Schlacht eine schwere Schlappe, entkam jedoch mit knapper Not und starb 1117 in seiner Heimat.

Während dieser schrecklichen Massaker haben viele Christen zu ihren jüdischen Mitbürgern gehalten, haben sie zum Teil mit der Waffe in der Hand verteidigt oder doch zumindest vor den umherstreifenden mörderischen Banden versteckt.

Später stellte Kaiser Friedrich Barbarossa die Juden sogar unter seinen besonderen Schutz. Nicht ohne Grund, denn die Juden mussten für solche Art Schutz viel Geld bezahlen. Und nicht nur das: Als Besitztum des jeweiligen Herrschers konnten sie gekauft, verliehen oder auch weiterverkauft werden, um etwaige Schulden zu tilgen. Juden, die zum Christentum konvertieren wollten, betrachtete Barbarossa eher skeptisch. Ein solcher Kandidat, verfügte er, sei einer dreitägigen Prüfung zu unterziehen, damit erkannt werden könne, ob er aus innerer Überzeugung die Taufe wünsche. Und für alle Fälle wurde festgesetzt: »Wer seinen angestammten Glauben aufgibt, verliert auch seinen angestammten Besitz!«

Auch sonst waren die Anordnungen des Kaisers sehr klar. Ein Gesetz von 1188 besagte: »Wer einen Juden anrührt und verwundet, dem wird eine Hand abgehauen; wer einen Juden umbringt, der wird selber umgebracht.«

Trotzdem: Offensichtlich von den wandernden Hasspredigern genährt, wuchs die Voreingenommenheit gegenüber der jüdischen Minderheit weiter an. Eines der schlimmsten Beispiele dafür war das scheußliche Verbrechen, dem im Jahre 1235 in einer Mühle vor den Toren Fuldas drei kleine Kinder – einige sprechen gar von fünf – zum Opfer gefallen sind. Es geschah am 25. Dezember. Der Müller und seine Frau hatten ihre Kinder alleine gelassen und wohnten dem Abendgottesdienst bei, als plötzlich draußen lautes Geschrei ertönte: »Die Mühle! Die Mühle brennt!«

Es gab nichts mehr zu löschen, als die ersten Männer am Brandort eintrafen. Aber wo waren die Kinder? Etwa ebenfalls verbrannt?

Man fand die toten Kinder schnell, aber nicht unter dem Brandschutt, sondern nackt und erstochen draußen im Hof. Es war offensichtlich, dass die kleinen Leichen regelrecht ausgeblutet waren, als hätte man Lämmer geschächtet, und da lag auch ein kleines mit Wachs getränktes Beutelchen, das anscheinend das Blut der Kinder hatte auffangen sollen. Wahrscheinlich hatten die Täter mehrere solcher Säckchen dabei, aber da nur wenig Blut in den kleinen Körpern war, hatte man das überflüssige Beutelchen weggeworfen.

Wer hatte dieses entsetzliche Verbrechen begangen?

Niemand konnte sich zunächst einen Reim darauf machen, es sei denn, die Täter gehörten zum fahrenden Volk, jenem Gesindel, das sich bekanntlich gerne an den abseitsgelegenen Mühlen herumtrieb. Oder war es vielleicht ein Medikus gewesen, der das Blut zur Herstellung von Wundermitteln brauchte? Niemand wusste es.

Plötzlich setzte in der Stadt ein merkwürdiges Murmeln ein, die Leute raunten sich abenteuerliche Vermutungen zu, bis die Wahrheit plötzlich festzustehen schien und sich ein allgemeines Geschrei erhob: »Die Juden sind es gewesen, diese gottverfluchten Juden! Diese Kinderschlächter! Bringt sie alle um!«

Der Pöbel stürmte die Gassen, in denen die Juden wohnten, und nur wenige von ihnen waren geistesgegenwärtig genug, nach hinten aus den Häusern zu flüchten. Alle anderen wurden ermordet. Das Stadtoberhaupt, der Abt, ließ sich viel Zeit, ehe er halbherzig der Mordorgie Einhalt gebot. Schließlich zahlten die Juden ihre Schutzsteuer nicht ihm, sondern dem Kaiser. Sollte der sich doch kümmern.

Und der wenigstens kümmerte sich tatsächlich. Zu dieser Zeit herrschte der Staufer Friedrich II., ein für seine Zeit außerordentlich aufgeklärter Mann, ein Multikulti zudem, wie wir heute sagen würden, für den alle Menschen gleich waren, ob nun Christen oder Sarazenen oder Juden. Hauptsache, sie gehorchten und zahlten Steuern.

Als dann eine Abordnung Fuldaer Bürger zu ihm in die Pfalz Hagenau kam, um die (inzwischen in Verwesung übergegangenen) Kinderleichen zu zeigen und die Juden des Mordes anzuklagen, veranlasste er etwas für ihn Bezeichnendes: Er berief eine Kommission, die aus christlichen und jüdischen Schriftgelehrten bestand und prüfen sollte, ob christliches Blut oder Blut überhaupt für irgendein jüdisches Ritual von Interesse sein könnte.

Das Ergebnis: Laut den Geboten im Alten Testament und dem Talmud, haben sich Juden vor der Befleckung mit jeglichem Blut zu hüten, mit Tierblut und erst recht mit menschlichem Blut. Eine solche Scheußlichkeit würden Juden ohnehin nicht begehen, da sie auch Christen gegenüber zutiefst menschliche Gefühle hegen würden.

Nun, das konnte man von vielen Christen nicht behaupten. Friedrich II. siegelte jedenfalls eine Urkunde, mit der nicht nur die Juden von Fulda von jeder Schuld freigesprochen wurden, sondern allen Predigern im Reich verboten wurde, derartige Beschuldigungen noch einmal gegen Juden zu erheben.

Aber der Kaiser war die meiste Zeit über weit weg, und das Verbot bewirkte wenig.

Verzweifelt wandten sich die Juden an den Papst, er möge sie gegen diese wahnsinnige Anklage in Schutz nehmen, sie würden Christenblut für ihre Rituale brauchen. Tatsächlich erklärte das Kirchenoberhaupt feierlich, dass es den Juden durch ihre eigenen Gesetze verboten sei, beim Passahfest mit Leichen oder Blut in Berührung zu kommen; dass man es ihnen fälschlicherweise dennoch unterstelle und sie deshalb verfolge, sodass es ihnen nun schlechter ergehe als ihren Vorfahren unter den Pharaonen in Ägypten.

Niemand dürfe sie misshandeln, berauben und zur Taufe zwingen. Und wörtlich heißt es in der besagten Bulle: »Wir verbieten hiermit jede ungerechte Beleidigung der Juden. Wo Ihr ungerechte Angriffe gegen sie wahrnehmt, so stellt sie ab und lasst nicht zu, dass sie gekränkt werden. Wer aber dennoch dergleichen tut, soll mit dem Kirchenbann belegt werden!«

Aber selbst das half wenig. Menschenopfer schienen den Menschen damals nicht so abwegig wie vielleicht uns. Menschenopfer sind so alt wie die Menschheit, und es gab sie in allen Kulturen. Selbst in der Bibel wird immer wieder davon berichtet, dass man (unter anderen) dem Gott Moloch unschuldige Kinder darbrachte. Auch unter israelischen Königen wurden zeitweilig durchaus Kinder geopfert. Man ließ sie – wie es im Alten Testament heißt – *durchs Feuer gehen*.

Auch Abraham sollte bekanntlich seinen Sohn Isaak opfern, aber schließlich gab sich Gott mit einem Widder zufrieden. Das war die Wende vom Menschen- zum Tieropfer. Zumindest Mönche kannten wohl die entsprechenden Passagen in der Bibel, und vielleicht entstanden deshalb in ihren Hinterköpfen die Schauergeschichten von den angeblichen Kindesopfern.

1329 hatte man des Kaisers Verbot und die päpstliche Bulle bereits wieder vergessen. In Genf gestand ein Jude – natürlich unter der Folter –, er habe fünf christliche Kinder gefangen und sie an andere Juden weitergegeben. Diese hätten die Kleinen dann getötet und teils zu Salbe, teils zu Speisen verarbeitet.

Er und andere jüdische Männer erklärten allerdings, um wenigstens ihre Familien zu schützen, dass bei diesen Ritualmorden niemals Frauen anwesend gewesen seien, da sie erfahrungsgemäß nicht schweigen könnten. Während sie selber zumeist gerädert und verbrannt wurden, beschloss man, die Frauen und die Kinder leben zu lassen.

Wenn sie sich denn taufen ließen.

Ebenso weit verbreitet wie Erzählungen über Ritualmorde war die unausrottbare Meinung, Juden würden Hostien schänden, indem sie sie mit Messern und Pfriemen durchbohrten, um so den Leib Christi erneut zu quälen. In Röttingen – im Taubertal gelegen – erklärte ein gewisser Mensch mit dem merkwürdigen Namen Rindfleisch, er sei vom Himmel berufen, Hostienschändungen zu rächen. Unter diesem Vorwand zog er mit einer Bande von Mördern durch die Lande und brachte selbst in so großen Städten wie Rothenburg, Würzburg und Nürnberg zahllose Juden um. Insgesamt wurden 146 Gemeinden ausgelöscht.

Dabei ist kaum ein Vorwurf unsinniger als die angebliche Hostienschändung. Etwas Heiliges zu schänden macht nur für denjenigen einen Sinn, der das Objekt auch tatsächlich für heilig hält und durch seine Entweihung Gott (vielleicht mit Hilfe des Satans) schmähen will. Warum aber jemand, der eine Hostie für nichts weiter hält als ein kleines Stück Brot, dieses mit großem Hokuspokus durchbohren soll – das ergibt keinerlei Sinn.

Aber wer fragte schon danach. Juden waren inzwischen stigmatisiert. Und um das auch noch zu unterstreichen, beschloss das Laterankonzil von 1215, dass sich Juden ab sofort durch eine besondere Kleidung von der anderen Bevölkerung unterscheiden mussten.

Damit waren die Juden endgültig gebrandmarkt in der Gesellschaft wie sonst nur Leprakranke, Henker und Huren. Vom spitzen Judenhut führt ein direkter Weg durch die Jahrhunderte zum Davidsstern im Dritten Reich, der die gleiche Diskriminierung bedeutete.

Im 14. Jahrhundert schließlich wütete in Europa die Pest. Für jedermann stand fest, dass vergiftetes Trinkwasser die Ursache für die tödliche Seuche war. Und wer hatte das Gift in die Brunnen geworfen? Natürlich die Juden. Niemand kam auf den doch eigentlich naheliegenden Gedanken, dass das Brunnenwasser deshalb verdorben war, weil man Jauchebecken und Abfallgruben häufig unmittelbar neben Brunnen anzulegen pflegte.

Der Vorwurf der Brunnenvergiftung war ebenso unsinnig wie der Hostienfrevel, denn auch die Juden mussten ihr Trinkwasser schließlich aus den städtischen Brunnen holen. Aber Logik war nicht gefragt. Die Juden hatten sich offensichtlich gegen die ganze Welt verschworen. Aus England wurden sie 1290 vollständig vertrieben. Dann auch aus Spanien, wo man erstmalig die Behauptung aufstellte, nicht die Religion sei das Verderbliche an ihnen, sondern ihre Rasse. Von der Reinheit des Blutes war zwar noch keine Rede, aber der Rassismus war bereits unübersehbar. 300 000 Juden wurden ab 1492 des Landes verwiesen.

Viele wanderten durch Frankreich und Deutschland nach Osten und ließen sich in Schlesien und Polen, Böhmen und Ungarn nieder. Bald gab es auch in Frankreich und Deutschland nur noch wenige Gemeinden. Lediglich in Italien, und vor allem in Rom, genossen die Juden unter dem Schutz der Päpste größere Freiheit.

Nach der Reformation änderte sich an der Haltung der Christen gegenüber den Juden nicht das Geringste. Anfangs hoffte zumindest Martin Luther noch, sie durch seine neue Lehre zum rechten Glauben bekehren zu können. Als er das jedoch als Utopie erkennen musste, schrieb er in seinem Traktat *Von den Juden und ihren Lügen* wörtlich: »Zweifelt nicht, in Christus Geliebte, dass Ihr nach dem Teufel keinen bittereren, gewalttätigeren Feind habt als den richtigen Juden … die Juden sind rechte Lügner und Bluthunde … sie sind giftige Schlangen, Meuchelmörder und Teufelskinder.«

Es ist bitterkalt an diesem Januartag des Jahres 1147, und im Säulengang, der die Stiftskirche *Maria ad Gradus* mit dem Dom verbindet, suchen die Menschen vergeblich Schutz vor dem eisigen Ostwind, der vom Rhein her feinen Schnee den Hang hoch bläst. Zu Hunderten sind sie gekommen, viele von ihnen schon den dritten Tag nacheinander, um dem hageren Mann in seinem grauen Gewand zu lauschen, der mit eindringlichen Worten auf sie einspricht.

Es sind Handwerker in schmutzigen Kitteln, Kriegsknechte im Lederwams, Kaufleute mit pelzbesetzten Mänteln, Bauern mit kleinen Kindern, Musikanten mit ihren Trommeln und Pfeifen – sie alle harren schon seit über einer Stunde in der beißenden Kälte aus.

Und verstehen kein einziges Wort.

Was weiter nicht wundert, denn der Mann, der sie so fasziniert, kommt aus Frankreich, aus Clairvaux, um genau zu sein. Ein Ort, den niemand hier kennt, nur dass der Mann ein Mönch ist, das sehen sie, ein Zisterzienser, den der Erzbischof eingeladen und gebeten hat, die Menschen zum Kreuzzug aufzurufen.

Wenn sich dein Vater auf die Schwelle legt, wenn dir deine Mutter die Brust zeigt, die dich genährt, so steige über deinen Vater hinweg, tritt deine Mutter mit Füßen und folge trockenen Auges dem Kreuzesbanner nach. Hier für Christus grausam zu sein ist die höchste Stufe der Seligkeit!

»Und die Juden?«, ruft jemand aus der Menge.

Der Mönch lässt sich von einem seiner Begleiter die Frage übersetzen und antwortet. Ernst und gestenreich. Die Juden darf man nicht antasten. Auch wenn sie Jesus ermordet haben. Sie werden kurz vor dem Jüngsten Gericht ihre Verblendung erkennen und sich zum Christentum bekennen. Wer sie jetzt ermordet, nimmt ihnen diese letzte Chance!

Seine Zuhörer jubeln ihm zu, obwohl niemand Französisch versteht; was soll's: Die einheimischen Priester mit ihrem Latein verstehen die kleinen Leute ja auch nicht. Und niemand übersetzt ihnen, was da in dieser Bibel überhaupt steht. Bibel auf Deutsch ist verboten, aber die Mönche – Männer wie dieser hier sowieso –, die kennen die Geheimnisse Gottes, und er hat ihnen Gewalt gegeben über die Krankheiten und den Tod. Die Menschen fallen auf die Knie, falten die Hände und versuchen, den Saum seines Gewandes zu küssen. Er ist ein Heiliger. Er kann nicht nur gekommen sein, um zu predigen; er muss auch helfen.

Wie alle Heiligen wird auch er ja wohl heilen können!

Unter den Zuhörern befinden sich zwei Mönche. Sie halten sich etwas abseits. Es sind ebenfalls Zisterzienser, und sie sind aus dem nahe liegenden und erst vor Kurzem gegründeten Kloster Altenberg gekommen, um zu schauen, wie ihr berühmter und streitbarer Mitbruder Bernhard von Clairvaux in Köln zurechtkommt.

Thomas, der Jüngere von den beiden und in Köln geboren, ist froh, dass gerade Pierre, sein französischer Mitbruder, zu Gast in Altenberg weilt und ihm nun als Übersetzer äußerst willkommen ist. »Worüber redet er denn die ganze Zeit?«, fragt er Pierre.

Der zuckt die Achseln. »Über alles Mögliche. Erst über den Kreuzzug, dann über die Juden, und jetzt gerade prangert er die Verweltlichung der Kleriker an, die Eitelkeit der Stiftsherren und die Fleischeslust und Raffgier der Mönche.

»Hat er da Erfahrung?«, fragt Thomas lächelnd.

»Und ob!«, sagt Pierre. »Schon mal den Namen Abaelard gehört? Oder Heloise?«

»Nein, niemals.«

»Ein Riesenskandal in Frankreich.«

»Na dann – ich höre!«

»Dieser Abaelard war ein französischer Theologe, der als Professor unter anderem in Paris lehrte. Seine Studenten vergötterten ihn, denn er war witzig und zugleich aggressiv gegenüber allem Althergebrachten, und unser Bernhard hier hielt ihn sogar für einen Ketzer. Immerhin – sein Ruhm stieg jenem Abaelard wohl ein wenig zu Kopf, um es vorsichtig auszudrücken. Und er wurde leichtsinnig.«

»Inwiefern?«

»Er lernte einen Kanoniker kennen, dessen Nichte Heloise als besonders hübsch und attraktiv galt, und als der Kanoniker Abaelard ansprach, ob er sie nicht als Hauslehrer unterrichten wolle, sagte der sofort zu. Aber es blieb nicht beim Unterricht, und eines Tages ließ sich nicht mehr übersehen, dass Heloise schwanger war.

Abaelard wollte sie ihrer Ehre wegen sofort heiraten, allerdings seines geistlichen Standes wegen heimlich. Aber sie war strikt dagegen. Schließlich fühlte sie sich aufgrund ihrer Bildung zu Höherem berufen, und so schrieb sie ihm – der Brief gelangte an die Öffentlichkeit –, dass sie gar nicht daran denke, das Heimchen am Herd zu spielen. Wie könne sie sich weiterhin der Philosophie hingeben, wenn das Kindermädchen ständig seine läppischen Liedchen sänge; wer solle das Geschwätz des Personals und den Geruch der schmutzigen Windeln ertragen; reiche Leute vielleicht, deren Häuser und Paläste geräumig genug seien, aber sie als eher arme Person könne sich solches nicht leisten, und deshalb wolle sie ihn nicht heiraten, weder heimlich noch öffentlich!

Aber dann haben sie es doch getan, und da Abaelard fürchtete, der Kanoniker könne Heloise etwas antun, brachte er sie vorsichtshalber in ein Kloster. Der Onkel jedoch glaubte, Abaelard wolle sich auf diese Weise vor der Hochzeit drücken, und schickte ihm zwei Schergen auf den Hals, die ihm das, womit er gesündigt hatte, ganz einfach abschnitten.«

»Um Gottes willen«, sagt Thomas, »hat er das denn überlebt?«

»Erstaunlich gut, aber von da an lebte er gezwungenermaßen sehr viel keuscher. Und seine Heloise hat er tatsächlich geliebt. Bis zu seinem Tod vor ein paar Jahren.«

»Kein Wunder, dass unser Bernhard von unseren Mitbrüdern einen strengeren Lebenswandel verlangt und ...«

Thomas bricht im Satz ab, weil ihn eine ärmlich gekleidete Frau am Ärmel zupft. »Bitte, Bruder«, stammelt sie und schiebt einen vielleicht fünfzehnjährigen verstört dreinblickenden Jungen auf ihn zu. »Bitte, ich komme nicht durch zu ihm. Er soll meinen Sohn heilen, der heilige Mann, mein Junge ist stumm. Er soll ihn heilen, bitte.«

»Was ist denn mit ihm geschehen? Ist er von Geburt stumm?«

Die Frau schüttelt den Kopf. »Nein, erst seit ein paar Jahren; ich war allein mit ihm, als sein Schwesterchen tot zur Welt kam. Er hat alles mit ansehen müssen, und seitdem spricht er nicht mehr. Bitte, helft uns.«

Pierre und Thomas nehmen die Frau mit ihrem Jungen in die Mitte und bahnen sich einen Weg durch die Menge, bis sie vor Bernhard stehen. Pierre flüstert ihm etwas ins Ohr; der Mönch legt seine Hand auf den Kopf des Jungen und macht ihm mit dem Daumen ein Kreuz auf die Stirn. Dann wendet er sich wieder der Menge zu.

Der Junge sieht seine Mutter an und sagt: »Mama, mir ist kalt.«

* * *

Stand es denn wirklich derart schlimm um die Moral des Klerus hierzulande, wie es der später heiliggesprochene Bernhard in seinen Predigten behauptete?

Beginnen wir mit den Bischöfen, die im Mittelalter in erster Linie weltliche Herrscher und zumeist mit großer Macht ausgestattet waren. Das hatte historische Gründe, denn zusammen mit dem Untergang des Römischen Reiches war auch die gesamte Verwaltung in den bis dahin besetzten Gebieten zusammengebrochen.

Im 5. Jahrhundert hatten Franken die einst blühenden Städte Mainz, Trier und Köln von den Römern erobert, aber die neuen Herrscher zeigten wenig Neigung, sich in den Ruinen niederzulassen, und schon gar nicht, eine funktionierende Verwaltung zu organisieren, alte Traditionen zu bewahren oder eine neue Zivilisation zu begründen.

Dieser Aufgabe widmeten sich zunächst die einzig verbliebenen Gebildeten, und das waren vor allem die Bischöfe und andere lese- und schreibkundige Kleriker. Die Bischöfe wurden so nahezu automatisch zu Herren der verwaisten Städte und später auch von herrschenden Geschlechtern der einzelnen Völker in ihrem Amt bestätigt.

Während die Herrscher selber ohne feste Residenz durch die Lande zogen, um sich ihren Untertanen im Sinne des Wortes leibhaftig zu zeigen und wichtige Entscheidungen vor Ort zu treffen, blieben die Bischöfe in den Städten, mehrten dort ihren Reichtum und ihre Macht und wurden so zu unverzichtbaren Vertrauten und Verbündeten der Kaiser.

Das sahen die Päpste mit der Zeit anders. Sie hatten nichts gegen die Macht eines Bischofs, nur: Wer so viel Macht besitzen durfte – das sollte Rom entscheiden und nicht ein Kaiser, mit dem man vielleicht gerade auf Kriegsfuß stand. Der Kaiser seinerseits, der auf den Heerbann eines jeden Bischofs dringend angewiesen war, wollte sich auf dessen Treue blind verlassen können und bestand verständlicherweise darauf, dass er alleine das Recht besaß, Bischöfe ein- oder auch abzusetzen.

Über diese Frage kam es zum Investiturstreit, den Heinrich IV. bekanntlich gegen Gregor VII. verlor. Stichwort Canossa. Es ging natürlich im weitesten Sinne darum, ob der Kaiser letztendlich dem Papst als dem Stellvertreter Christi auf Erden unterstellt war oder nicht. Aber das ist wiederum ein anderes Thema. Festgehalten werden soll hier lediglich, dass sich die Bischöfe so gut wie gar nicht um die Seelsorge kümmerten, sondern in sehr viel stärkerem Maße um die Politik; mal aufseiten des Kaisers, mal auf der des Papstes. Wie es halt besser passte. Armut, Demut und Keuschheit waren ihnen daher naturgemäß etwas weniger wichtig.

Was im Übrigen auch für viele Äbte zutraf.

Womit wir bei den Klöstern wären. In der Apostelgeschichte wird das Leben der frühchristlichen Gemeinde in Jerusalem so beschrieben: »Die Masse der Gläubigen war ein Herz und eine Seele. Niemand nannte einen Besitz sein Eigen, sondern sie hatten alle Dinge gemeinsam. Sie verkauften ihren Boden und ihre Güter und teilten den Erlös untereinander gemäß den Bedürfnissen eines jeden.«

Damals – so befand Johannes Cassianus zu Beginn des 5. Jahrhunderts – *war die gesamte Kirche so, wie wir heute nur mehr jene wenigen sind, die man selbst in Klöstern kaum noch findet.*

Die ersten Einsiedler zogen sich seit dem 3. Jahrhundert in die Einsamkeit zurück und unterwarfen sich einer strengen Askese, aber bald fanden sich Eremiten zu religiösen Gemeinschaften zusammen, die im Byzantinischen (Oströmischen) Reich nach der Regel des Basileus von Cäsarea lebten. In Westeuropa entstanden dagegen kleine Klöster, die von den jeweiligen Bischöfen kontrolliert wurden und noch keine einheitlichen Regeln kannten. Nur einen *Abba*, einen Vater, den hatten bereits alle, und der *Abt* sorgte für die notwendige Disziplin.

Dann trafen Mönche aus Irland und Schottland ein. Sie widmeten sich der Mission der Germanen, und ihre selbst auferlegte Askese bestand darin, heimatlos zu sein, ständig auf Wanderung und ohne Verbindung zur Familie, ja nicht einmal zum eigenen Kloster. Ihr bekanntester Vertreter war Columban, der zahlreiche Klöster gründete, darunter Bregenz und Luxeuil. Ein großer Erfolg war seinem Wirken allerdings nicht beschieden, denn die merowingischen Könige (und Königinnen!) führten alles andere als einen christlichen Lebenswandel und taten herzlich wenig, um den Glauben zu verbreiten.

Weitere Angelsachsen kamen, die sich jedoch im Gegensatz zu den unabhängigen Iren dem Papst unterordneten. Der wohl Bekannteste unter ihnen war Winfried, den wir als Bonifatius kennen, und der bei Geismar in der Nähe von Fritzlar die gewaltige Donareiche fällte, um den Germanen die Machtlosigkeit ihrer Gottheiten zu beweisen.

732 wurde der »Apostel der Deutschen« vom Papst zum Erzbischof erhoben und schwor seinerseits die fränkischen Bischöfe auf den Papst ein. Er gründete unter anderem das Kloster Fulda, damals noch mitten im Heidenland gelegen, und betrieb unermüdlich die Christianisierung der heidnischen Germanen, bis er – als Achtzigjähriger – bei einem letzten Bekehrungsakt in Friesland überfallen und erschlagen wurde.

Missionare wie Bonifatius gefielen den Päpsten, weil sie sich unterordneten. Die iro-schottischen Mönche hingegen fühlten sich allenfalls ihren Fürsten daheim zu Gehorsam verpflichtet, nicht aber Rom, und so wundert es uns nicht, dass der Papst sie, die er als *Briten* bezeichnete, geradezu mit Ungläubigen gleichstellte.

Gregor III. schrieb an die deutschen Bischöfe:

Den kirchlichen Dienst sowie den katholischen Glauben solltet ihr in würdiger Weise festhalten, indem ihr euch von ihm – gemeint ist Bonifatius – belehren lasst, so wie er kraft apostolischer Vollmacht von uns beauftragt worden ist. Und Brauch und Lehre des Heidentums, wie auch der sich hereindrängenden Briten und falschen irrgläubigen Priester sollt ihr ablehnen. Über allem das Schlimmste sind die Ränke falscher Brüder, die die Bosheit ungläubiger Heiden noch überbieten.

Christlich ging man gerade nicht miteinander um.

Immerhin einigte man sich auf eine Klosterregel, nach der nun alle Mönche zu leben hatten: die Regel des heiligen Benedikt. Keine Schrift – von der Bibel einmal abgesehen – war so verbreitet wie diese. Nun darf man aber nicht glauben, besagter Heiliger habe den Benediktinerorden gegründet. Er hat nur die Regeln für sein auf dem Montecassino gegründetes Klosters entwickelt, die später unter Ludwig dem Frommen, dem Sohn Karls des Großen, in allen Klöstern gelten sollten.

Mönche hatten von nun unverheiratet zu bleiben und keusch zu leben, Armut und Gehorsam zu geloben, sich sparsam und weitgehend vegetarisch zu ernähren und feste Zeiten für Gebet, Lesung und Schlaf einzuhalten.

Was den Genuss von Wein angeht, schreibt Benedikt:

>»Zwar lesen wir, Wein passe überhaupt nicht für Mönche, weil aber die Mönche heutzutage sich davon nicht überzeugen lassen, sollten wir uns wenigstens darauf einigen, nicht bis zum Übermaß zu trinken, sondern weniger, denn der Wein bringt selbst weise Männer zu Fall.«*

Die Formulierung *Ora et labora* (bete und arbeite) stammt allerdings nicht vom heiligen Benedikt selbst, sondern wurde erst später erfunden.

Nun waren ja nicht alle jungen Männer und Frauen, die in ein Kloster strebten, so fromm und bereit zur Entsagung in jeglicher Hinsicht wie beispielsweise Benedikt oder Bonifatius. Einige bewarben sich, weil sie sich geistig weiterbilden wollten, andere, um sich künstlerisch zu verwirklichen.

Vor allem aber traten sehr viele zweitgeborene Söhne von Adeligen in ein Kloster ein, die keine Aussicht auf die Nachfolge ihres Vaters hatten, dafür aber ein schönes Erbe mitbrachten. Das Gleiche gilt für junge Damen, die – aus welchen Gründen auch immer – nicht zu verheiraten waren. Auch sie stifteten ihre Mitgift dem Kloster und hofften wie die jungen Männer, irgendwann einmal selber dessen Leitung zu übernehmen.

Und Äbtissinnen und Äbte waren häufig ebenso mächtig (und reich) wie ein Bischof.

Wenn wir nun davon ausgehen, dass sehr viele junge Mönche und Nonnen aus Adelsfamilien kamen, brauchen wir uns nicht weiter zu wundern, dass die plötzliche Abwesenheit von jeder Art von Luxus für sie eine mehr als ernsthafte Prüfung dargestellt hat. Und nicht nur der Nachwuchs entstammte dem Adel. Natürlich auch die Äbte und Äbtissinnen. Die aber waren für die Disziplin verantwortlich.

Eigentlich.

Aber Benedikts Regel wurde mit der Zeit kaum noch beachtet, von Armut war schon bald keine Rede mehr und von Demut erst recht nicht. Gebet und Arbeit schienen weniger wichtig als das Streben nach Besitz und Macht. Kaiser und Papst buhlten gleichermaßen um die Gunst der großen Klöster. Irgendwann wurden Reformen notwendig, und die bedeutendste ging von der französischen Abtei Cluny in Burgund aus.

Im Jahr 909 hatte der Herzog von Aquitanien die Abtei unter dem Motto *ecclesia semper reformanda* (die Kirche ist immer reformbedürftig) gegründet, wobei in der Stiftungsurkunde ausdrücklich die absolute Unabhängigkeit von weltlicher oder geistlicher Herrschaft festgeschrieben wurde. Nur dem Papst sollte der jeweilige Abt unterstellt sein.

Das Arbeiten überließ man in Cluny nun weitgehend den Hörigen des Klosters, während die Mönche den ganzen Tag über und wohl auch große Teile der Nacht mit dem Chorgebet und frommer Lektüre beschäftigt waren. Der Kirchenlehrer Petrus Damianus klagte nach einem Besuch in der Abtei, die gottesdienstlichen Handlungen füllten den Tag derart aus, dass neben den notwendigen Verrichtungen den Mönchen kaum eine halbe Stunde zu »ehrbarer Unterhaltung« und zu notwendigen Besprechungen übrig bleibe.

Aber Schweigen war ohnehin gefordert.

Kein Wunder, dass bei der äußerst kurzen Nachtruhe so manchem Mitbruder während des Gottesdienstes die Augen zufielen. Ein Mönch musste deshalb ständig mit einer Laterne die Runde machen, und ein jeder musste ihm zunicken, um anzuzeigen, dass er kein Nickerchen machte. Wer dennoch einschlief, wurde unsanft geweckt und musste die Laterne nun selber umhertragen.

Die Reform, die von Cluny ausging, erschien so nachahmenswert, dass sich ihr in weiten Teilen Frankreichs, Spaniens, Englands, Italiens und der Schweiz bis zum Anfang des 12. Jahrhunderts an die 1400 Klöster anschlossen. Eine andere Reform ging unabhängig davon vom lothringischen Kloster Gorze aus und setzte sich rasch in den deutschen Klöstern durch, so beispielsweise in Prüm und Corvey, in Fulda und auf der Reichenau. Diese Klöster legten allerdings keinen so großen Wert auf Unabhängigkeit, sondern unterstellten sich dem für sie zuständigen Bischof und standen im Investiturstreit eher auf kaiserlicher denn auf päpstlicher Seite.

Wo Cluny Wert auf liturgischen Prunk legte, war oberstes Ziel in Gorze die strenge Askese – und das Schweigen. Dafür wurde sogar eine Zeichensprache entwickelt, damit die Brüder auch nicht ein einziges unnützes Wort benutzten:

Das Zeichen für Brot:
Mache mit den beiden Daumen und den beiden Zeigefingern einen Kreis, dann möchtest du ein rundes Brot. Für das Brot, das in Wasser gekocht wird und etwas besser als das tägliche Brot ist, mache zuerst das allgemeine Zeichen, dann lege die eine Handfläche auf den Rücken der anderen Hand und bewege die obere Hand im Kreise!

In Wasser gekochtes Brot war also besser als das tägliche! Wie mag dann das tägliche geschmeckt haben?

Aber nicht nur auf die Enthaltsamkeit bei Speisen wurde strengstens geachtet. Tabu war auch die Fleischeslust in jeglicher Form, und um andere im gemeinsamen Schlafsaal nicht in Versuchung zu führen, hatte ein jeder nach dem Wecken Folgendes zu beachten:

Sobald der Bruder das Zeichen zum Aufstehen vernommen hat, eile er, sich zu erheben. Ehe er jedoch die Decke abwirft, ziehe er – im Bett sitzend – sein Obergewand an und bedecke damit seine Beine, ehe er sich vor sein Bett stellt!

Ein dritter Schwerpunkt der Klosterreform war das deutsche Kloster Hirsau im Nordschwarzwald, das unter seinem Abt Wilhelm wie schon Cluny die weltliche Herrschaft abschüttelte, sich grundsätzlich nur dem Heiligen Vater unterstellte, andererseits aber gerne den Schutz des niederen Adels akzeptierte. Auch hier war »die Strenge mönchischer Zucht«, wie der neue Abt feststellen musste, »ein wenig erschlafft«. Aber das änderte sich schnell. Von Hirsau aus wurden über 150 deutsche Abteien reformiert, darunter Erfurt und Regensburg, Passau und Füssen.

Auch hier versuchte man mit nahezu peinlichen Vorschriften, die Mitbrüder vor den Sünden des Fleisches zu schützen:

Wenn einen Mönch mitten in der Nacht der Harndrang überfallen sollte, musste er den neben ihm schlafenden Mitbruder wecken, damit dieser ihn mit einer Laterne zur Latrine begleite, um ihn dort diskret zu überwachen. Es hätte ja sein können, dass besagter Mönch gar nicht von seiner Blase, sondern von seiner Fantasie geplagt worden war und den stillen Ort nur aufsuchen wollte, um sich dort Erleichterung anderer Art zu verschaffen.

Doch Reformen hin – Reformen her: Am Reichtum der großen Abteien änderte sich wenig, und das wurde vor aller Welt offenbar, als man in Cluny mit dem Bau eines neuen Gotteshauses begann. Wo bei der Klostergründung eine kleine Kapelle gestanden hatte, die durch eine größere romanische Kirche ersetzt worden war, entstand nun das zur damaligen Zeit größte Gotteshaus der Christenheit.

Das Gewölbe war im Innenraum 30 Meter hoch, das Mittelschiff an die 200 Meter lang, aber nur 10 Meter breit, sodass die Blicke der Gläubigen förmlich nach oben gesogen wurden. Gigantismus pur. Eine Demonstration von Macht und Reichtum.

Ermöglicht durch das Geld reicher Adeliger, die sich damit die Fürbitten der berühmten Abtei erkauften, verwirklicht von eitlen Mönchen, die stolz darauf waren, wenigstens persönlich arm zu sein.

Was viele dachten, sprach einer in aller Deutlichkeit aus. Bernhard von Clairvaux. Er wetterte dagegen, dass Äbte regierten wie Burgherren und mit einem Gefolge von sechzig Berittenen einherkämen. Die Mönchskutten in Cluny seien aus ebenso kostbarem Stoff gefertigt wie die Gewänder von Edelleuten:

> *Geschickt wird Geld ausgegeben, damit es sich vervielfacht, es wird ausgegeben und gemehrt, denn Verschwendung schafft Reichtum. Durch das Betrachten von Schönem werden die Menschen eher zum Geben als zum Beten bewogen. Wo mehr Reichtümer vorgezeigt werden, wird auch williger gespendet. Vor goldbedeckten Reliquien laufen die Augen über, und die Börsen öffnen sich. Die Kirche strahlt in ihren Mauern, aber ihre Armen leiden Mangel. Ihre Steine kleidet sie in Gold, und ihre Kinder lässt sie nackt. Mit den Gaben der Bedürftigen wird den Augen der Reichen gedient. Die Neugierigen kommen, damit sie erfreut werden, während die Elenden Hunger leiden.*

Womit wir bei den Zisterziensern wären, denn diesem Orden gehörte unser Bernhard an. Ein gewisser Robert von Moslem wollte damals durchaus keinen neuen Orden gründen. Er setzte sich gemeinsam mit zwanzig Mitbrüdern im burgundischen Cîteaux (lateinisch Cistercium) das Ziel, wieder streng nach den inzwischen aufgeweichten Regeln des heiligen Benedikt zu leben. Mit immerhin schon siebzig Jahren errichtete er ein neues Kloster, in das auch Bernhard 1113 als Novize eintrat.

Die Zisterzienser – wie sie sich bald nach ihrem ersten Kloster Cîteaux nannten – lebten tatsächlich von ihrer Hände Arbeit; unter anderem bedienten sie sich bereits des Räderpfluges und führten die Dreifelderwirtschaft ein. Ihre Kirchen waren keine Prunkbauten, besaßen weder Kirchtürme noch Fenster aus buntem Glas, und Bernhard, der schon nach zwei Jahren Abt im neuen Kloster von Clairvaux wurde, sorgte dafür, dass es weder kunstvolle Fratzen noch Skulpturen gab, denn Derartiges würde die Mönche nur von ihrer Andacht abhalten, und da es für Laien ohnehin keinen Zutritt in die Klosterkirche gab, brauchte man auch die Erwartungen von neugierigen Laien nicht zu befriedigen.

Und dann war da noch der Kölner Bruno, der nach seinem Studium die Domschule in Reims leitete. Er sollte dort Erzbischof werden, aber ein anderer kaufte ihm das Amt vor der Nase weg, und dieser brutale Akt der Simonie trug sicherlich maßgeblich dazu bei, dass Bruno den Verlockungen, die hohe Ämter damals häufig boten, für immer widerstand und sich in die Einsamkeit zurückzog.

Zusammen mit sechs Begleitern ließ er sich in der »Cartusia« genannten Wildnis in der Nähe von Grenoble nieder, wo er kein Kloster im eigentlichen Sinne baute, sondern sechs kleine Hütten, die um eine Kapelle gruppiert waren. Die Regeln, nach denen die Einsiedler, die sich bald Kartäuser nannten, zu leben gelobten, waren noch weitaus strenger als die der Zisterzienser.

Sie lebten die meiste Zeit allein in ihrer Hütte, kamen nur selten zum gemeinsamen Gebet in ihre Kirche, aßen auch nur einmal in der Woche zusammen, und das Wichtigste neben Einsamkeit und Gebet war das Schweigen. Und die Armut natürlich. Selbst das Holz, mit dem sie ihre bescheidenen Hütten heizten, musste jeder selber im Wald sammeln. Wenn sie starben, legte man sie auf ein Brett; ein Sarg wäre zu großer Luxus, und in das Kreuz auf ihrem Grab wurde nicht einmal ihr Name eingeritzt.

So stellte sich auch Bernhard von Clairvaux das gottgefällige Leben vor, und er war des Lobes voll, als einer seiner Freunde, Norbert von Xanten, der auch mit den Zisterziensern sympathisierte, Anfang des 12. Jahrhunderts in der Nähe der französischen Stadt Laon den Orden der Prämonstratenser gründete.

Sie lebten zwar auch nach strengen Gesetzen, suchten jedoch nicht die Einsamkeit, sondern betätigten sich als Seelsorger in den Pfarreien und als Missionare in den neuen Ostgebieten des Reiches.

Aber selbst diese Orden, die doch nun überhaupt keinen Wert auf weltlichen Besitz legten, wurden – gerade weil man ihnen so sehr vertraute – von furchtsamen kleinen Sündern und wohlhabenden Übeltätern, die sich so die Vergebung ihrer Schandtaten erhofften, mit Spenden und Schenkungen überhäuft. Wie sonst hätten die Zisterzienser beispielsweise diesen herrlichen Altenberger Dom im Bergischen Land östlich von Köln bauen können. Vom Sitz der Kartäuser, der Grande Chartreuse bei Grenoble, ganz zu schweigen.

Und wieder forderten jetzt fromme junge Männer die Rückkehr zur Armut. Aber davon später.

Es waren noch genau acht Äpfel, die auf dem langen Brett im obersten Regal lagen. Der dürftige Rest einer ohnehin mageren Ernte vom vorigen Herbst. Auf einem weiteren Brett, das auf vier dünnen und sehr hohen Holzstempeln ruhte, damit keine Mäuse an ihnen hochlaufen konnten, standen zwei kleine Säckchen mit Hafer. Das waren ihre letzten Vorräte. Was sie sonst noch zum Überleben brauchten, mussten sie sich anderweitig besorgen.

Wenn sie es denn bis zur nächsten Ernte schaffen wollten. Und das war weiß Gott lange hin. Gerade einmal hatte man das Osterfest begangen, und noch immer waren die Felder mit vereisten Schneeresten bedeckt. An Pflügen war nicht zu denken und an eine Aussaat erst recht nicht.

Der Bauer war weder ein Höriger noch ein Leibeigener. Er war halbfrei. Sein Hof und das Land, das er bewirtschaftete, gehörten dem Benediktinerkloster St. Pantaleon, das in Sichtweite auf einem kleinen Hügel vor den alten Mauern der Stadt lag. Es war allerdings eine milde Herrschaft, die sich mit einem symbolischen Zins von fünf Hühnern im Jahr begnügte, doch selbst diese Abgabe hatte Abt Wolbero ihm angesichts der großen Hungersnot erlassen, und das Federvieh war längst im Kochtopf seiner Frau gelandet.

Es kostete ihn jeden Tag mehr Kraft, der Versuchung zu widerstehen, sich an der eisernen Reserve zu vergreifen, aber bislang hatte er es geschafft, obwohl er bereits zum Skelett abgemagert war und nahezu jeden Morgen dagegen ankämpfte, einfach liegen zu bleiben und zu sterben.

Wenn da nicht seine Frau und sein Sohn gewesen wären.

Er verrammelte den Zugang zu dem überdachten Erdloch mit großer Sorgfalt. Acht Äpfel und eine Handvoll Hafer waren im Augenblick wertvoller als eine goldene Kette. Den Hofhund gab es nicht mehr. Ein Hund galt in diesen Tagen als Festbraten. Sie hatten ihn zu Weihnachten geschlachtet.

Christian ging die wenigen Schritte zum Haus hinüber, das sich fensterlos unter dem dicken Strohdach duckte. Seine Frau Katharina – oder Tring, wie sie gerufen wurde – war einmal mehr schwanger, obwohl sie schon auf die vierzig zuging. Sie schlief noch, eng an ein Schaf gekuschelt.

Er wusste nicht mehr so genau, wie oft sie in den rund zwanzig Jahren ihrer Ehe schwanger geworden war. Einige Fehlgeburten hatte sie wohl erlitten, auch einige Kinder geboren, aber die meisten waren gestorben, bevor sie laufen konnten. Auch das Kind, das sie in wenigen Wochen zur Welt bringen würde, dürfte die ersten Tage nicht überleben. Katharina wird es wohl kaum stillen können – und dann?

Einzig Ulrich, der Erstgeborene, hatte seine Kindheit überlebt. Er war jetzt neunzehn Jahre alt, aber noch immer kränklich. Seit ihn der Mönch damals von seiner Stummheit geheilt hatte, konnte er wieder sprechen; nicht so richtig, aber doch einigermaßen verständlich. Es reichte so eben.

Christian weckte ihn, indem er ihn mit dem Fuß anstieß. Sie mussten in den Wald und nach Essbarem suchen. Und nach Holz, obwohl kaum noch welches herumlag. Äste absägen durfte man nicht. Man tat es dennoch, hin und wieder, aber dann musste man Wachen aufstellen, denn eine Säge war weit zu hören, und die Kriegsknechte der Abtei Brauweiler, zu der der Wald gehörte, verstanden keinen Spaß. Sie hatten schon manchem Holzdieb die Hand abgeschlagen.

Doch Holz wurde dringend gebraucht. Aus der Rinde konnte

man eine Suppe kochen, mit Holzscheiten unterhielt man das Feuer unter dem Kessel, und mit dem Sägemehl ließ sich der Haferbrei verlängern. Sofern man noch Hafer besaß. Um aber die frostige Luft im Haus auch nur ein wenig aufzuwärmen, war Holz mittlerweile zu kostbar geworden. Man schlief zwischen den Tieren und so nahe wie möglich beieinander. Außerdem behielt man sämtliche Kleider an. Wochenlang.

Natürlich stanken sie, aber wer mit Schafen unter einem Dach schlief, stank ohnehin.

Eine halbe Stunde später streifte er mit Ulrich durch den Wald, der sich fast über die ganze Ebene zwischen der Stadt und der Abtei Brauweiler erstreckte. Hier lag der Schnee noch höher, aber wer sich einigermaßen auskannte, wusste auch um die windgeschützten Stellen, wo es keine Verwehungen gegeben hatte und man inzwischen das rötliche Laub der Buchenblätter durchschimmern sah. Laub war fast so wertvoll wie die Zweige der Brombeerbüsche, die sie vorsichtig abrissen, aufwickelten und in die Säcke stopften. Notfalls musste man sie zum Feuermachen benutzen.

Obwohl sie keine richtige Hitze abgaben.

Das feuchtfaulige Laub der Buchen würden sie mit viel Geduld Blatt für Blatt auf eine Leine fädeln, um es in dem kalten Haus überhaupt trocken zu bekommen. Auch Laub schmeckte zwar irgendwie, und bestimmt nicht schlechter als Sägemehl, doch man benutzte es auch als Streu für die Tiere. Aber über dem Laubsammeln durfte man nicht die Suche nach Eicheln und Kastanien vergessen, und wenn man ein paar noch essbare fand, war der Tag beinahe gerettet.

Natürlich versuchten sie auch, Tiere zu fangen, aber richtig Jagd auf sie zu machen, vor allem auf diese wilden Schweine, die einem den Acker verwüsteten, würde den Hals kosten. Heimlich kleine Fallgruben anzulegen fiel den strengen Aufsehern dagegen nicht auf, aber für Schweine waren sie viel zu klein, und nur selten fand man ein Kaninchen in der Grube oder ein unvorsichtiges

Eichhörnchen. Man konnte auch versuchen, Leimruten auszulegen, aber das war naturgemäß nur im Sommer sinnvoll, wenn die Singvögel zurück waren. Raben und Elster dagegen würden sich leicht losreißen, und für ein paar Meisen lohnte die Mühe nicht.

Christian wusste nicht, wie lange sie noch durchhalten konnten. Das vergangene Jahr war eine einzige Katastrophe gewesen. Es hatte mit überaus starken Regenfällen begonnen, die selbst kleine Bäche zu reißenden Flüssen werden ließen. Das Wasser hatte die Felder überflutet, und das letzte Gemüse im Garten war verfault. Die Saat konnte im versumpften Acker nicht rechtzeitig eingebracht werden, weshalb die Ernte entsprechend mager ausgefallen war.

Auch in den Weingärten des Stiftes waren die Trauben nach dem kühlen und verregneten Sommer klein geblieben und ziemlich sauer. Aber selbst saure Trauben – dachte Christian – sind noch nahrhaft. Ob die Herren Benediktiner in ihrer Abtei auch Hunger litten? Wohl kaum. Da drüben gab es schließlich Scheunen, in denen die Mönche Lebensmittel lange lagern und in Zeiten wie diesen zu überhöhten Preisen auf den Markt bringen konnten. Irgendwoher musste das Geld ja kommen, das sie anscheinend im Übermaß besaßen. Soeben waren sie dabei, ihre Kirche zu vergrößern.

Ob das dem lieben Gott wirklich gefiel? Ein neues Haus, während die Menschen auf den Straßen verhungerten?

Christian hatte genau wie die anderen Kleinbauern ringsum außer seinem Erdloch keine Scheune und lebte wie alle anderen von der Hand in den Mund. Wobei sie mit ihren Familien wenigstens ein Dach über dem Kopf hatten. Das fahrende Volk dagegen, die Gaukler und die Handwerksburschen, die Studenten und die Dirnen – sie lebten von kleinen Diebstählen und vom Betteln. Aber in Zeiten wie diesen behielten die Leute das wenige, was sie noch hatten, für sich, und gerade Fremden gegenüber reagierten sie noch misstrauischer als in Zeiten, wo es sich halbwegs angenehm leben ließ.

Es liefen auch böse Gerüchte um. Menschen sind auf kleineren Straßen überfallen worden, und man hat sie buchstäblich abgeschlachtet; nicht um sie zu berauben, sondern weil sich die Täter in ihrer Verzweiflung mit dem Verzehr von Menschenfleisch vor dem Verhungern retten wollten. Man muss zwar nicht alles glauben, was die Leute so erzählen, aber Christian konnte sich inzwischen sehr gut vorstellen, dass der Hunger Menschen sogar zu derartigen Verbrechen treiben konnte.

Er selber besaß immerhin zwei Schafe und die Kuh Frieda, die jeden Tag ein wenig Milch gab, obwohl sie nur noch aus Haut und Knochen zu bestehen schien. Was Wunder. Die Weiden lagen selbst jetzt – im April – nach wie vor unter einer Schneedecke, und die paar Handvoll Gras, die Christian und Ulrich hin und wieder mit viel Mühe unter der Schneedecke fanden und abzupften, machten sie natürlich nicht satt. Dann musste auch Frieda sich mit getrocknetem Laub begnügen.

Oder mit ein paar dornigen Zweigen von einem Brombeerbusch.

Bald würde ja der Mai kommen. Dann werden sie Frieda mit in den Wald nehmen, und dann muss sie sich selber suchen, was ihr schmeckt – oder zumindest ihren Hunger stillt. Brennnesseln vielleicht oder Farn, Wegerich und vielleicht auch ein paar Disteln. Solange sie noch ein bisschen Milch gibt, wird sie jedenfalls nicht geschlachtet.

Christian wird mit Ulrich versuchen, wie man das wenige Getreide, das noch aufzutreiben ist, verlängern kann. Außer mit Sägemehl. Man kann, das wusste er schon von seinem Großvater, auch getrocknete Bohnen und Erbsen mahlen und in den Brei mischen, zudem zerstampfte Kerne von Kirschen und Pflaumen, aber auch – und das war nun wirklich aus der puren Not geboren – fein gemahlene Knochen von geschlachteten oder auf andere Weise verendeten Tieren.

Ein wandernder Medikus hatte im vergangenen Jahr, als noch niemand etwas von der jetzigen Hungersnot ahnte, auf einem

Markt in der Stadt ein Rezept gegen Magenschmerzen angepriesen, das aber auch sättigende Wirkung habe und das Hungergefühl vertreibe: Tonerde oder einfach fein gemahlene Ziegel. Klingt zwar schlimm, aber warum eigentlich nicht? Vielleicht sollte man's doch einmal versuchen.

Bevor man endgültig verhungert.

* * *

Eine Hungersnot, wie sie das dramatische Jahr 1150 und der nachfolgende nicht enden wollende Winter verursachten, können wir heute kaum noch nachvollziehen. Mitmenschen, die vor Ausbruch des Zweiten Weltkriegs geboren sind, erinnern sich vielleicht noch an den Hunger, den viele Menschen in den ersten Nachkriegsjahren gelitten haben, dennoch war es selbst damals nicht so, dass die Menschen gezwungen waren, buchstäblich alles hinunterzuwürgen, um irgendwie zu überleben.

Im Mittelalter verhungerten nach Missernten immer wieder Tausende von Menschen. Auch vor und nach diesem Winter, den Christian und seine kleine Familie zu Skeletten abgemagert überlebten, verzeichneten die Chroniken ähnliche Katastrophen.

Über die Jahre von 1032 bis 1034 schreibt der Mönch Radolphus Glaber aus dem burgundischen Kloster Cluny: »Unaufhörliche Regenfälle hatten die Erde derart aufgeweicht, dass man drei Jahre lang keine Furchen ziehen konnte, die das Saatgut hätten aufnehmen können. Zur Erntezeit gedieh auf den Äckern lediglich Unkraut oder die gefährliche Tollgerste. Wurde irgendwo Essbares angeboten, dann lediglich zu Wucherpreisen. Nachdem die Menschen alle Wildtiere, die sie fangen konnten, und alle Vögel verzehrt hatten, begannen sie schließlich damit, Aas zu verzehren.

In ihrer Verzweiflung verschlangen die Menschen sogar Fleisch von ihresgleichen. Reisende wurden überfallen und ermordet. Man schlug ihnen die Glieder ab und röstete sie über dem Feuer. Ähnliches widerfuhr auch Menschen, die sich in andere Orte flüchten wollten, um dort nach Nahrung zu suchen. Sie wurden von ihren Wirtsleuten im Schlaf erwürgt und dann verschlungen. Kinder wurden mit Eiern in abgelegene Häuser gelockt und erlitten dort das gleiche Schicksal. Ja, man grub sogar die Leichen Verstorbener aus, um mit ihnen den Hunger zu stillen.«

Wie groß die Not zuweilen war, beweist die Tatsache, dass nicht einmal Kannibalismus tabu war, und die Erinnerung daran begegnet uns noch in dem Grimmschen Märchen »Die Kinder in Hungersnot« vom Anfang des 19. Jahrhunderts, in dem es heißt:

Es war einmal eine Frau mit ihren beiden Töchtern in eine solche Armut geraten, dass sie nicht einmal mehr ein Stückchen Brot in den Mund zu stecken hatten. Wie nun der Hunger bei ihnen so groß ward, dass die Mutter ganz außer sich und in Verzweiflung geriet, sprach sie zu der älteren Tochter: »Ich muss dich töten, damit ich etwas zu essen habe.« Die Tochter sagte: »Ach, liebe Mutter, schont meiner. Ich will ausgehen und schauen, dass ich etwas zu essen bekomme, ohne zu betteln.« Da ging sie aus, kam wieder und hatte ein Stückchen Brot mitgebracht. Das aßen sie miteinander, aber es war zu wenig, um ihren Hunger zu stillen. Deshalb sprach die Mutter zu ihrer anderen Tochter: »So musst du dran!« Sie antwortete aber: »Ach, liebe Mutter, schont meiner. Ich will gehen und unbemerkt etwas zu essen besorgen.« Da ging sie hin und kam mit zwei Stückchen Brot wieder, aber auch das war zu wenig, um ihren Hunger zu stillen.

Darum sprach die Mutter nach einigen Stunden zu ihnen: »Ihr müsst nun doch sterben, denn sonst müssen wir allesamt verschmachten.« Daraufhin antworteten sie: »Liebe Mutter, wir wollen uns niederlegen und schlafen und nicht eher wieder aufstehen, als bis der Jüngste Tag kommt.« Da legten sie sich hin und schliefen einen tiefen Schlaf, aus dem sie niemand erwecken konnte. Die Mutter aber ist weggekommen, und weiß kein Mensch, wo sie geblieben ist.

In tiefer Verzweiflung war also alles denkbar. Nicht nur Kannibalismus, sondern sogar die Verspeisung der eigenen Kinder. Nicht umsonst lautete eine Redensart aus jener Zeit: »Hungersnot geht über alle andere Not!«

Hungersnöte waren – das glaubte man felsenfest – ein Strafgericht Gottes, und deshalb gab es auch keinen Heiligen, zu dem man hätte beten können, auf dass er derartige Katastrophen verhindere. Es gab Schutzheilige, die für ganze Berufsgruppen zuständig waren, Heilige, an die man sich bei gewissen Krankheiten wandte, und andere mit Spezialaufgaben wie der heilige Michael beispielsweise, der für das ganze Reich der Deutschen zuständig war.

Aber einen Heiligen, der Wetterunbilden abwandte? Er hätte sich ja dem Allerhöchsten in den Weg stellen müssen, und darum beteten die Bauern direkt zum Herrn, baten um Vergebung ihrer Missetaten und ließen Vieh und Felder segnen, wenn sie denn einen Priester fanden, der sich dazu herabließ. Benediktiner – alle aus adeligen Familien stammend – sahen ihre Aufgaben eher auf anderen Gebieten; die Bettelorden existierten noch nicht, Pfarrer im heutigen Sinne auch nicht, und die paar armseligen Leutpriester – na ja.

Wenn überhaupt einmal einer von ihnen bei einem armen Bauern vorbeischaute, ließ er sich für seine Dienste bezahlen oder zumindest beköstigen. Fragte sich nur, wovon.

Selbst in Jahren, in denen das Wetter sowohl die Aussaat im Frühjahr als auch die Ernte im Herbst begünstigte, blieben die Erträge einigermaßen bescheiden; besonders bei den kleineren Bauern, und das waren ja die weitaus meisten.

Wenn jedoch – was ja keineswegs selbstverständlich war – Überschuss erwirtschaftet wurde, musste man dafür Abnehmer finden, was wiederum einen Markt voraussetzte, der ja auch nicht allerorten abgehalten wurde.

Von dem bisschen Geld, das man dort verdienen konnte, mussten die Bauern dann noch ihre Pacht oder andere Abgaben entrichten. Für hin und wieder notwendige Anschaffungen blieb so gut wie nichts übrig.

Dafür gab es schließlich den Winter, der genutzt wurde, um nach Möglichkeit alles das herzustellen, was man heutzutage wie selbstverständlich im Baumarkt kaufen würde. Einen Schmied allerdings sollte man schon kennen, der im Tauschhandel gegen Getreide, Gemüse, Eier oder Hühner die notwendigen Eisenwaren lieferte, damit der Bauer den Pflug mit neuen Scharen versehen konnte, der Messer oder Spitzhacke herstellen oder auch das Haus und – so vorhanden – den Stall reparieren konnte. Wo eben möglich, wurde jedoch auf das teure Eisen verzichtet. Schüsseln, Teller, Löffel und selbst Spaten wurden in Eigenarbeit aus Holz geschnitzt.

Die Frauen waren zunächst einmal für den Haushalt zuständig. Das klingt zwar einigermaßen harmlos, aber es gibt heute kaum noch jemanden, der weiß, was es bedeutet, alle im Haus anfallenden Arbeiten ohne fließendes Wasser und Elektroherd, ohne Waschmaschine und Kühlschrank zu bewältigen. Unsere Großmütter haben es vielleicht noch erlebt, aber noch bis zum Ende des 19. Jahrhunderts war es die Regel und im Mittelalter erst recht.

Zusätzlich musste die Hausfrau das Vieh füttern, die Kühe, Ziegen und Schafe melken und aus der Milch Butter und Käse herstellen. Besonders wichtig und auch zeitraubend waren im Winter, wenn keine Arbeit im Freien anstand, das Spinnen von Wolle, das Weben von Stoff und die Fertigung der Kleidung für die ganze Familie.

Wenn das Frühjahr kam, sollten das Holz gehackt und die Zäune repariert sein. Dann wurden die eigenen Ausscheidungen und die der Tiere, die den Winter über gesammelt worden waren, in den Garten oder auf den Acker gebracht, wobei Taubenmist – sofern beschaffbar – als besonders wertvoll galt. Von manchen Pächtern forderte die Herrschaft sogar einen Topf voll Taubenmist als jährlichen Zins.

Die Höhe der Abgaben, die unfreie Bauern an die Herrschaft zu zahlen hatten, war übrigens höchst unterschiedlich. Manchmal – wie bei unserem Bauern Christian – waren sie sehr gering, mehrheitlich aber eher drückend.

Witzig dagegen hin und wieder die Formulierungen, mit denen die Forderungen schriftlich festgehalten wurden.

Da hat ein Bauer einen Hahn abzuliefern, der so groß sein muss, dass er auf einen dreieinhalb Fuß hohen Stuhl springen kann. Schafft er das nicht, hat der Bauer ihn wieder mitzunehmen und so lange zu füttern, bis er so hoch hopsen kann. Dressieren muss er ihn anscheinend auch noch, denn welcher Hahn springt schon auf Kommando auf einen Stuhl!

Mädchen aus hörigen Familien des Benediktinerklosters Sponheim, die um Heiratserlaubnis baten, mussten sich selbige mit einem Kupferkessel erwirken, der – wörtlich – so groß zu sein hatte »wie ihr Hinterteil«. Und ebenso umfangreich musste die Menge an Butter und Käse sein, die eine jede Bauersfrau abzuliefern hatte. Fragt sich, wieso sich die Mönche mit dem Umfang weiblicher Hinterteile auskannten.

Aber zurück zum Düngen von Garten und Feld. Die tierischen und menschlichen Ausscheidungen, die für den Acker bestimmt waren, wurden dort untergepflügt, reichten aber bei Weitem nicht aus. Deshalb wurde ein Drittel der Ackerfläche mit Sommerfrucht bestellt, ein weiteres mit Winterfrucht, und das letzte lag brach, um sich zu erholen. Dreifelderwirtschaft also.

Einen teuren Räderpflug besaß kaum einer der Kleinbauern. Ein solcher Pflug wurde von zwei oder vier Ochsen gezogen, die damals übrigens kaum größer waren als Schweine und deshalb auch nicht besonders kräftig. Aber auch diese Ochsen waren in Anschaffung und Unterhalt teuer, und deshalb waren viele Bauern gezwungen, sich mit einem hölzernen Hakenpflug zu begnügen, den notfalls auch ein Mensch ziehen konnte. Er hatte jedoch den Nachteil, dass die Erde damit nur aufgerissen, nicht aber gewendet werden konnte. Um die Saat gut einzubringen, musste der

Bauer mit der Egge noch einmal quer pflügen und eventuell sogar die schweren Erdbrocken mit den Händen zerteilen.

Schließlich wurde gesät, hauptsächlich Roggen, Gerste und Hafer, Sorten also, aus denen man nicht nur Brot backen, sondern die man auch als Futter verwenden oder zum Bierbrauen nutzen konnte, was damals noch weitgehend daheim geschah. Während der Vater das Saatgut ausstreute, liefen die Kinder hinter ihm her und vertrieben die Vögel, die sich auf die Körner stürzen wollten. Die Mutter pflanzte derweil im Garten Gurken und Radieschen, Kohl und Möhren, Zwiebeln und Sellerie an. Erbsen und (Pferde-)Bohnen dagegen wurden auf dem Acker angebaut.

Auch Obstbäume standen im Garten. Daran wuchsen Kirschen, Zwetschgen und Pflaumen, Pfirsiche, Birnen und Äpfel. Letztere waren besonders beliebt, weil sie im Gegensatz zu anderen Obstsorten – vor allem gegenüber den Birnen – länger konservierbar sind. Nun darf man sich das Obst nicht in so edler Verfassung vorstellen, wie es sich heute auf unseren Märkten präsentiert. Es war einst mehrheitlich von den Römern nach Nordeuropa eingeführt und durch die Jahrhunderte hindurch nicht zuletzt von den Zisterziensern gezüchtet und veredelt worden.

Obst und Gemüse wurden allerdings zu keiner Zeit als Hauptnahrungsmittel betrachtet – und wenn es auf den Tisch kam, dann nicht deswegen, weil es so gesund ist. Daran dachte niemand. Man ernährte sich vornehmlich von Brei und Brot. Längst haben sich unsere Essgewohnheiten geändert, aber das Wort *Brot* taucht noch immer in zahlreichen Redewendungen und Bezeichnungen auf.

Wir kennen die *brotlose Kunst* sowie das *Brot der frühen Jahre* und wissen darüber hinaus, dass der Mensch *nicht nur vom Brot allein* lebt. Wir beten um unser *tägliches Brot* und sprechen neidvoll über einen Mitmenschen, der *nie sein Brot mit Tränen aß*. Wir lassen uns *nicht die Butter vom Brot nehmen* und kennen jemanden, von dem *nicht einmal ein Hund ein Stück Brot* nähme. Wir *stehen in Lohn und Brot* und verdienen so unsere *Brötchen*. Wir gehen zum *Abendbrot* nach Hause, verdienen uns bei einem zweiten Arbeitgeber unser *Zubrot* und hoffen, dass uns später einmal jemand das *Gnadenbrot* gewährt.

Von Gemüse ist keine Rede und auch von Obst nur selten. Allenfalls vom Apfel, der nicht weit vom Stamm fällt, aber die Anwesenheit eines solchen ist nicht einmal beim Sündenfall gewährleistet. Die Schlange verführt Adam und Eva im Paradies lediglich dazu, von einer verbotenen *Frucht* zu naschen.

Brot war das Hauptnahrungsmittel für Arm und Reich, und wenn es reichlich vorhanden war, aßen die Leute bis zu drei Pfund am Tag. Noch um 1800 herum haben die Deutschen fünfmal so viel Brot gegessen wie heute. Und selbst bis tief ins vorige Jahrhundert hinein, kam – von wirklich reichen Familien einmal abgesehen – nur am Sonntag Fleisch auf den Tisch. Dafür gab's einmal in der Woche die bei vielen Kindern verhasste Brotsuppe.

Die war einfach billiger.

Aber aß man nun Weißbrot oder Graubrot? Schwarzbrot oder Pumpernickel? Das sind moderne Bezeichnungen. Welcher Teig in den Backofen geschoben wurde, hing davon ab, was auf dem jeweiligen Acker gedieh.

Und das waren in erster Linie Roggen, Gerste und Hafer. Weizenarten wie Emmer und Dinkel stellen hohe Ansprüche an den Boden und waren damals vergleichsweise teuer. Am anspruchlosesten war und ist die Gerste, und deshalb galt Gerstenbrot als Brot der Knechte.

Weizenbrot dagegen war im Gegensatz zu Italien und Frankreich, wo das Klima günstiger war, in erster Linie das Brot der Reichen, und weil es so begehrt war, verlockte es zum Betrug. Während die Armen ihr Mehl häufig mit Mehl aus Eicheln oder Kastanien, Erbsen oder Bohnen streckten, färbten unehrliche Bäcker zuweilen dunkles Brot mit Gips, weißem Töpferton, Kreide oder gemahlenen Knochen hell und verkauften es als Weizenbrot.

Zunächst aber musste das Getreide geerntet werden, und das war ein mühseliges Geschäft, denn die Sense, wie wir sie heute kennen und wie sie im 14. Jahrhundert in der Hand von Gevatter Tod dargestellt wurde, war zwar erfunden, aber noch nicht im täglichen Gebrauch. Benutzt wurden gemeinhin Sicheln, mit denen nur die Ähren abgeschnitten wurden, die dann zum Dreschen in eine Scheune gebracht wurden.

Dort schlug man zunächst mit Knüppeln, später mit einer neuen Erfindung, dem Dreschflegel, auf die Ähren ein, um so Stroh und Körner zu trennen, bevor man sie mit Schaufeln in die Luft warf, um so *die Spreu vom Weizen* zu trennen. Das war Schwerstarbeit und machte hungrig, sodass die Knechte anschließend aßen *wie die Scheunendrescher.*

Aber zumindest ebenso viel Brei wie Brot, denn Brei, diese billige Pampe, ließ sich buchstäblich aus fast allem herstellen. Da gab's in erster Linie den Haferbrei, der viel Fett und Eiweiß enthielt, noch heute in England als Porridge auf den Frühstückstisch gehört und in deutschen Landen auch als Grütze bekannt ist. Besonders geschätzt wurde der Hirsebrei, dem auch in einem Märchen der Brüder Grimm ein Denkmal gesetzt worden ist.

Und was war mit Fleisch?

Bevor weite Teile des Waldes gerodet waren und es noch nicht so viel freie Ackerfläche gab, spielte Fleisch in der Ernährung der Menschen eine wesentlich größere Rolle. Aber als die Bevölkerung rasch wuchs, zeigte sich, dass Getreideanbau in großem Stil unverzichtbar war. Dennoch blieben die Tiere unentbehrlich. Vor allem die Schweine, die man aber nicht im Stall hielt, sondern unbeaufsichtigt durch die Wälder laufen ließ.

Das machte Diebstahl leicht, der allerdings streng geahndet wurde. Wie ernst es den Gesetzgebern dabei war, zeigt die Tatsache, dass in den niedergeschriebenen Volksrechten beispielsweise nicht einfach von *Schweinen* die Rede ist. Penibel wird beim Strafmaß unterschieden, ob da Mastferkel oder Muttersäue, Läufer oder Eber gestohlen wurden. Auch bei Pferden unterscheiden die Richter zwischen Stuten, Hengsten und zwei- oder dreijährigen Fohlen. Und ein Rind wird nicht einfach als *Rind* aufgeführt. Es war von Bedeutung, ob da Kühe gestohlen wurden oder Ochsen, Kälber oder Stiere.

Pferde waren auf kleineren Gehöften eher selten, denn Bauern ritten nicht über Land. Dagegen gab es auf jedem Hof neben zahllosen Hühnern, Tauben, Enten und Gänsen natürlich Ziegen und Schafe, die nicht nur Wolle lieferten, sondern auch das gefragte Leder für die Herstellung von Pergament. Und damit ließ sich wirklich Geld verdienen.

Wichtig war natürlich die Milch der Tiere, wobei allerdings festgehalten werden muss, dass eine Kuh damals allenfalls ein Drittel der Milchmenge gab, die man heute erwarten darf. Dennoch war sie eigentlich unentbehrlich, aber: Wie sollte man sie oder gar ihrer mehrere durch den Winter bringen? Ein einziges Tier braucht allein an die 25 Pfund Heu am Tag – da lässt sich leicht ausrechnen, wie viel das im Jahr ist, und das nur für ein einziges Tier.

Wo aber sollte man genug Heu für etliche Tiere herbekommen, und wo wollte man es aufbewahren, da Kleinbauern kaum eine Scheune besaßen.

Da waren die Schweine anspruchsloser. Sie verschwanden morgens mit einer Schelle um den Hals im Wald und kamen abends (hoffentlich) vollgefressen zurück.

Aber was machten sie im Winter? Wenn Schnee lag und weder Eicheln noch Bucheckern zu finden waren? Dann landeten die meisten von ihnen im Kochtopf oder – so vorhanden – in der Räucherkammer.

Geschlachtet wurde meist im November oder Dezember, und der Bauer musste klug vorgehen und sorgsam darauf achten, dass die Sau nichts Böses ahnte. Ihr Tod hatte blitzartig zu erfolgen, aber nicht aus Mitleid mit dem Tier, sondern wegen der Qualität. Das Fleisch eines Schweins, das vor dem Schlachten in Panik gerät, wird – so hieß es – zäh. Dafür aber war es zu wertvoll, und damit es den ganzen Winter hindurch auch wirklich genießbar blieb, wurde es eingepökelt, und das Salz band das Wasser im Fleisch, sodass es nicht faulen konnte.

Nach dem Schlachten gab es endlich Fett, das im Gegensatz zur Butter nicht ranzig wurde. Fett brauchte man nicht nur zur Zubereitung von Speisen, sondern auch zum Einfetten von Eisenteilen, um sie vor Rost zu schützen. Vor allem aber um Talgkerzen herzustellen. Kerzen aus Bienenwachs wären für die Kleinbauern viel zu teuer gewesen. Die stellte man allenfalls bei festlichen Anlässen auf.

Aber warum sollte man jetzt kein Fest feiern! Endlich gibt es genug zu essen, und die Tochter des Hauses kommt heute unter die Haube. Sie heiratet den Nachbarssohn, den sie schon von Kind auf kennt, und die Eltern vertragen sich auch untereinander. Man verehelicht sich möglichst nach dem Motto: *Heirate über den Mist, dann weißt du, wer es ist.* Will sagen, dass man kaum ein Risiko eingeht, wenn man jemand von gegenüber ehelicht. So bleiben unliebsame Überraschungen aus. Lieben müssen die zwei sich schließlich nicht. Das kommt von selbst.

Oder halt auch nicht.

Da beide zur gleichen Herrschaft gehören, konnte man die Zustimmung von oben erwarten. Wenn sie zu zwei verschiedenen Herrschaften gehören, ist das schon schwieriger. Das wird nicht so gerne gesehen. Ansonsten mischt sich der Herr kaum in das Familienleben seiner Hörigen ein.

Auch die Braut ist ihm von Herzen gleichgültig. Das sogenannte *Ius primae noctis*, also jenes Gesetz, welches angeblich das Recht des Dienstherren festschreibt, die erste Nacht mit der Braut verbringen zu dürfen, wird zwar viel zitiert, hat aber nie existiert. Außer in der Fantasie von Verfassern historischer Romane.

Wenn der Herr entschlossen und brutal genug war, hat er sich ohnehin jedes Mädchen seiner Hörigen genommen und nicht erst die Brautnacht abgewartet.

Niemand hätte ihn daran hindern können.

Als der deutsche König Konrad III. am 15. Februar des Jahres 1152 in Bamberg im Sterben lag, standen an seinem Bett lediglich sein Neffe, Herzog Friedrich von Schwaben, und der Bamberger Fürstbischof Eberhard II. Die letzten Worte des Königs kennen wir nicht. Wir wissen nur, was die beiden später darüber berichtet haben, und das klingt sogar einigermaßen glaubhaft.

Der letzte Wille Konrads – erzählten die beiden später – sei es gewesen, dass Herzog Friedrich sein Erbe antreten solle und nicht etwa der sechsjährige Sohn des Königs, der wie sein Vater ebenfalls Friedrich hieß. Das Kind nämlich wäre nach dem Tod des Vaters unter die Vormundschaft des Mainzer Erzbischofs gekommen, und dieser war nicht nur ein Feind der Staufer, sondern auch noch ein Freund des Papstes.

Da sei es doch viel besser, soll der sterbende König gesagt haben, wenn es der junge Herzog übernehmen würde, das Reich wieder zu einen und dem Machthunger Roms entgegenzutreten. Das sahen auch die meisten Fürsten so und wählten ihn zum König. Die Krönung fand der Tradition gemäß ein paar Tage später in Aachen statt.

Leider fehlte dabei seine Ehefrau.

Was nur einige nicht Eingeweihte überraschte, denn in den Beziehungen der beiden stimmte es schon seit geraumer Zeit nicht mehr. Wenn es denn überhaupt jemals gestimmt hatte.

Das Herzogtum Schwaben war nicht gerade reich, als der

junge Friedrich um die Hand der Dame geworben hatte, aber ihr Bruder war immerhin Markgraf, und Adelheid von Vohburg war mit einer ansehnlichen Mitgift ausgestattet. Mehr wissen wir eigentlich nicht von ihr; allenfalls, dass sie wohl ein paar Jahre älter war als der Bräutigam.

Für einen Herzog mochten ihre Herkunft und die Mitgift wohl reichen, aber für einen König und den – vielleicht – späteren Kaiser?

Friedrich beauftragte seine Kanzlei, Mittel und Wege zu finden, diese Ehe aufzulösen. Seine Vorstellung war es, eine Tochter des byzantinischen Kaisers Manuel zu ehelichen, aber dort rümpfte man die Nase. Ein kaiserliches Kind in diesen barbarischen Westen Europas zu schicken? Nein danke. Man machte einen Gegenvorschlag, der wiederum einigermaßen beleidigend für den König war. Irgendeine drittklassige Prinzessin täte es doch wohl auch.

Das fand Friedrich allerdings nicht.

Seine neue Favoritin war die erst dreizehnjährige Beatrix, die Erbprinzessin von Burgund, die nicht nur ausgesprochen hübsch, sondern für die damalige Zeit auch außerordentlich gebildet und kultiviert war, die neben Französisch und Deutsch auch Italienisch und Latein beherrschte, die reiten und fechten konnte und die ihren Mann und letztlich alle Deutschen lehrte, was ein Troubadour war, und was es mit der hohen Minne auf sich hatte.

Was für den Augenblick jedoch noch wichtiger war: Mit dieser Ehe wurde Friedrich Herr über Burgund, und wenn er nun nach Italien wollte, musste er nicht mehr über die von Feinden leicht zu sperrenden Pässe ziehen, sondern konnte die Alpen über eigenes Territorium westlich umgehen.

Nur: Noch war er mit Adela verheiratet.

Sollte er die Auflösung seiner Ehe wegen Ehebruchs seiner Frau beantragen? Dann stand er wie ein betrogener Hahnrei da. Oder wegen Unfruchtbarkeit? Vielleicht war ja er es, der keine

Kinder zeugen konnte. Oder wegen zu naher Verwandtschaft? Damit wurde in jenen Zeiten häufig argumentiert, aber würde da Papst Eugen III. mitspielen? Nun – das war Verhandlungssache.

Eigentlich war die Situation günstig. Einerseits brauchte der König das Wohlwollen seiner Heiligkeit. Schließlich wollte Friedrich von ihm zum Kaiser gekrönt werden. Der Papst seinerseits jedoch brauchte ihn noch dringender, denn die Bevölkerung von Rom rebellierte seit Langem gegen ihn, und vor den Toren standen die Normannen, die von Süden her den Kirchenstaat bedrängten.

Wer sollte dem Papst helfen, wenn nicht er – Friedrich?

Und da eine Hand bekanntlich die andere wäscht, wurde die Ehe aufgelöst und der Weg frei für die kleine Beatrix und eine große Liebe, wie sie in jenen Zeiten wahrlich die Ausnahme in adeligen Ehen gewesen ist.

Ob nun die verstoßene Adelheid von Vohburg wirklich Ehebruch begangen hat, wissen wir nicht. Dagegen spricht, dass eine Königin bei Hofe eher keine Gelegenheit besessen hat, sich heimlich mit einem anderen Mann zu treffen. Für die Tatsache, dass sie sich anscheinend sehr spontan verlieben konnte, spricht dagegen, dass sie nach ihrer Verbannung eine Ehe mit einem rangmäßig sehr viel tiefer stehenden Ministerialen einging, einem gewissen Dietho von Ravensburg, dem sie auch Kinder gebar.

Unfruchtbar war sie demzufolge nicht. Vielleicht hätte sich Friedrich ihr häufiger nähern sollen.

In jedem Fall hat Adelheid traurige Jahre an der Seite ihres ersten Mannes verbracht, und da war sie wohl nicht die Einzige, der ein solches Schicksal widerfuhr. Frauen brauchten im Mittelalter wirklich viel Glück, um glücklich zu werden.

* * *

Schuld daran war die Religion, und zwar nicht allein die christliche Kirche, sondern auch der Islam und die jüdische Religion, die vermutlich erst im 6. Jahrhundert v. Chr. zu einer monotheistischen geworden ist (griech.: *monos = einzig* und *theos = Gott*). Jahwe hatte den Juden zuvor nur als ihr Stammesgott gegolten. Sie waren davon überzeugt, dass für die anderen Völker wie beispielsweise die Ägypter oder die Philister andere Götter existierten.

Wichtig: Während es bei den Griechen und Römern bekanntlich viele Göttinnen gab (Hera, Venus, Athene, Juno, Aphrodite etc.), ist der Gott der monotheistischen Religionen stets männlicher Natur und wird bei ihnen stets als *Herr(scher)* oder *Vater* angesprochen und verehrt.

Der erste Mensch in der Bibel ist folgerichtig auch ein Mann, denn Adam wurde ja nach dem Ebenbild Gottes geschaffen und konnte deshalb keine Frau sein. Eine solche aber wurde naturgemäß ebenfalls gebraucht, aber es ist bezeichnend, dass Gott Eva nicht etwa aus Adams Kopf oder gar aus dessen Herzen schafft, nicht einmal aus seiner Hand, sondern lediglich aus einer Rippe.

Und damit sie gleich Bescheid wusste, wo in Zukunft ihr Platz sein würde, sprach der Herr zu Eva: »Zahlreich werde ich Deine Beschwerden machen und Deine Schwangerschaften. Unter Schmerzen sollst Du Deine Kinder gebären. Und doch steht Dein Begehren nach Deinem Mann. Er aber soll herrschen über Dich.«

Das fand auch der Apostel Paulus, der in seinen Briefen die Frauen stets von Neuem dahingehend zu belehren pflegte, was sie zu tun und zu lassen hatten. Die Korinther erinnerte er daran, dass der Mann nicht aus der Frau, sondern die Frau aus dem Mann geschaffen wurde, und Gott habe Adam nicht der Eva wegen geschaffen, sondern Eva dem Adam zuliebe. Außerdem müsse ein Mann niemals sein Haupt verhüllen, weil er ja schließlich Gottes Bild und Abglanz sei, während die Frau lediglich der Abglanz des Mannes.

Im Übrigen sollten die Frauen in der Kirche den Mund halten, und wenn sie denn doch eine Frage hätten, möchten sie sie gefälligst ihrem Mann stellen.

Und zwar daheim.

In einem Brief an Timotheus verstieg sich Paulus sogar zu der Behauptung, Adam habe sich im Paradies bekanntlich nicht verführen lasse, sondern lediglich Eva sei schwach geworden. Da hat er wohl die Genesis nicht genau genug studiert, denn dort lesen wir, dass Eva den Adam sehr wohl dazu verführt hat, von der verbotenen Frucht zu essen.

Das Vorurteil gegenüber den Frauen hielt sich durch die Jahrhunderte und erreichte seinen Höhepunkt zur Zeit der Hexenverfolgung. Im »Hexenhammer« behauptete dessen Autor Heinrich Institoris allen Ernstes, das lateinische Wort *femina* für Frau, setze sich aus *fe = fides = Glauben* und *minus = weniger* zusammen. Eine Frau besitze folglich weniger Glauben. In Wahrheit bedeutet *femina* ursprünglich so viel wie fruchtbar, eine *femina* ist also eine säugende oder stillende Frau.

Schon der Bischof Isidor von Sevilla hatte im 7. Jahrhundert ähnlich haarsträubende Ableitungen aus lateinischen Wörtern erfunden. So behauptete er, das lateinische Wort *vir* (Mann) sei von *virtus* (Tugend) abgeleitet, während das Wort *mulier* (Frau) seine Wurzel in der Bezeichnung *mollitia* (Schwäche) habe. Ob er das tatsächlich ernst gemeint hat, sei dahingestellt. Als unbestrittene Tatsache jedoch galt allgemein, dass das Weib grundsätzlich schwach sei.

Aber schwach ist ja nicht gleichbedeutend mit böse.

Das wurde sie erst in den sündigen Fantasien der Männer, die (Vor-)Urteile fällten, ohne auch nur die Spur einer Ahnung davon zu haben, was Frauen in Wirklichkeit bewegt. In ihren Augen waren sie allesamt Sexmonster.

Schon im Alten Testament wütete Jesus Sirach: »Der Frau Verderbtheit zeigt sich in den frechen Blicken, und leicht wird sie erkannt an ihren Augenwimpern. Gleich wie ein durst'ger

Wandersmann den Mund auftut, um jedes Wasser, das erreichbar ist, zu trinken, so hockt das Weib vor jedem Pflock sich nieder und öffnet ihren Köcher vor dem Pfeil!«

So schlimm war Eva anfangs offensichtlich nicht. Augustinus lehrte im 5. Jahrhundert, Adam und Eva hätten bereits im Paradies Verkehr miteinander gehabt, allerdings ohne dabei Lust zu empfinden. Sie hätten nur miteinander geschlafen, um Kinder zu bekommen. Warum das dann nicht klappte, wusste er allerdings auch nicht.

Der Theologe Origines vertrat im 3. Jahrhundert dagegen die These, nicht der Apfel sei schuld gewesen an der Vertreibung, sondern vielmehr die Tatsache, dass die beiden beim ersten Verkehr sehr wohl richtig Lust empfunden hätten, was dem Herrgott allerdings missfiel, sodass er entschieden habe, dass aller Verkehr als Sünde gelte und alle so gezeugten Kinder automatisch durch diese Erbsünde befleckt seien. Logischerweise kamen deshalb Kinder, die bei der Geburt oder unmittelbar danach starben und folglich nicht getauft waren, stracks in die Hölle.

Ganz fanatische Theologen schlossen daraus, dass die Leichen schwangerer Frauen nicht in der Kirche aufgebahrt werden durften, weil sie ja ein sündiges Kind in sich trugen und eine Beisetzung in geweihter Erde deshalb nicht gestattet sei.

Es sei denn, man entfernte den Fötus zuvor aus dem Leib der Gestorbenen.

* * *

Lassen wir jetzt aber die merkwürdigen Auffassungen der mittelalterlichen Kirche einmal beiseite und betrachten wir dafür die Anfänge. Wie wurden hierzulande Ehen geschlossen, bevor sich ein gewisser Winfried mit dem Beinamen Bonifatius daranmachte, den Germanen das Christentum näherzubringen?

Die Ehe – das Wort *êwe* oder *êwa* kam aus dem Mittelhochdeutschen und bedeutete so viel wie Gesetz – war zunächst nichts anderes als eine Übereinkunft zwischen zwei Familien, Sippen oder Stämmen, die ihre halbwegs erwachsenen Kinder einander anvertrauten und dies mit Handschlag besiegelten. *Sie gaben sich die Hand drauf,* wie wir heute noch sagen.

Zum Schluss bestieg das Brautpaar das Ehebett, und zwar in Gegenwart von Augenzeugen, die sich dann allerdings diskret zurückzogen.

Damit war die Heirat (vom germanischen Wort *Hîwa* = Hausgemeinschaft) vollzogen, und die Braut gehörte fortan zur Familie des Bräutigams, bis dieser später mit seiner Frau eine eigene Familie gründete. Eine prunkvolle Hochzeit im heutigen Sinn kannte man nicht, allenfalls ein größeres Gelage, und auch das Wort »Hochzeit« entstammt späteren Zeiten, als es Brauch war, das Brautpaar von einem Priester segnen zu lassen.

Solche Trauungen mit den dazugehörenden Festlichkeiten fanden gemeinhin an Festtagen statt, an denen man nicht arbeiten musste. Da es aber – außer in Burgen – keine Festsäle gab, feierte man im Freien, und das wiederum ging nur an Festtagen wie beispielsweise zu Pfingsten, also an *hohen Ziten* im Frühjahr oder Sommer. Und daher stammt unsere heutige Bezeichnung Hochzeit. Auf die Hochzeit folgte naturgemäß die Ehe.

Aber welche?

Es gab verschiedene Versionen. Eine einigermaßen raue Form war in germanischer Zeit und auch noch im frühen Mittelalter nicht gerade selten: die Entführungs- oder auch Raub-Ehe. Sie löste fast immer eine Fehde aus, weil sich der ungewollte Schwiegersohn dabei um den Brautpreis drückte. Dass die Braut dabei gegen ihren Willen zur Frau gemacht wurde, spielte dagegen keine Rolle. Sie wurde im Grunde nie gefragt.

Ähnlich brutal wie die Raub-Ehe wurde auch die sogenannte Kebs-Ehe geschlossen. Das Wort *Kebse* bedeutete ursprünglich »Sklavin«, und eine Kebs-Ehe war nichts anderes als ein Verhältnis, das ein freier Mann mit einer ihm gehörenden Magd einging. Die daraus entstehenden Kinder nannte man *Kegel*, was noch in der Redewendung *mit Kind und Kegel* nachklingt.

Eine richtige Ehe war das natürlich nicht, denn wenn ein freier Mann eine Unfreie heiratete, wurde er selber unfrei. Warum auch hätte er eine Magd heiraten sollen. Er besaß ja ohnehin die Verfügungsgewalt über ihren Körper.

Doch zurück zum Regelfall. Am häufigsten wurde ohne jeden Zweifel die Munt-Ehe geschlossen. Das war zunächst einmal ein Geschäft, bei dem die Frau das Objekt darstellte. Ihre Zustimmung war dabei nicht erforderlich. Vor der Ehe wurden die Brautleute verlobt. Dieses Verlöbnis war ein Vertrag, dessen Verletzung böse Konsequenzen nach sich zog. Das konnte eine hohe Geldbuße sein, aber auch ein blutiger Konflikt.

Die jungen Leute mussten vor Zeugen schwören, zu einem vorher bestimmten Termin zu heiraten, und der Bräutigam hatte schon bei der Verlobung dem zukünftigen Schwiegervater den zuvor ausgehandelten Brautschatz zu übergeben, oder wenigstens eine Anzahlung zu leisten.

Dieses Geschenk war abhängig vom Stand und Reichtum des Bräutigams. Ein Bauer mochte eine Rinderherde mitbringen, ein Winzer einen Weinberg, ein Töpfer den Hausrat, und der Landgraf Ludwig IV. von Thüringen schenkte seiner jungen Frau, der später heiliggesprochenen Elisabeth, gar die ganze Stadt Marburg an der Lahn.

Mit dem Tag der Eheschließung erhielt der Bräutigam vom Vater der Braut die sogenannte Muntgewalt über seine Frau, was bedeutete, dass er in allen rechtlichen Fragen ab sofort das Sagen hatte und auch als Einziger über das gemeinsame Vermögen verfügen konnte. Starb er, ging seine Muntgewalt auf seinen nächsten männlichen Verwandten über.

Das war insofern vernünftig, als besonders in Adelskreisen die Ehe meist aus politischen Gründen und ohne Rücksicht auf das Alter von Braut und Bräutigam ausgehandelt wurden. Zum Teil waren das noch richtige Kinder, die da miteinander verlobt und verheiratet wurden, sodass die Kirche schließlich einschreiten musste. Seit dem 12. Jahrhundert konnte ein Eheversprechen, das von einem Mädchen unter zwölf Jahren abgegeben wurde, widerrufen werden, und auch die Jungen mussten wenigstens vierzehn Jahre alt werden, ehe sie rechtsgültig verlobt werden durften.

Der Adel allerdings glaubte, sich an derartige Vorschriften nicht halten zu müssen. Um nur ein einziges, aber besonders krasses Beispiel zu nennen: Heinrich, der ältere Bruder des englischen Königs Richard Löwenherz, wurde als Fünfjähriger mit einer zweijährigen französischen Prinzessin vermählt.

Auch andere junge Männer traf es heftig: König Otto II. von Böhmen musste als Zwanzigjähriger die unattraktive und immerhin fast fünfzigjährige Margarethe heiraten, die Erbin des Herzogtums Österreich. Kinder zeugte er keine mit ihr, und als ihm das Erbland endlich zufiel, ließ er sich so schnell wie möglich scheiden.

Wer könnte es ihm verdenken.

In städtischen Kreisen war Derartiges eher selten anzutreffen. Dort heirateten die Mädchen wesentlich später, aber von Liebe war auch hier nur ganz selten die Rede. Kein Grund für uns, darüber die Nase zu rümpfen. Noch bis in die heutige Zeit hinein wird die Braut in arrangierten Ehen hier und da mit dem Versprechen getröstet, sie werde schon sehen: Die Liebe komme ganz von selbst.

Ganz viel Liebe dagegen war bei der Friedel-Ehe im Spiel. Das Wort kommt vom Begriff *friudiea*, was so viel bedeutet wie »Geliebte«, wobei aber auch deutlich unser Wort »Freude« anklingt.

Bei der Friedel-Ehe wurde der Mann nicht zum Vormund der Frau, die also *mündig* blieb. Ehen dieser Art wurden vornehmlich geschlossen, wenn sich eine adelige Frau in einen unter ihr stehenden Mann verliebte, dem sie sich naturgemäß nicht unterordnen wollte.

Andererseits konnte auch ein Adeliger, der bereits in einer Munt-Ehe lebte, zusätzlich eine Friedel-Ehe mit einer nicht standesgemäßen Frau eingehen. Der Nachteil für den Nachwuchs: Er war im Gegensatz zu den Halbgeschwistern aus der Munt-Ehe nicht erbberechtigt und musste rechtzeitig auf andere Weise wirtschaftlich abgesichert werden.

Die Kirche erkannte diese Ehen allerdings nicht an, sondern betrachtete die Frauen, die ein Verhältnis mit einem anderweitig bereits verheiraten Mann unterhielten, lediglich als Konkubinen, aber das hieß noch nicht, dass sie in Todsünde lebten. Die Sache war komplizierter.

Zunächst muss man bedenken, dass auch die Kirche gerne wegsah, wenn sich unverheiratete Männer eine Geliebte hielten. Da machten ja selbst Bischöfe und Äbte keine Ausnahme. Auch sie wussten schließlich, welchen sexuellen Versuchungen halbwegs normale Männer ausgesetzt sind. Den Frauen in Hurenhäusern musste sogar ausdrücklich verboten werden, geistliche Kunden zu bedienen, und den Mönchen wurde strengstens untersagt, Huren mit ins Kloster zu bringen.

Aber: Wenn Männern schon ein Verhältnis zugestanden wurde – dann bitte nur mit einer einzigen Frau. Zwar lautete ein sarkastischer Spruch, seiner Geliebten solle man unbedingt treu bleiben; eine Ehefrau habe man ja ohnehin. So aber meinte die Kirche das eigentlich nicht. Sie gestand jedem *unverheirateten* Mann zumindest stillschweigend eine Konkubine zu. Aber dabei sollte es auch bleiben. Ein lang andauerndes Verhältnis mit gegenseitiger Treue sei schließlich fast wie eine Ehe, wenn auch ohne kirchlichen Segen.

Aber immer noch besser als der regelmäßige Besuch im Frauenhaus, also bei den käuflichen Damen.

Der aber war – abgesehen von der ebenfalls als schwere Sünde eingestuften Selbstbefriedigung – für viele Männer, die einzige Möglichkeit, ihre Triebe auszuleben. Wo auch immer eine Siedlung zur Stadt anwuchs, schoss binnen kürzester Zeit ein Bordell aus dem Boden, in größeren Städten entstanden gleich deren mehrere. Die französische Bezeichnung kam übrigens erst im 15. Jahrhundert durch reisende Kaufleute nach Deutschland und konnte die Bezeichnung Frauenhaus erst noch viel später endgültig verdrängen.

Wie aber standen die Kirche auf der einen und die jeweiligen Stadträte auf der anderen Seite zu diesem Phänomen?

Sehr pragmatisch.

Schon der heilige Augustinus, der vor seiner Bekehrung zeitweilig im Konkubinat lebte und von seiner Geliebten einen Sohn hatte, befürwortete Bordelle in den Städten mit dem Argument: »Wenn du die Dirnen aus der Gesellschaft entfernst, wird sich die Hurerei überall verbreiten.«

Er räumte zwar ein, dass Huren in der Stadt wie Abwasserkanäle in Palästen funktionieren; wenn man jene entferne, würde das ganze Schloss stinken. Deshalb sei es besser, wenn Männer ins Frauenhaus gingen, als wenn sie verheiratete Frauen verführen, gar vergewaltigen oder unschuldige Mädchen entjungfern würden.

Ähnlich äußerte sich auch Thomas von Aquin, der die Rotlichtbezirke im mittelalterlichen Köln sehr wohl kannte. Er warnte: »Entferne die Dirnen aus den Mauern, und du wirst die Stadt mit Sodomie füllen.«

Auch die Stadtväter wussten, dass – grob geschätzt – lediglich ein Drittel der Männer in ihren Mauern verheiratet waren. Kleriker durften eh nicht heiraten; den Studenten sowie den meisten Lehrlingen und Gesellen fehlte ganz einfach das Geld, um eine eigene Familie zu gründen. Viele reifere Männer wollten sich aus den unterschiedlichsten Gründen nicht binden, und dann waren da natürlich die durchreisenden Kaufleute und die arbeitslosen Kriegsknechte, die Spieler, Quacksalber und Vaganten, die auf die Liebesdienste der städtischen Huren angewiesen waren.

Bei denen allerdings mangelte es nicht an Nachwuchs, denn

im Gegensatz zu ländlichen Gegenden, in denen es weitaus mehr Männer als Frauen gab, war es in den Städten genau umgekehrt. Verheiratet zu sein bedeutete für die Frauen vor allem soziale Sicherheit, denn es gab lange nicht genug Arbeitsstellen – und wovon sollten die Unverheirateten dann ihren Lebensunterhalt bestreiten? Für manche war das Frauenhaus der einzige und letzte Ausweg.

Allzu billig kam die Männer ein Besuch dort wohl nicht. Die Frauen nahmen zwei bis fünf Pfennig, und wenn der Kunde über Nacht blieb, waren rund achtzehn Pfennig zu zahlen. Ungefähr der Tagesverdienst eines Gesellen.

Ein wichtiges Anliegen der Stadtväter war, die leichten Mädchen unter Kontrolle zu haben, damit sie nicht die Straßen unsicher machten und die braven Bürger belästigten. Deshalb wurden sie ganz offiziell in das Frauenhaus eingewiesen, wo sie entweder vom jeweiligen Wirt, manchmal auch vom Büttel oder dem Henker bewacht wurden. Wenn sie sich jedoch an anderer Stelle in der Stadt zeigten, mussten sie eine besondere Kleidung tragen, um als leichtes Mädchen erkannt zu werden.

In Köln war ein roter Schleier vorgeschrieben.

Manche Frauen, die sich nebenbei etwas verdienen wollten, aber nicht registriert waren, sprachen heimlich Männer auf der Straße an. Das war mehr als gefährlich, denn wenn man sie dabei erwischte, wurden sie entweder aus der Stadt verwiesen, oder man brachte sie auf einem Karren in eines der Frauenhäuser. Wobei sie von gaffenden Bürgern mit Unrat beworfen wurden.

Die Wirte in den Frauenhäusern hatten die Huren zu verpflegen, zu kleiden und bei Krankheit zu betreuen. Dafür kassierten sie einen (großen) Teil von deren Einnahmen. Aber auch die Stadt profitierte von den Bordellen, indem sie ihrerseits einen erheblichen Teil des Hurenlohns als Steuern einkassierte. Gegen Ende des Mittelalters durften sich die Mädchen hin und wieder sogar groß herausputzen, um die Gäste der Stadt zu begrüßen. 1434 bedankte sich Kaiser Sigismund in einem Schreiben bei der Stadt Bern, die ihm und seinem Gefolge das Freudenhaus der Stadt kostenlos zur Verfügung gestellt hatte.

Und vermutlich auch etliche der Damen.

So viel zu den Frauenhäusern in den Orten, aber Dirnen gab es beileibe nicht nur hinter den Stadtmauern. Zusammen mit dem fahrenden Volk zogen sie über Land, schlossen sich marschierenden Truppen an, besuchten Jahrmärkte oder Messen. Und schliefen wahllos mit jedem Mann, der sie bezahlen konnte.

Die Syphilis war zwar noch nicht nach Europa vorgedrungen, aber die Gefahr, schwanger zu werden, war natürlich riesengroß, denn weder im Ehebett noch im Freudenhaus und auch nicht in der Scheune oder auf der grünen Wiese gab es irgendein sicheres Verhütungsmittel. Abgesehen vom Coitus interruptus, der aber anscheinend nicht häufig ausgeübt wurde, nicht zuletzt, weil er als schwere Sünde galt.

Von den unfruchtbaren Tagen der Frau wusste man natürlich nicht das Geringste, wie ja überhaupt Einzelheiten über Zeugung und Empfängnis weitgehend unbekannt waren. So glaubte man beispielsweise, beim Orgasmus würden sowohl der Mann als auch die Frau Samen ausstoßen, wobei der im Grunde nutzlose weibliche Samen durch die Menstruation wieder ausgeschieden werde.

Fließe der männliche Samen in die rechte Hälfte der Gebärmutter, werde ein Junge gezeugt, gelange er dagegen in die linke, komme ein Mädchen zur Welt. Von Thomas von Aquin wird erzählt, er habe die Frau im Grunde für einen misslungenen Mann gehalten. Mit dem männlichen Samen könnten seiner Auffassung nach nur Jungen gezeugt werden, komme aber ein Mädchen zur Welt, war der Samen defekt, oder »feuchte Südwände« trügen die Schuld.

Warum auch immer.

Bei derart mangelhaften Kenntnissen selbst bei studierten Menschen wundern wir uns nicht, dass allenfalls alte Kräuterweiber gewisse Erfahrungen besaßen. Bei ihnen konnten Frauen Mittelchen kaufen, mit deren Einnahme eine Schwangerschaft angeblich verhütet werde. Die Triebe des Sadebaums, einem Verwandten des Wacholders, spenden beispielsweise ein gewisses Öl, das – ausgekocht und getrunken – ein starkes Gift darstellt, das zum Abort führen kann. Oder auch zum Tod.

Andere Verhütungs- und Abtreibungsmittel, die teils getrunken, teils in die Scheide eingeführt wurden, ließen sich aus der Haselnuss, der Alraune, der Muskatnuss oder dem Beifuß gewinnen. Alles Rezepte, die ebenso unsicher wie gefährlich waren. Eine Art Pille danach war dagegen ein heißes Gebräu aus dem zerriebenen Samen wilder Möhren, das noch bis in die Zeit der Renaissance nach einer wilden Liebesnacht getrunken wurde.

Ein besonders bizarres Rezept, eine Schwangerschaft zu verhüten, ist uns ebenfalls überliefert. Dazu brauchte man allerdings keine Kräuter, sondern lediglich ein Wiesel, dem man bei lebendigem Leib die Hoden abschneidet. Während das arme Tierchen wieder freigelassen wird, wickelt man die Hoden in eine Eselshaut, die man dann der Frau auf den Bauch legt. So wird sie nicht schwanger.

Mit Sicherheit nicht. Hoden in Eselshaut würden wohl jeden möglichen Liebhaber verjagen!

Das sicherste Mittel, kein Kind zu empfangen, ist natürlich eine lange Stillzeit. Wenn man davon ausgeht, dass eine Frau mit regelmäßigem Geschlechtsverkehr und ohne Verhütung etwa alle zwei Jahre erneut schwanger wird, kann dieser Zeitraum durch die Stillzeit auf 30 bis sogar 50 Monate verlängert werden.

Trotzdem wurden viele Kinder geboren, von denen jedoch wegen der hohen Sterblichkeitsrate meist nur die Hälfte das Erwachsenenalter erreichte. Allerdings gibt es zu diesem Thema lediglich vom 16. Jahrhundert an entsprechende Daten, weil erst von diesem Zeitpunkt an regelmäßig Pfarrbücher geführt worden sind.

Durch die Jahrhunderte hindurch haben trotz strengster Gebote seitens der Kirche immer wieder zahllose Mädchen und Frauen – aus welchen Gründen auch immer – versucht, nicht schwanger zu werden oder das Kind noch im Mutterleib abzutreiben. Aber wenn alle Versuche vergeblich waren?

In vorchristlicher Zeit war es germanischen Familien gestattet, neugeborene Kinder auszusetzen. Der Münsteraner Bischof Altfrid berichtete im 8. Jahrhundert in seiner *Vita Liudgeri*, dass dessen Mutter direkt nach ihrer Geburt hätte ertränkt werden sollen und dass dieser Mord nur durch ein Wunder verhindert worden sei.

Es war Eltern damals durchaus gestattet, ein Kind auszusetzen; sei es, weil es ein Mädchen war, sei es, weil es nicht so richtig gesund aussah, sei es, weil man schon zu viele Kinder hatte. Eine friesische Mutter durfte ihr Neugeborenes töten, solange sie es noch nicht gestillt hatte, und der orientalische Kaufmann Atz-Tartuschi berichtet aus Haithabu, der berühmten Handelsniederlassung an der Schlei: »Die Bewohner ernähren sich von Fischen, denn die sind dort zahlreich. Werden ihnen Kinder geboren, so werfen sie die Kleinen ins Meer, um sich die Ausgaben zu sparen.«

Die christlichen Missionare taten sich sehr schwer, die Heiden von dem Verbrecherischen ihres Handelns zu überzeugen. Die Kirche glaubte allerdings, dass ein männlicher Embryo nicht schon bei der Befruchtung ein richtiger Mensch war. Die Seele – so glaubte man – würde erst nach 40 Tagen in den Körper einziehen.

Bei Mädchen sogar erst am 80. Tag.

Wenn ein Kind nach zwei oder drei Monaten abgetrieben oder direkt nach der Geburt getötet wurde, war es bereits beseelt, aber da es nicht getauft war, musste es zwar nicht direkt in die Hölle fahren, aber an einen ähnlichen Ort, den man *Limbus* nannte. In die Güte Gottes setzten die Theologen jener Zeit offenbar nicht das größte Vertrauen.

Nun wurde ja nicht nur verhütet oder abgetrieben. Viele Paare warteten sogar sehnsüchtig auf Nachwuchs, zumal sie damit rechnen mussten, dass viele ihrer Kinder früh sterben würden. Bestimmt haben manche Eltern schrecklich darunter gelitten. Andererseits waren die Menschen früherer Zeiten so sehr daran gewöhnt, dass noch im 16. Jahrhundert der französische Philosoph Michel de Montaigne – für uns unfassbar – bekannte: »Ich habe zwei oder drei Kinder im Säuglingsalter verloren, nicht ohne Bedauern, aber ohne Verdruss.« Der Tod seiner Kinder war für ihn offenbar so belanglos, dass er nicht einmal wusste, ob es zwei oder drei gewesen waren.

Wie dem auch sei. In einer Ehe sollten Kinder zur Welt kommen, und das setzt voraus, dass sich die Eheleute näherkommen, was ja bei von den Eltern arrangierten Ehen nicht immer selbstverständlich war. Also wird die Frau auch hin und wieder ermuntert, das Begehren ihres Mannes zu wecken, indem sie mehr Wert auf ihr Äußeres legt.

Da Hygiene nicht selbstverständlich war, ermahnte man junge Frauen, sich häufiger die Haare zu waschen und die Fingernägel zu pflegen. Auch die Zähne sollten sie sich putzen, und wenn dann trotzdem schlechter Atem ausströme, sollten sie gegenüber dem Angebeteten oder Geliebten entsprechenden Abstand halten.

Für den Fall, dass man sich dann tatsächlich näherkommen sollte, sei es höchst empfehlenswert, auch auf Sauberkeit im Intimbereich zu achten. In einem einschlägigen Ratgeber heißt es da prosaisch: »Und halte die Kammer der Venus sauber. Wenn du ordentlich erzogen bist, lass da herum keine Spinnweben zu. Die musst du verbrennen oder rasieren, ausreißen oder wegkehren, damit dort kein Moos zu pflücken ist.«

Um die Lust des Mannes zu wecken, halfen auch Getränke oder Brei aus Alraune und Anis, Ingwer und Hopfen vermischt mit Knoblauch sowie Pfeffer, Pfefferminze und Petersilie. Die Männer ihrerseits durften sich gegen derartige Hilfsmaßnahmen

nicht sträuben, denn auch sie hatten ehelichen Pflichten nach-
zukommen.

Manche Mittelchen halfen, anderen gegenüber war eher
Skepsis angebracht. So sicherlich bei einem Rezept für eine Mischung aus Kräutern und zerriebenen Regenwürmern.

Vom Ehealltag der unteren Schichten wissen wir herzlich
wenig. Wer hatte das Sagen daheim? Bedeutete das bis heute
gebräuchliche Wort *Hausfrau*, dass sie lediglich fürs Kinderkrie-
gen, Putzen, Waschen und Kochen zuständig war, oder war sie
vielleicht auch die in wichtigen Dingen bestimmende *Frau im
Haus?*

Keiner der damaligen Chronisten – meist waren es ja Mönche – hat sich dafür interessiert und uns Näheres überliefert.
Ganz im Gegenteil zu den Schilderungen, die uns vom Leben
der Frauen an Fürstenhöfen vorliegen. Allein schon deren Lern-
programm ist beeindruckend: Religionsunterricht, Lesen und
Schreiben, Reiten und Tanzen, Weben und Sticken, Singen und
Gedichte rezitieren.

Obwohl ebenso wie die Mädchen unterer Schichten meist
mit einem fremden und (zumindest zunächst noch) ungelieb-
ten Mann verheiratet, war der Einfluss adeliger Damen groß.
Viele Bittsteller trugen ihr Gesuch zuerst der Fürstin vor und
baten sie um Unterstützung für ihr Anliegen. Nach dem Tod
ihres Ehemanns übten Fürstinnen die Regierungsgeschäfte weiter aus, häufig auch als Vormund eines unmündigen Kindes wie
beispielsweise die Griechin Theophanu, die Mutter des späteren
Kaisers Otto III.

Die Fürstin war auch verantwortlich für das Funktionieren
des Hofes. Während die Männer sich eher als Krieger fühlten,
hatten die Frauen – zugleich Herrinnen über die gesamte Dienerschaft – dafür zu sorgen, dass das Mobiliar stimmte, die Vorräte rechtzeitig ergänzt und die Gäste würdig empfangen wurden. Auch wenn sie offiziell ihren Männern untertan waren: In
vielen Dingen waren diese den Damen nahezu ausgeliefert.

Wir dürfen davon ausgehen, dass die Situation in den städtischen und bäuerlichen Familien nicht viel anders aussah. Auf mittelalterlichen Abbildungen, die Adam und Eva nach der Vertreibung aus dem Paradies darstellen, bietet sich stets das gleiche Bild: Eva sitzt im Haus und stillt ein Kind, während Adam einen Acker mit der Hacke bearbeitet; ein Klischee, vielleicht, aber eines mit Symbolkraft.

Der Mann ist draußen zuständig, aber drinnen waltet, wie schon Schiller in der »Glocke« schrieb, die tüchtige Hausfrau.

Nun gab es aber viele Frauen, die niemanden hatten, um den sie sich zu kümmern hatten. Das waren zum einen Witwen, die nach dem Tod des Mannes nicht wieder geheiratet hatten, das waren aber auch Frauen, die – aus welchen Gründen auch immer – unverheiratet geblieben waren. In ein Kloster einzutreten war nicht jedermanns Sache, und zudem gab es zu wenige Nonnenklöster.

Der Versuch, Doppelklöster zu schaffen, scheiterte in den meisten Fällen. Zunächst verweigerten sich die Prämonstratenser, später auch die Zisterzienser. Zu gefährlich war ihnen die Nähe von Frauen – mochte es sich dabei auch um Nonnen handeln. Lediglich die neu entstehenden Orden der Franziskaner und vor allem der Dominikaner bemühten sich um Frauen, die zu ihnen kamen, um ein kontemplatives Leben in der Nachfolge Christi zu suchen.

In Lüttich stiftete im 12. Jahrhundert ein Priester namens Lambert de Beghe das erste Haus für solche Frauen, die vielleicht nach ihm den Namen Beginen erhielten. Andere glauben allerdings, dass sich der Begriff vom mittelhochdeutschen Wort *beggan* (bitten, betteln) ableitet. Bald gab es Konvente in Flandern und Brabant, dann auch am Rhein, in Köln, Mainz, Frankfurt und Straßburg.

Beginen unterschieden sich von Nonnen vor allem dadurch, dass sie Gehorsam und Keuschheit nicht auf ewige Zeiten gelobten, sondern nur für die Dauer, in der sie sich im Konvent aufhielten. Sie konnten das Haus jederzeit wieder verlassen, auch um (wieder) zu heiraten.

Die Hausordnung allerdings war streng. Wer Fremde im Haus schlafen ließ oder auswärts nächtigte, wurde bestraft. Wer unkeusch lebte, ungehorsam oder zänkisch war, musste den Konvent verlassen. Allerdings waren die Regeln von Stadt zu Stadt anders. Das galt auch für das Mindestalter für Eintrittswillige. Da angenommen wurde, dass bei jungen Mädchen eher die Gefahr bestand, dass sie ihr Keuschheitsgelübde brechen könnten, wurden ältere Damen bevorzugt.

Obwohl sie gemeinhin als streitsüchtiger galten.

Dennoch sollten die Beginen nicht jünger als 40 Jahre alt sein. Wenigstens theoretisch. In Straßburg wurden jedoch sogar Mädchen unter vierzehn Jahren zugelassen, und der Kölner St.-Nikolaus-Klause musste sogar verboten werden, Mädchen unter zwölf Jahren aufzunehmen.

Unter den Beginen befanden sich sowohl wohlhabende Töchter aus reichen Patrizierfamilien und reiche Witwen als auch Frauen aus ärmlichen Verhältnissen. Die Bewegung wurde von den vornehmen Bürgern der Städte unterstützt, die Grundstücke zur Verfügung stellten, Konventshäuser stifteten, die Beginen in ihren Testamenten bedachten und bereitwillig Geld, aber auch Kleider und Lebensmittel spendeten.

Dass Frauen ohne geistliche Aufsicht zusammenwohnten, war der Kirche allerdings verdächtig. Zeitweilig wurden Beginen sogar der Ketzerei beschuldigt, aber dann doch – wenigstens mündlich – vom Papst anerkannt. Schließlich hatten sie sich zum Ziel gesetzt, Kinder Lesen und Schreiben zu lehren, Arme, Kranke, Schwache und Pilger zu pflegen, Sterbende zu betreuen und für ihre Bestattung zu sorgen, wenn es keine Familie gab.

Eigentlich eine wunderbare Parallelentwicklung zu den Bettelorden. Aber es gab auch Kritik.

Es waren vor allem die Gemeindepfarrer, die misstrauisch

beäugten, wie intensiv Minoriten und Dominikaner die Beginen betreuten. Die wiederum ließen sich bewusst in der Nähe von deren Klöstern nieder. In den Gassen rund um das Kölner Dominikanerkloster befanden sich über vierzig Konvente: fünf in der Engegasse, fünf in der Gereonstraße, fünf Auf dem Hunnenrücken, zwei auf dem Maria-Ablass-Platz, drei in der Marzellenstraße, drei Unter Sachsenhausen, elf in der Stolkgasse und sieben in der Ursulastraße.

Bei den Mönchen gingen die Beginen zumindest an den hohen Feiertagen zu Beichte und Kommunion, und bei ihnen legten sie auch ihr Gelübde ab. Sehr zum Unwillen der jeweiligen Pfarrer, die sich selber dafür zuständig glaubten. Instinktiv spürten sie zudem, dass die frommen Frauen das taten, was auch sie als ihre Hauptaufgabe hätten ansehen sollen: der zunehmenden Verweltlichung des Glaubens entgegenzuwirken und ein Leben in Demut und Armut zu führen.

Stattdessen machten sie sich fragwürdige Thesen zu eigen, wie die eines französischen Theologen, der sich sogar zu der Behauptung verstieg, Beginen seien der bedenklichen Neigung verfallen, eigensinnig in ihrer Volkssprache über theologisch-religiöse Fragen zu spekulieren.

Ihre feindselige Haltung fiel selbst dem päpstlichen Legaten, dem Bischof Petrus von Alba, auf, der 1250 dem Propst Heinrich von St. Aposteln den Schutz der Beginen vor den – wörtlich – »Belästigungen durch Geistliche und Laien« übertrug und den Frauen gestattete, sich auf ihren Wunsch hin auch außerhalb des Pfarrfriedhofs bestatten zu lassen.

Aber nicht nur die jeweiligen Pfarrer machten sich die frommen Damen, die sich neben anderen Tätigkeiten wie dem Backen von Brot, dem Brauen von Bier oder dem Pflegen von Gärten häufig mit dem Weben von Tüchern beschäftigten, zu Feinden. Den Zünften stieß solche Konkurrenz übel auf, und die Beginen mussten sich immer weiter zurücknehmen. Im 15. Jahrhundert durften sie nicht einmal mehr Wappen sticken.

Zu diesem Zeitpunkt jedoch hatten sie sich schon weitgehend von ihren einstigen Aufgaben verabschiedet, und die Konvente waren letztendlich nur noch Altersheime.

Es war April und das Wetter entsprechend. Im Augenblick goss es aus Kübeln, und der Mönch stand bis zu den Waden im Morast, in dem er mit einem langen Stock herumstocherte, um hin und wieder ein Knöchelchen aufzuheben, das er sorgsam in ein Kästchen legte. Es hing an einer Schnur über seiner Schulter und füllte sich rasch.

Emich, neunzehn Jahre alt und zweitgeborener Sohn des reichen Kaufmanns Gero aus dem Martinsviertel, hatte soeben sein Noviziat in der Deutzer Benediktinerabtei beendet und war von Abt Gerlach auf das linke Rheinufer geschickt worden, um dort die Arbeiter zu beaufsichtigen, die auf der Suche nach wertvollen Gebeinen die Erde rings um das Ursulinenstift durchwühlten.

Seit seiner Geburt hatte festgestanden, dass Emich ins Kloster gehen würde. Der erstgeborene Sohn beerbte den Vater, der zweite wurde Kleriker, und die weiteren – so vorhanden – mussten sehen, wo sie blieben. Sein 15-jähriger Bruder wollte irgendwann einmal in den Dienst des Erzbischofs treten. Kämpfen lag ihm im Blut. Schon jetzt prügelte er sich bei jeder Gelegenheit mit seinen Kameraden in der Domschule, und der Vater war merkwürdigerweise stolz auf ihn.

Emich gegenüber war er strenger. Und er hatte ihm nicht gestattet, ins direkt in der Nachbarschaft gelegene Kloster des heiligen Martin einzutreten. Vielleicht hatte er befürchtet, die Nähe zum Elternhaus könnte Emich verführen, heimlich das

Kloster zu verlassen, um seine Mutter zu besuchen. Deshalb hatte er seinen Sohn auf die andere Rheinseite zu den Benediktinern nach Deutz geschickt. Von da aus konnte er schwerlich seinem Heimweh nachgeben.

Eine Brücke über den Rhein gab es noch nicht.

Gero hatte seinen Sohn mit allem ausgerüstet, was er bei seinem Antritt als Novize mitzubringen hatte: seine eigenen Kutten, dazu zwei Pelzmäntel und lederne Hosen. Sogar sein Bett hatte er beizusteuern, und außerdem wurde von ihm erwartet, dass er Geschirr und Tischtücher für den Speisesaal stiftete.

Abt Gerlach beobachtete den jungen Mann während des Noviziats sehr aufmerksam und stellte schon bald fest, dass er intelligent und aufgeschlossen war, vor allem aber – und das war sehr wichtig – vertrauenswürdig und verschwiegen. Er schien genau der Richtige für eine heikle Aufgabe.

Erzbischof Arnold II. hatte ihn kürzlich beauftragt, noch mehr Jungfrauen zur Ehre der Altäre zu erheben. Das war die etwas gewundene, aber durchaus übliche Bezeichnung für eine eigentlich banale Tätigkeit: Man sollte rings um das Ursulastift bitte schön noch mehr Gebeine ausgraben.

Sie wurden dringend benötigt.

Der Abt rief Emich zu sich und fragte ihn direkt, was er über die heiligen Märtyrerinnen wisse, auf deren Gräber man in den letzten Jahrzehnten gestoßen sei. Der junge Mönch zögerte nicht mit seiner Antwort: Was man halt so wisse in der Stadt. Da gebe es diese steinerne Inschrift in St. Ursula, die aus uralter Zeit stamme. Ein gewisser Clematius – besagt sie – habe einst eine alte dort über den Gräbern heiliger Jungfrauen stehende Kapelle wieder aufgebaut, die als Märtyrerinnen gestorben seien, und er hatte bestimmt, dass dort niemand anderes begraben werden dürfe.

Bei den ermordeten Jungfrauen hatte es sich angeblich um die bretonische Prinzessin Ursula und zehn adelige Begleiterinnen gehandelt, die mit jeweils tausend Jungfrauen von daheim aufgebrochen und den Rhein an Köln vorbei bis Basel hochgefahren waren. Von da aus hatten sie die Alpen überquert, um nach Rom zu wallfahren. Auf ihrer Rückkehr kamen sie wieder an Köln vorbei, das gerade von Hunnen belagert wurde. Alle Jungfrauen wurden umgebracht, aber die englische Prinzessin wollte der Hunnenfürst zur Frau nehmen. Ursula weigerte sich jedoch und wurde deshalb ebenfalls ermordet.

Der Abt nickte. »So heißt es«, sagte er, »wenn auch in vielen alten Dokumenten die englische Prinzessin anders genannt wird, aber Namen sind hier nicht wichtig. Bleiben wir der Einfachheit halber bei Ursula. Man sollte die frommen Pilger auch nicht unnötig verwirren.«

»Aber was erwartet Ihr nun von mir?«, fragte Emich.

»Du weißt, dass am Anfang nur wenige Gebeine der Jungfrauen gefunden worden sind. Aber vor rund fünfzig Jahren hat Kaiser Heinrich, der vierte dieses Namens, den Kölnern befohlen, die alte römische Stadtmauer wieder instand zu setzen und das Stadtgebiet im Norden, Westen und Süden zu erweitern. Nicht gleich mit einer starken Mauer, aber doch mit Wall und Graben, weil er mit seinem Sohn im Streit lag und eine befestigte Stadt brauchte, die ihm Zuflucht gewähren konnte. Dieser neue Graben jedoch verlief im Norden quer durch das Gelände rings um das Ursulastift, wo seitdem schon viele Gebeine der Jungfrauen gefunden worden sind.«

Der Abt machte eine kleine Pause und seufzte dann. »Anscheinend noch immer nicht genug.«

Emich schwieg und wartete. Er wusste nicht, worauf Gerlach hinauswollte. Was hatte ein junger Mönch wie er mit den Reliquien zu schaffen?

Dann hatte der Abt es ihm erklärt, und nun stand er mit nackten Füßen im Schlamm und beaufsichtigte die Knechte des Klosters, die jeden Fuß Erde durchstöberten und den Auftrag hatten, alles, aber auch alles zu sammeln, was der Boden hergab. Benediktiner selber arbeiten nicht körperlich, das wusste er inzwischen, auch wenn der heilige Benedikt ihnen einst befohlen hatte, zu beten und zu arbeiten.

Aber das war lange her. Richtig schuften tun vornehme Benediktiner schon lange nicht mehr. Manchmal hacken sie ein bisschen im Garten herum oder helfen in der Küche und beim Speisen der Bettler an der Pforte. Ansonsten verbringen sie den Tag mit Gebet und Lesungen. Da bleibt keine Zeit für Arbeit, und genau aus diesem Grunde hatte Gerlach den jungen Mönch ausgesucht.

Der scheute noch nicht davor zurück, sich die Hände schmutzig zu machen.

Abt Gerlach hatte seinen Mitbruder von Sankt Martin gebeten, Emich fürs Erste in seinem Kloster aufzunehmen und weitgehend von den täglichen Pflichten zu befreien, weil sein junger Mönch mit einer vom Erzbischof geforderten Arbeit betraut worden sei und in der Nähe der Ausgrabungen untergebracht werden müsse.

Das alles war kein Problem gewesen, und seitdem Emich die Arbeiten beaufsichtigte, gruben die Knechte jeden Tag große Mengen an Knochen aus. Aber halt nicht nur Knochen. Man fand auch zahlreiche Inschriften mit Namen, die ebenso in Kisten gepackt und nach Deutz hinübergebracht wurden. Dort wurden die verschiedenen Namen den einzelnen Knochen zugeordnet. Wenn man die Reliquien verschickte, mussten die Empfänger schließlich wissen, um welche Heilige es sich dabei handelte.

Noch erstaunlicher als die Inschriften waren schließlich noch andere Fundstücke, die nach und nach ans Tageslicht kamen: verrostete Schwerter und Dolche. Das allein war schon merkwürdig genug, denn es war kaum anzunehmen, dass die englischen Jungfrauen im Gefolge der heiligen Ursula damals bewaffnet waren, und selbst wenn: Die Hunnen hätten sie ihnen sicherlich nicht mit ins Grab gegeben.

Dann kam der Tag, an dem jene Knochen gefunden worden

waren, die unmöglich zu ehefähigen Jungfrauen gehören konnten, sondern eher von sehr kleinen Mädchen stammen mussten.
Hatten sich die Hunnen auch an Kindern vergriffen?

Aber damit immer noch nicht genug: Die Knechte legten
Gebeine frei, die schon von der Größe und Mächtigkeit her
zweifellos zu einem Mann gehörten, und der hatte ja unter all
den Jungfrauen nun wirklich nichts zu suchen. Er hatte – laut
gefundener Inschrift – auf den Namen Etherius gehört. An diesem Tag ließ sich Emich ausnahmsweise mit den Kisten hinüber
nach Deutz rudern. Er musste unbedingt mit dem Abt über die
merkwürdigen Funde sprechen.

Aber der war ebenso sprachlos wie er selber.

Immerhin wusste er Rat. Im Doppelkloster Schönau im Taunus lebte die Benediktinerin Elisabeth, die vor einigen Jahren
ihre ersten Visionen gehabt hatte und inzwischen für ihre über-
natürlichen Kräfte berühmt war. Ihr Bruder Ekbert war vor einem Jahr ebenfalls ins Kloster eingetreten und schrieb fleißig
mit, was Elisabeth in ihrer Ekstase sah.

An sie wandte sich nun Abt Gerlach mit seinem Problem:
Man habe in Köln sehr viele Gebeine gefunden, aber nicht alle
stammten anscheinend von Jungfrauen. Ob es denn möglich sei,
dass die Jungfrauen in Begleitung gekommen seien, und was es
mit besagtem Etherius auf sich habe …

Aus Schönau kam beruhigende Nachricht: Elisabeth hatte
im Traum gesehen, dass Ursula von Anfang an in männlicher
Begleitung gereist sei. Irgendjemand habe die Jungfrauen auf
ihrer Pilgerfahrt schließlich schützen müssen, und außerdem
habe Papst Cyriacus auf sein Heiliges Amt verzichtet, die Jungfrauen nach Köln begleitet und zusammen mit ihnen dort den
Märtyrertod erlitten.

Abt Gerlachs zaghafter Einwand, dass es eigentlich nie einen
Papst dieses Namens gegeben habe, wurde abgewiesen mit der
Behauptung, den habe es sehr wohl gegeben, aber in Rom habe
man seinen Namen aus der Liste gestrichen, weil er – verbote-

nermaßen – sein Amt niedergelegt habe, um den Jungfrauen zu folgen.

Und Etherius, dessen Gebeine man ebenfalls gefunden habe, sei der Verlobte von Ursula gewesen, der zunächst in London auf sie gewartet, dann aber die Geduld verloren habe, ihr nach Köln entgegengereist sei, um ebenfalls dort ein Opfer der hunnischen Heiden zu werden.

Emich war ein gehorsamer Mönch und seinem Abt treu ergeben. Was den bewogen hatte, die Augen zu verschließen vor dem, was offenkundig war: dass man auf ein römisches Gräberfeld gestoßen war, das an der Straße nach Neuss angelegt worden war – das konnte sich der junge Mönch nicht erklären. Vielleicht war es auch bei Gerlach lediglich der Gehorsam seinem Erzbischof gegenüber, der ihn aufgefordert hatte, noch mehr Reliquien zu finden.

So viele wie nur eben möglich!

* * *

Elftausend Jungfrauen – auf eine solche Zahl musste man erst einmal kommen, und tatsächlich weiß man bis heute nicht, wer sie sich ausgedacht hat. Vielleicht hat ein unbekannter Chronist die Abkürzung »XI. M. V.« (11 martyres virgines – elf jungfräuliche Märtyrerinnen) fälschlicherweise als »11 milia virgines« (elftausend Jungfrauen) gedeutet und entsprechend weitergegeben.

Schon früh ist jedenfalls von Tausenden Jungfrauen die Rede – je mehr, umso besser – und bald kursierten auch elf Namen, die wahrscheinlich auf Inschriften von rings um St. Ursula gefundenen Gräbern zurückgehen. Es handelte sich ausschließlich um relativ seltene römische Namen wie Sambatia und Palladia, Saula oder Sentia. Wobei eine gewisse Pinnosa als Anführerin auftrat. Eine Ursula schob sich erst später in den Vordergrund.

Wichtiger ist jedoch die Frage, warum der Erzbischof immer mehr Reliquien anforderte und die Deutzer Mönche regelrecht dazu drängte, an die viertausend Reliquien zu fälschen und sie irgendwelchen Namen vermeintlicher Jungfrauen zuzuordnen. Waren die sterblichen Überreste von Heiligen derart wertvoll?

Ja.

Die frühen Christen feierten ihre Gottesdienste über den Gräbern der ersten Heiligen oder doch in ihrer unmittelbaren Nähe und schufen sich in den Katakomben entsprechende Gebetsräume. Auf den Friedhöfen wurden später kleine Kapellen errichtet, aus denen letztendlich Kirchen, ja sogar Dome und Kathedralen entstanden. Ein gutes Beispiel dafür ist der Petersdom, der sich direkt über der Grabstätte des Apostelfürsten erhebt.

Die Gräber der Heiligen galten zunächst als unantastbar, und deshalb mussten sich die Gläubigen zu den Gebeinen der Verstorbenen begeben, was sich aber durch die rasche Ausbreitung des Christentums als unmöglich erwies. Über welchem Heiligengrab hätten beispielsweise bekehrte Kelten ihre Messe feiern sollen?

Da half die Lehre des Bischofs Theodoretos von Kyrrhos, der im 5. Jahrhundert behauptete, dass auch den zerteilten Leibern der Heiligen ungeteilte Gnade innewohne, was wiederum bedeutete, dass man auch winzige Knochenpartikel in entfernte Gegenden bringen durfte, ohne dass sie dadurch ihre gnadenbringende Ausstrahlung verloren. Folgerichtig beschloss die Synode von Karthago im Jahre 525, dass im Altar eines jeden Gotteshauses eine Reliquie des- oder derjenigen Heiligen eingebettet werden müsse, dem oder der die jeweilige Kirche geweiht war.

In Köln beispielsweise konnte Erzbischof Anno II. die Kirche des von ihm gegründeten Kanonikerstiftes St. Georg erst endgültig einweihen, als die Benediktiner von St. Pantaleon ihm Reliquien des Drachentöters überließen, der als der beliebteste Heilige in ganz Europa galt. Bis heute werden auf seinen Namen in allen Ländern unzählige Knaben getauft, ob sie nun Georg, George oder Giorgio genannt werden.

Bevor man jedoch Reliquien in alle Welt verschicken konnte, musste man sie zunächst einmal finden, und da waren der Fantasie (und dem naiven Glauben) natürlich keinerlei Grenzen gesetzt. Einer der berühmtesten Aufstöberer von Heiligengräbern war der heilige Norbert von Xanten, der Gründer des Prämonstratenserordens.

Bei einem Besuch in Köln fand (auch) er ein Grab der elftausend Jungfrauen und grub auf dem Gelände des Kanonikerstiftes St. Gereon an einer Stelle, wo laut seinem Biografen *nicht die Spur einer Grabstelle* zu finden war, einen Leichnam aus, dem allerdings der Kopf fehlte. Zwischen dem Leichnam und dem Boden des Sarkophags fand sich blutdurchtränktes Stroh.

Allen war klar, dass es sich hier nur um die sterblichen Überreste des heiligen Gereon handeln konnte, jenes römischen Offiziers der Thebäischen Legion, der seines Glaubens wegen den Märtyrertod erlitten hatte. Über seinen Tod war bekannt, wie es in der Vita des heiligen Norberts heißt, dass es in Wahrheit ein untrügliches Erkennungsmerkmal gab, dass nämlich der Kopf nicht ganz, sondern nur zum Teil abgeschlagen worden war.

> *Von diesem Teil wusste man, dass ihn die Heiden in einen Brunnen geworfen hatten – über diesen Brunnen hatte man die Kirche zu seinen Ehren geweiht, aber wo der übrige Leib sich befand, wusste man nicht.*

Und wir wissen nicht, woher der heilige Norbert es wusste.

Noch weit abenteuerlicher klingt die Geschichte des Apostels Jakob, dessen Leichnam auf wunderbare Weise in einem Kahn von seinem Hinrichtungsort in Palästina nach Spanien gelangt sein soll. Auf dem Boden seines Fundortes, dem heutigen Santiago de Compostela, befand sich in römischer Zeit nachweislich der Friedhof eines Heerlagers, aber selbst die Möglichkeit, dass die im 9. Jahrhundert ausgegrabenen Gebeine nicht dem Apostel, sondern einem Legionär gehört haben könnten, dämpfte die Begeisterung der Menschen nicht.

Und sie kann es auch heute noch nicht.

Santiago gehört neben Rom und Jerusalem zu den am häufigsten aufgesuchten Wallfahrtsorten der Welt. Und damit erübrigt sich die Frage, wie wichtig die Echtheit von Reliquien für den Gläubigen ist. Das gilt nicht nur für die elftausend Jungfrauen oder den heiligen Jakob. Im Schrein der Heiligen Drei Könige im Kölner Dom liegen nachweislich die Gebeine eines älteren und eines mittelalten Mannes sowie die eines Kindes.

Drei Könige?

Der ehemalige Domprobst Bernard Henrichs sagte dazu: »Die Frage nach der Echtheit der Reliquien spielt für mich keine Rolle. Wichtig ist doch vielmehr die Überzeugung der Menschen damals, die die Gebeine in die Stadt gebracht haben. Die Kölner haben diesen Reliquien zweifellos außerordentlich viel zu verdanken.«

Was niemand bestreiten wird.

Aber seinen Anfang nahm der Reliquienkult im 4. und 5. Jahrhundert in der Ostkirche. Vor allem in Konstantinopel (dem heutigen Istanbul) und in Antiochia legte man durch Exhumierung große Reliquienvorräte an, während man im Westen erst nach und nach den Abscheu vor der anfangs als solcher empfundenen Gräberschändung überwand.

Von da an galt dann jedoch nicht nur, dass jeder Altar eine Reliquie beherbergen musste, sondern auch der Grundsatz: Je mehr Gebeine, umso größer der Segen. Was zu grotesken Unternehmen führte. Das Pantheon in Rom beispielsweise, ein Tempel aus römischer Zeit, der allen bedeutenden Göttern geweiht war, wurde 608 vom damaligen byzantinischen Kaiser Phokas der Kirche geschenkt. Papst Bonifatius IV. deutete den Namen Pantheon als »Allerheiligen« um, ließ sage und schreibe 28 Wagenladungen von Gebeinen unsicherer Herkunft in die neue Kirche schaffen und taufte sie in Santa Maria ad Martyres um.

Auf diese Großumbettung geht unser Fest Allerheiligen zurück.

Ein späterer Papst, Urban VIII. aus der Familie der Barberini, ließ im 17. Jahrhundert dann die bronzenen Ornamente aus der Kuppel entfernen, um daraus Kanonen gießen zu lassen. Das löste beim römischen Volk einen Sturm der Entrüstung aus, worauf der Vatikan fälschlicherweise behauptete, man habe die Bronze für das Tabernakel des Petersdoms benötigt. Das Volk nahm ihm das nicht ab und spottete: »Quod non fecerunt barbari, fecit Barberini«, was übersetzt heißt: Was die Barbaren nicht getan haben, tat Barberini.

Die Verehrung von heiligmäßigen Mitmenschen nahm schon zu deren Lebzeiten zuweilen wundersame Formen an. Wir haben in einem vorhergehenden Kapitel bereits gelesen, wie Bernhard von Clairvaux seine Zuhörer derart verzückt hat, dass sie wie gebannt an seinen Lippen hingen, obwohl sie kein Wort von dem verstanden, was er ihnen predigte.

1453 erlebte der Franziskanerpater und Wanderprediger Johannes Capistrano in Frankfurt Ähnliches. Seine Zuhörer lauschten atemlos seinen Ausführungen, als er sie auf dem Römerberg zu Reue und Umkehr aufrief, obwohl er Italienisch sprach und sie kein Wort verstanden. Stundenlang hielten sie bei Wind und Wetter aus, als aber ein Dolmetscher damit begann, seine Worte zu übersetzen, verließen die Menschen gelangweilt den Platz.

Lauschen oder – besser noch – Anfassen reichte. Aber auch anschauen wurde immer wichtiger. Während der Messe wurden jetzt der Kelch und die Hostie dem Volk gezeigt, und auch die Reliquien blieben nicht länger in verschlossenen Schreinen den Blicken der Gläubigen verborgen. Man zeigte sie jetzt zunehmend in Monstranzen oder setzte Glasfenster in die Behälter, damit die Menschen hineinschauen konnten.

Vor allzu großen Zudringlichkeiten mussten sie schließlich sogar geschützt werden, denn die Verehrung der Heiligen – auch der soeben erst verstorbenen – nahm zuweilen bizarre Formen an. Als die heilige Elisabeth von Thüringen auf dem Totenbett lag, stürzten sich die Menschen auf die Leiche und schnitten der Toten Haare, Fingernägel und sogar die Brustwarzen ab.

Nun sollte man nicht auf den Gedanken verfallen, Reliquienverehrung sei nur im Christentum und dort vornehmlich bei den Katholiken üblich. Buddhas Asche beispielsweise ist nach seinem Tod im 4. Jahrhundert vor Christus unter acht Familien aufgeteilt und in Reliquienbehältern beigesetzt worden. Im Islam werden Haare vom Bart des Propheten in Moscheen ebenso verehrt wie die Turbane heiliger Männer.

Anschauen und Berühren – und wenn es auch nur der äußere Schrein ist – bedeuten Gnade und Glückseligkeit. Manchmal auch die Vergebung der Sünden.

Noch 1215 war beim Laterankonzil das Zeigen von Reliquien außerhalb ihres Schreins untersagt worden, aber dieses Verbot hatte nicht lange Bestand. Pilger, die von weit her zu einem Heiligtum angereist waren, ließen sich nicht einfach abspeisen. Sie verlangten, den Gegenstand ihrer Verehrung zumindest sehen zu dürfen, wenn schon das Berühren nicht gestattet wurde. Und so sah man sich beispielsweise in Aachen gezwungen, die Heiligtümer aus dem Marienschrein herauszunehmen und den Gläubigen zu präsentieren.

Wegen des großen Andrangs musste man dafür sogar den Dom verlassen und sie entweder vom Turm aus oder von einem Gerüst herab zeigen. Selbst Kaiser Karl IV., ein großer Reliquiensammler, wie wir noch sehen werden, musste ein paar Tage in Bonn warten, bis die große Menge der Pilger wieder abgezogen war und er selber endlich auch nach Aachen durfte.

Der Andrang zu solchen Veranstaltungen war unvorstellbar groß. Als beispielsweise 1392 das Kloster Andechs seine Heiligtümer in der knapp 10000-Seelen-Stadt München zeigte, strömten jeden Tag an die 40000 Pilger in die Stadt. Ihre Zahl wurde auf recht kuriose Art festgestellt, indem man für jeden Wallfahrer, der die Stadt betrat, eine Erbse in einen Topf warf.

Eine sehr frühe, sicher aber die billigste Volkszählung aller Zeiten.

Auch andere Orte zogen Pilger magisch an. Neben Köln mit seinen Heiligen Drei Königen natürlich auch Trier, wo der Rock Christi gezeigt wurde. Dorthin strömten ebenso viele Menschen wie nach Andechs, obwohl hier keine Erbsen gezählt wurden. Immerhin vermerkt der Sekretär eines ebenfalls angereisten Kardinals höchst unchristlich, dass allein aus Ungarn derart viele Pilger in die Stadt gekommen seien, *dass die Luft meilenweit nach ihnen stank.*

Nun war es nicht allein die Sehnsucht nach dem Kontakt mit den Reliquien von Heiligen oder allen Dingen, die sie während ihres Erdendaseins benutzt oder auch nur berührt hatten. Auch nicht die Bitte um Schutz, denn dafür gab es ja – häufig sogar daheim – die Reliquien der jeweiligen Schutzheiligen. Wer Schutzheiliger war, das hing von dem ab, was er einst getan, geleistet oder erlitten hatte.

Der heilige Dionysius beispielsweise, den man geköpft hatte, war nun zuständig für Kopfschmerzen, aber manchmal richtete man sich bei der Anrufung in bestimmten Fällen lediglich nach dem Namen des Heiligen. So beteten Lahme zum heiligen Lambertus, und bei Blasenschwäche musste St. Blasius helfen, der aber auch für Halskrankheiten bemüht wurde. Den heiligen Bartholomäus wählten sich die Metzger zu ihrem Schutzpatron, weil man ihm während seines Martyriums bei lebendigem Leib die Haut abgezogen hatte.

Wichtiger noch als Gesundheit war vielen Menschen damals ihr Seelenheil, denn überall lauerte der Satan, und das Fleisch war auch damals schon schwach. Daher wurde das seit der Reformation so stark kritisierte Ablassverfahren von den Menschen jener Zeit bereitwillig akzeptiert. Man konnte sich von seiner Sündenlast freikaufen – oder wenigstens die Zeit, die man im Fegefeuer zu verbringen hatte, um etliches verringern. Sei es mit einer Wallfahrt zu gewissen Heiltümern, sei es durch Zahlung einer bestimmten Summe Geldes.

Nun ist das ein noch heute verbreiteter Irrtum, das eingesammelte Geld sei ausschließlich in die Taschen der Kirche geflossen. Auch weltliche Stellen haben fleißig mitkassiert. Von Ablassgeldern wurden auch Burgen errichtet, Brücken gebaut oder Straßen saniert. Und selbst Martin Luther war nicht grundsätzlich gegen Ablässe, sondern wandte sich nur scharf gegen deren Missbrauch. Weil halt Prediger, unter anderem der berüchtigte Johann Tetzel, behaupteten, man könne – gegen Zahlung versteht sich – auch ohne Reue und Buße die Vergebung der Sünden erlangen, und nicht nur die der eigenen, sondern auch der bereits verstorbenen und im Fegefeuer schmorenden Familienmitglieder. Wer hätte da eine Spende verweigert!

Aber das ist ein Thema für sich.

Kehren wir zurück zum Wert, den die Reliquien von Heiligen für viele Menschen, und natürlich auch für viele Städte, darstellten. Zum Beispiel für Venedig. Als im neunten Jahrhundert die meisten größeren Städte Europas längst einen Stadtheiligen ihr Eigen nannten, begab sich die Lagunenstadt erst auf die Suche, und zwar in Nordafrika, wo schließlich sehr berühmte Kirchenlehrer gelebt hatten.

In Alexandria lag der Evangelist Markus begraben.

Zwar rechneten sich die Venezianer keinerlei Chance aus, diese wertvolle Reliquie von einer christlichen Gemeinde, die dort unter islamischer Herrschaft existierte, erwerben zu können. Aber vielleicht ließen sich ja Grabräuber anwerben …

Tatsächlich gelang es zwei Kaufleuten, einen einbalsamierten Körper, in viele Tücher eingeschlagen, in einem Mumienkorb verpackt an Bord ihres Schiffes zu nehmen. Sie versteckten ihn unter einem Berg von Lebensmitteln, der vornehmlich aus Speck bestand, um die moslemischen Schnüffler abzuschrecken, und brachten ihre Beute unbehelligt heim. Was nichts daran ändert, dass es sich hier um einen Raubzug handelt, wobei wir im kriminellen Milieu angelangt sind.

So schwer es auch schien, wertvolle Reliquien auf legalem Wege zu erlangen, so einfach war es naturgemäß, sie nach erfolgreicher Belagerung einer großen Stadt als Beute nach Hause zu bringen. Schließlich waren ja auch die Gebeine der Heiligen Drei Könige aus dem eroberten Mailand geraubt worden.

Ähnlich brutal gingen die sogenannten Kreuzfahrer in Konstantinopel vor, als sie 1203 die (christliche!) Stadt erstürmt hatten. Ein Augenzeuge schildert, wie Abt Martin aus dem im Elsass gelegenen Zisterzienserkloster Pairis einen griechischen Priester so lange mit dem Tode bedrohte, bis dieser ihn zu einem versteckten Reliquienschatz führte.

Und er tauchte beide Hände eilig und begehrlich hinein und – kräftig geschürzt, wie er war – füllte er den Bausch der Kutte mit dem heiligen Kirchenraub und lief zum Schiff zurück, fröhlich, wie der Zeuge bekundet. Was uns nicht wundert, denn er hatte unter anderem ein Stück vom wahren Kreuz Christi erbeutet, einen nicht geringen Teil des heiligen Johannes, einen Arm des heiligen Jakobus, einen Fuß des heiligen Kosmas, einen Zahn des heiligen Laurentius und eine ganze Menge mehr.

Aber selbst Kaiser entwickelten zuweilen eine erschreckend kriminelle Energie, um ihre Reliquiensammlung zu vervollständigen. So der bereits erwähnte Kaiser Karl IV., der einen unbewachten Augenblick in der Domschatzkammer von Trier nutzte, um eigenhändig ein Drittel von dem Kreuzesholz abzuschneiden, das einst Kaiserin Helena, die Mutter Kaiser Konstantins, in Jerusalem gefunden und einen großen Teil jener Stadt geschenkt hatte, in der sie angeblich geboren worden war.

Aber auch in Köln und in anderen Städten wurden vermeintliche Splitter von diesem Kreuz aufbewahrt und – wie wir gerade gelesen haben – auch in Konstantinopel. Im 19. Jahrhundert hat man einmal versucht, alle diese Kreuzessplitter zusammenzurechnen. Bange Frage: Wie viele Kreuze werden dabei wohl herauskommen? Das Ergebnis indes war für Zweifler überraschend. In ihrer Gesamtmasse würden die Splitter nicht einmal ein Drittel eines etwa einen Zentner schweren Kreuzes ausmachen, wie Jesus es hat tragen müssen.

Trotzdem gab es schon im 13. Jahrhundert erste Zweifel an der Reliquienverehrung, wobei es unter anderem um ihre Echtheit ging. Das bereits erwähnte Konzil im Lateranpalast von 1215, das jedes öffentliche Zurschaustellen von Heiltümern (vergeblich) verboten hatte, befahl:

Niemand wage es aber, neu gefundene Reliquien öffentlich zu verehren, wenn sie nicht zuvor durch die Autorität des römischen Pontifex die Approbation erhalten haben.

Gut 200 Jahre später verbot die Breslauer Synode unter Androhung schwerer kirchlicher Strafe, dass man Erzählungen über angebliche Wunder ausstreue und verbreite. Und zur gleichen Zeit verbot der Kardinal Nikolaus von Kues den Geistlichen, abergläubische Geschichten über den heiligen Blasius oder die heiligen Barbara, Katharina, Dorothea oder Margaretha zu erzählen.

Das alles half wenig.

Ebenso wie Kaiser Karl IV. war auch Martin Luthers Landesherr und Beschützer, Friedrich III. von Sachsen, ein leidenschaftlicher Reliquiensammler, der zum Schluss deren 20 000 Stück besaß. Zu den wertvollsten gehörten vier Haare der Jungfrau Maria, ein Saum ihres Mantels, ein Zahn des heiligen Hieronymus, ein Stückchen von einer Windel des Jesuskindes, ein Halm vom Stroh der Krippe in Bethlehem sowie eine Krume vom Brot des Letzten Abendmahles.

Alles zusammengezählt, hätte man sich damit rund zwei Millionen Jahre Fegefeuer ersparen können.

Aber da gab es schließlich noch mindestens ebenso Absurdes: Manna aus der Wüste beispielsweise oder Ruß aus dem Feuerofen der biblischen drei Jünglinge, das Nähzeug der Jungfrau Maria, ihre Muttermilch und sogar die Vorhaut des beschnittenen Jesuskindes.

Dem Mönch war unbehaglich zumute, und ihn fröstelte, obwohl dieser 5. August des Jahres 1163 ein schöner Tag zu werden versprach. Abt Ulrich von Steinfeld war am frühen Morgen aus dem Stift der Prämonstratenserinnen in Dünnwald aufgebrochen, wo er nach der langen Anreise aus der Eifel übernachtet hatte. Aber er hatte die Strapaze gerne auf sich genommen, denn diesmal wollte er unbedingt dabei sein. Wollte mit eigenen Augen sehen, was vor zwanzig Jahren sein Vorgänger im Amt, Everwin, hier in Köln erlebt hatte.

Seine Erlebnisse hatte besagter Everwin später in einem Brief dem berühmten Zisterziensermönch und Kreuzzugsprediger Bernhard von Clairvaux geschildert. Dankenswerterweise hatte Everwin von jenem Brief eine Abschrift anfertigen lassen, die Ulrich im Klosterarchiv aufgestöbert und mit großem Interesse gelesen hat.

Seit langer Zeit schon herrschte Unruhe im Reich. Der Kaiser stritt sich mit dem Papst darum, wem das Recht zustehe, Bischöfe zu ernennen, und schon allein an dieser Frage drohte die Kirche auseinanderzubrechen. Papst und Bischöfe gaben sich wie weltliche Herrscher und überließen die Seelsorge den Orden. Die wiederum igelten sich in ihren Klöstern ein, und wenn sich überhaupt einer der verwaisten Schäfchen annahm, dann höchstens ein unbedarfter Leutpriester, der seinen Gläubigen das Pater Noster vorbetete, ohne selber auch nur dessen Sinn zu verstehen.

Wen wunderte es da, dass Prediger durch die Lande zogen und den Leuten die Lehre Christi so verkündeten, wie sie selbst es für richtig hielten, und nicht so, wie die Kirche sie auslegte. Da war beispielsweise jener Tanchelm, der durch Flandern und die Niederlande wanderte, die Laster hochrangiger Kleriker anprangerte und die Kirche in ihrer Gesamtheit – wörtlich – als Bordell bezeichnete. Zunächst scharte er die Ärmeren der Stadt Antwerpen um sich, zog dann aber weiter über Land, wo ihn die Bauern und Fischer anhimmelten, weil er die reichen und zum Teil sogar im Konkubinat lebenden Kleriker anprangerte.

Dabei trat er selber keineswegs wie ein demütiger Gottesdiener auf. Im Gegenteil: Er kleidete sich in kostbare Gewänder, ließ sich von einer Leibwache begleiten und erhob keinerlei Einspruch dagegen, dass ihn die Menge wie einen Gott verehrte.

Nun gut, das wurde zunächst einmal nur in einem Schreiben des Utrechter Domkapitels berichtet, das ihn beim Kölner Erzbischof anschwärzte. Darin wurde auch behauptet, dass die Menschen in seinem Gefolge sich darum stritten, sein Badewasser trinken zu dürfen, und dass er symbolisch die Ehe mit der Jungfrau Maria eingegangen sei. Schließlich wurde Tanchelm nach Köln zitiert, merkwürdigerweise jedoch wieder laufen gelassen. 1115 hat ihn ein Kleriker dann erschlagen. Gott sei seiner Seele gnädig. Seiner Seele und der des Mörders.

Tanchelm aber war wohl nur ein Vorläufer gewesen, dachte Ulrich. Ihm folgten immer mehr Prediger, die schon sehr genaue Vorstellungen davon hatten, wie Christus sich ihrer Meinung nach seine Kirche vorgestellt hatte. Ihre Auffassung von christlicher Lebensart hatte sogar Ulrichs Vorgänger Everwin, den Abt vom Kloster Steinfeld, verwirrt, und deshalb hatte er an Bernhard von Clairvaux jenen Brief geschrieben, den Ulrich fast auswendig zitieren konnte:

»Hier in der Nähe von Köln sind kürzlich einige Häretiker entdeckt und vor das Erzbischöfliche Gericht gebracht worden.

Unter ihnen befand sich einer, den sie ihren Bischof nannten, und ein anderer, der sich als sein Assistent ausgab. Sie behaupteten, einzig sie könnten als die wahren Christen angesehen werden, da nur sie allein nach der Lehre Christi lebten. Sie würden nach keinen weltlichen Schätzen streben, während die meisten Menschen – also auch die Kleriker – ein Haus nach dem anderen, ein Feld nach dem nächsten zu kaufen suchten und nur nach Dingen strebten, die von dieser Welt seien.

Sie selbst, die sie wie die Armen Christi lebten, seien wie Lämmer unter Wölfen, würden verfolgt wie die Apostel und Märtyrer, obwohl sie doch ein äußerst strenges und heiligmäßiges Leben führten. Sie würden das alles nur erdulden, weil sie nicht von dieser Welt seien. Die offiziellen Vertreter der Kirche dagegen seien falsche Apostel, die das Wort Christi verunreinigten.

Sie selber – so sagten sie – würden ihre Sakramente geheim halten. Sie dürften auch kein Fleisch essen und keine Milch trinken, und alle Nahrungsmittel würden sie durch das Vaterunser in Leib und Blut des Herrn verwandeln.

Das Fegefeuer sei eine Fabel, die Anrufung von Heiligen eine Gotteslästerung, und dem Papst seien sie schon gar keinen Gehorsam schuldig. Alles, was in der Kirche geschehe und nicht von Jesus selber oder seinen Aposteln so angeordnet worden sei, könne nur als Aberglaube bezeichnet werden.

Gegen die Argumente des Erzbischofs und der anderen anwesenden Theologen kamen sie aber nicht an, und so baten sie um einen kurzen Aufschub der Diskussion, damit sie aus ihren Reihen kluge Menschen herbeibringen könnten, um mit denen das Gespräch fortzusetzen. Sollten aber auch diese weisen Männer in dem Streitgespräch mit dem Erzbischof unterliegen, würden sie reumütig in den Schoß der Kirche zurückkehren. Wenn man ihnen aber keine Fehler nachweisen könne, wollten sie lieber sterben als gegen ihre Überzeugung abschwören.

Einigen Gläubigen schien die ganze Diskussion allerdings als eine Farce, wenn nicht sogar gotteslästerlich. Sie entführten die Häretiker ohne Wissen des Gerichts und gegen dessen ausdrücklichen Willen heimlich aus dem Kerker und verbrannten sie außerhalb der Stadt auf einem Scheiterhaufen.«

Derartiges, dessen war sich Ulrich sicher, durfte sich nicht wiederholen. Nur ein ordentliches Gericht konnte entscheiden, ob jemand falsche Lehren verbreitete oder aber ein guter Christ war. Oder zumindest den Eindruck erweckte. Aber wer konnte tatsächlich unterscheiden zwischen richtigem und falschem Glauben? Sogar Bernhard von Clairvaux, der bereits zu Lebzeiten im Rufe stand, ein Heiliger zu sein, war sich anscheinend nicht sicher.

Nachdem ihm Everwin damals seine Erlebnisse in Köln geschildert hatte, sagte er über die merkwürdigen Prediger, von denen heute wieder einige in Köln vor Gericht stehen: »Wenn ihr sie fragt, so kann es nichts Christlicheres geben als diese Ketzer. Was ihre Unterhaltung angeht, so kann nichts weniger tadelnswert sein, und mit ihren Worten stimmen ihre Taten überein. Niemand betrügt einen anderen, niemand schlägt oder bedrückt einen Mitbruder. Ihre Wangen sind bleich vom Fasten; sie essen nicht vom Brot des Müßiggangs, und ihre Hände arbeiten nur für den eigenen Unterhalt.«

Was war das nun? Bernhards Überzeugung oder lediglich pure Ironie? Wenn es denn ehrlich gemeint war: Warum wurden dann diese Menschen – auch von ihm selber – verfolgt? War es aber ironisch gemeint: Warum verunsicherte er dann die anderen Christen?

Ulrich wusste es nicht. Er wusste nur, dass in der Kirche einiges im Argen lag.

Hildegard von Bingen, die Gründerin und Äbtissin des Benediktinerinnen-Klosters Rupertsberg an der Nahe, im ganzen Rheinland aufgrund ihrer Visionen bekannt und eine Freundin Bernhards, war vor einigen Jahren auch nach Köln gekommen und hatte in vielen Predigten das ausschweifende Leben vieler Kleriker gerügt.

Einer von Ulrichs Mitbrüdern hat einen ihrer Aufrufe selber gehört und aus dem Gedächtnis niedergeschrieben. Auch dieser Bericht liegt im Archiv des Klosters in Steinfeld. Und vor einigen Tagen hatte der Abt ihn noch einmal gelesen.

»Ihr solltet der Berg Sion sein, auf dem Gott wohnt«, hatte Hildegard damals den Kölnern gepredigt, »aber das seid ihr nicht. Was immer euer Fleisch verlangt, das tut ihr! Ich aber, der ich bin, sage zu denen, die auf mich hören: Zu der Zeit, da dies geschieht, wird ein irrendes Volk, das noch schlimmer sein wird als das irrende, das jetzt da ist« – und damit meinte sie wohl die Wanderprediger – »über euch herfallen, um euch zu stürzen, die ihr die Pflicht verletzt und das Gesetz übertretet. Es wird euch überall verfolgen und eure Werke nicht verbergen. Nein, es wird sie aufdecken und von euch sagen: Skorpione sind sie in ihren Sitten und Schlangen in ihren Werken. Weshalb duldet ihr solche Leute in euren Reihen, die die Erde mit ihren schmutzigen Schändlichkeiten besudeln? Der Trunksucht sind sie ergeben und ausschweifend. Wenn ihr sie nicht ausweist, wird die ganze Kirche zugrunde gehen.«

Wen hatte sie nun damit angeklagt? Die angeblichen Ketzer wohl kaum, denn was immer man über sie sagen mochte – sie lebten nachweislich sehr enthaltsam, und wenn sie sich, was die Lehre der Kirche anging, möglicherweise im Irrtum befinden sollten: Sie besudelten sicherlich nicht die Erde mit irgendwelchen Schändlichkeiten.

Also musste der hohe Klerus gemeint sein.

Als Ulrich aus dem Kahn stieg, mit dem ihn ein Fährmann von Deutz aus über den Fluss gerudert hatte, stellte er fest, dass er sich wohl in der Zeit verkalkuliert hatte. Die Sonne stand schon senkrecht am Himmel, und er eilte hastig vom Ufer hoch zum Domhof, wo sich seine Befürchtungen bewahrheiteten. Man hatte mit den Ketzern im Sinne des Wortes kurzen Prozess gemacht, und der Zug mit den Verurteilten befand sich schon auf der hoch gelegenen Straße, die südwärts aus der Stadt führte, hin zu jenem Ort vor der Mauer, wo gemeinhin die Todesurteile vollstreckt wurden.

Unweit der Stelle, wo in jüngster Zeit die Juden ihre Toten bestatten durften, waren einige Scheiterhaufen errichtet worden, auf denen an Pfählen jetzt vier Männer festgebunden wurden. Angeblich stammten sie aus Flandern. Eine junge Frau wurde ein paar Meter weiter von zwei Kriegsknechten festgehalten. Ulrich erfuhr, dass man sie vor die Wahl gestellt hatte, entweder ihrem Irrglauben abzuschwören und in ein Kloster einzutreten oder ebenfalls verbrannt zu werden.

In ihrer Panik hatte sie abgeschworen, wurde aber dennoch gezwungen, den Tod ihrer Freunde mit anzusehen. Als die Flammen auflöderten, rief ihr Meister, der sich Arnold nannte, mit ersterbender Stimme seinen Freunden zu: »Seid standhaft in eurem Glauben!« Dann brach der Scheiterhaufen unter ihm zusammen. In diesem Augenblick riss sich die junge Frau von den Knechten los, lief die paar Schritte bis zu den Scheiterhaufen und stürzte sich stumm in die Flammen. Niemand aus der gaffenden Menge fühlte sich bemüßigt, sie zurückzuhalten.

Ein Ketzer mehr oder weniger – was machte das schon aus?

Abt Ulrich stand wie versteinert unter den Zuschauern. Er war nach Köln gekommen, um mehr über die überall auftauchenden merkwürdigen Prediger und ihre Lehre zu erfahren. Aber gelernt hatte er nur dies: Sie waren offensichtlich bereit, für ihren Glauben in den Tod zu gehen.

Und das konnte man in diesen Tagen durchaus nicht von allen behaupten, die sich als gläubige Christen bezeichneten.

* * *

Wer aber waren diese merkwürdigen Christen, die der Mönch Caesarius aus dem Zisterzienserkloster Heisterbach bei Königswinter als Erster »*Katharer*« nennt? Die Bezeichnung *Katharer* ist aus dem Griechischen *katharoi* abgeleitet, was *die Reinen* bedeutet, und aus dem Wort Katharer entstand später unser Wort Ketzer, mit dem man bis heute Christen bezeichnet, die der offiziellen Lehre der Kirche nicht folgen wollen.

Angefangen hatte der Widerstand gegen die offizielle Lehre der Kirche Ende des 10. Jahrhunderts in Bulgarien, das damals zum russischen Reich gehörte. Dort lehrte ein Priester namens Bogomil, dass alle Materie Werk des Teufels sei. Da aber sowohl alle Kreuze, aber auch Heiligenbilder aus Materie bestünden, seien sie abzulehnen. Ebenso die Sakramente, bei denen Materie genutzt wurde, beispielsweise die Taufe mit Wasser. Und schließlich: Jesus war nicht der Sohn Gottes, sondern lediglich von ihm adoptiert. Aber Bogomil lehrte keinen Widerstand gegen die (in Bulgarien orthodoxe) Kirche, sondern Bescheidenheit und Buße. Die Kirche sah in den neuen Gemeinden keine Gefahr. Eine Verfolgung fand nicht statt.

Im Westen war das anders. Hier waren die Verkünder des neuen Glaubens sehr viel aggressiver, und schon bald sah sich die Kirche bedroht. Beispielsweise durch jenen Leutpriester Peter von Bruys, der aus einem winzigen Ort bei Gap in den französischen Hochalpen stammte. Zunächst sammelte er Anhänger in kleinen Dörfern, verlagerte seine Tätigkeit jedoch bald in große südfranzösische Städte wie Toulouse, Arles oder Narbonne.

Mit nackten Füßen und langem grauem Bart kam er daher, sah aus, wie die Leute sich einen richtigen Apostel vorstellten, und er nutzte die weit verbreitete antiklerikale Stimmung nach Kräften aus. Wieso sollte man in Kirchen zu Gott beten? Er sei doch allgegenwärtig und daher auch in Kneipen und in Ställen, in jeder Herberge und sogar im Badehaus zugegen. Eucharistie sei Betrug, Gebete für die Verstorbenen Unfug, die ganze Liturgie Hokuspokus.

Alsbald feierten seine Anhänger wahre Zerstörungsorgien, indem sie Kirchen niederrissen, Heiligenbilder zerstörten, Klöster schlossen und die Mönche zwangen, Ehen einzugehen. 1131 schlugen seine Gegner zurück und verbrannten den Wahnwitzigen. Aber er fand schnell Nachahmer. Neben dem oben erwähnten Tanchelm bat ein gewisser Heinrich von Le Mans seinen Bischof darum, Fastenpredigten abhalten zu dürfen.

Der Bischof erteilte die Erlaubnis, trat dann jedoch eine längere Reise an. Heinrich nutzte die Zeit und predigte vor allem vor den kleinen Leuten gegen alles, was Amtskirche hieß, und bestieg selber den Bischofsthron. Schließlich wurden sogar die Priester von seinen Anhängern als Ketzer verfolgt, und als der Bischof schließlich nach Le Mans zurückkehrte und zum Gottesdienst einlud, antworteten ihm seine Schäfchen: »Deinen Segen zu erhalten, verlangt uns nicht. Segne den Dreck! Weihe den Dreck! Wir haben einen neuen Vater, einen Bischof, der dich an Ehrbarkeit und Weisheit übertrifft. Diesem stehen deine eigenen Kleriker entgegen und widersprechen seiner Lehre, denn sie fürchten, dass er ihre Verbrechen und Irrlehren mit prophetischem Geist an den Tag bringt.«

Nur mit Mühe gelang es dem Bischof, mithilfe der Oberschicht seiner Stadt besagten Heinrich zu vertreiben, und dann hätte eigentlich das passieren müssen, was bislang in allen solchen Fällen geschehen war: Wurde der Anführer getötet oder zumindest vertrieben, brach gemeinhin die ganze Bewegung in sich zusammen.

Bei den Katharern geschah desgleichen später merkwürdigerweise nicht. Sie wählten aus ihrer Mitte sogar eigene Bischöfe, und ihre straffe Hierarchie ließ in der Amtskirche alle Alarmglocken schrillen. Zudem schien es, als würde systematisch in allen Teilen Europas missioniert, denn fast zeitgleich tauchten organisierte Gruppen in Südfrankreich und in der Lombardei auf, in Lüttich und in der Toskana, am Rhein und im Périgord.

Rom erkannte die Gefahr erst, als es schon (fast) zu spät war.

Das Wesentliche ihrer Lehre hatten die Katharer zweifellos von den Bogomilen übernommen. Die Welt war zur Hälfte gut, zur anderen böse. Gott verkörperte das (unsichtbare) Gute, alles, was man sehen und anfassen konnte, war dagegen böse. Diese Theorie bezeichnet man als Dualismus.

Die (unsichtbare, also gute) Seele war in dem materiellen (also bösen) Körper eingeschlossen. Es ging nun darum, die gute Seele aus dem bösen Körper zu befreien. Dazu bedurfte es allerdings strenger Askese, und zwar in jeder Hinsicht. Jedwede sexuelle Betätigung war verboten, Kinder folglich unerwünscht, denn auch Adam und Eva hätten vor dem Sündenfall und der Vertreibung aus dem Paradies ohne Sexualität gelebt.

Der Verzehr von Fleisch war ebenso verboten wie der von Eiern oder Käse. Das Trinken von Milch war natürlich ebenfalls untersagt; nur Fische durften merkwürdigerweise gegessen werden.

Wer alle diese Regeln längere Zeit streng befolgte, wurde durch das sogenannte *consolamentum* in die Gemeinschaft aufgenommen und galt fortan als *perfectus* oder als *perfecta*, als guter Engel, der aus seinem bösen Körper befreit war und nun die Gemeinde betreuen oder auch missionieren, vor allem aber das *consolamentum* an andere Gläubige erteilen durfte.

Die so Auserwählten reisten meist zu zweit über Land, wobei sie einheitliche schwarze Gewänder und die Haare lang trugen. Die Männer ließen sich einen Bart wachsen und waren so auf den ersten Blick als Katharer zu erkennen. Bis dann die ersten systematischen Verfolgungen einsetzten und es ratsamer erschien, sich in seinem Äußeren nicht mehr von anderen Menschen zu unterscheiden.

Zunächst schleichend, dann aber innerhalb weniger Jahre unterwanderten die Katharer zahlreiche Gemeinden, die meisten in der südfranzösischen Grafschaft Toulouse, wo sie nicht nur das Wohlwollen der Bevölkerung genossen, sondern auch das Interesse eines großen Teils des Adels weckten. Kleinere Gemeinden schlossen sich mit der Zeit zu vier Bistümern zusammen: Agen, Carcassonne, Razès und Albi. Nach dieser Stadt wurden die Katharer später auch Albigenser genannt, und während sie dort auf viel Sympathie und wenig Widerstand stießen, beschloss ein wohlhabender Kaufmann namens Waldes in Lyon, sich von seinem Reichtum zu trennen und ein Leben nach dem Vorbild der Apostel zu führen.

Er forderte seine beiden Töchter auf, in das neu gegründete Kloster von Fontainevreau einzutreten, zahlte seiner Frau ihren Vermögensanteil aus und verteilte den Rest seines auch danach noch immer beträchtlichen Vermögens unter die Armen. Dann brach er auf, predigte das Evangelium und sammelte sehr schnell viele Gleichgesinnte um sich, die nach ihm Waldenser genannt wurden.

Schon bald wurden sie als Ketzer verdächtigt, schickten daraufhin eine Abordnung nach Rom, wo ihre Überzeugungen zunächst auch auf Wohlwollen stießen. Aber: Sie verwarfen Eidesleistungen, jedweden Krieg und die Todesstrafe, lehnten auch Seelenmessen, Ablass und Fegefeuer ab und bestritten letztendlich sogar, dass der Apostel Petrus jemals in Rom gewesen sei.

Das alles klang nicht so aggressiv wie die Lehren der Katharer, und die Waldenser hingen auch nicht der dualistischen Lehre der Katharer an, die einen bösen Schöpfergott kannte. Dennoch: Zwei neue Sekten – das schien Rom nun wirklich zu bedrohlich, zumal auch der eigene Klerus anscheinend viel zu wünschen übrig ließ, woraus Papst Innozenz III. folgenden Schluss zog:

Seine Kleriker seien »blinde, stumme Hunde, die nicht mehr bellen können, die die Gerechtigkeit verkaufen, die Reichen freisprechen und die Armen verdammen. Sie lassen die Gesetze der Kirche außer Acht: Sie häufen Pfründen und vertrauen die Priesterämter und die Würden der Kirche unwürdigen Priestern an, ungebildeten Kindern. Hier hat die Frechheit der Häretiker ihre Ursache; hier hat die Verachtung des Herren und seiner Kirche ihren Grund. In dieser Gegend werden die Prälaten den Laien zum Gespött. Die Ursache des ganzen Übels ist der Erzbischof von Narbonne. Dieser Mann, der keinen anderen Gott kennt als das Geld, der einen Geldbeutel anstelle eines Herzens in seiner Brust trägt.«

Einen unfähigen und verdorbenen Klerus, dazu zwei Gruppen von Häretikern, denen das Volk zuströmt – das war nicht länger zu dulden. Bislang war man mit Abweichlern sehr milde umgegangen. Todesurteile gab es so gut wie nie, und zuständig war jeweils der Bischof vor Ort. Er prüfte und strafte, wie es ihm gut dünkte. Meist wurde eine Kirchenstrafe verhängt – in schweren Fällen die Exkommunikation ausgesprochen, die nach Reue und Buße wieder zurückgenommen wurde. Das alles schien nun nicht mehr zu reichen.

Man musste nur einen geeigneten Anlass finden, um zuzuschlagen.

Dem Papst kam der Zufall zu Hilfe, denn sein allseits verhasster Legat Pierre de Castelnau, dem die undankbare Aufgabe zugefallen war, den hohen Klerus in Südfrankreich zu reformieren, stieß dabei auf den Widerstand des Grafen von Toulouse, Raymond VI. Der Graf wurde vom päpstlichen Legaten kurzerhand exkommuniziert, und nach einem heftigen Disput zwischen den beiden Kontrahenten wurde Castelnau in Saint-Gilles von einem Ritter aus dem Gefolge des Grafen – ob mit oder ohne Wissen seines Herrn ist unbekannt – beim Überqueren der Rhone erschlagen.

Das reichte dem Vatikan.

Der vierte Kreuzzug (1202–1204), in dessen Verlauf man nicht nur gegen den Islam gekämpft, sondern auch (das christliche) Byzanz zerstört und ausgeplündert hatte, war soeben zu Ende gegangen, und nun rief Rom erstmals zu einem Kreuzzug gegen Christenmenschen auf. Die Wortwahl war bezeichnend:

Auf, ihr Krieger Christi! Auf, ihr mutigen Kämpfer der christlichen Armee! Dass ein heiliger Zorn euch entflamme, um diese ungeheure Beleidigung eures Gottes zu rächen!

*Strengt euch an, den Menschen im Land im Namen des Gottes des
Friedens und der Liebe den Frieden zu bringen. Lasst es euch ange-
legen sein, die Ketzerei mit allen Mitteln zu bekämpfen, die Gott euch
eingeben wird. Bekämpft diese Abtrünnigen mit großer Zuversicht,
mit starker Hand und eiserner Faust, denn sie sind noch gefährlicher
als die Sarazenen!*

*Was aber den Grafen von Toulouse angeht, so jagt ihn und seine
Komplizen aus den Zelten des Herrn. Nehmt ihnen ihre Länder weg,
damit katholische Einwohner an die Stelle der vernichteten Ketzer
treten können.*

Hier ist es notwendig, einen Blick auf das Frankreich des 13. Jahrhunderts zu werfen. Noch unterstand nicht das gesamte Land
dem französischen König. Die Menschen im Süden hatten ihre
eigene Sprache, die sogenannte Langue d'Oc, nach der bis heute
die Landschaft Languedoc heißt. Dort waren die Minnesänger,
die Troubadoure, zu Hause.

Auch nach dem Zusammenbruch des Römischen Reiches hielten sich im Süden römische Kultur und römisches Bewusstsein.
Den Menschen in Toulouse oder Carcassonne, in Narbonne oder
Albi waren die Nordfranzosen, die zudem noch eine andere Sprache sprachen, wesensfremd. Sie dachten nicht daran, sich dem
französischen König zu unterwerfen, und dem wiederum war
die Unabhängigkeit der Barone im Süden schon lange ein Dorn
im Auge.

Das war natürlich auch dem Papst bekannt, dem ebenso bewusst war, dass sich die Ritter im übrigen Europa nicht schon
wieder auf einen Kreuzzug begeben wollten. Folglich rief er
den Adel Nordfrankreichs zum Kampf gegen die Katharer auf,
und dort fiel sein Appell auf fruchtbaren Boden. Das Problem
der Ketzerei war den Rittern in Nordfrankreich zwar herzlich
gleichgültig, aber im Süden lockten große Reichtümer – und
viel Land, das man nach einem Sieg sich selber würde einverleiben können.

Und als Bonbon der Nachlass aller Sündenstrafen.

1209 sammelten sich in Lyon an die zehntausend Ritter, und ihr erstes Ziel war Béziers. Die Stadt wurde dem Erdboden gleichgemacht und ihre Bewohner – 20 000 an der Zahl – wurden umgebracht, Männer, Frauen und Kinder, und es war den Eroberern vollkommen gleichgültig, ob es sich dabei um rechtgläubige Christen oder vermeintliche Ketzer handelte.

Woran denn auch hätten sie den Unterschied erkennen können.

Angeblich hat der geistliche Anführer des Kreuzzugs, Abt Arnald-Amaury, die Parole ausgegeben: »Bringt sie alle um. Der Herrgott wird die Seinen schon erkennen.« Selbst wenn dieser zynische Rat, der uns nur von Caesarius von Heisterbach überliefert wurde, in dieser Form nicht erfolgt ist, beweist das doch das gnadenlose Vorgehen des nordfranzösischen Adels, dessen Mitlieder vermutlich kaum die Lehre der Katharer kannten, dessen Hass jedoch allen Menschen im freien Süden Frankreichs galt.

Ein gewisser Simon de Montfort, ein kleiner Adeliger aus Nordfrankreich, wurde zum militärischen Heerführer der Truppe bestimmt. Zu seinem Charakter nur so viel: Den gefangenen Rittern der Stadt Bram, wo sich später das Hauptquartier des Kreuzzugsheeres befinden sollte, ließ er Nasen, Lippen und Ohren abschneiden. Bis auf einen ließ er zudem allen die Augen ausstechen, und dieser eine wurde auch nur deshalb verschont, damit er die anderen Verstümmelten nach Hause führen konnte.

Nach Béziers fiel Narbonne, und dann lag das Heer vor der nahezu uneinnehmbaren Stadt Carcassonne. In der Hitze des Sommers ging den Bürgern aber schon nach vier Wochen das Trinkwasser aus. Ihr Anführer, der junge Raymond Roger Trenceval, bat um Schonung der Bevölkerung und bot sich selber als Geisel an.

Die Stadt wurde trotzdem zerstört und geplündert, Trenceval wanderte in den Kerker, wo er unter ungeklärten Umständen starb. Alle anderen Menschen in der Stadt blieben verschont, auch die zahlreichen Katharer. Ein Beweis dafür, dass es den Belagerern lediglich um reiche Beute ging.

Die Ketzer waren ihnen allem Anschein nach völlig gleichgültig.

Bei der Eroberung anderer Städte schonte man die Katharer allerdings nicht: In Minerve wurden 80 *perfecti* verbrannt, in Lavaur starben deren 400 auf den Scheiterhaufen. Zudem wurden 80 Ritter gehenkt, und die Herrin der Stadt, eine bekennende *perfecta*, wurde lebend in einen Brunnen geworfen und dieser dann mit Steinen zugeschüttet.

Das Heer zieht weiter nach Toulouse, kann die Stadt jedoch nicht einnehmen. Simon de Montfort kommt bei der Belagerung ums Leben. Nun stellt sich der französische König Ludwig VIII. an die Spitze der Kreuzfahrer, aber auch ihm liegt weniger an der Ausrottung der Ketzer als an der Rückgewinnung der südlichen Ländereien für die Krone. Die Katharer hingegen haben gelernt, dass demonstrativer und aggressiver Widerstand auf Dauer nicht zu leisten ist. Sie ziehen sich mehr und mehr in den Untergrund zurück, ohne indes von ihrem Glauben zu lassen.

Auch die Kirche wechselt die Taktik. Als Ketzer wird nun schon jeder verdächtigt, der einen schlechten Ruf oder sich sonst wie verdächtig gemacht hat. Und noch ein Trumpf wird ausgespielt: Wer Katharer den Behörden anzeigt, hat unter Umständen sogar Anspruch auf dessen konfisziertes Vermögen.

Nun sind die Katharer vor niemandem mehr sicher, und die Verfolger machen weiter Jagd auf sie, in der Stadt Aviognet in derart grausamer Weise, dass sich die Bürger Hilfe von außen holten, und es waren Soldaten aus einer nahe gelegenen Festung, die mit den Inquisitoren kurzen Prozess machten. Diese Soldaten gehörten zur Garnison einer Festung, die auf einem steilen und mehr als 1200 Meter hohen Felsen errichtet worden war und den Namen *Montségur* führte – was so viel wie sicherer Berg bedeutete.

In den 30er-Jahren des 13. Jahrhunderts war die Festung auf dem Berg sowohl zum Zentrum geflohener Katharer als auch zur neuen Heimat von vertriebenen und ihres Besitzes beraubten Adeligen geworden. Im Mai 1243 schloss eine 6000 Mann starke Armee den Berg und das Dorf zu seinen Füßen ein. Zu diesem Zeitpunkt hielten sich etwa 350 Katharer und rund 150 Soldaten in der Festung auf.

Die Erstürmung der Burg schien aussichtslos. Als ebenso nutzlos erwies sich der Versuch, die Verteidiger auszuhungern. Möglicherweise gelang es, durch ein bis heute unentdecktes Höhlensystem Nahrungsmittel in die Festung zu schaffen. Die militärische Führung der Belagerer heuerte deshalb Söldner aus der Gascogne an, die das Kämpfen an steilen Hängen gewohnt waren.

Man suchte auch deshalb eine schnelle Entscheidung, weil man befürchtete, Kaiser Friedrich II. könnte den Katharern zu Hilfe kommen. Eine grundlose Sorge, denn Friedrich hasste Ketzer, die aufgrund ihres Glaubens nicht bereit waren, ihrem Herrn einen (Treue-)Eid zu schwören, und es zudem kategorisch ablehnten, kaiserlichen Befehlen zu gehorchen, die auch nur im Entferntesten ihrem Glauben widersprachen.

Da waren ihm die Sarazenen, die in seinen Diensten standen – Christentum hin, Islam her – sehr viel sympathischer.

Friedrich also kam nicht, aber angeblich fand sich ein Verräter, der den Kletterkünstlern aus der Gascogne eine Möglichkeit verriet, wie sie sich eines Vorwerks bemächtigen konnten, um dort ein Katapult aufzubauen, mit dem sie die Burg mit schweren Steinbrocken sturmreif schießen konnten.

Im März des Jahres 1244 entschlossen sich die Verteidiger, Verhandlungen mit den Kreuzrittern aufzunehmen. Deren Bedingungen waren klar und im Grunde fair: Fahnen, Waffen und Geld mussten ausgeliefert werden. Allen Verteidigern wurde freier Abzug gewährt, sofern sie sich nicht weiterhin der Ketzerei hingäben, sondern Reue zeigten und zum wahren Glauben zurückkehrten. Anderenfalls würde man sie allesamt verbrennen.

Öffentlich und bei lebendigem Leibe.

Ein verlockendes Angebot, vom dem aber angeblich niemand Gebrauch gemacht hat. Im Gegenteil: Soldaten, die bislang keine Katharer gewesen waren, sollen in letzter Minute übergetreten und so zu Märtyrern geworden sein. Fest steht, dass 205 Menschen freiwillig den Scheiterhaufen betraten. Sie starben zu Füßen des Montségur auf einem Feld, das fortan in der Sprache jener Zeit *Prats des Cramats* genannt wurde.

Das Feld der Verbrannten.

In der Nacht bevor sich die Belagerten ergaben, war es allerdings vier Katharern in schwarzen Kutten gelungen, in einer abenteuerlichen Kletterpartie den Belagerungsring zu durchbrechen und einen geheimnisvollen Schatz aus der Festung zu retten. Niemand weiß, wohin sie mit ihrem wertvollen Gut geflohen sind, und noch viel weniger hat man erfahren, worum es sich bei diesem Schatz gehandelt hat.

Besonders romantisch veranlagte Menschen sind bis heute davon überzeugt:

Natürlich war es der Gral!

D ie untergehende Sonne warf ihre letzten Strahlen auf die Dächer der Stadt, das Hämmern der Steinmetze auf der Baustelle verstummte, und in der einsetzenden Stille waren nur noch einige Vögel zu hören, die ein letztes Lied anstimmten. Die drei Männer sahen nachdenklich auf die große Stadt hinab, die sich zu Füßen des kleinen Hügels ausbreitete, auf dem das Kloster St. Pantaleon einst errichtet worden war.

In römischer Zeit hatte die Anhöhe wohl eine römische Villa getragen, aber das wusste der Abt nicht so genau. Davon stand nichts in den Annalen des Klosters, das 957, vor über 200 Jahren, von Erzbischof Bruno gegründet wurde. Aber nicht nur er ruhte hier in einem Sarkophag, sondern auch die Kaiserin Theophanu, die aus ihrer byzantinischen Heimat die Gebeine des jung zum Märtyrer gewordenen Arztes Pantaleon mitgebracht hatte.

Im Lauf der Jahre war die ehemalige Saalkirche des Klosters zu eng geworden, und im Augenblick wurde sie um zwei Seitenschiffe erweitert. Das war lästig, doch unumgänglich. Der Umbau verschlang zwar viel Geld, aber das bereitete dem Abt kein Kopfzerbrechen. Das Kloster war reich und besaß viel Grund und Boden, nicht zuletzt da unten innerhalb und außerhalb der Stadtmauern.

Nur: Im Ernstfall waren das gesamte Land und alles, was darauf stand und wuchs, einem möglichen Feind schutzlos ausgeliefert. Und nicht einmal die alten römischen Stadtmauern und die Wälle und Gräben, mit denen die Stadt vor nicht einmal hundert Jahren mehr recht als schlecht erweitert worden war, würden einer wirklich massiven Belagerung standhalten.

Vor vielen Jahren hatte Erzbischof Arnold III. von Wied die Benediktinermönche von allen städtischen Abgaben befreit, und zwar so lange – wie schriftlich festgehalten wurde –, »bis ihr Wohngebiet von städtischen Wällen und Mauern umschlossen ist«.

Aber jetzt herrschte ein anderer Erzbischof über Stadt und Land, und der verfolgte ganz andere Ziele als eine mögliche Stadterweiterung. Gerade deshalb jedoch hatte sich Abt Heinrich an seinen alten Freund Gero gewandt und um ein vertrauliches Gespräch mit Vertretern der Kölner Patrizier gebeten.

Gero – inzwischen an die 70 Jahre alt – hatte ihm seinen Sohn Bruno geschickt, und der hatte Daniel aus dem Geschlecht Jude mitgebracht. Zwei sehr gescheite Männer aus den einflussreichsten Kreisen, die dem Abt ebenso höflich wie skeptisch zuhörten, während er ihnen seine Vorstellungen erläuterte.

»Ihr wisst es selbst«, sagte der alte Mann, »und von hier oben sieht man es besonders gut: Die Stadt platzt aus allen Nähten. In den alten Mauern mag noch genug freies Gelände sein für den Bau von Wohnungen für die Kaufleute und deren Kontore, für die Werkstätten der Handwerker, für Kirchen und – leider – auch für Kaschemmen, nur: Innerhalb der Stadt gibt es allenfalls noch ein paar kleine Grundstücke für ein Dutzend Bauernkaten, doch ausreichend Raum für Äcker und Gärten findet sich mit Sicherheit nur noch außerhalb der Mauern.

Wer aber soll im Falle einer Belagerung die Ernte retten, die doch gerade dann dringend für die Ernährung der Bürger gebraucht wird? Wo soll in einem solchen Fall das Vieh untergebracht werden? Ihr könntet jetzt sagen, dort, wo man es leider auch jetzt schon antrifft. In den Gassen der Stadt. Aber wo soll es dann weiden? In euren Gemüsebeeten etwa?«

»Getreide und Gemüse kann man kaufen«, warf Bruno ein.

»Wein und Bier auch«, meinte Daniel.

Der Abt sah sie nachsichtig an. »Ich vermute, Ihr habt noch nie an einem Heerzug teilgenommen. Wisst Ihr, wie man heutzutage Krieg führt? Was unser Kaiser beispielsweise im Fall der abtrünnigen Städte der Lombardei macht? Genau das Gleiche, was auch jener Welfenherzog tun wird, wenn es ihm gelänge, bis hierher vorzustoßen? Er wird die Stadt, die er nicht erobern kann, einschließen. Er wird den Rhein sperren und die ganze Gegend verwüsten. Er wird alle Bäume fällen und in den Weingärten die Rebstöcke zerhacken, die Äcker verseuchen und die Brunnen vergiften lassen. Und das alles nicht nur in der unmittelbaren Umgebung, sondern im weiten Umfeld. Und woher soll dann die Nahrung für die rund 20 000 Menschen in unserer Stadt herkommen?«

»Aber so weit wird es ja nie kommen«, sagte Bruno. »Dafür ist der Erzbischof zu mächtig, als dass er irgendeinen Feind so nahe an seine Stadt heranlassen würde.«

»Vorausgesetzt, er ist nicht gerade damit beschäftigt, mit seinem Heerbann die Grenzen seines Territoriums an weit entfernter Stelle zulasten schwächerer Nachbarn auszudehnen, was er ja häufiger versucht«, antwortete der Abt lakonisch.

»Nun gut, nehmen wir einmal das Schlimmste an«, sagte Daniel. »Wie könnten wir eine Katastrophe verhindern?«

Der Abt sah ihm direkt in die Augen. »Indem wir das Stadtgebiet verdoppeln. Indem wir alle Weingärten, Weiden, Äcker und Gemüsegärten in die Stadtbefestigung einbeziehen und so für alle Zeiten die Versorgung der Stadt garantieren.«

»Aber das dürfen wir ja gar nicht«, protestierte Daniel. »Das ist allein das Recht des Erzbischofs, und der wird eine solche Eigenmächtigkeit seiner Untertanen nicht dulden. Wie sollen wir ihn denn von der Notwendigkeit einer riesigen Stadtmauer überzeugen?«

»Wir sollten ihn nicht fragen«, sagte der Abt ruhig.

Die beiden Männer starrten ihn ungläubig an. »Und Ihr glaubt, er wird tatenlos zusehen, wenn sich seine Untertanen ohne seine

Zustimmung eine derartige Befestigungsanlage bauen, die sich im schlimmsten Fall sogar gegen ihn selbst richten könnte?«

Der Abt zuckte die Achseln. »Was soll er denn machen? Er kann nicht seine eigene Stadt in Schutt und Asche legen. Außerdem hat er schon Feinde genug, und vielleicht wird er eines Tages sogar sehr froh darüber sein, dass seine Kölner etwas unternommen haben, was er selber schon lange hätte in Angriff nehmen sollen.«

»Und wer soll das bezahlen?«, fragte Daniel.

»Ihr natürlich«, lächelte der alte Mann. »Wollt Ihr vielleicht behaupten, Ihr wärt nicht dazu in der Lage? Die Stadt gilt als die wohlhabendste im Reich; Überfluss indes zieht bekanntlich Räuber an. Und der Sachsenherzog, den sie den Löwen nennen, ist der gefährlichste Räuber von allen. Nicht umsonst gilt er als der hochmütigste und machtgierigste Fürst des Reiches. Im Augenblick sieht es zwar nicht gut für ihn aus, aber was ist, wenn er in diesen endlosen Auseinandersetzungen mit den anderen Fürsten die Oberhand gewinnt und selbst unseren Erzbischof besiegt? Meint Ihr, Eure Mauern könnten ihn dann aufhalten?«

Die Männer starrten hinab auf die Stadt, deren aus der Römerzeit stammenden Mauern im Licht der untergehenden Sonne noch soeben erkennbar waren. Man hatte vor sechzig Jahren versucht, die Stadt um drei kleine Gebiete zu erweitern, aber die damals angelegten Gräben und Wälle vermittelten nicht gerade den Eindruck, unbezwingbar zu sein.

»Vielleicht darf ich Euch auch daran erinnern«, meldete sich der Abt noch einmal zu Wort, »dass es im Belagerungsfall nicht allein darum gehen wird, weltliche Güter zu verteidigen. Zur Linken seht ihr das uralte Stift St. Gereon, wo man – wie ihr wisst – den heiligen Gereon und seine Gefährten von der Thebäischen Legion verehrt, die allesamt den Märtyrertod gestorben sind. Zu Eurer Rechten erhebt sich an der Straße nach Bonn die Stiftskirche St. Severin, wo die Gebeine des Heiligen verehrt werden. Beide Heiligtümer liegen ebenso wie unser eigenes Kloster außerhalb der alten Stadtmauern und wären einem Angriff schutzlos ausgeliefert.

Wollt Ihr, die Ihr den reichsten Familien der Stadt entstammt, die Schändung und Plünderung dieser ehrwürdigen Stätten verantworten?«

»Natürlich will das niemand«, sagte Daniel nachdenklich, »und ich denke, wir können die anderen wichtigen Familien der Stadt von der Notwendigkeit überzeugen, die Stadtfläche zu vergrößern und auch die Kosten zu übernehmen, aber ich sehe da noch ein Problem.«

»Welches?«

»Die Bauern. Von hier oben aus sieht man deutlich, dass fast die gesamte Fläche vor den Mauern landwirtschaftlich genutzt wird. Nun denke ich, dass man – einmal alle anderen Schwierigkeiten beiseitelassend – nicht sofort mit dem Bau von aus Stein errichteten Befestigungsanlagen beginnen, sondern zunächst einmal einen breiten und tiefen Graben anlegen wird und dann einen hohen Wall aufschütten muss – richtig?«

Die beiden anderen Männer nickten.

»Das aber bedeutet«, fuhr Daniel fort, »dass ein jeder Bauer, der da unten vor den Mauern Äcker oder Weiden besitzt oder zumindest bearbeitet, für immer auf große Teile seines Landes verzichten muss.«

»Das könnte Aufruhr bedeuten«, pflichtete ihm Bruno bei. »Die alten Geschlechter und die Kaufleute haben schon Vereinigungen gebildet, die Handwerker sind dabei, sich zu organisieren, und nun werden sich auch die Bauern zusammenschließen, wenn man ihnen ihre Lebensgrundlage entzieht. Wer weiß, wie das enden wird.«

»Dann muss man ihnen neues Land überlassen«, sagte der Abt. »Weiter draußen. Vor den neuen Mauern. Schließlich werden auch sie besser geschützt, und viel von ihrem alten Besitz, der heute noch vor der Stadt liegt, wird sich demnächst innerhalb der neuen Befestigungen wiederfinden.«

»Demnächst?«, fragte Bruno. »Wie lange – schätzt Ihr – wird es dauern, bis die neue Mauer steht?«

Der Abt bekreuzigte sich. »Das weiß allein der Himmel!«

* * *

Sie waren alle trunken, trunken vor Freude, und zur Feier des Tages hatte Gero aus dem Keller ein Fass besten Weißweins aus Bacharach holen lassen, einen Tropfen, der weder mit Honig noch mit irgendwelchen Kräutern geschönt werden musste, was mit den unter der Woche aufgetischten preiswerten Rotweinen unerlässlich war. Die ganze Stadt befand sich im Freudentaumel, seitdem ein Bote, den Rainald von Dassel von Remagen aus vorausgeschickt hatte, um nach dreijähriger Abwesenheit seine Rückkehr anzukündigen, in Köln eingetroffen war.

Es war allerdings weniger die Begeisterung über das Wiedersehen mit ihrem Erzbischof, was die Menschen der Stadt in Jubelstürme ausbrechen ließ, sondern seine Ankündigung, er führe die Reliquien der Heiligen Drei Könige mit sich – die sterblichen Überreste jener Magier, die zu denjenigen Menschen gehört hatten, die das Jesuskind als Erste hatten begrüßen dürfen.

Die hohe Geistlichkeit, die vornehmen Damen und Herren aus den zahlreichen Stiften, die Würdenträger der Stadt, aber auch die kleinen Leute hatten sich an jenem 23. Juli des Jahres 1164 am Dom versammelt, um Zeuge zu werden, wie die wertvollen Reliquien in feierlicher Prozession in die Stadt gebracht wurden. Viele Menschen weinten vor Freude, andere – kühler denkende – überlegten bereits, wie viel Geld die zu erwartenden Pilgerströme wohl in der Stadt lassen würden.

Daran allerdings dachte wenigstens zu dieser Stunde noch niemand im Festsaal des hohen und schmalen Hauses in der Salzgasse. Dort war man glücklich und erleichtert darüber, dass zusammen mit dem Erzbischof der jüngste Sohn des Hauses, der 23-jährige Fulcher, heimgefunden hatte, der vor drei Jahren als junger Bursche im Gefolge Rainalds von Dassel nach Italien gezogen und dabei gewesen war, als Mailand dem Erdboden gleichgemacht wurde.

Der Erzbischof war auf ihn aufmerksam geworden, als er während eines Empfangs in seinem Palast gehört hatte, wie sich Fulcher mit einem Gast aus England in dessen Sprache unterhalten hatte. Rainald hatte ihn später daraufhin angesprochen und erfahren, dass Fulcher schon in jungen Jahren seinen Vater auf einer Geschäftsreise auf die Insel begleitet, ein ganzes Jahr dort verbracht und natürlich die Landessprache erlernt hatte. Dolmetscher wie ihn konnte der Erzbischof immer brauchen, und so fragte er den Zwanzigjährigen, ob er Lust habe, in seine Dienste zu treten.

Und ob er Lust hatte.

Als dritter Sohn Geros würde er das Erbe des Vaters nicht antreten können, und Neigung, wie sein Bruder Emich zu den Benediktinern nach Deutz zu gehen, hatte er auch nicht. Ihn lockte das Abenteuer, und wenn er schon nicht in des Vaters Fußstapfen treten konnte, würde er eben mit dem Erzbischof nach Süden ziehen.

Und so schilderte er der Runde begeistert, wie man über die Alpen – von diesen Bergen hatte in diesem Kreis noch niemand gehört – gezogen war und das stolze Mailand zur Kapitulation gezwungen hatte.

»Aber wie ist der Erzbischof an die Reliquien gelangt?«, wollte seine Mutter wissen.

Das war eine lange Geschichte, aber seine Zuhörer bestanden darauf, sie zu erfahren.

Die Könige, erzählte Fulcher, waren der Legende zufolge nach ihrem Besuch an der Krippe getauft und in Jerusalem beerdigt worden. Helena, die Mutter des römischen Kaisers Konstantin, fand ihre Gebeine, hatte sie im vierten Jahrhundert nach Konstantinopel gebracht, und von dort waren sie – wie auch immer – nach Mailand gekommen. Nach der Eroberung der Stadt schenkte Kaiser Barbarossa sie dem Kölner Erzbischof, und der wollte sie naturgemäß schleunigst nach Hause bringen, aber das war gar nicht so einfach, denn Rainald von Dassel hatte die Gabe, sich viele Feinde zu schaffen.

Und davon hatte er in den letzten Jahren auch großzügig Gebrauch gemacht.

Fulcher machte eine kleine Pause, um sich einen weiteren Schluck von dem köstlichen Wein zu genehmigen, um dann fortzufahren:

Der rechtmäßig gewählte Papst Alexander III. befand sich damals in Frankreich im Asyl, weil Rainald in eigener Machtbefugnis einen Gegenpapst hatte wählen lassen. Der König von Frankreich, bei dem der Papst Unterschlupf gefunden hatte, hasste den Kölner Erzbischof, weil der ihn verächtlich einen *regulus* genannt hatte, einen Kleinkönig.

Aber mit diesen beiden mächtigen Feinden war es noch nicht genug. Aus dem umzingelten Mailand hatten die Bürger damals Kontakt mit einigen deutschen Fürsten gesucht, von denen sie sich günstigere Kapitulationsbedingungen erhofften. Konrad, Pfalzgraf bei Rhein und Halbbruder Kaiser Barbarossas, hatte ihnen auch freies Geleit zugesagt, aber Rainald, der die Mailänder wegen ihres wiederholten Verrats wie die Pest hasste und die Stadt ein für alle Mal vernichten wollte, verhinderte gewaltsam ein Treffen der beiden Parteien und griff die Mailänder auf freiem Feld an, was Konrad ihm nie verzieh.

Und alle seine Feinde versuchten seitdem, ihn in ihre Hände zu bekommen, sobald er die Alpen Richtung Heimat überqueren sollte. Aber er entwischte ihnen, indem er große Straßen mied, etliche Umwege in Kauf nahm und die Reliquien in schlichten Särgen transportierte, in denen – *Achtung: Lebensgefahr, Berühren verboten!* – angeblich drei seiner Gefolgsleute in die Heimat zurückgebracht wurden, die an einer ansteckenden Seuche gestorben waren.

Fulchers Mutter schloss ihren Sohn glücklich in die Arme. »Wir sind so froh, dass du heil wieder daheim bist«, flüsterte sie. »Wir hoffen, du bleibst jetzt.«

Fulcher löste sich sanft aus ihrer Umarmung. »Leider nicht«, sagte er. »Rainald muss in die Normandie, um sich in Rouen mit dem König von England zu treffen und unter anderem eine Verlobung von dessen Tochter Mathilde mit dem Sachsenherzog Heinrich zu arrangieren. Und dabei braucht er mich.«

Fulchers Bruder Emich, der Mönch, meldete sich zu Wort: »Viel dringender als dich braucht unser Erzbischof meiner Meinung nach etwas anderes.«

»Und das wäre?«, fragte Fulcher.

Emich lächelte boshaft. »Die Priesterweihe!«

* * *

Da fragen wir uns zunächst einmal, wieso jemand zum Erzbischof berufen werden konnte, obwohl er noch nicht einmal zum Priester geweiht war. War so etwas überhaupt möglich?

Leider ja. Damals war man in solchen Dingen nicht so pingelig. 1276 wurde sogar ein gewisser Ottobono Fieschi zum Papst gewählt, bevor er die Priesterweihe empfangen hatte. Sie konnte auch nicht nachgeholt werden, weil er (als Hadrian V.) noch im gleichen Jahr starb. Rainald von Dassel wurde immerhin zehn Monate nach seiner Heimkehr aus Italien in Würzburg zum Priester geweiht.

Wenn also für die Zeit des Mittelalters von Klerikern die Rede ist, muss das keineswegs bedeuten, dass es sich dabei um Priester handelte. Bis zum 13. Jahrhundert haben nur ganz wenige Mönche die Priesterweihe erhalten. Sie brauchten sie auch nicht, weil sie ja nicht in der Seelsorge tätig waren und keine Sakramente zu spenden hatten.

Ganz anders bei den beiden neuen Orden. Sowohl Franziskaner als auch Dominikaner wurden – sofern sie keine Laienbrüder waren – allesamt zu Priestern geweiht, da ihre vornehmste Aufgabe in der Seelsorge bestand.

Nächste Frage: Was bewog den Abt eines reichen Klosters vor den Toren einer noch reicheren Stadt dazu, die Bürger von Köln zu überreden, auf eigene Kosten eine neue Stadtmauer zu bauen, die fast acht Kilometer lang werden und dreizehn Torburgen aufweisen sollte?

Werfen wir um des besseren Verständnisses halber einen Blick zurück: Karl der Große – König der Franken – war Ende des 9. Jahrhunderts dem von allen Seiten bedrängten Papst zu Hilfe gekommen. In Norditalien herrschten die Langobarden in der nach ihnen so benannten Lombardei. Süditalien und Sizilien gehörten noch immer zum Oströmischen Reich, dessen Hauptstadt nach wie vor Konstantinopel war, das sich inzwischen Byzanz nannte und das wir heute als Istanbul kennen.

Ostrom besaß damals Stützpunkte in Norditalien, beispielsweise Ravenna, und da war schließlich noch der römische Stadtadel, der dem Papst – 795 hatte Leo III. den Thron bestiegen – feindlich gegenüberstand. Es kam zum Aufruhr am Tiber; der Papst floh zum Frankenkönig Karl, der ihn zurück nach Rom brachte und sich dort von ihm zum Kaiser krönen ließ.

Der Anfang einer ebenso unendlichen wie unseligen Geschichte.

Der Kaiser war nun oberster Schutzherr der Kirche und zugleich (theoretisch) Herrscher über das ehemalige weströmische Reich. Und das schloss ganz Italien ein, von der Südspitze des Stiefels bis hinauf zu den Alpen. Leider lag in der Mitte der mit Karls tatkräftiger Unterstützung entstandene Kirchenstaat, und der wurde mit der zunehmenden politischen Erstarkung des Papsttums zu einem ewigen Ärgernis.

Denn das Verhältnis zwischen den nachfolgenden Kaisern und Päpsten kühlte sich rapide ab. Waren Kaiser anfangs noch gebeten worden, bei der Papstsuche behilflich zu sein, versuchten spätere Päpste, dem Kaiser die Ernennung von Bischöfen zu verbieten, was zum berüchtigten Investiturstreit und letztlich zum ebenso berüchtigten Gang des Kaisers Heinrich IV. nach Canossa führen sollte.

Nachdem das Geschlecht der salischen Kaiser mit Heinrich V. ausgestorben war, wählten die deutschen Fürsten nach einigem Hin und Her den schwäbischen Herzog Konrad zum neuen König. Eigentlich hätte dessen älterer Bruder Friedrich, der nun Herzog wurde, den Vortritt gehabt, aber dem fehlte ein Auge, und eine körperliche Behinderung war aus damaliger Sicht ein böses Omen und verhieß Unheil.

Aber den Sohn des Herzogs, der ebenfalls auf den Namen Friedrich getauft worden und damals 25 Jahre alt war, nahm König Konrad mit auf einen Kreuzzug, der leider in einem totalen Desaster endete. Immerhin: Onkel und Neffe überlebten, aber daheim war Herzog Friedrich Einaug gestorben, und sein Nachfolger wurde sein aus dem Heiligen Land zurückgekehrter Sohn Friedrich, den man aufgrund seines rötlichen Bartes in Italien später Barbarossa nennen würde.

Er trug nun die Krone, aber was war diese Königskrone noch wert?

Etliche Generationen zuvor war der König noch unbestrittener Herrscher über das ganze Reich gewesen. Er verlieh das Land an seine Getreuen, gab es ihnen als Lehen, und wenn sie untreu wurden, konnte er es ihnen problemlos fortnehmen und an jemand anderen verleihen. Diese Zeiten waren lange vorbei. Territorien und Titel wurden inzwischen vererbt, und die jeweiligen Erträge flossen nicht mehr in die Kasse des Königs, sondern in die Taschen des Adels.

Dem jungen König gehörte lediglich das Herzogtum Schwaben, aus dem sein kluger Vater allerdings ein hervorragend funktionierendes Territorium gemacht hatte. Aber von einer wirklichen Hausmacht konnte nun wirklich keine Rede sein.

Aber da unten, in Italien, gab es ein Land, das vor ein paar Hundert Jahren von einem Langobarden namens Alboin erobert worden war, und hatte nicht jener Karl, den man »den Großen« nannte, dieses Gebiet im 8. Jahrhundert erstmals dem deutschen Reich eingegliedert? Also waren alle deutschen Könige nach wie vor Herrscher über die Lombardei.

Auch wenn die Lombarden das schon lange nicht mehr wahrhaben wollten.

Die großen Städte Norditaliens – allen voran Mailand – waren inzwischen reich geworden. Aber Steuern, Abgaben und Gebühren aller Art zahlen wollten sie nicht. Der arme König fasste einen genialen Plan. Was sollte er mit einem Titel, der nur auf dem Pergament stand? Kaiser wollte er werden. Aus eigener Kraft, und nicht nur von Papstes Gnaden. Obwohl – dachte Friedrich bei sich – dessen Segen auch nicht schaden könnte.

Wichtiger aber war das Geld der Lombarden, wichtiger noch als der Frieden nördlich der Alpen. Mochten sich dort die deutschen Fürsten zanken. Das interessierte im Augenblick weniger. Das Problem hieß Mailand, und bei diesem Problem vertraute der Kaiser auf Rainald von Dassel. Der war sein Kanzler, und zwar nicht obwohl er Erzbischof war, sondern gerade deshalb. Vor allem die Erzbischöfe von Mainz und Köln besaßen damals eine für uns heutige Menschen kaum vorstellbare Autorität, und solche Männer brauchte Friedrich jetzt.

Seit dem Investiturstreit hatte es keine Harmonie mehr zwischen Kaisern und Päpsten gegeben. Eifersüchtig wachten beide über ihre Rechte und legten sie naturgemäß stets zum eigenen Vorteil aus.

Alle Päpste jener Zeit beherrschte die nicht unbegründete Furcht, ihr Kirchenstaat könnte zwischen zwei Blöcken zerdrückt werden, wenn die Staufer die Lombardei wieder fest ins Reich einbinden und zusätzlich das Herrschaftsgebiet der Normannen in Apulien und auf Sizilien wie auch immer – sei es durch Krieg, sei es durch Heirat – ihrem Hoheitsgebiet eingliedern könnten. Genau das musste aus päpstlicher Sicht um jeden Preis verhindert werden, und gegen wen Barbarossa auch kämpfen mochte: Er konnte sicher sein, dass sich der Papst in jedem Fall auf die Seite seiner Gegner schlug.

Was beispielsweise ein Papst wie Hadrian IV., der Friedrich auf dem Höhepunkt ihrer zahlreichen Auseinandersetzungen sogar mit dem Kirchenbann bedrohte, vom christlichen Herrscher des Abendlandes hielt, lesen wir in seinem Brief an die deutschen Bischöfe:

> *Dank sei Gott, der euch sicherlich die Einsicht gibt, dass zwischen uns und dem Kaiser keine Gemeinschaft sein kann. Diese von ihm herbeigeführte Spaltung wird jedoch auf sein Haupt zurückfallen, und er gleicht dem Drachen, welcher mitten durch den Himmel fliegen und den dritten Teil der Sterne am Schwanze nach sich ziehen wollte, aber in den Abgrund stürzte und seinen Nachfolgern nur diese Lehre hinterließ: Wer sich selbst erhöht, wird erniedrigt werden. So trachtet dieser Fuchs, der auch euer Hammer ist, den Weinberg des Herrn zu zerstören. So vergisst dieser aus ungerechtem Geschlecht und nichtsnutzigem Samen entsprossene, dieser verbrecherische Sohn alle Dankbarkeit und Gottesfurcht!*

Von christlicher Liebe ist da wenig zu spüren, und auch nach Hadrians Tod änderte sich nichts. Aus einer turbulenten Neuwahl gingen zwei Päpste hervor, die sich beide als rechtmäßig gewählt empfanden: Victor IV., den wir gleich wieder vergessen dürfen, und Alexander III., der zum erbitterten Gegner Barbarossas und seines Kanzlers Rainald von Dassel wurde.

Die Päpste des späten Mittelalters wehrten sich energisch gegen die Herrschaftsgewalt der Kaiser, die zwar geholfen hatten, den Kirchenstaat der Päpste aufzubauen, von denen sie aber in weltlichen Dingen Gehorsam verlangten. Das jedoch lehnten diese kategorisch ab. Sie vertraten den genau gegenteiligen Standpunkt: Jedermann, also auch der Kaiser, sei den Päpsten untertan, denn schließlich seien sie die von Christus selber eingesetzten Stellvertreter Gottes auf Erden und insofern auch un-umschränkte Herren dieser Welt.

Aber nicht nur bei den Päpsten stießen die deutschen Kaiser auf Widerstand. Da waren vor allem die reichen und folglich mächtigen Städte der Lombardei, allen voran Mailand, das mit dem Gedanken eines Heiligen Reiches, wie Barbarossa es ver-stand, überhaupt nichts anfangen konnte. Wozu hatte man das oströmische Joch abgeschüttelt, wenn man sich jetzt ein west-römisches anlegen ließ! Und überhaupt – diese ungebildeten Barbaren aus dem finsteren Norden? Was hatten die Franken in Italien zu suchen, und wer gab ihnen das Recht, dort Steuern einzufordern?

An Karl den Großen schien sich niemand mehr zu erinnern.

Immer wieder kam es zu Aufständen, wurde Mailand von Friedrich besiegt. Immer wieder schworen die Mailänder Gehor-sam, und immer wieder brachen sie ihre Eide mit der bizarren Begründung, dass sie ja nicht geschworen hätten, ihren Schwur auch zu halten. Was Wunder, dass nicht nur Barbarossa, sondern vor allem sein Kanzler diese Stadt hasste, deren wertvollste Reli-quien er eines Tages nach Köln bringen sollte.

Aber als ob Rom und Mailand nicht gereicht hätten: Fried-rich Barbarossa hatte wie alle seine Vorgänger und Nachfolger noch ein drittes Problem: die eigenen Fürsten, auf die keines-wegs immer Verlass war. Zwar hatten ihm alle einen Treueid ge-schworen, aber von dem konnte sie der Papst bei Bedarf immer entbinden, und ein solcher Bedarf ließ sich leicht konstruieren.

Für jeden deutschen König, der kurz nach seiner Wahl un-bedingt nach Rom ziehen musste, weil nur der Papst ihn dort zum Kaiser salben und krönen konnte, bestand also die Notwen-digkeit, zunächst daheim für Ordnung zu sorgen, und das war nicht ganz einfach angesichts der Macht, die in den Händen der Herzöge und der drei Erzbischöfe lag.

Friedrich Barbarossa entstammte dem Geschlecht der Stau-fer und war mütterlicherseits verwandt mit einem anderen bedeutenden Geschlecht, den Welfen, von denen wiederum Herzog Heinrich, genannt der Löwe, abstammte. Insofern schien die Aufgabe für Friedrich zunächst lösbar. Sein Vetter Heinrich, der – merkwürdig genug und wider gegen jedes Recht – mit Sachsen und Bayern über zwei Herzogtümer herrschte, hielt ihm den Rücken frei. Ohne den mächtigen Herzog hätte niemand der anderen Fürsten auch nur an einen Aufstand zu denken gewagt.

Der Löwe seinerseits hatte kein Interesse an einem Sturz des Kaisers. Er stand zu ihm, und das umso mehr, je häufiger der Kaiser irgendwo in Italien weilte, weil Heinrich dann daheim freie Hand hatte, die er nutzte, um seine Machtposition im Norden und Osten des Reiches auszubauen. Seine Ländereien im Norden reichten schließlich von Dortmund bis Rostock und von Hamburg bis Quedlinburg.

Dass er sich im Lauf der Jahre auch bei seinen Nachbarn im Reich etliche erbitterte Feinde schuf, störte ihn wenig. Er wusste den Kaiser hinter sich. Bis zu jenem verhängnisvollen Tag, da Friedrich Barbarossa nach einigen schweren Niederlagen in Italien dringend die Hilfe seines Vetters brauchte, der sich zufällig in Bayern aufhielt, und mit dem Kaiser in Chiavenna zusammentraf. Geld könne er von ihm haben, aber keine Krieger, beschied der hochmütige Löwe den Kaiser. Und als ihn dieser an seine Pflichten als Lehnsmann erinnerte, wies der Herzog kalt darauf hin, dass er nur innerhalb der deutschen Lande zur Unterstützung des Kaisers verpflichtet sei.

Angeblich kniete Barbarossa sogar vor seinem Vasallen nieder, sodass sich die Kaiserin veranlasst sah, ihren Mann aufzuheben und ihn zu ermahnen, er solle sich zeitlebens an diese Demütigung erinnern.

Das tat er auch.

Aber unüberlegt hatte Friedrich bis dahin noch nie gehandelt. Zunächst wollte er – auch ohne die Hilfe des Löwen – die Städte der Lombardei in die Knie zwingen. Sein Feldherr Christian, der

Erzbischof von Mainz, schlug sich bereits mit Streitkräften des Königs Wilhelm II. von Sizilien herum, wobei er selber in vorderster Linie mitkämpfte. Allerdings war es ihm nicht gestattet, ein scharfes Schwert zu führen, aber gegen seinen Streitkolben bestanden kirchlicherseits keine Einwände.

Blut durfte ein Erzbischof nicht vergießen, wohl aber Schädel mit einer Keule zerschlagen.

Wie sein Feldherr ritt auch Friedrich stets in der ersten Reihe. Als sich ihm jetzt bei Legnano ein lombardisches Heer in den Weg stellte, griff seine Vorhut den überlegenen Feind überhastet an. Friedrich wollte seinen Rittern zu Hilfe kommen und geriet selbst in einen Hinterhalt. Sein Bannerträger fiel, der Kaiser selber stürzte und wurde unter seinem Ross begraben. Seine Männer hielten ihn für tot und flohen.

Und der Kaiser war verschwunden. Drei lange Tage, ehe er im vierzig Kilometer entfernten Pavia wieder auftauchte. Niemand weiß, wie und wo er diese Tage verbracht hat. Er selber hat nie darüber gesprochen. Aber war ein anderer Mensch geworden. Der Kämpfer hatte sich in einen Mann verwandelt, der nicht mehr den Krieg mit der Lombardei und Sizilien suchte, sondern den Frieden.

Und die Aussöhnung mit dem Papst.

Sie gelang im Sommer 1177, zumal auch Papst Alexander III. der endlosen Streitereien müde war. Der Kaiser küsste seiner Heiligkeit in Venedig die Füße, erkannte ihn als den einzig rechtmäßigen Nachfolger Petri an und nahm sich nun endlich Zeit, sich um die unhaltbaren Zustände in Deutschland zu kümmern, wo er seit vier Jahren nicht mehr gewesen war.

Des Kaisers Kanzler, der Kölner Erzbischof Philipp von Heinsberg, und sein Mainzer Kollege, Friedrichs Feldherr Christian von Mainz, waren nach dem Frieden von Venedig vom Papst wieder anerkannt worden und schmiedeten jetzt eine antiwelfische Koalition, und vor allem der Kölner war es, der sich mit dem Herzog von Sachsen anlegte, weil der ihm Teile seiner Lande wegnehmen wollte. Mit seinen Brabanzonen drang er nach Norden vor, zerstörte Höxter und bedrohte Hameln.

Aber mit wem? Mit Brabanzonen?

Brabanzonen waren wohl die ersten Söldner im Mittelalter, die man nach der Stadt Brabant benannte, wo besonders viele von ihnen angeheuert worden waren. Bei den jungen Männern handelte es sich um Söhne armer Bauern, arbeitslose Handwerksburschen, entlaufene Mönche oder auch Mitglieder verarmter Adelsfamilien. Sie waren zumeist gut ausgerüstet, trugen Helm und Kettenhemd und besaßen in der Regel einen langen Spieß und später auch eine Armbrust.

Auch Barbarossa versammelte sie häufig unter seinem Banner; in der oben erwähnten Schlacht von Legnano kämpften sie allerdings auf der Gegenseite und waren für die verheerende Niederlage des Staufers mitverantwortlich.

Gefürchtet waren ihre Brutalität gegenüber jedermann und ihre sprichwörtliche Disziplinlosigkeit. Sie brannten Dörfer und die zugehörigen Felder nieder, verwüsteten Weinstöcke, plünderten Klöster, vergewaltigten die Nonnen, und da ihnen häufig der Sold zu spät oder auch gar nicht ausbezahlt wurde, rissen sie nach siegreichen Schlachten oder der Eroberung von Burgen die ganze Beute an sich.

Man nannte sie übrigens auch *routiniers* nach dem französischen Wort *route* für Landstraße.

Doch zurück zu Heinrich dem Löwen. Ausgerechnet er, der keiner Auseinandersetzung aus dem Weg gegangen war – um es vorsichtig auszudrücken –, erschien auf dem Reichstag in Speyer und verklagte seine Feinde: die Erzbischöfe aus Mainz und Köln.

Dort aber war Heinrich plötzlich nicht mehr Kläger, sondern wurde zum Angeklagten, denn viele deutsche Fürsten beschuldigten ihn fortgesetzter kleinerer und größerer Verbrechen. Und das Urteil, das nicht der Kaiser, sondern die Versammlung der Fürsten schließlich sprach, war einstimmig und lautete: Reichsacht über den Herzog.

Das Urteil war jedoch noch nicht rechtskräftig. Dem Herzog blieb noch ein Jahr zu seiner Rechtfertigung, aber auf dem nächsten Reichstag, der 1179 in Magdeburg stattfand, erschien er nicht. Eine unerhörte Provokation des Kaisers, und der Markgraf Dietrich von der Lausitz forderte den Herzog zum Zweikampf heraus. Ein Gottesgericht sollte entscheiden, aber Heinrich kam auch nicht zu einem dritten Reichstag in Kayna im heutigen Sachsen-Anhalt, sodass dieses Duell nicht stattfand.

Das endgültige Urteil sollte nun auf einem Reichstag in Würzburg verkündet werden, aber bis dahin tobten die Kämpfe zwischen den Anhängern des Löwen und seinen Feinden unentwegt weiter, und auch in Würzburg ließ sich der Herzog nicht blicken. Man muss den Langmut des Kaisers bewundern, aber vielleicht wollte er auch nur ganz sichergehen, dass keine Formfehler begangen wurden.

Jedenfalls wurde ein weiterer Reichstag einberufen, und zwar in die Kaiserpfalz von Gelnhausen. Dort wurden die Ländereien des Löwen endgültig unter den anderen Fürsten aufgeteilt. Dabei wurde dem Kölner Erzbischof der westliche Teil Westfalens zugesprochen; der treue Pfalzgraf Otto von Wittelsbach erhielt das Herzogtum Bayern, wo seine Nachfahren noch Hunderte Jahre später regieren sollten.

Herzog Heinrich indes gab sich trotzdem nicht geschlagen. Ein ganzes Jahr kämpfte er weiter, aber selbst seine bis dahin treuesten Bundesgenossen wandten sich von ihm ab, und schließlich kapitulierte er dann doch. In Erfurt warf er sich vor dem Kaiserpaar zu Boden und küsste Friedrichs Füße.

Der Kaiser gab ihm zwar den Friedenskuss, aber aufheben konnte er das Urteil der Fürsten nicht – nur abmildern. Der Löwe wurde von der Reichsacht befreit und stattdessen zu drei Jahren Verbannung verurteilt. Seine beiden Herzogtümer hatte er verloren, aber Braunschweig und Lüneburg durfte er behalten. Die nächsten Jahre verbrachte er in England am königlichen Hof seines Schwiegervaters Heinrich II. Aber auch im

Exil wartete er nur auf die Möglichkeit, die Macht wieder an sich zu reißen.

Allzu lange sollte es nicht dauern.

Und wo war Rainald von Dassel abgeblieben? Der hatte damit nichts mehr zu schaffen. Im Herbst 1166 war er einmal mehr mit dem Kaiser nach Italien gezogen, hatte gemeinsam mit dem Erzbischof von Mainz die Römer bei Tusculum geschlagen; der Kaiser hatte die römische Leostadt erobert, wo sich der Vatikanhügel mit Basilika und Petrusgrab befand, und alles schien gewonnen, als im Lager plötzlich eine verheerende Malariaepidemie ausbrach.

Unzählige Ritter erlagen der Seuche. Unter ihnen befand sich auch der Erzbischof von Köln, dessen sterbliche Überreste nach Deutschland gebracht und im Dom zu Köln beigesetzt wurden.

* * *

Was die Kölner Stadtmauer angeht, hatte Abt Heinrich tatsächlich recht. Mit dem Bau wurde erst 1179 begonnen, und bis heute weiß man nicht auf das Jahr genau, wann die einzelnen Mauerabschnitte fertig geworden sind, und schon gar nicht, nach welchen Kriterien man damals vorgegangen ist. Tatsache ist, dass nach Wall und Graben zunächst mit dem Bau der Mauern begonnen wurde, während man die gewaltigen Stadttore erst sehr viel später in Angriff genommen hat.

Angeblich soll die ganze Anlage in der Mitte des 13. Jahrhunderts fertiggestellt worden sein, was so jedoch nicht stimmen kann. Als nämlich nach der Schlacht bei Worringen 1288 die siegreichen Kölner die dortige Burg abrissen, brachten sie die Steine nach Köln, wo sie »zum Bau der Stadtmauer« verwendet werden sollten. Was beweist, dass das Bollwerk zu diesem Zeitpunkt noch immer nicht vollendet war.

Fest steht nur, dass als erstes Stadttor zwischen 1220 und 1230 das im Grunde unbedeutendste, die nur vier Meter breite Ulrepforte gebaut wurde, von den Kölnern bis heute Uhlepooz genannt. Der Name hat allerdings nichts mit Eulen zu tun, sondern mit den Eulern, wie man damals die Töpfer nannte. Sie mussten wegen der Brandgefahr, die von ihren Brennöfen ausging, ihre Werkstätten möglichst weit von den Wohnhäusern entfernt an der Stadtmauer errichten.

Wenn die Ulrepforte auch verkehrstechnisch unbedeutend war, weil man durch sie hindurch keine der großen Landstraßen, sondern lediglich die Äcker und Gärten vor der Stadt erreichen konnte, sollte sie in den ständigen Auseinandersetzungen zwischen Stadt und Erzbischof noch eine dramatische Rolle spielen.

Fulcher zügelte sein Pferd und sah sich um. Da trotteten sie. Seine Sklaven. Halb nackte, kräftig gebaute Männer, mit wildem blondem Haar und struppigen Bärten, die schon seit Tagen klaglos hinter den Reitern herliefen. Man hatte sie nicht gefesselt. Wozu auch. Sie würden binnen weniger Tage verhungern, wenn sie sich in die Büsche schlagen würden. So bekamen sie zumindest ordentlich zu essen und machten nicht einmal den Eindruck, sonderlich verzweifelt zu sein.

Fulcher hatte sie in Schwerin einem Juden abgekauft. Sie schienen ziemlich kräftig und geeignet für schwere Arbeit. Das Geld, das der Händler für die vier Männer verlangt hatte, würde kaum gereicht haben, ein Packpferd zu kaufen. Sklaven waren herzlich wenig wert in diesen Tagen.

Es gab einfach zu viele davon.

Der Ritter wusste nicht einmal, ob es sich bei diesen Männern um Obodriten handelte oder um Ranen. Es spielte auch keine Rolle. Verstehen konnte man sie ohnehin nicht, und er würde sie auch kaum verkaufen können. In Köln sah man das alles strenger als hier oben im Norden, wo Herzog Heinrich herrschte, der Vetter des Kaisers und dessen besonderer Schützling.

Was niemand so recht verstand, denn Heinrich mit dem bezeichnenden Beinamen *Der Löwe* war ein herrischer und unbequemer Mann, der keinem Streit aus dem Weg ging und an dessen Grenzen niemals Friede herrschte. Kürzlich hatte er das halbe Reich gegen sich aufgebracht. Der Landgraf von Thüringen und der Bischof von Naumburg hatten sich gegen ihn verbündet, des Weiteren der Herzog von Österreich, der König von Böhmen und der Markgraf der Steiermark, und wer weiß, wer sonst noch.

Nur mit großer Mühe konnte Kaiser Friedrich damals einen Krieg verhindern, was ihm der *Löwe* aber nicht dankte. Zunächst ließ er seine Ehe mit Clementia vom Vatikan für ungültig erklären. Angeblich wegen zu naher Verwandtschaft, was ja beim Adel stets als Vorwand benutzt wurde, um sich von seiner Frau zu trennen. Der eigentliche Grund war jedoch der, dass er Mathilde heiraten wollte, die damals erst zwölfjährige Tochter des englischen Königs. Diese Ehe würde auch ihn – so hoffte er wenigstens – mit königlichem Glanz umgeben.

Sodann wandte er sich nach Osten, um sein Herrschaftsgebiet in Richtung Mecklenburg und Pommern auszudehnen. Aber an seinen Grenzen brodelte es weiter. Diesmal schlossen sich der Erzbischof von Magdeburg, die Bischöfe von Hildesheim und Naumburg sowie die Markgrafen von Brandenburg und Meißen gegen ihn zusammen, und wieder musste der Kaiser das schwelende Feuer austreten.

Eile war geboten, denn Friedrich wollte möglichst schnell nach Italien ziehen, wo er sich einmal mehr um die aufmüpfigen Städte in der Lombardei kümmern musste. Dorthin hatte er auch seinen Kanzler vorausgeschickt: Philipp von Heinsberg, den Erzbischof von Köln, in dessen Diensten der junge Fulcher stand.

Philipp, sowohl als Kanzler wie auch als Erzbischof Nachfolger Rainald von Dassels, war – ebenso wie Fulcher – seinerzeit in Mailand dabei gewesen und stand treu zum Kaiser, und solange Friedrich den *Löwen* schützte, würde auch Philipp ihn gegen die anderen Fürsten des Reiches verteidigen. Aber er musste über alles, was der Herzog der Sachsen unternahm, auf dem Laufenden gehalten werden.

Und genau damit hatte er Fulcher beauftragt.

An der Ostsee herrschte Krieg. Es war schon lange nicht mehr so wie in den Zeiten der Völkerwanderung. Wenn damals ganze Völker nach Süden und Westen zogen, wurde jeder mitgenommen, der sich den Wanderern anschloss. Es gab nicht einmal den Schatten irgendeiner Art von Abschottung oder gar Nationalismus.

Es galt der Grundsatz: »Zum Volk gehört, wer folgt.«

Inzwischen herrschte Krieg zwischen den verschiedenen Stämmen. Auf der Insel Rügen waren die Ranen daheim. Ein wildes, heidnisches Volk, abenteuerlustige Piraten, vor denen keine Küste sicher war, weder die pommersche noch die dänische.

Als sie wieder einmal Pommern heimgesucht hatten, wandte sich Herzog Heinrich an den dänischen König Waldemar und forderte ihn auf, mit dem Seeräuberpack ein für alle Mal Schluss zu machen. Er selbst wollte sich nicht direkt beteiligen, bot aber die Hilfe seiner Vasallen, der Fürsten Bogislaw und Kasimir aus Pommern sowie Pribislaw aus Mecklenburg, an.

Am Pfingstsonntag des Jahres 1168 landete eine große Flotte an der Halbinsel Wittow, einem Teil Rügens. An Bord der Schiffe befanden sich neben dem dänischen König und den Fürsten aus Pommern und Mecklenburg auch der dänische Bischof Absalon von Roskilde und Bischof Berno von Schwerin. Absolon schlug vor, direkt den befestigten Tempel Arkona im Norden der Insel anzugreifen, denn würde dieses Heiligtum fallen, würden sich die Ranen sofort ergeben.

Aber das Unterfangen erwies sich als schwierig. Die Tempelanlage war zwar mit zahllosen Flüchtlingen überfüllt, aber stark befestigt und ohne zusätzliche Hilfsmittel anscheinend uneinnehmbar. Also richtete man sich zunächst einmal auf eine längere Belagerungszeit ein. Mehr als vier Wochen vergingen. Es war unerträglich heiß in diesem Sommer, und Belagerte wie Belagerer litten gleichermaßen unter der sengenden Sonne.

Am Namensfest des heiligen Vitus, das die Kirche am 15. Juni begeht, soll das Wunder geschehen sein. Fulcher war zwar nicht vor Ort, hatte es aber von Augenzeugen erzählen hören. Die berichteten, in der Mittagsruhe hätten Kinder im Graben der Festung gespielt, während oben auf den Schanzen die ranischen Wachen dösten. Angeblich habe dann ein Junge neben dem hölzernen Turm am Eingangstor einen tiefen Spalt entdeckt, der wohl durch die Dürre entstanden sei.

Er alarmierte die Soldaten. Man holte Stroh, stopfte es in die Öffnung, warf eine Fackel und noch mehr Stroh hinein, und alsbald stand der ganze Turm in Flammen. Die Wachen seien – so erzählte man sich – erst durch den Brandgeruch auf das Feuer aufmerksam geworden, aber da war es natürlich zu spät. In der Tempelanlage gab es nur einen einzigen Brunnen, dessen Wasser zum Löschen nicht reichte, sodass man es schließlich sogar mit Milch versuchte, aber das alles half nichts.

Die Ranen sahen schließlich ein, dass jeder weitere Widerstand zwecklos sein würde, und boten die bedingungslose Kapitulation an. Das Heiligtum wurde weitgehend zerstört, alle Ranen mussten sich taufen lassen, und dem Dänenkönig Waldemar fiel eine unermesslich reiche Beute in den Schoß.

Die er aber nicht zu teilen gedachte.

Aber genau das hatte er den Pommern und Mecklenburgern vorher versprochen, und auch der *Löwe* sollte beteiligt werden. Waldemar dachte jedoch nicht daran, seine Zusagen einzuhalten, und Fulcher hatte im Nachhinein volles Verständnis dafür, dass sowohl der Herzog als auch die mit ihm verbündeten Slawen außer sich waren vor Wut. Vergeblich erinnerte der Herzog den Dänen an sein Versprechen, und als alles nichts fruchtete, ließ er seinen Vasallen freie Hand.

Damit gehörte der mühsam errungene Frieden an den Ostseeküsten schon wieder der Vergangenheit an. Die Fürsten von Mecklenburg und Pommern ließen ihre Flotten auslaufen, verwüsteten in den folgenden Monaten die dänische Küste, plünderten alle Dörfer, ermordeten viele Männer und vergewaltigten die meisten Frauen.

Vor allem aber machten sie Gefangene. An einem einzigen Tag sollen auf einem Markt in Mecklenburg 700 Dänen als Sklaven zum Verkauf angeboten worden sein.

Was also konnte Fulcher seinem Herrn berichten, wenn Philipp von Heinsberg aus Italien zurück nach Köln kam? Letztlich nur das eine und zugleich Wichtigste: Der Sachsenherzog war ein Unruhestifter. Auch wenn er jetzt bei der Auseinandersetzung mit Waldemar im Recht gewesen war. Sein ganzes Streben bestand darin, sein Territorium zu vergrößern. Und zwar auf eine einigermaßen rücksichtslose Weise. Die rechtliche Erbfolge ignorierte er ebenso wie vorliegende Testamente. Er riss gewaltsam an sich, was ihm nicht freiwillig zugestanden wurde, und bis auf ein paar besonders treue Vasallen, die ihm trotz seiner hochfahrenden Art die Treue hielten, brachte er nahezu den gesamten norddeutschen Adel gegen sich auf.

Allen voran die Bischöfe, mit denen er sich immer wieder anlegte.

Dass er machthungrig war, und stets von Neuem versuchte, sein Territorium zu vergrößern, konnte Philipp von Heinsberg ihm nicht weiter übel nehmen, denn der Kölner Erzbischof war ähnlich veranlagt. Aber genau das machte sie zu Todfeinden; ebenso die Tatsache, dass ihre Gebiete in Westfalen aneinanderstießen, was sie fast zwangsläufig zu Gegnern machte.

In einem allerdings unterschieden sich die beiden: Während der Kölner Erzbischof seinem Herrn, dem Kaiser, bedingungslos die Treue hielt, horchte der Sachsenherzog stets tief in sich hinein, ob es ihm auch tatsächlich Vorteile verschaffte, wenn er den Wünschen des Kaisers nachkam. Irgendwann – da war sich Fulcher sicher – würde ihm dieses Lavieren nicht mehr helfen, und dann würde Friedrich seinen Vetter nicht mehr schützen, wenn sich die Fürsten des Reiches erneut gegen den *Löwen* verbünden sollten.

Das konnte schon morgen geschehen oder erst in einigen Jahren. Wie lange würde die Langmut des Kaisers reichen?

Und da war noch etwas, das Fulcher daheim in Köln berichten würde, obwohl er nicht sicher war, ob das für den Erzbischof wirklich neu sein würde: die Tatsache, dass in den Kriegen zwischen dem Herzog und seinen Feinden nicht mehr nur Adelige kämpften, sondern dass beide Seiten dazu übergingen, Kriegsknechte anzuwerben, die sich – was ja weiter nicht erstaunlich war – bei ihrem Vordringen keineswegs mehr ritterlich aufführten.

Immer häufiger wurden Kirchen zerstört, Klöster geplündert und Heiligtümer geschändet, und an solchen Verwüstungsorgien beteiligten sich auch die Aufgebote der Bischöfe, was wahrlich eine Schande war. Vielleicht wäre es sehr viel besser, wenn sich der Kaiser weniger um die verräterischen Lombarden kümmern würde und dafür stärker um die Fürsten seines Reiches.

Nun gut, das zu beurteilen stand einem jungen Ritter nicht zu. Er sollte sich vielmehr Gedanken darüber machen, was er mit seinen vier Sklaven machen sollte, wenn er mit ihnen in Köln eintreffen würde. Als Heiden wären sie in der Stadt sicher eine Sensation, aber ob er sie auch verkaufen dürfte? Ob sie überhaupt jemand in seinem Haus haben wollte?

Fulcher hatte keine Ahnung. Vielleicht sollte er sie einfach dem Erzbischof zum Geschenk machen.

* * *

Wohlgemerkt: Wir befinden uns nicht etwa in der Antike, sondern im 12. Jahrhundert, und da zieht ein Ritter durch die Lande und führt vier Männer mit sich, die er auf einem Sklavenmarkt in Schwerin einem Juden abgekauft hat.

Völlig ausgeschlossen, sollte man meinen. War es aber nicht.

Sklaven wurden nicht nur in der Antike wie Hausrat gehandelt, wurden nicht nur in Rom in den Arenen abgeschlachtet und nicht nur bei Aufsässigkeit hingerichtet wie beispielsweise der berühmte Spartacus, der zusammen mit seinen 6000 übrig gebliebenen Mitstreitern entlang der Via Appia gekreuzigt wurde.

Mit den römischen Eroberern kam auch die Unsitte, Menschen wie Vieh zu behandeln, nach Nordeuropa.

Menschenhandel widersprach dem Wesen von Galliern und Germanen. Nicht dass diese ihre Kriegsgefangenen nach der Charta der Menschenrechte behandelt hätten. Sie opferten sie ihren Göttern wie beispielsweise Armin und seine Cherusker nach dem Sieg über die Römer in der berühmten Schlacht, die – wie wir inzwischen wissen – nicht im Teutoburger Wald stattgefunden hat. Germanicus, der Nachfolger jenes Varus, der sich nach der Niederlage das Leben genommen hatte, fand die sterblichen Überreste der auf Altären geopferten Römer, deren Schädel von den Siegern an die Bäume genagelt worden waren.

Vereinzelt allerdings ließen auch germanische Heerführer durchblicken, dass ihnen die Sitten des Mittelmeerraums nicht mehr gänzlich unbekannt waren. So waren dem Suebenfürsten Ariovist auf welche Weise auch immer zwei Eskimos in die Hände gefallen, die man irgendwo an der Nordseeküste aufgegabelt hatte. Er schickte sie als Geschenk nach Rom, zu dem er damals noch gute Beziehungen unterhielt, ehe er später von Caesar besiegt wurde.

Aber das war eher die Ausnahme. Machen wir uns zunächst einmal klar, dass sich die Gesellschaft des Mittelalters grundsätzlich von unserer heutigen unterschied. Es gab damals weder Bankangestellte noch Gerichtsreferendare, weder Buchhalter noch Automechaniker, weder Versicherungsvertreter noch Steuerberater. Die meisten Menschen lebten von der Landarbeit, und das galt nicht nur für die Benediktinermönche, die zwar beten, aber zumindest am Anfang auch hart arbeiten sollten.

Arbeiten mussten anfangs sogar die Mitglieder vornehmer Familien, die zwar in den Kampf zogen, wenn ein Krieg anstand, dann aber auf ihre Höfe zurückkehrten. Das allerdings war nur so lange möglich, wie kriegerische Auseinandersetzungen noch in der unmittelbaren Nachbarschaft stattfanden, aber schon bald kämpften fränkische Adelige im Sachsenland oder sogar in Spanien, und dann war das kein Job mehr, dem man in der Freizeit nachgehen konnte.

Arbeitsteilung wurde notwendig, und so übernahmen die Adeligen im Lauf der Zeit den Schutz der Grenzen und verteidigten somit die Freiheit der anderen, die nicht zur Waffe greifen konnten oder mochten, sich dafür jedoch in den Dienst der Allgemeinheit stellten, die Äcker bewirtschafteten und das Vieh züchteten, während hingegen die Mönche für das Seelenheil, für Kunst und Wissenschaft zuständig waren und das Jahrhunderte hindurch auch blieben.

Aber das ist ein anderes Thema. Halten wir deshalb fest: Die Menschen jener Zeit lebten fast ausschließlich von der Landwirtschaft, ein paar natürlich auch vom Handel, und zunächst nur einige wenige als Handwerker, aber deren Dienstleistungen waren vor allem den kleinen Bauern zu teuer. Die versuchten deshalb, sich ihre Hütten mit Hilfe von Nachbarn zu bauen, den Melkschemel selber zu zimmern oder benötigte Nägel in Heimarbeit zu schmieden. Und dass die Frauen die Kleider der Familie selber schneiderten, war ja wohl selbstverständlich.

Wer Ackerbau und Viehzucht betreibt, gilt in unserer Gesellschaft ganz selbstverständlich als Bauer. So einfach war es im Mittelalter jedoch nicht. Es gab überhaupt kein deutsches Wort für diesen Beruf. Das althochdeutsche Wort *giburo* wurde mittelhochdeutsch zu *bure* oder *gebure* und bedeutete eigentlich nichts anderes als Mitbewohner oder Dorfgenosse. Aber es gab keinen eigentlichen Bauernstand.

Ein Adeliger konnte reiche Ländereien besitzen und sie mit Hilfe seiner Untergebenen landwirtschaftlich nutzen. Er war ein freier Mann, aber es kam durchaus vor, dass sich adelige Grundbesitzer einem noch Höheren unterstellten oder sogar einem Kloster. Dies geschah stets aus Gründen der materiellen Absicherung.

Nehmen wir an, er besaß so an die fünfzehn Hufen Land, was uns heute nicht viel sagt, weil eine solche Hufe je nach Landschaft unterschiedlich groß sein konnte. Gehen wir in diesem Fall davon aus, dass dieses Land die Größe von rund zwanzig Fußballfeldern umfasste. Davon konnte man doch wohl gut seine Familie nebst Knechten und Mägden ernähren.

Sollte man glauben.

Aber um uns in die damalige Lage zu versetzen, lassen wir jetzt einmal unsere Fantasie spielen – und davon brauchen wir extrem viel – und stellen uns vor, es gäbe in unserer Gegend kein einziges Einzelhandelsgeschäft, keinen Markt und schon gar keinen Supermarkt. Wie viel Ackerland, wie viele Viehweiden und Obstwiesen brauchten wir, um unsere Familie ernähren zu können?

Selbst wenn wir auf exotische Speisen wie Bananen oder Haifischflossen verzichten würden – wo sollen die Gemüse wachsen und der Weizen, wo die zahllosen Obstbäume, und wo sollen die Kühe und Schafe weiden, und wo sollen die Schweine und die Ziegen, die Hühner und die Gänse herumlaufen? Es gibt keinen Laden, in dem wir Fleisch und Wolle, Milch und Leder, Gemüse und Obst, Milch und Eier kaufen können.

Von Bier und Wein ganz zu schweigen.

Und letztlich: Wo bitte bringen wir die Knechte und Mägde mit ihren Kindern und Großeltern unter? Auch für sie müssen schließlich Häuser gebaut werden.

Ob da zwanzig Fußballfelder reichen? Und selbst wenn: Dann doch allenfalls, wenn es keine Missernte gibt, denn wenn im April die Blüten der Obstbäume erfrieren, ist es nichts mit Äpfeln und Kirschen in diesem Jahr; oder wenn es in den Mai hinein in Strömen regnet, sodass keine Aussaat möglich ist; oder wenn das Mutterkorn die Roggenfelder in Giftwüsten verwandelte und kein anderes Getreide zur Verfügung stand – dann konnte das einen Bauern schnell an den Bettelstab bringen.

Aber auch anderes, ähnlich Schlimmes konnte passieren: Was war, wenn dem Hausherrn etwas zustieß, bevor die Kinder erwachsen waren, und wenn die Witwe keinen neuen Partner fand? Oder wenn der Hof abbrannte, was bei den mit Stroh gedeckten Holzhäusern und den offenen Feuerstellen ständig drohte? Oder wenn marodierende Kriegsknechte den Hof überfielen?

Da war es schon sicherer, sich unter den Schutz eines Stärkeren zu stellen, auch wenn eine solche Absicherung nicht umsonst zu haben war. Die Zahlung der fälligen Abgaben an die Herrschaft war bei einem halbwegs gut geführten Gehöft – von Missernten einmal abgesehen – im Grunde problemlos. Unangenehmer waren da schon die geforderten Dienstleistungen, die in den meisten Fällen naturgemäß zu jenen Jahreszeiten fällig wurden, wenn diese Arbeiten auch auf dem eigenen Hof anstanden. Sei es – beispielsweise – die Aussaat des Getreides oder die Einbringung der Ernte.

Abgaben wurden genau festgesetzt, aber da die wenigsten Grundherren schreiben und die Bauern überhaupt nicht lesen konnten, sind solche schriftlichen Festlegungen eher ungewöhnlich. Völlig selbstständige Bauern, die in keinerlei Abhängigkeit zu einem Großgrundbesitzer standen, wurden zunehmend seltener. Allerdings waren die Übergänge zwischen den einzelnen Gruppen fließend. Vereinfachend könnte man sagen, dass es zum einen die sogenannten Hufenbauern gab, die einige Felder selber bewirtschafteten, dem Grundherren Abgaben oder Dienstleistungen schuldeten, letztlich aber im eigenen Haus wohnten und mehr oder weniger gut zurechtkamen.

Weit darunter angesiedelt waren die Unfreien, die Leibeigenen, die man auch Hörige nannte, eine Bezeichnung, die sprachlich verwandt ist mit *auf jemanden hören, jemandem gehören* oder auch einfach *gehorchen*. Sie arbeiteten eigentlich nicht mehr als Bauern, sondern waren Knechte oder Mägde, die zu allen beliebigen Arbeiten herangezogen werden konnten. In seltenen Fällen stellte ihnen der Herr ein eigenes Häuschen oder gar ein kleines Stück Land zur Verfügung, das sie in ihrer Freizeit bebauen konnten, um sich ein wenig Geld zu verdienen.

Die Freiheit der anderen Bauern existierte jedoch auch nur auf dem Papier. Im Grunde waren sie allesamt von den Grundherren abhängig, also Hörige, und viele französische Historiker machten sich gar nicht erst die Mühe, die einzelnen Gruppen sprachlich voneinander zu unterscheiden. Sie bezeichneten sie durch die Bank als *Sklaven*.

Und das waren sie auch. Ihre wirtschaftliche Lage verschlechterte sich gegen Ende des Mittelalters auf so gravierende Weise, dass sich die Bauern schließlich in vielen Gegenden Deutschlands erhoben und gewaltsam versuchten, ihrer Ausbeutung durch den Adel ein Ende zu setzen. Einen nennenswerten Erfolg konnten sie allerdings nicht erzielen. Die Bauernkriege endeten in blutigen Massakern.

Dass aus freien Germanen im Laufe vieler Jahre aus zumeist wirtschaftlichen Gründen unfreie Bauern oder Leibeigene werden konnten, lässt sich nachvollziehen, aber unser Ritter Fulcher zieht mit vier Männern durch die Lande, die er auf einem Sklavenmarkt gekauft hat. Wie ist das möglich?

* * *

Für die ersten Missionare wie Bonifatius und seine Mitbrüder galt noch nicht die Maxime Taufe oder Tod, doch das sollte sich bereits zu seinen Lebzeiten ändern. Vor allem bei den starrköpfigen (Nieder-)Sachsen nutzten Gottesbeweise wie das Fällen einer Donareiche wenig. Als die Franken ihr Hauptheiligtum, die Irminsul, zerstörten, warteten sie keineswegs auf die Rache ihrer Götter, sondern entfesselten in rasender Wut einen ihrer berüchtigten Aufstände gegen die verhassten Feinde.

Zwar versuchte Karl der Große immer wieder, den Frieden auf gütlichem Wege zu schaffen, bis er schließlich dann doch die Geduld verlor und – zumindest dem Chronisten Einhard zufolge – beim berüchtigten Blutbad von Verden angeblich sage und schreibe 4500 aufständische Sachsen enthaupten ließ. Glaubhafter ist indes, dass später durch einen Schreibfehler aus dem lateinischen Wort *delocati* ein *decollati* wurde, und dann hätte er die Aufrührer nicht enthaupten, sondern umsiedeln lassen.

Doch wie dem auch sei. Vom Ende des 8. Jahrhunderts an wurde Missionsarbeit mit dem Schwert betrieben. Wobei es durchaus nicht immer um wirkliche Bekehrung der unterworfenen Stämme ging. Wer sich mehrfach unterwarf und letztlich durch die Massentaufe demütigen ließ, war kein ernst zu nehmender Gegner mehr.

Allein darauf kam es an.

Dass heidnisches Gedankengut noch jahrhundertelang in den Köpfen der zwangsbekehrten Menschen umherspukte und auch in ihre Sitten und Gebräuche einfloss, kann da wenig verwundern. Umso weniger, als Theologie damals ausschließlich in den Klöstern gelehrt und gelebt wurde, während Seelsorge im Alltag der Menschen so gut wie nicht stattfand.

Knappe 200 Jahre nach den Ereignissen von Verden befand sich ein anderer deutscher König – ausgerechnet ein Sachse – in einer anscheinend aussichtslosen Situation. Otto I., dem man später ebenso wie dem Kaiser Karl den Beinamen »der Große« verleihen sollte, war mit seinem Heer bei einem Feldzug in Mecklenburg von den Obodriten in einen tückischen Sumpf gelockt worden, aus dem er nur durch eine List entkam, um sofort zum Gegenstoß anzutreten.

Bei der Verfolgung der Feinde wurde deren Anführer erschlagen, seinem Ratgeber wurden die Augen ausgestochen und die Zunge herausgerissen. Alle Gefangenen wurden umgebracht, was uns an die heidnischen Opferriten der Germanen erinnert. Es waren nach damaliger Auffassung ja auch nur Ungläubige, ein jeder von ihnen die Verkörperung des Leibhaftigen, den man im Namen Gottes glaubte, ausrotten zu müssen.

Und wieder rund 200 Jahre später wurden die heidnischen Slawen noch immer als Untermenschen betrachtet. Nur: Jetzt schlug man sie nicht einfach tot. Dazu waren sie inzwischen zu wertvoll. Im Nordosten blühte der Sklavenhandel. Es waren vor allem die slawischen Völker, aber auch die nordischen, die wir heute ganz allgemein als Wikinger bezeichnen, die sich darauf spezialisiert hatten.

Einige Stämme suchten als Seeräuber die westeuropäischen Küsten heim, segelten brandschatzend sogar den Rhein und die Seine hoch, belagerten Paris und verwüsteten Köln, bis der französische König Karl der Einfältige ihnen ein Gebiet im Nordwesten Frankreichs als Lehen zuwies. Es trägt bis heute den Namen der Nordmänner: Normandie.

Andere Stämme der Wikinger blieben daheim und lieferten sich an den Küsten der Ostsee erbitterte Kämpfe mit den Slawen, wie wir zum Anfang dieses Kapitels bereits gelesen haben, und nun wurden die Gefangenen nicht mehr »den Göttern geopfert«, sprich ermordet, sondern auf die Sklavenmärkte gebracht, und davon gab es inzwischen recht viele.

Schon Otto hätte damals seine Gefangenen in Prag verkaufen können, dem damals größten europäischen Sklavenmarkt, wo vor allem slawische und jüdische Händler lohnende Geschäfte machten, aber auch Kaufleute aus Schweden, Italien, Spanien und natürlich aus dem Nahen Osten und dem Mittelmeerraum.

Regelrechte Menschenjagden veranstalteten die Wikinger im Ostseeraum. Die gefangen genommenen Slawen wurden entweder über die Wolga und den Don in den Nahen Osten geschafft, oder aber – man höre und staune – über Magdeburg und Regensburg nach Italien oder weiter nach Westen über Verdun oder Lyon bis nach Spanien. Der Kalif von Cordoba besaß eine Leibwache, die ausschließlich aus blonden Slawen bestand.

Ein weiterer bedeutender Sklavenmarkt befand sich bis zur Mitte des 11. Jahrhunderts in Haithabu an der Schlei, wo sich nahe der Stadt Schleswig die Handelswege von Osten nach Westen und von Norden nach Süden kreuzten. Dort brachten vor allem natürlich die Wikinger ihre Gefangenen an den Mann, aber man sollte sie sich keineswegs als tumbe Barbaren vorstellen.

Ein arabischer Sklavenhändler riet damals allen Kaufwilligen, in jedem Fall einen Arzt hinzuziehen, der die angepriesene Ware gründlich untersuchen sollte. Und zwar in jeder Hinsicht. Mit gewissen Mittelchen nämlich würden unansehnliche Frauen zu wahren Schönheiten herausgeputzt, Hautkrankheiten überschminkt, und wenn man besonders viel Pech habe, entpuppe sich das hübsche Slawenmädchen – wenn man daheim mit ihm intim werden wolle, plötzlich als Junge.

Und was sagte die Kirche zu diesem schändlichen Treiben?

Paulus schreibt im ersten Brief an die Korinther: »Bist du als Sklave berufen, so soll dir daran nichts liegen; sondern, auch wenn du frei werden kannst, bleibe erst recht dabei. Denn der im Herrn berufene Sklave ist Freigelassener des Herrn.«

Und bei Petrus lesen wir: »Ihr Hausssklaven, ordnet euch euren Eignern in aller Furcht unter, nicht allein den guten und gelinden, sondern auch den verkehrten. Denn dies ist Gnade, wenn jemand um des Gewissens willen vor Gott Trübsale erträgt und ungerecht leidet.«

Das war nicht sonderlich ermutigend für Sklaven im Römischen Reich. Und es sollte letztendlich bis in die Zeit der Karolinger dauern, bis zumindest der Verkauf von Christenmenschen in die Sklaverei verboten wurde. Karl der Große verfügte, dass Grafen und Bischöfe dafür zu sorgen hätten, dass ausschließlich Heiden angeboten und erworben werden durften.

Auch der venezianische Doge Orso Partecipazio verbot den Kaufleuten seiner Stadt gegen Ende des 9. Jahrhunderts den blühenden Handel mit Christen, vor allem den mit blonden Frauen, für die im Vorderen Orient Höchstpreise bezahlt wurden.

Genutzt hat das alles überhaupt nichts. Noch Jahrhunderte später finden wir Sklavenmärkte in Palermo und Toulouse, in Florenz und Rom. Christen verkauften gefangen genommene Araber, und Araber handelten mit Christen, die sie irgendwo an den Küsten des Mittelmeers geraubt hatten. Noch Mitte des 14. Jahrhunderts beklagt der Dichter und Humanist Petrarca die »schmutzige Menge von Sklaven«, die die Gassen Venedigs bevölkere und die prachtvolle Stadt entweihe.

Nicht zuletzt die Tatsache, dass in den Färbereien der Familie Bernardone Dutzende von Sklaven aufs Schlimmste schuften mussten, hat jenen gewissen Giovanni, einen Spross dieser wohlhabenden Sippe, dazu gebracht, ein Leben in ewiger Armut zu predigen.

Er ist besser bekannt als Franz von Assisi.

Trude wurde wach, als sich der Mann neben ihr von ihr abwandte und dabei einen großen Teil der beiden schmutzigen Decken mitnahm, unter denen es halbwegs warm gewesen war. Für ein paar Sekunden überlegte sie, ob sie die Decken wieder an sich reißen sollte, aber dann entschloss sie sich doch aufzustehen.

Wie spät mochte es wohl sein?

Es war noch dunkel, aber das bedeutete im November wenig. Außerdem musste sie nicht zur Arbeit. Sie ernährte sich – so gut es ging, und es ging selten gut – damit, dass sie ihren mageren Leib zur Verfügung stellte, falls sich jemand dafür interessierte. Nicht umsonst natürlich. Ein Stück Brot oder, besser noch, eine Wurst oder ein paar Äpfel mussten schon dabei herausspringen.

So wie gestern Abend, als Till vorbeigekommen war, als sie ein Schwätzchen mit Christoph hielt, ihrem Nachbarn, der sein Brot als Kloakenreiniger verdiente und ab und zu auch dem Henker half, wenn einmal wieder ein Verbrecher aufgeknüpft werden sollte. Christoph war nicht mehr der Jüngste und wusste viele Geschichten zu erzählen, gruselige zumeist, wenn es um die Folter ging, aber auch traurige von kleinen Buben, die wegen Diebstahls hingerichtet wurden, obwohl sie doch noch richtige Kinder waren.

Und wie sie da so gestanden und sich mit Christoph unterhalten hatte, war Till gekommen und hatte ihr derb an den Hintern gefasst.

Sie war herumgefahren und hatte ihn angefaucht: »Was willst du?«

»Rate mal.« Er zeigte ihr ein Bündel mit Holzstücken und ein blutgetränktes Etwas, von dem sie annahm, dass es ein Stück Fleisch war. Leider nicht vom Rind oder vom Schwein. Das hätte er sich nicht leisten können.

Till war amtlich bestallter Hundeschläger.

Damit war die Frage, woher das Fleisch stammte, geklärt. Immerhin hatte er daran gedacht, etwas Holz mitzubringen. Was er von ihr wollte, hätten sie auch unten, im dunklen Flur, erledigen können, aber nun musste sie ihn mit nach oben nehmen, in die Kammer, die man kaum als Schlafzimmer bezeichnen konnte, und in der es nur einen klapprigen Schemel und einen großen Haufen Stroh gab. Und immerhin zwei schmutzige und verfilzte Wolldecken sowie eine Art Grill.

Er nahm sie schnell und heftig. Sie hielt geduldig still. Mehr konnte er nicht erwarten für ein Stück vom Hund.

In einem Kasten fand sie später getrocknete Gewürze, und mit Majoran, Thymian und Oregano bestreut, war das Stück Hund dann noch irgendwie genießbar gewesen. Nachdem sie auch die letzten Knochen abgenagt hatten, wollte Till sie noch einmal, und sie war zu faul, es ihm abzuschlagen.

Ein paar Stunden später war sie dann wach geworden, aber nicht, weil sie sein Schnarchen gestört hatte. Es war ihr Bauch, in dem es schon seit Tagen rumorte. Heftige Magenschmerzen quälten sie, und immer häufiger verlor sie die Kontrolle über ihren Darm. Sie traute sich nicht mehr aus der Gasse am alten Stadtgraben hinaus, denn was hätte sie auf großen Straßen wie Unter Sachsenhausen oder Auf der großen Budengasse tun sollen, wenn es sie überkam!

Hier in der Gasse konnte sie es im Grunde so machen wie alle, die hier wohnten, die Schinder und Kloakensäuberer, die Hausierer und die Hundefänger, die Henkersknechte und die Viehtreiber. Man machte zwischen dem ganzen Unrat, der auf der Straße herumlag, einfach die Beine breit und ließ unter sich gehen, was immer herauskam.

Und das war in letzter Zeit besonders ekelhaft.

Auch jetzt war es wieder so weit. Trude überlegte, ob sie nach unten gehen und ihr Geschäft in der Gasse erledigen sollte, aber es wurde inzwischen hell, und ohne Not wollte sie sich nicht den Blicken neugieriger Nachbarn aussetzen. Außerdem war es draußen vermutlich bitterkalt, und deshalb beschloss sie, den tönernen Topf zu benutzen, der nur für diesen Zweck angeschafft worden war. Sie schaffte es gerade noch, das Gefäß aus einer dunklen Ecke des Raums zu ziehen und sich darüber-zuhocken.

Als sie fertig war und sich mit einer Handvoll Stroh notdürf-tig gereinigt hatte, widerstand sie der Versuchung, den Inhalt aus dem Fenster auf die Gasse hinunterzugießen, obwohl das in der Nachbarschaft allgemein üblich war. Doch da sie ihn ohne-hin säubern musste, warf sie sich eine Decke über und trug den Topf zum nahe gelegenen Brunnen und entleerte ihn dort. Erst jetzt bemerkte sie, wie viel Blut in dem Ausgeschiedenen war. Angeekelt schöpfte sie Wasser, spülte damit das Gefäß sauber und schüttete den Rest zurück.

Einen Augenblick hatte sie noch gezögert, aber im Brunnen schwamm derart viel Unrat – da konnte das bisschen Dreck auch nicht mehr schaden. Dachte sie wenigstens. Beunruhigt war sie nur über das Blut in ihrem Darm. Zumal auch die Nach-barn seit einiger Zeit über solche Beschwerden klagten. Außer-dem war ihr ständig übel, und häufig musste sie sich übergeben. Ob sie etwa wieder schwanger war?

Nur das nicht. Nicht noch einmal. Ihre Tante hatte ihr da-mals ein Gebräu aus billigem Wein, der Frucht des Sadebaums, Sellerie und Liebstöckel zubereitet, das sie heiß hatte trinken müssen. Damals hatte sie geglaubt, sterben zu müssen. Unter wahnsinnigen Schmerzen hatte sie etwas ausgeschieden, was sie nie zu sehen bekam. Die Tante hatte es genommen und auf einen Müllhaufen in der Gasse geworfen, wo es wohl von Hunden gefressen worden war.

Derartiges wollte sie nicht noch einmal erleben. Sie sollte vielleicht häufiger das Blut einer Jungfrau trinken, was ja das beste Verhütungsmittel sein soll. Sagen wenigstens die alten Frauen. Aber wo sollte man eine Jungfrau finden? Im Gässchen Am alten Graben bestimmt nicht.

Ihr fröstelte. Sie nahm den Topf und hastete zurück zu ihrem Häuschen, wo Till noch immer schnarchte. Sie legte sich zu ihm und kuschelte sich an seinen Rücken. Langsam wurde ihr wärmer. Er stank zwar schrecklich, aber es gab Schlimmeres.

* * *

Wie romantisch ist doch so ein schönes mittelalterliches Stadtbild mit den alten Kirchen, prächtigen Brunnen und schmucken Fachwerkhäusern. Leider stammt ein solches Ensemble nie aus dem Mittelalter, sondern – von den Kirchen einmal abgesehen – stets aus der Neuzeit; allenfalls aus dem 16. oder 17. Jahrhundert. In einem mittelalterlichen Ort hätten wir mit Sicherheit nicht leben mögen.

Das beginnt schon beim Pflaster der Straßen, über das wir beim Besuch in alten Städten wie Goslar oder Quedlinburg zwar häufig stolpern, aber als Tourist sieht man großzügig darüber hinweg. Altes macht uns zuweilen sentimental, und es käme uns niemals in den Sinn, dass die damaligen Bewohner von einer solchen Straßendecke im 12. Jahrhundert allenfalls träumen konnten. Abgesehen von einigen Ausfallstraßen in den größeren Städten gab es im Grunde keine befestigten Straßen, sondern lediglich Erdwege, die sowohl durch die engen Gassen als auch durch die Gärten und Weinberge innerhalb der Stadtmauern führten.

Der Zustand dieser Wege war natürlich wetterabhängig. Will sagen: In trockenen Zeiten waren sie halbwegs begehbar, obwohl die Abwässer aus den Häusern und der achtlos auf die Straße ausgegossene Urin zahllose Lachen bildeten. Nach starken Regenfällen verwandelten sich die Wege schließlich in einen nahezu unpassierbaren Sumpf.

Noch im 15. Jahrhundert verordnete der Nürnberger Magistrat, dass die Ratsherren, die in Überschuhen mit hohen Holzsohlen und Absätzen zu den Sitzungen kamen, dieselben am Eingang des Rathauses auszuziehen hätten, und wenn sie dann in der Ratsstube saßen, konnte man draußen anhand der Schuhe sehen, wie viele Männer erschienen waren.

Zuweilen aber reichten selbst solche Überschuhe nicht aus, weil man den Sumpf nur mit Stelzen durchqueren konnte, und hie und da wurde der miserable Straßenzustand sogar als Entschuldigung dafür akzeptiert, dass ein Ratsherr gar nicht erst bis zum Gemeindehaus hatte vordringen können.

Die Straßenbaukunst der Römer war längst vergessen. Sie hatten den Humus unter der Hohen Straße im Zentrum der Kölner Altstadt, die sie damals *cardo maximus* nannten, zunächst bis auf die Lehmschicht abgetragen und den Untergrund begradigt, dann eine aus Schutt, Sand und Kies bestehende Schicht aufgetragen und zuletzt ein Pflaster aus Trachytplatten verlegt. Zwischen den Steinen versickerte das Wasser in die Kiesschicht und von dort aus floss es in Gräben ab, die den *cardo maximus* zu beiden Seiten begleiteten. Die wiederum ergossen sich in quer zur Straße verlaufende Kanäle, die das Abwasser zunächst in große Sammelbecken und von dort aus schließlich zum Rhein hinunterleiteten.

Im fünften Jahrhundert jedoch fühlte sich niemand mehr für die Kanäle verantwortlich, sodass sie rasch verfielen oder doch zumindest verstopften. Die für ein derart durchdachtes Entwässerungssystem notwendige Fantasie ließen die fränkischen Eroberer ebenso vermissen wie die Disziplin, die erforderlich war, die Straßen einer großen Stadt halbwegs sauber zu halten. Wer auch immer in Köln gerade das Sagen hatte – seien es die Erzbischöfe, die Patrizier oder die Zünfte: Unterhalt und

Pflege von Wohnstraßen waren einzig und allein Sache der Anwohner.

Und so sahen sie auch aus.

Die Handwerker, die in den engen Gassen wohnten, gingen ihrer Arbeit keineswegs in den Häusern nach, und auch nicht in einem nach hinten gelegenen Anbau, sondern sie bauten sich einen Schuppen direkt vor der Haustür, dort, wo sich heutzutage gemeinhin ein Bürgersteig befindet. Und wo gearbeitet wird, fällt Müll an, unangenehmer Müll. Die Rückstände aus Gerbereien beispielsweise, die einfach vor die Türe geworfen wurden.

Nun wohnten ja nicht nur Handwerker in der Stadt, sondern auch – wie heute noch in manchen Dörfern – viele Kleinbauern, die ihre Käfige und Ställe ebenfalls auf die Straße setzten. Ihre Schafe und Rinder trieben sie morgens zumeist aus der Stadt hinaus oder brachten sie zu einer innerhalb der Mauern gelegenen gemeinsamen Weide, der sogenannten Allmende.

Schweine, Gänse und Hühner dagegen ernährten sich von dem, was sie in der Gasse fanden, und da war genügend vorhanden. Der Mist aus den Stallungen, menschliche Fäkalien und Küchenabfälle türmten sich zu regelrechten Bergen vor den kleinen strohbedeckten Fachwerkhäusern, und wie es noch im 17. Jahrhundert in einer so prächtigen Stadt wie Prag ausgesehen haben muss, erkennen wir an einer Legende, die sich um den sogenannten Prager Fenstersturz rankt.

Vertreter der protestantischen Stände zogen im Mai des Jahres 1618 auf die Prager Burg und warfen nach einer improvisierten Gerichtsverhandlung zwei kaiserliche Statthalter aus einem Fenster, das sich siebzehn Meter über dem Erdboden befand. Beide überlebten, weil sie – so erzählte man sich – auf einen Misthaufen gefallen waren, der den Sturz abgebremst habe.

Das allerdings ist schlicht Unfug; sie starben nur deshalb nicht, weil sie sich noch ein wenig am Fenstersims festklammern konnten und weil die Mauer nicht steil abfiel, sondern etwas geschrägt war. Die Legende aber beweist, dass sich jedermann vor der Prager Burg, wo immerhin die kaiserlichen Statthalter residierten, einen riesigen Misthaufen vorstellen konnte.

Aber ob Prag oder Köln: Die Schweine, die sich zu Dutzenden in den Straßen der mittelalterlichen Städte tummelten, stellten Jahrhunderte hindurch ein riesiges Problem dar. Die Angst der Eltern, dass ihre kleinen Kinder von den Tieren umgerannt werden könnten, war keineswegs unbegründet. Im Jahre 1131 kam sogar der Sohn von König Ludwig dem Dicken in Paris ums Leben, als sein Pferd vor Schweinen scheute und ihn abwarf, sodass er sich das Genick brach. Immer wieder wurden Verbote erlassen, die das Schweinezüchten in der Stadt untersagten.

Ohne jede Wirkung.

Der stinkende Abfall lockte zudem nicht nur riesige Fliegenschwärme an, sondern auch ganze Heere von Ratten. Hinzu kamen zahllose Rudel von hungrigen Straßenkötern, die ganze Bezirke unsicher machten und den Bürgern durch ihr nächtliches Bellen den Schlaf raubten. Zahlen liegen zwar erst aus späteren Jahrhunderten vor, aber selbst zu diesen Zeiten herrschte auf den Straßen der Städte noch immer das Chaos. Allein in Brügge fanden und erschlugen Hundefänger in nur vier Jahren 11663 herrenlose Hunde.

Was einem Schnitt von acht Hunden an jedem Tag entspricht.

Und was geschah mit den Kadavern? Niemand machte sich die Mühe, sie zu vergraben. Einige Städte verfügten über eine Abdeckerei, wohin tote Katzen, Hunde, Ratten und an einer Krankheit verendetes Vieh gebracht wurden. Der Abdecker oder Schinder, dessen Beruf als ebenso »unehrlich« galt wie der des Henkers, zog den Kadavern das Fell oder die Haut ab, sicherte anderes noch Verwendbares wie Knochen oder Sehnen und überließ den Rest auf freiem Feld den eigenen Hunden oder auch hungrigen Raubtieren.

Das Trocknen der Felle und Häute verursachte einen pestilenzartigen Gestank und das Schmelzen des häufig schon in

Fäulnis übergegangenen Fettes nicht minder. Die Abdeckerei – oft auch Schindanger genannt –, lag eben darum meist weit draußen vor der Stadt, und jetzt wissen wir endlich, woher das Wort Schund stammt.

Mit den gleichen Geruchsbelästigungen war das Schlachten gesunder Tiere durch die Metzger verbunden. Faulende Überreste verseuchten besonders intensiv den ungepflasterten Boden in den alten Gassen, und wenn man bedenkt, dass in einer zugegeben großen Stadt wie Paris in einem einzigen Jahr an die 250 000 Ochsen, Kälber, Schafe und Schweine geschlachtet wurden, kann man sich die Menge des stinkenden Abfalls mühelos vorstellen. Von 1366 an durfte in Paris nur noch in extra dafür eingerichteten Hallen geschlachtet werden. In Köln hatte man ein solches Gesetz schon sechs Jahre früher erlassen.

Problematisch war natürlich auch die Beisetzung Verstorbener auf den Friedhöfen, die in der Regel in unmittelbarer Nachbarschaft der Pfarrkirchen angelegt worden waren. Die in der Antike übliche und aus hygienischer Sicht sehr viel vernünftigere Feuerbestattung war kirchlicherseits nicht mehr gestattet, nachdem sie von Karl dem Großen 785 auf dem Reichstag von Paderborn als heidnisch bezeichnet und untersagt worden war. Die Wasserqualität von unmittelbar neben einem Friedhof gelegenen Brunnen war stets gefährdet.

Aber Brunnen waren doch so wichtig! Das Ansehen der ganzen Stadt konnte von sauberem Wasser abhängen. Basel wird von Reisenden ebenso gelobt wie Lübeck. Von Köln sind solche Lobpreisungen leider nicht überliefert. Es sind auch keine drastischen Strafandrohungen gegenüber Bürgern bekannt, die – wie auch immer – das Wasser verunreinigten. In Kiel dagegen wurden Brunnenverschmutzer aufgehängt, in Freiburg ertränkt und in Siena gar bei lebendigem Leib gehäutet.

Wasser war halt wertvoll, und wer gewissenlos genug war, konnte sogar zu Geld kommen, indem er es dem Durstigen verweigerte. So geschehen im 14. Jahrhundert, als der Erzbischof von Köln sich veranlasst sah, die Pfarrer der westlich der Stadt gelegenen Gemeinden Königsdorf und Lövenich zu tadeln, deren Schäfchen ihre Dorfbrunnen zugenagelt hatten, damit die von Aachen nach Köln ziehenden Pilger kein Wasser vorfanden und folglich Bier kaufen mussten.

Klammer zu.

Ebenso sorglos wie mit allem anderen Müll und Abfall gingen die Menschen damals mit ihren eigenen Ausscheidungen um. Allerdings auch sehr viel ungezwungener. Auf dem Land hockte man sich zumeist auf den ohnehin vorhandenen Misthaufen und gab seinen eigenen Mist dazu; eine darauf zurückgehende Redensart benutzen wir heute noch.

In der Stadt gab es lediglich auf einigen großen Freiflächen hölzerne Toilettenhäuschen, wenn man die klapprigen Büdchen denn so nennen will, die über tiefen Erdlöchern aufgestellt waren und deren einziger Luxus der berüchtigte Donnerbalken war. Es dauerte einige Zeit, ehe die senkrecht in die Erde gegrabenen Schächte nahezu gefüllt waren; dann verschloss man die Grube mit Steinen, Kies und Scherben und hob ein paar Schritte weiter eine neue Grube aus.

Damit gab man sich zufrieden. Dass die Fäkalien langsam bis hinunter ins Grundwasser sickerten, interessierte niemanden.

Ähnlich funktionierten die Aborte daheim. Wenn es sie überhaupt gab, dann befanden sie sich hinter dem Haus im Garten oder – was sehr häufig vorkam und die so ziemlich ekeligste Sache war – zwischen zwei Häusern. Man verrichtete seine Notdurft über einer Rinne, deren Inhalt natürlich irgendwie in der Gasse landete, um irgendwo zu versickern.

Diese Rinnen zwischen zwei Häusern, die häufig zum Streit zwischen Nachbarn führte, wer denn nun für die Beseitigung der dort abgesetzten Exkremente zu sorgen habe, bezeichnete man merkwürdigerweise als »Ehgräben«. Das Wort leitete sich von dem mittelhochdeutschen Begriff »ê« ab, was so viel wie Gesetz und Recht bedeutet. Es begegnet uns heute noch in der

Redewendung »seit eh und je«, in der Bedeutung »seit ewigen Zeiten«.

Waren die Ehgräben in der Stadt ständig Anlass von Streit und Gezänk, ging es auf Burgen meist etwas ordentlicher zu. In die Außenmauern waren häufig kleine Erker eingebracht, in denen man sich sogar richtig niederlassen konnte. Was man dann unter sich gehen ließ, klatschte in den Burggraben, oder es lief, wenn der Wind ungünstig stand, an der Mauer hinunter, was sicherlich keinen schönen Anblick bot und auch gewiss mordsmäßig stank.

Aber daran war man schließlich gewöhnt. Was nicht heißt, dass man sich daran erfreute. Aber was konnte man schon dagegen unternehmen! Die Heiligen Drei Könige zumindest waren reich genug, um dem Jesuskind ein entsprechendes Geschenk zu machen. So erzählt es uns zumindest der Karmelitermönch Johannes von Hildesheim. Nach seiner Version hatten die Magier dem Kindlein Weihrauch geschenkt, um den Mief im Stall zu bekämpfen!

Aber alle Holzkonstruktionen, die mit Fäkalien in Berührung kamen, faulten rasch, was zuweilen zu Katastrophen führen konnte. Das beste oder vielmehr schlimmste Beispiel ist aus dem Jahr 1184 überliefert. Am 26. Juli tagte auf dem Burgberg von Erfurt eine Versammlung hochrangiger Edelleute, unter denen sich auch Friedrich Barbarossas neunzehnjähriger Sohn, der spätere Kaiser Heinrich VI., befand. Es ging um die Aussöhnung des Mainzer Erzbischofs mit dem damaligen Thüringer Landgrafen.

Der Versammlungsraum lag direkt über einer großen Fäkaliengrube, und die Holzdecke war mit der Zeit durch die aufsteigenden Gase morsch geworden und brach unter der Last der vielen Anwesenden plötzlich zusammen. Viele der versammelten Adeligen kamen elendiglich ums Leben, und der junge König überlebte nur deshalb, weil man ihm den Ehrenplatz in einer steinernen Fensternische zugewiesen hatte.

Irgendwann einmal mussten alle größeren Jauchegruben, besonders wenn sie in späterer Zeit ummauert waren, gereinigt werden. Das kostete natürlich Geld, und deshalb ließen sich selbst wohlhabende Familien dreißig bis vierzig Jahre Zeit, bis sie einen Säuberungstrupp bestellten. Diese Männer – im Volksmund ironisch »Goldgräber« genannt – entstammten zumeist unehrlichen Berufen und wurden allgemein verachtet, obwohl sie doch nur das beiseiteschafften, was wohlanständige Bürger hinterlassen hatten.

Anfangs kippten die Goldgräber die Fäkalien einfach in den Rhein, aber später erkannte man, dass der Inhalt der Abortgruben guter Dünger war, den man für ein paar kleine Münzen auch an die Bauern verkaufen konnte. Sehr viel später, im 19. Jahrhundert, regte sich vereinzelt sogar Widerstand gegen eine moderne Kanalisation, da plötzlich die menschlichen Exkremente durch Wasserklosetts unwiederbringlich davongespült wurden und nun nicht mehr als Dünger zu Verfügung standen.

Vorerst allerdings gab es noch Dreck genug, und wo so viel Schmutz und Unrat ist, müssten die Menschen eigentlich dringend auf Wasser angewiesen sein; auf sauberes Wasser, versteht sich, aber eben das war äußerst rar. Umso naheliegender ist deshalb die Frage, wie man die noch aus vorchristlicher Zeit stammende und fast hundert Kilometer lange römische Wasserleitung, dieses geniale Wunderwerk, das Quellwasser aus der Eifel nach Köln gebracht hatte, einfach verfallen lassen konnte.

Gut – sie war etwa 260 n. Chr. bei der ersten Eroberung und Plünderung Kölns durch germanische Stämme zerstört worden, aber warum war sie nicht wiederhergestellt worden? Die Antwort ist einfach: Als sie errichtet wurde, um die öffentlichen Brunnen, die Thermen und sogar die Privathaushalte der Bürger mit Wasser zu versorgen, herrschte im Römischen Reich die *pax romana*, ein allgemeiner Landfrieden. Der endete jedoch bekanntlich mit der Völkerwanderung, und eine Stadt wie Köln hätte es sich nicht mehr leisten können, angesichts umherziehender feindlicher Völker auf eine Wasserversorgung von außen angewiesen zu sein, die leicht zu unterbrechen gewesen wäre.

Aber da gab es schließlich noch den Rhein – oder?

Gewiss: Wasser gab es genug, aber kein sauberes. Flüsse, in die wahllos Abfälle geworfen und Fäkalien geleitet werden, können nicht als Trinkwasserreservoir dienen. In Frankreich hat man es versucht. Noch Jahrhunderte später schöpfen die Pariser ihr Wasser aus der Seine. Ein Zeitzeuge berichtet: »In den Flussarm zwischen den zwei Brücken am Quai Pelletier gießen zahlreiche Färber dreimal die Woche ihre flüssige Farbe … Der Brückenbogen am Quai de Gêvres ist ein einziges stinkendes Loch. Das ganze Viertel trinkt verseuchtes Wasser.«

Ganz so leichtsinnig waren die Kölner nicht, aber sehr viel vernünftiger halt auch nicht. Die ersten Brunnen waren öffentlich. Schon bald jedoch reichten sie nicht mehr aus; die Wege zum Wasserholen wurden zu weit und zu beschwerlich. Deshalb legten sich Hauseigentümer, die genügend Platz und die notwendigen Mittel besaßen, eigene Brunnen zu. Das war kostspielig, denn sie konnten schließlich nicht einfach ein Loch in den Garten graben. Die Brunnenwände mussten mit Holz (und später mit Steinen) ausgekleidet werden, um das Nachgeben der Wände zu verhindern.

Und tief hinein in die Erde musste der Brunnen reichen, um bis zum Grundwasser vorzustoßen. Dabei wurde in verschiedenen Städten Erstaunliches geleistet: In der Nürnberger Burg grub man 70 Meter tief, und in der Abtei Limburg gar 88 Meter. Da sollte man meinen, Wasser aus solchen Brunnen sei stets klar gewesen. War es auch – es sei denn, dicht daneben befand sich eine Abortgrube, deren Inhalt sich in der Tiefe mit dem Grundwasser vermischte.

Trotzdem störte sich zunächst niemand daran. Solange das Wasser gut schmeckte, schien keine Gefahr zu bestehen. Wenn es nicht ganz so gut mundete, verlängerte man es mit etwas Wein.

Wie gefährlich diese Nähe von Brunnen und Abfallgruben war, mögen einige Zahlen aus dem 14. und 15. Jahrhundert belegen: An Infektionen durch verseuchtes Brunnenwasser starben 1349 in Straßburg 16 000 Menschen. 1360 waren es an die 18 000 und 1414 und 1417 jeweils 15 000 Bürger, ohne dass damals irgendjemand einen Bezug zu vergiftetem Wasser vermutet hätte.

Ein Leben ohne Schmutz und Gestank schien in mittelalterlichen Orten undenkbar. Umso größer – sollte man meinen – müsste eigentlich das Bedürfnis der Menschen gewesen sein, sich ständig zu waschen. War es aber nicht. Das lag nicht nur am Mangel an sauberem oder gar fließendem Wasser, sondern an den Kosten. Der Besuch in einem öffentlichen Badehaus war nicht für jedermann erschwinglich, und wenn man ein solches aufsuchte, dann durchaus nicht immer mit dem Ziel, sich lediglich zu säubern.

Männlein und Weiblein saßen zusammen in den Wannen, ließen sich verwöhnen, und sonderlich sittlich ging es dabei nicht zu. Vor allem in den Hinterstuben warteten junge und wohl auch hin und wieder nicht mehr ganz so junge Damen auf Kundschaft, was allerdings streng verboten war, denn schließlich gab es da ja noch etliche offizielle und unter städtischer Kontrolle stehende Freudenhäuser.

Aber so leicht außerhalb der Legalität macht es bekanntlich immer mehr Spaß, und wenn man das Badehaus zu guter Letzt auch noch leidlich sauber verlassen konnte – umso besser. Von Körperpflege hielt das gemeine Volk nicht sonderlich viel. Manche glaubten sogar, dass man sich durch Wasser eine Krankheit holen konnte, und diese Abneigung gegen alles Nasse hielt sich noch lange. Bekanntlich hat man sich noch im 17. Jahrhundert am Hofe des Sonnenkönigs kaum gewaschen, sondern versucht, den strengen Körpergeruch, der sich nach einiger Zeit unweigerlich einstellt, mit entsprechenden Mengen von Duftwasser und Parfum zu übertünchen.

Man kann sich also durchaus das fassungslose Entsetzen der Araber vorstellen, die während der Kreuzzüge erstmals mit Rittern aus Mitteleuropa in Berührung kamen. Den Moslems schrieb der Koran strengste Körperpflege vor, und bei Wassermangel in der Wüste hatten sie sich notfalls mit Sand abzureiben.

Wie sie diese übel riechenden ungläubigen Hunde verabscheuten!

Schon im 10. Jahrhundert meldete der Gesandte des Kalifen al-Hakam II. aus dem Frankenland schockiert nach Hause: »Du siehst nichts Schmutzigeres als sie! Sie reinigen und waschen sich nur ein- oder zweimal im Jahr mit kaltem Wasser. Ihre Kleider waschen sie überhaupt nicht, bis dass sie zu Lumpen zerfallen.«

Und das war kaum übertrieben.

Die Menschen drängten sich neugierig oberhalb der Anlegestelle, als das mächtige Schiff, das den Fluss hinabkam, sich mit einer eleganten Wendung dem Ufer näherte. Es dauerte einige Zeit, bis die Ruder eingezogen und die Seile vertäut waren. Knechte des Erzbischofs schoben eine hölzerne Brücke zur Bordwand hoch.

Und jetzt musste sie kommen.

Aber sie ließ sich Zeit. Der junge Arnold zupfte aufgeregt am Ärmel seines Vaters, aber der blieb gelassen. »Frauen müssen sich erst einmal schön machen, bevor sie sich zeigen – gerade du solltest das doch inzwischen wissen«, kicherte er, indem er auf seine junge Schwiegertochter anspielte, die sein Sohn vor einigen Wochen geheiratet hatte. Ricarda hatte ebenfalls mitkommen wollen, aber angesichts des scheußlichen Wetters verzichtet. Für den nächsten Vormittag war im Dom ein feierliches Hochamt geplant. Dann würde sie die berühmte Königin halt dort sehen.

Und ihren nicht minder berühmten Sohn, Richard, den viele schon jetzt nur mit seinem Beinamen kannten: Löwenherz.

»Was weißt du über sie?«, fragte Arnold den Vater. »Stimmt das alles, was die Leute so reden?«

»Über Eleonore?«

»Wen sonst?«

Bruno zog seinen Mantel über den Schultern zusammen. Was für ein Wetter, um die berühmteste Frau Europas zu empfangen, dachte er, aber da sich ihr Auftritt weiter zu verzögern schien, erzählte er seinem Sohn, was seine Leute, die für ihn ständig zwischen London und Köln unterwegs waren und in England seit fast vierzig Jahren Handel trieben, in ihren Kontoren erfahren hatten.

Eleonore war 1122 als Enkelin des berühmt-berüchtigten Herzogs Wilhelm IX. von Aquitanien, der zugleich der Graf von Poitou war, zur Welt gekommen. Wilhelm galt als einer der ersten Troubadoure in Frankreich, war ebenso kunstsinnig wie machthungrig und führte – wie ein Mönch voller Entsetzen wörtlich schrieb – »ein Triebleben, das einen Ziegenbock verstört hätte«.

Nun gut, das war das Urteil eines Klerikers, und mit der Kirche stand sich Wilhelm ohnehin nicht sonderlich gut. Um es milde auszudrücken. Bezeichnend für seinen Charakter war seine Reaktion, als Bischof Pierre von Poitiers ihn aufgrund seiner zahllosen Sünden exkommunizieren wollte. Während der Bischof mit der entsprechenden Formel begann, zog der Herzog sein Schwert und setzte es seiner Eminenz an die Kehle.

Der stockte, als wolle er von seinem Vorhaben Abstand nehmen, aber als Wilhelm sein Schwert wieder in die Scheide steckte, sprach der Bischof die Bannformel schnell zu Ende, bot dem Sünder seine Kehle zum tödlichen Stoß an, aber der lachte nur und sagte: »Das möchtest du wohl: Dass ich dich stracks ins Paradies schicke«, und ließ es dabei bewenden.

So war er, der Großvater, dessen Enkelin ebenso exzentrisch zu werden versprach wie er selber. Von seinem gleichnamigen Sohn, dem Vater des kleinen Mädchens, konnte man Ähnliches nicht sagen. Er soll angeblich so viel gefressen haben wie acht andere Männer zusammen und starb mit erst 38 Jahren während einer Pilgerfahrt nach Santiago di Compostela, als sich seine Tochter noch in der Pubertät befand.

Sein letzter Wille: Eleonore sollte den jungen französischen Königssohn Philipp heiraten. Von Liebe war natürlich keine Rede, aber es ging ja auch nur darum, fast ganz Frankreich unter einer Krone zu vereinen. Und so war es auch kein Wunder, dass König Ludwig der Dicke nur allzu gern dieser Bitte nachkam und seinen Sohn mit der aquitanischen Prinzessin verheiratete, bevor er selber das Zeitliche segnete.

Eleonore scheint ein sehr temperamentvolles Mädchen gewesen zu sein, was man von ihrem Gemahl wohl nicht sagen konnte. Enttäuscht äußerte sich die junge Königin dann auch eines Tages, sie habe anfangs gehofft, einen Mann zu heiraten, aber leider habe es sich bei ihm um einen Mönch gehandelt.

Was vielleicht nicht überrascht, da Ludwig als Zweitgeborener überhaupt nicht König werden sollte, sondern für eine kirchliche Laufbahn vorgesehen war, doch seinem älteren Bruder Philipp lief in den engen Gassen von Paris ein Schwein zwischen die Beine seines Pferdes, sodass er sich den Hals brach. Eilends holte man nun dessen jüngeren Bruder Ludwig aus dem Kloster, in das dieser bereits eingetreten war, um den gerade erst 16 Jahre alt werdenden Jüngling mit der 15-jährigen Eleonore zu verheiraten.

Als sich der junge König eines Tages zu einem Kreuzzug aufraffte, erklärte ihm seine Frau, sie komme mit. Und zwar mit ihrem ganzen Hofstaat. Und sie nahm weder die Warnungen der Militärs ernst, die erklärten, so ein Zug über Land sei viel zu gefährlich, noch hörte sie auf das hysterische Gezeter der Mönche, die wie immer die Teilnahme von Frauen am Kreuzzug verurteilten und Zustände wie in Sodom und Gomorrha prophezeiten.

Schon die Pracht Konstantinopels versetzte die Damen in Begeisterung, aber so recht in einen Taumel der Verzückung geriet die junge Königin erst, als man in der seit dem ersten Kreuzzug christlich regierten Stadt Antiochia eintraf, wo Eleonore den derzeitigen Herrscher der Stadt, Raimund von Poitiers, wiedertraf, ihren um etliche Jahre älteren Onkel.

Böse Zungen behaupteten nun, ihr Verhältnis sei nicht lediglich das zwischen Onkel und Nichte gewesen, und auch der König witterte Unrat. Er wollte schleunigst weiter nach Jerusalem; sie dagegen wollte – aus anscheinend naheliegenden Gründen –

in Antiochia bleiben. Phillip jedoch erzwang die Abreise, und das war schon der Anfang vom Ende. Vermutlich gaben beide ihre Zustimmung zu einem Konzil, bei dem wenig später, wie in solchen Fällen üblich, ihre Ehe wegen zu enger Verwandtschaft als von Anfang an ungültig erklärt wurde. Nun war sie frei für die Hochzeit mit einem anderen Mann, mit dem sie im Übrigen ebenso nah (oder weit) verwandt war.

Und das war der Sohn des Herzogs von Anjou namens Heinrich Plantagenet.

Er sah blendend aus, genügte sicherlich auch ihren Ansprüchen, was die körperliche Liebe anging, denn er war noch keine zwanzig, aber schon Vater von zwei Kindern. Das Wichtigste aber war: Heinrich würde als Heinrich II. einmal den englischen Thron erben. Gut, Eleonore würde weitgehend auf ihre geliebte Heimat Aquitanien im Südwesten Frankreichs verzichten müssen, die Wiege der mittelalterlichen Kultur Europas, das Land des Minnesangs und der Troubadoure. Andererseits: Ein Königreich, das von Schottland bis in die Pyrenäen reichte und dabei den Südwesten Frankreichs und die Normandie einschloss – das war schon etwas, für das man Opfer bringen konnte.

Aber wie viele Opfer – das ahnte sie noch nicht, als sie mit dreißig Jahren den um zehn Jahre jüngeren Heinrich aus der Familie der Grafen von Anjou heiratete. In den ersten vierzehn Ehejahren brachte sie acht Kinder zur Welt, unter anderen die Tochter Mathilde, die später den deutschen Herzog Heinrich den Löwen heiraten sollte, sowie die beiden hier wichtigsten Söhne Richard, später *Löwenherz* genannt, und den unsympathischen und zeit seines Lebens intriganten Johann mit dem Beinamen *Ohneland*.

Die Ehe verlief anfangs stürmisch, in jeder Hinsicht, wie die Zahl der Kinder vermuten lässt, und wenn Heinrich auch immer wieder einmal Frauen *linker Hand* hatte, wie man damals zu sagen pflegte, nahm Eleonore daran zunächst wenig Anstoß. So waren Männer nun einmal, aber dann trat eine gewisse Rosamund auf, die Heinrich in aller Öffentlichkeit seiner Eleonore so demonstrativ vorzog, dass die sich von einer leidenschaftlichen Ehefrau zur fürsorglichen Mutter wandelte.

Ihre Kinder – die waren jetzt das Einzige, was zählte.

Als die Söhne älter wurden, zerstritten sie sich mit ihrem Vater, gingen sogar ins Lager des Todfeindes, des französischen Königs Ludwig, über, der – wir erinnern uns – einst mit Eleonore verheiratet gewesen war. Eleonore dagegen flüchtete sich in ihr Herzogtum Aquitanien, wo sie sich vor ihrem Ehemann in Sicherheit glaubte, aber sie hatte Heinrichs Zorn unterschätzt.

Er rückte mit einem 20000-Söldner-Heer an, nahm Eleonore gefangen, brachte sie zurück nach England und sperrte sie in einem Turm ein, aus dem sie erst viele Jahre später befreit werden sollte. Denn obwohl der König sich wenig später mit seinen Söhnen versöhnte, blieb er seiner Frau gegenüber lange unerbittlich.

Allerdings ging es mit dem einstigen Frauenheld inzwischen steil bergab. Er wurde fett, faul und mürrisch. Ein Vertrauter beschreibt voller Grausen die Zustände am Hof: »Priester und Hofleute müssen steinhartes, schlecht gebackenes Haferbrot essen, zu trinken gibt es gepanschten, trüben, ranzig schmeckenden Wein. Dem Hof werden statt gesunder Tiere kranke verkauft und vier Tage alte Fische, die schon faulen und stinken.«

Die Fehde zwischen dem König und seinen Söhnen schwelte weiter. Während sich Johann mal auf Richards Seite schlug, dann wieder gegen ihn intrigierte, verbündete sich der Kronprinz endgültig mit dem französischen König gegen den eigenen Vater, der sich schließlich geschlagen geben musste. Heinrich II. starb besiegt und gedemütigt im Juli des Jahres 1189.

Und Eleonore wurde aus ihrem Turm befreit. Sie war inzwischen 67 Jahre alt.

* * *

Im Heiligen Land steuerte währenddessen ein Kreuzfahrerheer auf eine Katastrophe zu. Es hatte die Stadt Akkon in der Bucht von Haifa eingeschlossen, und die Belagerung zog sich endlos in die Länge. Christliche Kreuzfahrer beherrschten nach der verheerenden Niederlage, die sie bei den Hörnern von Hattim gegen den Sultan Saladin erlitten hatten, im Heiligen Land nur noch die Städte Tyros, Tripolis und Antiochia und versuchten seit über einem Jahr verzweifelt, wenigstens Akkon zurückzuerobern. Man brauchte die Hafenstadt, wenn man überhaupt noch Hoffnung hegen wollte, Jerusalem wieder den Heiden zu entreißen.

An Nachschub auf dem Landweg war nicht zu denken, denn Saladin hatte ein großes Heer zusammengezogen, mit dem er nun seinerseits die Belagerer belagerte. Im Winter 1190/91 verschlechterten sich die Zustände im christlichen Lager dramatisch.

Ein Silberpfennig war damals viel Geld, aber jetzt konnten die Ritter sich dafür gerade noch ein Ei kaufen, und ein Sack Korn kostete sogar hundert Goldstücke. Pferde gab es schon lange nicht mehr, weil man sie allesamt hatte schlachten müssen. Die einfachen Soldaten kauten noch tagelang auf den Knochen der Tiere herum.

Ansonsten aßen sie gekochtes Gras.

Die Lage schien hoffnungslos, zumal Kaiser Friedrich Barbarossa, der zu den Belagerern hatte stoßen wollen, bereits im Sommer im Fluss Saleph in der südlichen Türkei ertrunken war und sich sein Heer daraufhin weitgehend aufgelöst hatte. Sein Sohn Friedrich von Schwaben marschierte mit den Resten des Aufgebots weiter nach Akkon, fiel dort jedoch wie viele andere Kreuzfahrer einer Seuche zum Opfer.

An die Spitze des nun nahezu führungslosen Heeres, das aus einem bunten Haufen von Rittern und Dienstleuten aus ganz Europa bestand, setzte sich nun der Vetter des Verstorbenen, der aus Venedig zu den Kreuzfahrern gestoßene Leopold V., der

Herzog von Österreich. Aber wie hätte sein halb verhungertes und mangelhaft gerüstetes Heer die starken Mauern von Akkon überwinden sollen.

Doch dann kam die Rettung – bizarrerweise in Gestalt von zwei Königen, die sich gegenseitig derart misstrauten, dass sie nur unter einer Bedingung ins Heilige Land fahren wollten: dass sie beide gleichzeitig aufbrachen, damit sie einander selbst dort kontrollieren konnten: Richard Plantagenet, genannt Löwenherz, der nach dem Tod seines älteren Bruders die Thronfolge in England angetreten hatte, und Philipp II. August von Frankreich.

An dieser Stelle erinnern wir uns daran, dass das Reich von den Staufern regiert wurde, während die Welfen ein anderes angesehenes Geschlecht bildeten, dessen mächtigster Vertreter Heinrich der Löwe war, Verwandter des Kaisers und später dessen Intimfeind. In zweiter Ehe heiratete Heinrich ein zwölf Jahre altes Mädchen namens Mathilde, und das war – die Schwester von Richard Löwenherz. Vereinfacht bedeutete dies: Die Engländer standen zu den Welfen, und die Staufer unterstützten die Franzosen.

Was das alles mit dem Heiligen Land zu tun hat, werden wir noch sehen. Halten wir nur fest, dass sich zwei Könige, die einander spinnefeind waren, für kurze Zeit zusammentaten, um Akkon zu erobern. Und das machten sie wirklich gut.

Sie waren mit ihren Heeren zwar zum gleichen Zeitpunkt in der Stadt Vézelay in Burgund aufgebrochen, aber auf sehr unterschiedliche Weise nach Akkon gesegelt. Richard Löwenherz brauchte etwas länger, weil er unterwegs noch Zypern erobern und ausplündern wollte.

Nicht nur wegen dieses zusätzlichen Abenteuers war seine Mutter Eleonore äußerst besorgt. Ein solches Unternehmen war immer gefährlich, und Richard hatte noch keinen Kronprinzen. Sein Interesse am anderen Geschlecht schien schwach. Einmal hatte er sich gar öffentlich »widernatürlicher Sünden« angeklagt, worunter man damals normalerweise homosexuelle Handlungen verstand.

Seine Mutter versuchte in Eile, eine Heirat zu arrangieren, und fand eine geeignet erscheinende Dame: die Prinzessin Berengaria von Navarra, die Richard auf dem Weg ins Heilige Land unbedingt noch heiraten musste, während seine Mutter in England alle Hände voll zu tun hatte, die Pläne ihres intriganten Sohnes Johann *Ohneland* zu durchkreuzen, der die Adeligen der verschiedenen Ländereien auf seine Seite zu ziehen versuchte, da sein Bruder Richard – wie er immer wieder betonte – von seinem Kreuzzug ohnehin nicht zurückkehren werde.

Endlich im Heiligen Land angekommen, stellte Richard erleichtert fest, dass der französische König mächtige Belagerungsmaschinen hatte bauen lassen, mit deren Hilfe Akkon relativ schnell sturmreif geschossen werden konnten. Nach der Kapitulation der Verteidiger kam es jedoch zu einem folgenschweren Eklat.

Als Richard Löwenherz und König Philipp ihre Banner auf den Mauern der eroberten Stadt aufpflanzten, ließ auch Leopold, der Herzog von Österreich, das seine dazusetzen. Was ihm Richard Löwenherz mit einigem Recht übel nahm. Denn zum einen wollte sich der König nicht auf eine Stufe mit einem aus seiner Sicht unbedeutenden Herzog stellen lassen, und zum anderen war ja wohl unbestritten, dass Leopold mit seinem kleinen Aufgebot nur äußerst geringen Anteil an dem Sieg hatte, den in erster Linie Franzosen und Engländer errungen hatten.

Erbost ließ Richard das Banner des Österreichers herunterreißen und in den Schmutz treten. Darüber äußerst empört, brach Leopold direkt seine Zelte ab und kehrte nach Hause zurück. So wenigstens hat er es später erzählt, aber andere behaupten, eine derartige Provokation habe es nie gegeben. Leopold habe vielmehr darauf bestanden, die bei der Eroberung gemachte Beute gleichmäßig aufzuteilen, was die beiden Könige jedoch aus naheliegenden Gründen verweigert hätten.

Akkon jedenfalls war gefallen und die Verteidiger als Gefangene in den Händen der Könige, die sofort Verhandlungen anboten. Sultan Saladin erwies sich als kompromissbereit und versprach, eine hohe Geldsumme zu zahlen, das wahre Kreuz Christi herauszurücken und zudem alle Christen, die sich in seinen Händen befanden, unverzüglich freizulassen.

Als sich die Übergabe jedoch wodurch auch immer verzögerte, ließ sich Richard zu einer erschreckenden Tat hinreißen. Seine Krieger ermordeten vor den Mauern der Stadt 2700 muslimische Gefangene, darunter Frauen und Kinder. Das Verbrechen löste zusätzlich Entsetzen aus, als bekannt wurde, dass die Kreuzfahrer vielen Opfern die Leiber aufgeschlitzt hatten, um nach verschluckten Edelsteinen zu suchen. Leichen, in denen nichts gefunden wurde, verbrannten sie, um in der Asche nach Gold zu stöbern.

In einer weiteren Schlacht wurden Saladins Truppen, die eine Rückeroberung der Stadt versuchten, besiegt. Nur Jerusalem anzugreifen – das wagte Richard nicht.

Der französische König segelte nach Hause. Angeblich war er krank. Seine zurückbleibenden Truppen wollten sich Richard nicht unterstellen. Die Stimmung wurde zunehmend gereizt, und schließlich musste der König einen Kompromiss mit dem ebenfalls kriegsmüden Saladin eingehen: Unbewaffneten Christen wurde der Zugang zu den heiligen Stätten in Jerusalem, Bethlehem und Nazareth gestattet. Und ein kleiner Streifen am Meer zwischen Jaffa und Tyros blieb christlich. Das war alles.

Die Rückeroberung des Heiligen Landes war gescheitert.

Richard wollte nach Hause, aber konkrete Pläne für die Rückreise scheint er nicht gemacht zu haben. Was mehr als leichtsinnig war, denn anstatt Richtung Westen nach Südfrankreich oder – besser noch – um Spanien herum nach Aquitanien zu segeln, wollte er auf schnellstem Weg nach Italien und von dort auf dem Landweg nach Burgund. Und ungeduldig, wie er war, bezahlte er ausgerechnet Piraten, ihn an Bord zu nehmen. Das Schiff jedoch geriet in einen Sturm, musste mehrmals unplanmäßig vor Anker gehen, und man setzte Richard und einige Begleiter schließlich irgendwo zwischen Aquilea und Venedig an Land.

Nun musste er auf dem Landweg Österreich durchqueren, um auf einem Umweg über Ungarn nach Böhmen und letztlich nach Sachsen zu kommen, wo sein Schwager, Heinrich der Löwe, ihm sicheren Schutz geboten hätte. Aber dieses Unterfangen war mehr als gefährlich. Zwischen ihm und Herzog Leopold V. herrschte seit Akkon verständlicherweise eine Todfeindschaft. Damals hatte Leopold Rache geschworen. Und jetzt war die Gelegenheit da.

Das wusste Richard natürlich. Umso unverständlicher war die mehr als dilettantische Weise, wie er und seine Gefolgsleute versuchten, sich durchzuschlagen. Sie traten als Kaufleute auf und baten zunächst – völlig korrekt – bei dem zuständigen Grafen Meinhard von Görz um eine Durchreisegenehmigung. Wahrscheinlich witterten die zuständigen Stellen aber sofort, dass mit den merkwürdigen Kaufleuten irgendetwas faul war, denn die kleine Gruppe wurde von Anfang an überwacht und dann auch verfolgt.

Um diese Flucht ranken sich allerlei Legenden, aber festzustehen scheint, dass Richard und seine Leute in dem kleinen Kärntner Städtchen Friesach haltmachten und in einem Bauernhaus unterkamen. In einem derart verschlafenen Provinznest war die Ankunft der Fremden natürlich eine kleine Sensation, und die Fahnder hatten keine Mühe, sie dort aufzustöbern. Sie trafen dort indes nur noch einige Begleiter des Königs an, während sich Richard mit einem Ritter und einem Pagen abgesetzt hatte.

Kurz vor Wien machten sie erneut halt, und nun beging Richard den endgültig entscheidenden Fehler. Er schickte den Pagen zum Geldwechseln in die Stadt, ohne anscheinend auch nur einen Gedanken daran zu verschwenden, welches Aufsehen ein kleines Kerlchen erregen musste, das mit byzantinischen Goldstücken daherkommt. Und nicht nur das: Da es Dezember war und entsprechende Temperaturen herrschten, hatte der König dem Pagen auch noch seine Handschuhe mitgegeben, zwei Prachtexemplare mit eingestickten goldenen Leoparden.

Das konnte ja wohl nur ein Dieb sein, dachten die braven Leute und brachten ihn zur herzoglichen Stadtwache. Dort wurde der arme Kerl so lange verprügelt, bis er alles gestand und natürlich auch verriet, in welcher Herberge sein Herr abgestiegen war.

Das war's dann.

Richard versuchte gar nicht erst, seine wahre Identität zu leugnen. Er zog sein Schwert und erklärte, dass er es nur dem Herzog übergeben werde. Leopold ließ sich nicht lange bitten, holte das Schwert persönlich ab und ließ den König zunächst einmal auf die unweit von Wien an der Donau gelegene Burg Dürnstein bringen.

Was alleine schon ein Sakrileg war, denn Kreuzfahrer standen unter dem Schutz der Kirche, und jeder, der sie angriff, wurde automatisch exkommuniziert. Aber hier lockte ein hohes Lösegeld. Leopold wandte sich zunächst an Heinrich VI., den Sohn Friedrich Barbarossas. Der hatte mit Löwenherz noch eine Rechnung offen, weil dieser zu den Welfen hielt und – wie erwähnt – seine damals erst zwölfjährige Schwester mit Heinrich dem Löwen, dem Todfeind der Staufer, verheiratet hatte.

* * *

Arnold unterbrach seinen Vater: »Ich finde das alles ziemlich kompliziert.«

Bruno war in keiner Weise beleidigt. »Ist es auch«, antwortete er, »aber du solltest es dir schon anhören. Sonst wirst du kaum begreifen, wozu sich Fürsten, die sich doch christlich nennen, hinreißen lassen, wenn es um Macht und vor allem um Geld geht. Willst du das Ende der Geschichte hören?«

»Sicher«, sagte Arnold. »Auf dem Schiff scheint sich ja noch immer nichts zu tun.«

Bruno versuchte, sich kürzer zu fassen.

Da war dann auch noch der französische König, der ein Vermögen bezahlt hätte, um Richard in seine Gewalt zu bekommen. Aber das wollten weder der Kaiser noch Leopold. Löwenherz wurde von Burg zu Burg und schließlich nach Speyer gebracht, wo ihn die beiden mit ihrer Lösegeldforderung konfrontierten: rund dreiundzwanzig Tonnen Silber!

Während seine Mutter daheim alle Mühe hatte, das Intrigenspiel zwischen Richards Bruder Johann *Ohneland* und dem französischen König zu verhindern, die sich Richards Reich untereinander aufteilen wollten, traf die Nachricht von Richards Gefangennahme ein.

Sie wandte sich sofort an den Papst und schilderte in drastischen Worten, wie ihr Sohn im Kerker schmachte und dort gegeißelt werde.

Was natürlich Unfug war.

Richard genoss hohes Ansehen beim gesamten europäischen Adel und wurde auch während seiner Haft auf der Burg Trifels wie ein Staatsgast behandelt, was aber nichts daran änderte, dass Kaiser und Herzog bei ihrer wahnwitzigen Lösegeldforderung blieben.

Eleonore drohte dem Papst schließlich mit einer Kirchenspaltung, sah aber schließlich ein, dass auch Rom gegen diese beiden nicht ankam, und machte sich mit der für sie typischen Energie daran, das Geld zusammenzubringen. Unter anderem erhöhte sie die Steuern für jedermann, und das schmerzte vor allem das englische Volk, das ja seit der Schlacht von Hastings 1066 noch immer von einer normannischen Oberschicht regiert wurde, zu der schließlich auch Richard gehörte, der kaum Englisch sprach und sich auch nur selten in England aufgehalten hatte.

Für die kleinen Leute war Löwenherz – *Cœur de Lion*, wie die Franzosen sagten – nach wie vor ein Fremder, ein Normanne halt, und die Neigung, sich für seine Freilassung krummzulegen, war nicht gerade überwältigend. Trotzdem: Die inzwischen über siebzigjährige Königin brachte das Lösegeld in überraschend kurzer Zeit zusammen und zu den Fürsten nach Speyer.

»Fast wäre die Freilassung noch gescheitert«, schloss Bruno seine Erzählung, »als der Kaiser wider jedes Recht Richard zwingen wollte, ihm den Lehnseid …«

Der Jubel der Menschen am Ufer unterbrach ihn. An Deck des Schiffs erschienen eine Frau in königlicher Garderobe und an ihrer Seite ein Mann, der nur Richard Löwenherz sein konnte. Ein großer stattlicher Mann mit roten Haaren und sorgfältig gestutztem Bart. Galant half er seiner Mutter über die kleine schwankende Holzbrücke von Bord des Schiffes ans feste Ufer. Eleonore – das musste die Königin sein, die Mutter, die für ihren Sohn gekämpft hatte wie eine Löwin für ihr Junges.

Die Menschen klatschten oder schwenkten weiße Fähnchen, die von den Knechten des Erzbischofs unter die Leute verteilt worden waren, während der König und seine Mutter – begleitet von etlichen Domherren – zum neuen Palast hochstiegen, wo Erzbischof Adolf von Altena die beiden erwartete.

Drei Tage würden die Empfangsfeierlichkeiten dauern, und morgen wird man – das hat sich inzwischen in der Stadt herumgesprochen – im hohen Dom in Anspielung auf die lange Gefangenschaft die Messe *Petri Kettenfeier* zelebrieren, obwohl dieses Fest eigentlich erst am 1. August gefeiert wird.

Bruno, dessen Familie zur Gilde der reichen Kaufleute gehörte, die den großen Empfang für den König weitgehend finanziert hatten, hegte heimlich noch eine weitere Hoffnung: Als Dankeschön könnte Richard, bevor er mit seiner Mutter heimwärts fuhr, die Kölner Kaufleute von den Abgaben befreien, die ihre Kaufhalle in London zu entrichten hatte, und überhaupt freien Warenverkehr in seinen Ländern zusichern.

* * *

Man schätzt, dass bei diesem Kreuzzug, von dem Richard Löwenherz soeben zurückkehrte, etwa 100 000 Kreuzfahrer ums Leben gekommen sind. Selbst wenn es nur halb so viele waren, sind immer noch 50 000 Menschen einen völlig sinnlosen Tod gestorben.

Oder vielleicht doch nicht? Angefangen hatte das Unternehmen Heiliges Land ja schon viel früher.

Scheinbar aus heiterem Himmel hatte Papst Urban II. bei einer Reise durch Frankreich 1095 den europäischen Adel in Clermont zum Kreuzzug aufgerufen. Die christlichen Ritter sollten das Heilige Land von den Heiden befreien, die heiligen Stätten vor der Schändung durch die heidnischen Moslems bewahren und allen christlichen Pilgern den freien Zugang nach Jerusalem, Bethlehem und Nazareth sichern.

Hier aber stinkt – sofern es in diesem Kontext erlaubt ist zu sagen – einiges gewaltig zum Himmel. Zum Ersten: Dieser Auftrag wurde keineswegs spontan erteilt, wie es den Anschein haben sollte. Kaum nämlich hatte Urban sein Anliegen vorgebracht, riefen die anwesenden Ritter aus einem Munde »Deus le volt« – »Gott will es«, und von einer auf die andere Minute wimmelte es auf diesem trostlosen Acker in der Auvergne von roten Bändern, aus denen sich die Anwesenden rote Kreuze nähten und auf ihren Kleidern befestigten.

Das wäre ja wohl das einzige Mal gewesen, dass Ritter zum Nähzeug gegriffen hätten. Diese Kreuze waren mit Sicherheit in großer Anzahl vorgefertigt und zur Verfügung gestellt worden

Zum Zweiten muss man sich vor Augen führen, dass sich die Kirche ebenso wie das ganze Römische Reich in Ost und West gespalten hatte. Die Ostkirche mit dem Mittelpunkt Konstantinopel (dem ehemaligen Byzanz und heutigen Istanbul) beschäftigte sich weitaus mehr mit theologischen Fragen, während sich Rom zum wichtigsten politischen Machtfaktor des westlichen Europas entwickelte und der Papst sich als Stellvertreter Gottes mittlerweile sogar befugt fühlte, einen Kaiser abzusetzen.

Die Ostkirche dagegen sah sich gleichzeitig von allen Seiten vom Islam eingekreist, musste um die nackte Existenz fürchten und wandte sich – sicherlich nur aus ebendieser Bedrängnis heraus – an den Papst, auf dass ihm von dort Hilfe komme. Urban indes hoffte nun, wenn ein christliches Heer auf dem Landweg nach Jerusalem zwangsläufig über Konstantinopel ziehen würde, wäre eine Wiedervereinigung beider Kirchen, unter römischer Vormacht natürlich, nicht auszuschließen.

Vorsichtig formuliert.

Und zum Dritten: Urban II. wusste sehr wohl, dass seit tausend Jahren christliche Pilger nach Jerusalem wanderten, und auch die Eroberung durch die Araber hatte daran nichts geändert. Für die Moslems war Jesus schließlich ein wichtiger Prophet, der von seiner jungfräulichen (!) Mutter Maria geboren worden war, der im Koran immerhin eine ganze Sure gewidmet ist.

Jerusalem ist im Islam nach Mekka und Medina die wichtigste Heilige Stadt. Von Mekka aus ist Mohammed mit seinem Pferd al-Buraq nach Jerusalem geritten, ist dort mit Abraham und Moses zusammengetroffen, um dann vom Tempelberg aus auf einer Leiter durch sieben Himmel zu Allah hochzusteigen, der ihn lehrte, auf die richtige Weise zu beten.

Und diese auch den Moslems heiligen Stätten sollten jetzt Christen vor der Schändung durch ebendiese Heiden schützen? Diese Heiden, die den Christen von jeher Zugang zu ihren Heiligtümern gewährt hatten? Lediglich unter dem wahnsinnigen Kalifen Hakim, der sich selber für Allah hielt, die Grabeskirche zerstörte und letztlich von den eigenen Gläubigen umgebracht worden war, sind die Pilger zeitweilig verfolgt worden. Aber sie lebten auch auf ihren Wallfahrten nach Rom oder Santiago gefährlich.

Wegelagerer gab es überall.

Eine echte und länger andauernde Christenverfolgung hatte es von Seiten der Moslems jedoch nie gegeben. Man denke nur an das freundschaftliche Verhältnis zwischen dem uns aus den

Märchen aus Tausend und einer Nacht bekannten Kalifen Harun al-Raschid und Karl dem Großen!

Der Kaiser und der französische König befanden sich zu dieser Zeit im Kirchenbann. Aus dem jedoch hätte sie Urban problemlos lösen können, aber diese beiden waren ja mit der Situation im Heiligen Land vertraut und wussten, dass dort keine Christenverfolgung stattfand. Deshalb versuchte der Papst erst gar nicht, sie zum Kreuzzug zu überreden. Der kleine Ritter jedoch wollte sich vielleicht gar keine Gedanken machen, denn ihm wurde nicht nur der Ablass seiner Sünden versprochen, sondern auch reiche Beute in Aussicht gestellt.

Folglich war es nicht gerade die Crème de la Crème, die als Erste das Kreuz nahm. Schlimmer noch: Bevor sich das Ritterheer zum Aufbruch gerüstet hatte, sammelte ein Wanderprediger namens Peter, angeblich ein ehemaliger Eremit aus Amiens, Tausende ungeduldiger Menschen um sich, die sich von der Pilgerfahrt die ewige Seligkeit versprachen, ohne zu wissen, auf was sie sich da einließen.

Die ihm nachfolgten, waren zumeist arme Bauern, weggelaufene Hörige, Bettler, Huren, Diebesgesindel, arbeitslose Kriegsknechte, aber auch ein paar Adelige, die sich einen besonders üblen Ruf verschafften, als die Parole ausgegeben wurde, dass man ja nicht bis ins Heilige Land laufen müsse, um Heiden zu bestrafen. Schließlich gab es in den großen Städten genug Ungläubige, die man umbringen konnte.

Sofern sie sich nicht taufen ließen.

Schließlich brach dann doch noch ein stattliches Ritterheer auf, das nach schweren Strapazen Jerusalem erreichte und tatsächlich erobern konnte. Dann geschah das Verbrechen: Sämtliche Einwohner der Stadt – Moslems wie Juden, auch die Frauen und Kinder – wurden umgebracht. Ein völlig sinnloser Massenmord.

Einer der Anführer dieses Kreuzzugs war Gottfried von Bouillon, der Herzog von Niederlothringen. Als er wenig später starb, folgte ihm als Herrscher sein Bruder Balduin, der erste christliche König von Jerusalem. Schon bald wurden weitere kleine Staaten gegründet, um Pilgerzüge ins Heilige Land zu schützen: das Fürstentum Antiochia, die Grafschaft Tripolis und die Grafschaft Edessa, aber diese kleinen Territorien fern der Heimat waren auf Dauer nicht lebensfähig.

Andererseits veränderte sich das Verhältnis zwischen den besiegten Moslems und den relativ wenigen christlichen Eroberern, die im Heiligen Land verblieben, in erstaunlich kurzer Zeit zum Positiven. Man tolerierte einander, es kam sogar zu Mischehen; auch die Juden lebten in ihrer alten Heimat sehr viel ungefährdeter als in Frankreich und Deutschland. Selbst als die Kreuzfahrerstaaten unter dem arabischen Druck später zusammenbrachen, gab es kein Massaker an den besiegten Christen.

Bruno erwachte von dem Lärm der Baustelle. Die Steinmetze bearbeiteten mit ihren Hämmern die Steine für die neue Kirche der Benediktiner. An einem anderen Tag wäre er ihnen nicht böse gewesen, denn das war nun einmal ihre Arbeit, und der gingen sie an jedem Tag von sieben Uhr morgens bis zum Sonnenuntergang nach. Wenigstens im Sommer.

Aber heute war ihr Hämmern unerträglich. Brunos Zunge fühlte sich an wie ein verschimmelter Schwamm, und Hunderte von Holzwürmern schienen sich durch seinen Kopf zu fressen. Er schloss die Augen, weil die Sonne durch das kleine Fenster der Kammer direkt auf sein Gesicht schien. Auf dem Giebel trällerte fröhlich ein Vogel.

Ekelhaft.

Er tastete nach seiner Frau, aber er lag allein in dem großen Bett. Er schnarchte zwar immer, aber diesmal war es vermutlich besonders schlimm gewesen. Er versuchte sich zu erinnern, aber es brauchte seine Zeit, bis er wusste, wie alles angefangen hatte.

Gestern waren sie aus London zurückgekommen, und sie waren sehr erfolgreich gewesen. Die *Engelschen*, wie man die Inselbewohner in Köln nannte, hatten sich um die Fässer mit Rheinwein förmlich gerissen, und Bruno und seine Kollegen hatten zu günstigen Preisen feinste Wolle erworben, die sie mit viel Gewinn an die Tuchmacher daheim verkaufen würden.

In der Halle der Kölner Kaufleute an der Themse war es ein paar Wochen hoch hergegangen, aber die eigentliche Überraschung kam erst zum Schluss, als König Richard die Mitglieder der Kölner Kaufmannsgilde zu sich bat, um sich noch einmal für den freundlichen Empfang zu bedanken, den die Kölner ihm und seiner Mutter nach seiner Freilassung bereitet hatten.

Schon König Heinrich, sein Vater, hatte alle Amtleute und Richter Englands angewiesen, die Kölner Kaufleute wie Einheimische zu behandeln, sie zu umsorgen und zu schützen, und hatte die Halle unter seinen persönlichen Schutz genommen. Auch ihre Weine durften die Kölner neuerdings auf den gleichen Märkten anbieten wie die Franzosen die ihren. Sein Sohn ging jetzt noch einen Schritt weiter und befreite sie von allen Abgaben.

Wenn das kein Grund zum Feiern war.

Die Rückfahrt war ruhig verlaufen, die Themse hinab, quer übers Meer und hinein in die Rheinmündung. Niemand war seekrank geworden, nicht einmal Bruno, der das Schaukeln gemeinhin nicht vertrug. Aber er fuhr ja auch nur noch selten mit. Schließlich war er mit seinen sechzig Jahren inzwischen ein alter Mann.

Der sanfte Wind, der sie zum Festland hinübergebracht hatte, war allerdings vollends eingeschlafen, weshalb die drei Schiffe rheinaufwärts getreidelt werden mussten, eine Verzögerung, die gerne in Kauf genommen wurde. Sie wussten: Um das Ausladen der Waren würden sich die jüngeren Männer kümmern, während sich die Alten im Gildehaus versammeln und sich ordentlich betrinken würden. Das war so Brauch, und daran würde sich gerade diesmal mit Sicherheit nichts ändern.

Nach diesem Geschenk des englischen Königs!

Und dann hatten sie gezecht. Erst floss Wein von der besseren Sorte, den man nicht mit gewissen Zutaten trinkbar machen musste, und später – als auch die jungen Männer von der Arbeit kamen und sich zu ihnen gesellten – wurden noch etliche Kannen Bier geleert. Schließlich war das Gelage wohl etwas außer Kontrolle geraten.

Lange nach Mitternacht – daran erinnerte sich Bruno noch – war man auseinandergegangen, und Bruno war Arm in Arm mit dem jungen Ansgar an der alten Römermauer entlang- und durch die Judenpforte Richtung Westen getorkelt.

Der alte Mann schloss die Augen. Das war eine böse Gegend. Da wohnten gewisse Damen, und Bruno erinnerte sich undeutlich, dass Ansgar ihn in ein schäbiges Haus mitgenommen und dort mit einem dickbusigen Frauenzimmer in ein Zimmer geschoben hatte. Sie hatte sich an ihm zu schaffen gemacht, aber mehr fiel ihm nicht ein, und wahrscheinlich wollte er es auch gar nicht wissen.

Sie hatte sich im Übrigen strafbar gemacht, denn den Huren der Stadt war es verboten, sich mit Klerikern und verheirateten Männern abzugeben. Sie durften nur junge Männer empfangen, Handwerksburschen zum Beispiel, die es sich noch nicht leisten konnten, eine Familie zu gründen. Das galt zwar auch als Sünde, aber immer noch besser, als wenn die Burschen sich an verheiratete Frauen heranmachten.

Bruno aber hatte Ehebruch begangen, und das bezeichnete die Kirche als besonders schweres Vergehen. Dafür konnte auch die wochenlange Enthaltsamkeit während der Londonreise nicht als Entschuldigung gelten. Bruno versuchte verzweifelt sich zu erinnern, ob denn nun wirklich etwas passiert war, aber er sah nur zwei schwere Brüste, die sich ihm entgegenstreckten, und dann schlief er wieder ein.

Als er erneut erwachte, beschloss er, beichten zu gehen. Für alle Fälle. Und dann würde er sicher losgesprochen. Er war schließlich ein sehr reuiger Sünder.

Er schickte einen Brief an den Abt des gegenüber seinem Haus gelegenen Benediktinerklosters mit der Bitte, bei einem der Mönche die Beichte ablegen zu dürfen. Solche Art von Seelsorge gehörte zwar nicht zu den Aufgaben eines Benediktiners, aber schließlich war Bruno nicht irgendwer. Mit großzügigen Spenden unterstützte er seit Jahren den Neubau der

Klosterkirche, die ebenso stattlich zu werden versprach wie der Dom.

Und da würde auch der Abt eine Ausnahme machen.

Einen Tag später wurde Bruno an der Klosterpforte empfangen und in einen kleinen Raum außerhalb der Klausur geführt, wo ihn ein älterer Mönch mit weißem Haar und hageren Zügen empfing. Bruno berichtete von der Reise nach London, von den günstig verlaufenen Geschäften und dem Gelage im Gildehaus nach der glücklichen Heimkehr.

»Und dann?«, fragte der Mönch.

Bruno zögerte. Den möglichen Ehebruch zu beichten war bereits schlimm genug, aber dass er nun auch gestehen musste, dass er so betrunken war, dass er sich nicht mehr daran erinnern konnte, ob er mit der Prallbrüstigen – Bruno drückte es mit Rücksicht auf seinen Beichtvater etwas weniger plastisch aus – nun Verkehr gehabt hatte, war ihm mehr als peinlich. Als er zu Ende berichtet hatte, sah der Mönch ihn ernst an.

»Und was sonst?«

Bruno blickte überrascht auf. »Sonst nichts.«

»Ich möchte wissen, was mit deinen Geschäften ist. Du bist doch Kaufmann, wie mir der Vater Abt gesagt hat.«

»Ja, gewiss, aber was ist daran Schlechtes?«

»Das ist die Sünde schlechthin.« Der Mönch sah ihn zornig an. »Das bisschen Rumhuren, und das noch im Zustand der Unzurechnungsfähigkeit – das sei dir verziehen, falls es überhaupt zu sündhaftem Verkehr gekommen sein sollte. Was viel schwerer wiegt, ist der tägliche Wucher, den du und deinesgleichen treibt.«

»Wieso Wucher? Wir sind ehrbare Kaufleute.«

»Mein längst verstorbener Mitbruder, Petrus Damianus, hat schon vor mehr als hundert Jahren über dich und deinesgleichen gesagt: *Du fliehst aus deiner Heimat, kennst nicht deine Kinder, verlässt deine Frau. Alles, was wirklich unentbehrlich ist, hast du vergessen. Du begehrst, um hinzuzuerwerben, erwirbst, um wieder zu verlieren, verlierst, um dich zu grämen!«*

Bruno hob abwehrend die Hände: »Aber ich habe meine Frau und meine Kinder nicht verlassen oder gar vergessen, und ich bin ebenso ehrlich wie ein Handwerker oder ein Bauer.«

Der Mönch sah ihn finster an. »Der Bauer arbeitet, damit du etwas zu essen hast, der Handwerker, weil du Krüge brauchst oder ein Bett oder etwas anzuziehen. Die einfachen Leute arbeiten hart und verdienen wenig daran. Und was tust du und deinesgleichen?«

»Wir treiben Handel, damit die Leute Dinge bekommen, die hier in Köln nicht zu finden sind«, antwortete Bruno trotzig.

»Ihr kauft alles Mögliche billig ein und verkauft es zu überhöhten Preisen weiter. Das ist ein unreines Geschäft und Gott nicht wohlgefällig.«

»Und woher bekommt Ihr Euren Weihrauch?«, protestierte Bruno, »etwa von den Bauern der Umgebung? Und der Stoff, den die Kölner Tuchmacher für Eure Kutten herstellen, ist aus Wolle gemacht, die wir aus England mitgebracht haben. Ist das etwa auch Sünde?«

»Wenn ihr den Tuchmachern keine überhöhten Preise abgenommen habt – vielleicht nicht. Aber man sagt euch ja auch nach, dass wenigstens die Reichsten unter euch Geld gegen Zinsen verleihen, was nur den Juden gestattet ist. Der Heilige Vater hat es vor etlichen Jahren erneut ausdrücklich verboten und als Gotteslästerung bezeichnet.«

»Davon habe ich noch nicht gehört«, sagte Bruno, und er meinte es ehrlich.

»Dann weißt du es jetzt, und merke dir: Nichts wird dich vor der ewigen Verdammnis retten, wenn du solches Geld genommen und es jetzt – da du um die Sünde weißt – deinen Schuldnern nicht zurückgibst. Selbst deine Erben werden in der Hölle schmoren, wenn sie von dem Reichtum zehren, den du durch Wucherzinsen angehäuft hast.«

Bruno hob hilflos seine Hände, aber der Mönch ließ sich nicht unterbrechen.

»Schon in den Evangelien kannst du nachlesen, was Jesus dazu gesagt hat: Du kannst nicht zwei Herren dienen – Gott und dem Mammon! Und ich will dir dazu noch die Geschichte von jenem Geldverleiher aus Lüttich erzählen, dessen Witwe als Buße für die von ihm begangenen Sünden beschloss, fortan als Einsiedlerin zu leben und sieben Jahre lang zu fasten, zu beten und sich um die Armen in der Stadt zu kümmern.

Da erschien ihr eines Nachts ihr Mann, zur Hälfte verbrannt und schwarz wie Kohle. Er dankte ihr dafür, dass sie schon so vieles getan habe, um ihn aus dem Fegefeuer zu erlösen, schloss aber mit den Worten: Die Hälfte meiner Sünden hast du nun abgebüßt, aber du musst noch weitere sieben Jahre beten und fasten, bis mir auch der Rest meiner Schuld vergeben worden ist. Erst dann werde ich aus dem Fegefeuer befreit.«

»Aber so einer bin ich nicht. Ich schwöre, dass ich noch nie Geld gegen Zinsen verliehen habe«, beteuerte Bruno, »und wenn ich je überhöhte Preise gefordert habe, bereue ich es zutiefst und schwöre, dass ich es nie wieder tun werde.«

Der Mönch machte ein Kreuz über dem gebeugten Nacken des reuigen Sünders. »Ego te absolvo!«

»Und was ist mit jener Frau in der besagten Nacht?«, fragte Bruno besorgt.

»Vergiss sie.«

* * *

Nanu – was war denn da in diesen Benediktinermönch gefahren? Brunos Beichtvater behandelt Ehebruch als Lappalie und behauptet allen Ernstes, Handel als solcher sei bereits eine Sünde und Geldverleih gegen Zinsen sogar eine besonders schwere, die ewige Verdammnis nach sich zieht. Sah die Kirche das damals wirklich so? Und standen Kaufleute in einem derart schlechten Ruf?

Hier muss man zunächst klären, was man unter Kaufleuten verstand. Damit waren ja nicht die kleinen Händler gemeint, die entweder mit ihrem Wägelchen über Land fuhren und den Dörflern das Notwendigste verkauften; auch nicht die Krämer, die ihren Stand auf dem Markt hatten, sondern zunächst einmal diejenigen, die von weit her kamen und gewisse Waren mitbrachten, die man hierzulande bislang noch nicht oder doch nur selten gesehen hatte.

Das waren anfangs Männer, die wer weiß wo am Meer wohnten und mit ihren Schiffen die Küsten entlangsegelten. Heute bezeichnen wir sie als Wikinger, damals wurden sie allerdings nur Normannen genannt.

Zuweilen fuhren sie sogar die Flüsse hinauf, brandschatzten, mordeten, plünderten und verkauften anschließend ihre Beute in anderen Regionen.

Das änderte sich im Lauf der Jahrhunderte, als die Seeräuber erkannten, dass mit Handel mehr zu verdienen war als mit Raubüberfällen.

Dennoch: Unheimlich blieben solche Leute; schon allein deshalb, weil sie Fremde waren. Aber auch, weil zumindest einige von ihnen schnell reich wurden. Sehr reich sogar aus der Sicht von kleinen Handwerkern, Bauern oder Tagelöhnern. Zu reich auch für verarmte und deshalb neidische Adelige, die von ihnen hohe Zölle kassierten oder ihnen – noch einfacher – beim Durchqueren ihres Gebietes auflauerten, sie überfielen, ausraubten und manchmal ganz einfach totschlugen.

Kein Wunder, dass sich immer häufiger Kaufleute zusammenfanden, die sich nicht mehr allein auf den Weg machten, sondern sich zu größeren Zügen zusammenfanden, die nach und nach auch von Bewaffneten begleitet wurden. Erst später fanden sich die Kaufleute verschiedener Städte zu einem Bund zusammen, der sich auf Latein *societas mercatorum* nannte, Gemeinschaft der Kaufleute. Erst im 14. Jahrhundert tauchte erstmals der Begriff *Hansestadt* auf. Hanse bedeutete so viel wie geschlossene und streitbare Schar. Aber so weit sind wir noch nicht.

Halten wir zunächst fest, dass es nicht ungefährlich war, in den Fernhandel einzusteigen. Der Krämer – das Wort hatte damals durchaus keine abwertende Bedeutung – hatte seinen Stand meist auf dem Markt und war innerhalb der Stadtmauern sicher vor Dieben und Räubern.

Einen solchen Schutz genoss der Großkaufmann naturgemäß nicht. Friedrich Barbarossa hatte zwar im Reichslandfrieden von 1152 den Kaufleuten auf allen Reichsstraßen Schutz versprochen, aber an solchen Gesetzen stören sich Räuber normalerweise nicht, und die Händler mussten auf den unsicheren Handelswegen nicht nur um ihr Leben bangen, sondern zudem stets den Verlust ihrer Ware befürchten, die – besonders beim Fernhandel – häufig auf Schiffen transportiert wurde.

Und allzu seetüchtig waren ihre Koggen damals noch nicht.

Doch abgesehen von den Gefahren, die auf den Handelsstraßen und mehr noch auf dem Meer lauerten: Auch in der Stadt musste der Kaufmann stets auf der Hut sein. Dem häufig verarmten niederen Adel waren die vielfach sehr schnell zu Reichtum gekommenen Kaufleute ein Dorn im Auge, und erst recht dem Klerus, wie wir soeben gesehen haben.

Dabei war das nur bedingt eine Frage der Moral. In Köln beispielsweise ging es letztendlich um Macht, die der Erzbischof nicht den emporstrebenden Patriziergeschlechtern überlassen wollte. In diese innerstädtischen Querelen mischten sich schließlich auch noch die Handwerker ein, die sich im Lauf der Jahre zu Zünften zusammenschlossen, was die Kaufleute schon früher getan hatten, indem sie ihre eigene Kaufmannsgilde gründeten.

Diese Gilde war eine Schwurbrüderschaft, zu der sich in vielen Städten die Fernhandelskaufleute zusammentaten, bevor sie ihre Reise antraten. Sie schworen sich gegenseitige Unterstützung, zahlten in eine gemeinsame Kasse ein, aus der hin und wieder zum Teil exzessive Gelage finanziert wurden, wie wir schon zu Anfang dieses Kapitels gelesen haben.

Selbst dabei galt es allerdings, gewisse Regeln zu befolgen. In der nordfranzösischen Stadt St. Omer beispielsweise war es den Mitgliedern verboten, zum Gelage der Gilde Waffen mitzubringen. Aber nicht nur das: Vorsichtshalber wurde in der Satzung verboten, sich im Falle eines Streites »mit den Fäusten, mit Broten oder mit Steinen zu schlagen«.

Nicht nur daheim, sondern auch im Ausland, wo deutsche Kaufleute Kontore unterhielten, ging es häufig ruppig zu. Dort waren die Männer zumeist unter sich – wenn man von den Huren absieht – und waren teils gerne gesehen, zuweilen aber auch nicht. Das hing weitgehend davon ab, was sie mitgebracht hatten.

Der norwegische König Sverrir dankte den englischen Kaufleuten, die »Honig, fein Mehl und Gewand herbringen«, um dann fortzufahren: »Aber die Deutschen, die Butter und dürre Fische zum Schaden des Landes fortschleppen und dafür Wein geben, diesen Südmännern weiß ich für ihre Fahrt großen Undank und sage ihnen, sofern sie ihr Leben und Geld behalten wollen, dass sie aufs Schleunigste davonfahren, denn ihr Gewerbe tut uns und unserem Lande nicht gut.«

Da war wohl allzu viel Wein importiert worden. Mit den entsprechenden Folgen.

Aber die norwegische Stadt Bergen blieb trotzdem der Anlaufhafen für viele »südliche« Kaufleute, und geradezu berüchtigt waren die Bergener Spiele, ein Aufnahmeritual für junge Kaufleute, die hier einer schrecklichen Prüfung unterzogen wurden. Man zog die jungen Kerle gefesselt in den Rauchfang und ließ sie dort oben hängen, während unten im Feuer Fischreste und Müll verbrannt wurden.

Danach wurden die Halberstickten minutenlang mit dem Kopf unter Wasser gehalten und zum Schluss bis aufs Blut ausgepeitscht. Dieses Ritual schloss die Ausbildung der Lehrlinge ab und sollte Schwächlinge abschrecken. Die sadistischen Auswüchse dieser Aufnahmeprüfung wurden erstaunlicherweise lange Zeit toleriert. Menschenrechte waren damals noch kein Thema.

Diese Art von Gewaltorgien fand erst mit dem Niedergang

der Hanse ein Ende. Aber zunächst musste die Hanse erst einmal gegründet werden.

Der Nord- und Ostseeraum wurde bis ins 12. Jahrhundert von nordischen Völkern beherrscht, die wir pauschal als Wikinger bezeichnet haben. Sie verkauften Fische, Felle und Holz nach England. Von Gotland aus drangen Händler bis nach Nowgorod und Kiew vor und trafen dort Kaufleute aus dem Orient, die ihnen Luxusgüter aus Asien verkauften.

Mit der Zeit wagten sich jedoch auch deutsche Kaufleute aufs Meer hinaus. Die Kölner gründeten ihren Stalhof in London; das von Heinrich dem Löwen neu gegründete Lübeck knüpfte Kontakte nach Osten, und schon bald entstand auf der vor Schweden gelegenen Ostseeinsel Gotland eine Gemeinschaft, deren Mitglieder den flämischen Tuchhandel übernahmen und Brügge zu einer der wichtigsten Städte im Westen machten.

Die Hanse war – wenn man das vereinfachend ausdrücken will – eine grenzüberschreitende Kaufmannsgilde. Sie wurde nicht an einem bestimmten Tag gegründet, sondern wuchs in der zweiten Hälfte des 12. Jahrhunderts aus verschiedenen kaufmännischen Vereinigungen und Interessengruppen zusammen, und ihr gehörten später bis zu zweihundert Städte an, doch selbst heute noch kommen Historiker in Verlegenheit, wenn sie präzise bestimmen sollen, was diese Hanse denn nun eigentlich war.

Eine Schutzgemeinschaft. So viel ist klar, aber sie war keine Gesellschaft oder Genossenschaft, hatte keine Führung, erst recht keinen Geschäftsführer und besaß kein Vermögen; es herrschte, wie manche Mitglieder schon damals sagten, ein organisiertes Chaos. Das aber funktionierte recht gut.

Und nicht nur der Handel blühte. Die Menschen aus Westeuropa entdeckten auf dem Weg nach Nowgorod neues, ihnen bislang unbekanntes Land, das von heidnischen Völkern bewohnt wurde: von Pruzzen etwa und von Litauern. Aber es kam nicht zu Feindseligkeiten. Im Gegenteil: Die Fremden aus dem Westen wurden freundlich aufgenommen und ebenso die Siedler, die ihnen schon bald folgten. In kürzester Zeit entstanden Rostock, Wismar, Reval und Danzig. Eroberungen kannte die Hanse nicht. Ihr Motto lautete: Verhandeln ist besser, als Krieg zu führen. Sie besaß nicht einmal eine Kriegsflotte. Hin und wieder hatte man sich zwar gegen Seeräuber zu wehren, doch in solchen Fällen mussten erst einmal Handelsschiffe mühsam und für viel Geld zu Kriegsschiffen umgebaut werden. Trotzdem rang man sich hin und wieder dazu durch, denn das war das wirklich einzig Wichtige: Die Handelswege mussten frei und sicher sein.

Wobei es sich bei den Handelswegen hauptsächlich um Wasserstraßen handelte.

Fernstraßen wurden in allen Zeiten im Grunde nur dann angelegt, ausgebaut und erhalten, wenn sie aus militärischen Gründen notwendig erschienen.

Von Cäsar beispielsweise. Als das Römische Reich später zusammenbrach, wurden sie nicht mehr benötigt und zerfielen. Warum sollte auch irgendein Graf eine Straße instand halten für einen Kaufmann, den er nicht kannte und durch den er auch kein Geld verdienen konnte.

Allenfalls durch Zoll, aber das war höchst ungewiss.

Auch die Kaiser hatten andere Sorgen. Die Alpenpässe waren für sie wichtiger, weil sie notfalls schnell nach Italien reisen mussten. Fernstraßen? Kein Bedarf. Das war – wenn überhaupt – Aufgabe des Adels, aber dessen Interesse war auch nicht größer, und entsprechend sahen die Straßen dann auch aus. Versumpft und verkommen, mit tiefen Spurrillen, die allenfalls mit kleinen Steinen und Ästen aufgefüllt wurden, weshalb man heute noch sagt, dass die Fahrt »über Stock und über Stein« ging.

Im Winter waren sie überhaupt nicht begehbar, und wer sie in der trockenen Jahreszeit benutzte, sei es zu Fuß oder im zweirädrigen Karren, kam nur im Schritttempo voran, wobei die Tagesleistung dann allenfalls dreißig Kilometer betrug. Deshalb liegen auch ausgesprochene Kaufmannsstädte normalerweise dreißig Kilometer voneinander entfernt: von Hamburg aus Richtung

Lüneburg, von dort nach Uelzen, Celle, Hannover, Hildesheim und weiter nach Süden.

Das war ein mühsames Vorankommen, aber so ging es schließlich bis ins 19. Jahrhundert hinein. Selbst Napoleons Truppen mussten noch zu Fuß bis nach Moskau marschieren. Ihr Chef durfte wenigstens reiten.

Auf Flüssen kam man in jedem Fall schneller voran, und an Bord eines Schiffes konnte man – was viel wichtiger war – naturgemäß das Vielfache transportieren als auf Karren oder in Satteltaschen. Für viele Waren kam ein Transport über Land allein schon wegen der Menge nicht infrage: für Holzstämme aus den skandinavischen Ländern beispielsweise oder für Steine für den Bau von Domen, Brücken und Stadthäusern oder für Salz aus den Salinen von Lüneburg.

Besonders den Kaufleuten von Köln brachte die Lage der Stadt an jener Stelle, wo der Mittelrhein in den Niederrhein übergeht, einen gewaltigen Vorteil. Ganz gleich, ob Handelsschiffe flussabwärts kamen oder von den Niederlanden her flussaufwärts: In Köln mussten in jedem Fall sämtliche Waren ausgeladen und auf ein anderes Schiff umgeladen werden. Das war notwendig, weil das Flussbett oberhalb von Köln enger und weniger tief ist als am Niederrhein. Deshalb konnten südlich der Stadt nur Flachboote benutzt werden, während am Niederrhein für alle Schiffe ein Kiel unabdingbar war.

Für Köln kam es noch besser: 1259 setzte dann Erzbischof Konrad von Hochstaden das sogenannte Stapelrecht durch, das der Stadt einen unschätzbaren Vorteil im Fernhandel bescherte. In der entsprechenden Urkunde hieß es wörtlich: »Kein Kaufmann aus Ungarn, Böhmen, Polen, Bayern, Schwaben, Sachsen, Thüringen, Hessen oder irgendwelchen anderen östlichen Gebieten, der mit Waren ganz gleich welcher Art zum Rhein kommt, darf über Köln hinaus und auf dem Rhein aufwärts über Köln hinausfahren. Kein Flame, Brabanter oder sonst jemand von jenseits der Maas und aus den Niederlanden darf nach alter und rechtsgültiger Gewohnheit über Köln hinaus weiter als bis Riehl.«

Fremde Kaufleute, die Köln passierten, ob sie per Schiff oder über Land kamen, waren gezwungen, ihre Waren drei Tage lang in Köln zu »stapeln«. An den beiden ersten Tagen durften ausschließlich Bürger die Waren begutachten und eventuell auch erstehen. Am dritten Tag waren die Kölner Kaufleute an der Reihe und konnten kaufen, was immer sie wollten, um es dann selber zu veräußern. Erst mit dem, was nach drei Tagen übrig blieb, durften die Fremden dann weiterreisen.

Zuvor allerdings hatten die städtischen Behörden die Waren genau überprüft, ob in den Fässern auch enthalten war, was oben draufstand. Das galt natürlich in erster Linie für leicht verderbliche Lebensmittel, aber auch für andere Waren wie Tuche oder Leder. Wurde falsch etikettierte oder gar verdorbene Ware gefunden, drohten den betreffenden Händlern strengste Strafen, und die schadhafte Ware wurde in den Rhein geworfen oder verbrannt.

War dagegen alles in Ordnung, wurden sie mit dem Kölner Wappen gekennzeichnet, und das galt damals als Gütesiegel und garantierte einwandfreie Qualität.

Nach dem dritten Tag durften dann auch die fremden Kaufleute untereinander Handel treiben, aber nur in Anwesenheit eines Kölner Bürgers, und um jedwede krumme Geschäfte zu verhindern, durften die Fremden auch nicht nächtigen, wo sie gerade wollten. Es gab Hotels, wo nur Niederländer aufgenommen wurden oder aber ausschließlich Sachsen oder lediglich Bayern. Alles hatte seine Ordnung, und es wurde sehr genau darauf geachtet, dass diese Regeln penibel eingehalten wurden.

Nur so kommt man zu Geld.

Eine wichtige Rolle für die Kaufleute der Stadt spielte in zunehmendem Maße auch der Fernhandel. Auf diesem Wege wurden hauptsächlich Luxusgüter bezogen, die zumeist aus dem Nahen Osten, aber auch aus Innerasien kamen und von Konstantinopel (dem heutigen Istanbul) nach Oberitalien geschifft wurden, was einigen Städten zu nahezu unvorstellbarem Reichtum verhalf.

Der Umsatz, den beispielsweise die Kaufleute von Genua jährlich allein im Seehandel machten, betrug dreimal so viel wie die Einkünfte des Königs von Frankreich.

Von Norditalien aus gelangten dann Gold und Perlen, Edelsteine und Gewürze wie Pfeffer oder Ingwer, Zimt oder Safran über den San Bernardino und den Gotthardpass nach Deutschland, wurden dann wieder auf Schiffe verladen und rheinabwärts gebracht, wo sie von den Kölner Kaufleuten bereits ungeduldig erwartet wurden.

Gewürze waren außerordentlich begehrt. Zum einen konnte man sie einsetzen, um bei nicht mehr ganz einwandfreiem Fleisch den verräterischen Geruch zu überdecken. Ferner ließ sich mit ihnen Abwechslung in die bis dahin recht fantasielos zubereiteten Speisen bringen. Und letztlich glaubte man, dass etliche Gewürze die Liebeskraft des Mannes steigern und dass andere wiederum als Heilmittel gegen alle möglichen Krankheiten dienen könnten.

Kamen die Luxusgüter zumeist aus dem Süden, lieferte der Osten, was die riesigen Wälder hergaben: in erster Linie Holz und Felle von Bären und Wölfen, aber auch kostbare Pelze von Hermelin und Zobel, zudem Honig und Wachs. Und noch etwas, für das es nicht nur in den arabischen Ländern großen Bedarf gab: gefangene Slawen, die man später allgemein nach dieser im europäischen Osten beheimateten Völkergruppe als Sklaven bezeichnete. Im christlichen Abendland war der Sklavenhandel zwar schon lange verboten. Aber wo Geld winkt, gelten derartige Gebote erfahrungsgemäß wenig.

Daran hat sich in den letzten Jahrhunderten kaum etwas geändert.

Bei allen damit verbundenen Risiken: Fernhändler konnten in kürzester Zeit reich werden. Sehr reich sogar. Und mächtig.

In Köln stellten im 13. und 14. Jahrhundert Angehörige der Familie Overstolz fünfundzwanzigmal das Amt des Bürgermeisters. Beliebt wurden die reichen Familien bei ihren Mitmenschen allerdings nicht. Der Klerus stand ihnen – wie eingangs geschildert – mehr als skeptisch gegenüber und drohte ihnen gar mit den Pforten der Hölle, was aber keinen Bischof daran hinderte, sich der Kaufleute als Mäzene zu bedienen, wenn es wieder einmal um den Bau eines Gotteshaus ging.

Wir erinnern uns vielleicht noch: Auch nach dem Zweiten Weltkrieg kamen einige Mitmenschen auffallend schnell zu Reichtum, weil sie zum einen das Inferno heil überstanden hatten und zum anderen wussten, wie man aus dem Chaos nach 1945 seinen Vorteil ziehen konnte, indem man beispielsweise in den zertrümmerten Städten nach Schrott suchte oder auf dem Schwarzmarkt Zigaretten, Schnaps oder *echten Bohnenkaffee* verhökerte.

Solche Typen wurden von den weniger skrupellosen oder geschäftstüchtigen Nachbarn in einer Mischung aus Neid und Hochmut verächtlich als »Neureiche« bezeichnet. Und mit den gleichen Gefühlen sah der Adel damals auf die Kaufleute herab, die ihrer Meinung nach den Reichtum, den sie mit Fleiß zusammengetragen hatten, im Grunde gar nicht verdient hatten. Ehemalige Habenichtse, die plötzlich zu Geld gekommen waren und nicht daran dachten, ihre einstigen Herren daran teilhaben zu lassen.

Und da waren schließlich noch die anderen Stadtbewohner, denen die neureichen Nachbarn ein Dorn im Auge waren. Da spielte Neid natürlich eine große Rolle, aber die Kaufleute trugen wohl auch ein gerüttelt Maß an Mitschuld an der Abneigung, die ihnen außerhalb ihrer eigenen Gilde entgegenschlug.

Schuld daran war – wie wir heute sagen würden – ihr einigermaßen asoziales Verhalten ihren Mitbürgern gegenüber, und vor allem gegenüber jenen, die in irgendeiner Weise von ihnen abhängig waren und gnadenlos ausgebeutet wurden. Man kennt das: Auch heute gibt es hier und da noch den Betrieb, in dem sich alle Mitarbeiter wie eine große Familie fühlen und wo der Chef den großen Patriarchen abgibt, dem man sich anvertrauen kann, wenn man ein Problem hat, und der auch schon einmal großzügig wegschaut, wenn eine Panne passiert ist.

Mehr und mehr allerdings wird in Firmen ausschließlich auf den Vermögenszuwachs geschaut, fungiert der Geschäftsführer als kühler Manager, der um des Gewinns wegen hemmungslos Arbeitsplätze abbaut, ohne sich um das Schicksal der Mitarbeiter zu scheren. Und ebenso scheinen sich die meisten der Kaufleute damals verhalten zu haben, so man den Berichten von Augenzeugen glaubt. Je höher der Gewinn, umso gnadenloser das Verhalten gegenüber der Umwelt.

Freunde schafft man sich so nicht.

Anderes dagegen sprach damals durchaus auch für die Kaufleute. Nur wenige Menschen waren sich im Mittelalter der Tatsache bewusst, dass die Städte ihre Existenz und ihren Wohlstand im Grunde nur dem Handel verdankten, denn im Schatten einer Burg oder eines Klosters, in alten Römerstädten oder an Furten und Brücken, entstanden die ersten Märkte, die sich bald zu festen Einrichtungen entwickelten.

Kaufleute ließen sich hier nieder, und ihr Angebot lockte immer mehr Menschen vom Land an. Sie wurden die ersten Bürger der so entstehenden Städte, die zum Teil vom jeweiligen Herrscher privilegiert, geschützt und gefördert wurden, zum Teil aber auch mit ihm in Dauerfehde lagen, um sich schließlich endgültig von ihm loszusagen.

In den frühen Städten, in denen – abgesehen von Klerikern – kaum jemand lesen, schreiben oder gar rechnen konnte, taten sich die Fernkaufleute durch ihre gute Bildung hervor. Für jemanden, der Geschäfte machen wollte, war Rechnen eine Voraussetzung, und auch das Aufsetzen von Verträgen oder das Führen der Bücher wäre für Analphabeten schlichtweg unmöglich gewesen.

Beim Fernhandel war die Beherrschung von Fremdsprachen von Vorteil, und das Reisen vermittelte ganz nebenbei auch geografische Kenntnisse. Wir müssen uns bewusst sein, dass beispielsweise die Kreuzfahrer, die nach Jerusalem aufbrachen, nicht die geringste Ahnung hatten, wo das Heilige Land zu suchen war. Über die Alpen musste man wohl – aber dann?

Kaufleute erfuhren solche Details von ihren griechischen oder italienischen Kollegen, mit denen man sich häufiger traf, und so kam es, dass selbst der Kaiserhof sich zuweilen erkundigte, wie denn die Stimmung jenseits der Reichsgrenzen war, und den Rat der Kaufleute sehr schätzte.

Ganz nebenbei gelangten durch den Kontakt mit Händlern aus dem vom Islam beherrschten Raum zahllose Wörter in unsere Sprache, deren arabische Wurzeln für uns kaum noch erkennbar sind. Das gilt in erster Linie für die Bezeichnung von Handelsgütern. Zum Beispiel bei Obst: Limone, Aprikose, Zitrone oder Orange.

Arabischstämmig sind folgende Gewürznamen: Safran, Estragon, Muskat, Zimt oder Kümmel. Bei den Tuchen stoßen wir auf Damast (aus Damaskus), Musselin (aus Mosul), Mohair, Chiffon oder Taft. Und bei anderen Waren auf Wörter wie Joppe, Sofa, Matratze, Pantoffel, Baldachin, Alkohol, Natron oder Soda. Selbst einige Farbnamen sind arabischen Ursprungs: Karmesin beispielsweise und Lila und Azur.

Zum Rechnen aber noch etwas in Klammern: Die deutschen Kaufleute schrieben noch römische Zahlen, mit denen man aber nicht schriftlich addieren oder subtrahieren, multiplizieren oder dividieren kann. Sie mussten sich noch mit dem Rechenbrett behelfen, dem sogenannten *abacus*, mit dem heute hin und wieder noch Kinder spielen. Erst im 14. Jahrhundert lernten sie (wieder von den Arabern) das schriftliche Dezimalsystem und das Rechnen mit einer Null, die bis dahin unbekannt war.

Schwierig wurde es beim Rechnen für deutsche Fernhändler in Gebieten, in denen noch das alte keltische System herrschte.

Die Kelten zählten nicht wie unsereiner mit den zehn Fingern, sondern nahmen auch noch die Zehen hinzu. Die Franzosen sagen zu der Zahl 82 noch heute quatre-vingt-deux (viermal zwanzig und zwei), und auch für die Engländer bestand ein Pfund Sterling bis zum Jahre 1971 nicht etwa aus 10 oder 100 Shilling, sondern aus deren zwanzig.

Auch dort ist aus dem damaligen Handel mit deutschen Kaufleuten etwas hängen geblieben, denn diese zahlten mit dem alten karolingischen Pfund. Da es sich bei ihnen aber um jene Leute handelte, die von Osten kamen, war es das Pfund der *Easterlinge*, und deshalb sprechen sowohl Engländer als auch wir noch heute von einem Pfund *Sterling*.

Philipp fühlte sich nicht wohl. Was dem König fehlte, wusste auch sein Leibarzt nicht zu sagen. Jedenfalls brauchte er eine Pause, denn der tagelange Ritt hatte Kraft gekostet, und als sie endlich Bamberg erreicht hatten, bestand der Medikus darauf, dass man einen Ruhetag einlegte. Während das Heer vor den Mauern lagerte, begleiteten Truchsess Heinrich von Waldburg und Konrad von Scharfenberg, der Bischof von Speyer, den König in den Bamberger Bischofspalast, wo an diesem Tag seine Nichte verheiratet wurde. Gastgeber war der Bamberger Bischof Ekbert, der Bruder des Bräutigams.

Es war ein heißer Junitag, und Philipp war erleichtert, als die Feierlichkeiten endlich vorüber waren und er sich mit einigen wenigen Begleitern in sein Gemach zurückziehen konnte. Dort ließ ihn der Leibarzt vorsichtshalber zur Ader, was in jener Zeit üblich war, wenn man keine klare Diagnose stellen konnte, und dann ließ er seinen Patienten mit den beiden anderen Herren allein.

Die friedliche Ruhe wurde allerdings schon bald von lautem Geschrei unterbrochen. Ein Diener stürzte herein und meldete, draußen stehe der Pfalzgraf Otto von Wittelsbach mit mehreren Rittern und bitte um Audienz.

Der König blickte fragend seinen Truchsess an. »Ist er angemeldet?«

Heinrich von Waldburg zuckte mit den Achseln. »Wahrscheinlich nicht, aber Ihr solltet nicht vergessen, dass er in mancher Schlacht an Eurer Seite gekämpft hat. Vielleicht solltet Ihr ausnahmsweise über seine Unhöflichkeit hinwegsehen.«

Philipp war nicht gerade begeistert, aber der Marschall hatte ja recht. Otto war in der Tat ein furchtloser Ritter, aber auch jähzornig und grausam. Man erzählte sich von ihm, dass er einen Mann habe aufhängen lassen, der nur einen einzigen Heller gestohlen hatte, und dass er morgens ausreite und dabei ein paar Stricke über seinen Sattel gelegt habe, um jederzeit ein Seil dabeizuhaben, wenn es galt, jemanden aufzuknüpfen. Das allerdings glaubte Philipp nicht, denn ein Pfalzgraf wie Otto ließ sich wohl kaum dazu herab, Gesindel persönlich ins Jenseits zu befördern. Dafür gab es schließlich Henker.

Aber warum tauchte der Pfalzgraf jetzt auf? War er etwa noch immer beleidigt, dass Philipp die Verlobung zwischen ihm und seiner Tochter aufgelöst hatte? Der König hatte sie ihm zwar seinerzeit versprochen, aber – natürlich – aus rein dynastischen Gründen, und da sich die politische Lage inzwischen geändert hatte, gab es keinen Grund mehr, das arme Kind diesem Halbverrückten auszuliefern. Das war die Regel und eigentlich kein Grund, sich darüber aufzuregen.

Dachte der König.

»Lass ihn ein«, sagte er zu dem Diener, und kurz darauf stürmte Otto von Wittelsbach in das Gemach – in der Hand sein blankes Schwert. Nicht einmal das war ungewöhnlich. Mit seinem Schwert pflegte Otto auf den Heerzügen abends immer wieder seine Spielchen zu treiben. Er warf es in die Luft und fing es geschickt wieder auf, jonglierte damit auf der nackten Hand und bewies seine Schärfe, indem er dicke Äste damit durchschlug.

Aber heute war dem König nicht nach Kunststückchen.

»Lasst die Spielchen«, sagte er scharf zu Otto, aber der zischte, es ginge diesmal nicht um Spielchen, sprang auf den König zu und stieß ihm das Schwert durch den Hals. Der Truchsess versuchte noch, sich zwischen die beiden zu werfen, wurde jedoch selber im Gesicht getroffen und taumelte schwer verletzt zurück. Während sich der Bischof zitternd hinter einem Vorhang verbarg, stürzte sich der Mörder auf den Sterbenden und würgte ihn, bis er ganz sicher war, dass der König tot war. Dann lief er hinaus und flüchtete gemeinsam mit den Rittern, die draußen im Hof auf ihn gewartet hatten.

Geschah der Mord wirklich nur aus verletzter Ehre, oder waren auch politische Motive im Spiel? Gab es vielleicht sogar heimliche Komplizen? Ekbert, der Bischof von Bamberg, flüchtete jedenfalls auch aus der Stadt, was ihn natürlich verdächtig machte.

Die Historiker streiten sich noch heute über die Hintergründe, und es gibt in der Tat Beweise für diese und jene Theorie. Otto von Wittelsbach jedenfalls wurde geächtet, und der Marschall Heinrich von Kalden gab keine Ruhe, bis er im März des folgenden Jahres von einem Mann, dessen Vater ebenfalls von Otto umgebracht worden war, einen Hinweis bekam, wo sich der Täter aufhielt. Ein paar Tage später wurde der Mörder, der sich in einer Scheune zwischen Regensburg und Kelheim versteckt hatte, aufgespürt.

Der Marschall ließ ihn sofort enthaupten und seinen Kopf in die Donau werfen. Der übrige Leichnam wurde jahrelang in einem Fass aufbewahrt, bevor Mönche es stahlen und den toten Pfalzgrafen auf dem Gelände des Klosters Indersdorf begruben.

Jetzt gab es nur noch einen König im Reich.

* * *

Aber wieso gab es denn vorher deren zwei?

Das ist eine lange Geschichte, aber sie ist wichtig, weil man sie lesen muss, um zu verstehen, warum Deutschland zu jenem berühmten Flickenteppich aus den verschiedensten Herrschaftsgebieten wurde und nicht ein in sich geschlossenes Land wie beispielsweise Frankreich oder Spanien.

Im Mai des Jahres 1189 brach der inzwischen bereits 67-jährige Kaiser Friedrich Barbarossa von Regensburg aus zum Kreuzzug auf, der von Anfang an unter einem ungünstigen Stern stand. Eigentlich hätten zur gleichen Zeit auch der englische und der französische König, Richard Löwenherz und Philipp II., zur Fahrt ins Heilige Land aufbrechen sollen, aber die beiden waren zerstritten und belauerten sich argwöhnisch. Keiner wollte ohne den anderen losziehen, und so verzögerte sich ihre Abreise um ein ganzes Jahr.

Also machten sich die Deutschen alleine auf den Weg, denn schließlich galt es, Jerusalem zurückzugewinnen, das Sultan Saladin zwei Jahre zuvor erobert hatte. Aber der oströmische Kaiser in Konstantinopel fürchtete wohl, wenn den deutschen Rittern dieses Unterfangen gelingen würde, könnte Barbarossa vielleicht das ganze Heilige Land seinem Reich einverleiben, und so nahm er sogar heimliche Verhandlungen mit Saladin auf, der ihm wohl als das kleinere Übel erschien.

Immer wieder von bulgarischen Kriegern angegriffen, kam das deutsche Ritterheer schließlich bis vor die Tore von Konstantinopel, musste aber erst einmal das ganze Umland verwüsten, bis sich der dortige Kaiser endlich bereit erklärte, den Kreuzfahrern Schiffe zur Verfügung zu stellen, mit denen die Deutschen durch die Dardanellen auf die asiatische Seite gebracht wurden.

Weiter ging es nach Süden durch Westanatolien bis in die Ebene jenseits des Taurusgebirges. Mitte Juni des Jahres 1190 erreichte man den Fluss Saleph, der heute Gök-Su heißt. Als der Kaiser sein Pferd ins Wasser führte, glitt das Tier aus und riss fallend den Kaiser mit sich. Ob Barbarossa ertrank oder sein Herz durch die plötzliche Abkühlung versagte, wissen wir nicht. Seine Begleiter jedenfalls konnten ihn nur noch tot bergen.

Sein ältester Sohn, der ebenfalls auf den Namen Friedrich hörte, ließ die Leiche – wie es damals in besonders heißen Gegenden üblich war – in siedendes Wasser legen, um die Knochen herauszulösen und den Leib vor der Verwesung zu bewahren.

Die Eingeweide wurden herausgenommen und in einem Gefäß in Tarsus beigesetzt, während man die fleischlichen Überreste in einem Sarkophag in der St.-Petrus-Kathedrale von Antiochia ließ. Die Knochen sollten wohl in Jerusalem beigesetzt werden, sind aber dort nie angekommen und wurden in der Kathedrale der libanesischen Stadt Tyros bestattet.

Das Ziel Jerusalem erreichte übrigens auch Barbarossas Sohn Friedrich nicht, der kurz nach seinem Vater vor Akkon an einer fiebrigen Erkrankung starb, worauf sich das Ritterheer vollends auflöste und sich die Teilnehmer auf getrennten Wegen auf die Heimfahrt begaben.

Dort wartete auf sie der neue Herrscher: Heinrich VI., Barbarossas zweitältester Sohn, der schon als Dreijähriger zum König gekrönt worden war und den Barbarossa in weiser Voraussicht vor seinem Aufbruch nach Jerusalem als Regenten eingesetzt hatte.

Angeblich war er der Liebling seines Vaters, was uns erstaunen mag, denn er wird vom Äußeren her als eher unansehnlich und häufig kränkelnd dargestellt; dazu als harter und grausamer Herrscher geschildert, eiskalt, verdrossen, skrupellos und wortbrüchig. Andererseits war er – hochbegabt und bestens erzogen, ehrgeizig, außerordentlich intelligent und ebenso fleißig – unbestritten erfolgreich.

Es kam ihm zugute, dass es seinem Vater gelungen war, die großen Städte der Lombardei nach endlosen Kämpfen an sich zu binden. In der Lombardei herrschte Ruhe. Allerdings war Heinrich der Löwe wortbrüchig geworden, hatte sein Versprechen nicht gehalten, während des Kreuzzugs des Kaisers seinen ehemaligen Ländereien fernzubleiben, und war aus dem Exil in England nach Norddeutschland zurückgekehrt.

Es gelang dem in strategischen Dingen nicht gerade sonderlich talentierten jungen König zwar nicht, ihn sofort zu besiegen, aber der Löwe war inzwischen alt geworden, kränkelte, und eine große Gefahr ging von ihm nicht mehr aus.

Heinrichs Blick richtete sich erst einmal nach Süden. Nach Sizilien, um genauer zu sein. Um das Jahr 1000 hatten sich normannische Söldner dort anwerben lassen und im Lauf der Jahrzehnte nicht nur die Insel, sondern auch weite Teile Italiens unterworfen. Der Süden Italiens hatte zuvor zum Byzantinischen Reich gehört, war dann von Sarazenen erobert worden, die wiederum letztlich den Normannen weichen mussten.

In der Mitte des Stiefels jedoch lag der Kirchenstaat, und zuweilen riefen die Päpste die Deutschen gegen die Normannen zu Hilfe und zuweilen die Normannen gegen die Deutschen. Ängstlich war die Kurie in Rom darauf bedacht, nicht zwischen den beiden Blöcken aufgerieben zu werden, aber dann – in Barbarossas letzten Lebensjahren – schien es, als könnte eine friedliche und für alle befriedigende Lösung gefunden worden sein. Der Papst bot sich sogar als Vermittler an, als Barbarossa mit Erfolg versuchte, Konstanze, die Tante von König Wilhelm II. von Sizilien, als Ehefrau für seinen Sohn Heinrich zu gewinnen.

150 Pferde waren notwendig, um die Mitgift der jungen Dame nach Mailand zu schaffen, wo die Hochzeit mit großem Prunk gefeiert wurde. Die junge Dame war allerdings nicht mehr ganz so jung, elf Jahre, um genau zu sein, älter als ihr erst 20-jähriger Ehemann. Auch die Tatsache, dass sie als Normannin naturgemäß kaum ein Wort Deutsch sprach (und es auch später nie lernte), ließ nicht unbedingt ein glückliches Eheleben erwarten, wie es beispielsweise Friedrich Barbarossa und Heinrichs Mutter, die ebenso hübsche wie gebildete Burgunderin Beatrix, geführt hatten.

Schließlich dauerte es dann auch ganze acht Jahre, bis Konstanze mit ihrem ersten und einzigen Kind niederkam. Als Geburtsort hatte sie – so zumindest die Legende – bewusst einen Marktplatz in Jesi, einer kleinen Stadt in Mittelitalien, ausgesucht und Mönche und Nonnen bei der Geburt zugelassen, die später bezeugen sollten, dass sie das Kind wirklich selber zur Welt gebracht und dem Kaiser keinen Wechselbalg untergeschoben hatte.

Was Friedrich und Heinrich sich vielleicht heimlich erhofft haben mögen, trat tatsächlich ein: Wilhelm II. verstarb früh und ohne eigene Kinder. Die einzige rechtmäßige Erbin von Sizilien war Konstanze – und folglich auch ihr Ehemann, der natürlich sofort seine Ansprüche anmeldete. Aber obwohl Wilhelm II. seine Untertanen seinerzeit hatte schwören lassen, Konstanze und ihren Gemahl im Falle seines Todes als Nachfolger anzuerkennen, dachten die normannischen Barone nicht im Traum daran, ihre multikulturell geprägte Gesellschaft den – wie sie es sahen – Barbaren aus dem Norden auszuliefern. Es kam zum Krieg, den Heinrich VI. gewann, nicht zuletzt durch das riesige Lösegeld, das er für die Freilassung von Richard Löwenherz erhalten hatte.

Der Kaiser war nun zusätzlich König von Sizilien und zugleich der mächtigste Mann im Mittelmeerraum, dem sogar der Emir von Tunis und Tripolis Tribut zahlte. Nach seiner Krönung in Palermo ließ Heinrich den unermesslich wertvollen Normannenschatz zur Burg Trifels schaffen, und nur eines war noch nicht geregelt: die Nachfolge.

Was sollte werden, wenn er plötzlich und unerwartet starb? Er war von Natur aus schwächlich; zudem hatte er vor, sich auf einen Kreuzzug zu begeben; vielleicht würde er bei diesem Abenteuer umkommen wie sein Vater und sein Bruder. Würden die Fürsten dann seinen kleinen Sohn Friedrich zum Nachfolger wählen?

Das war eher unwahrscheinlich, und deshalb versuchte der Kaiser, sie dahingehend zu überreden, das Wahlrecht abzuschaffen und dafür das Erbrecht einzuführen. Das sollte – so sein Vorschlag – aber nicht nur für den König und seine Familie gelten, sondern auch für die Großen des Reiches. Früher war es so gewesen, dass ein Herzogtum einem bestimmten Fürsten zu Lehen gegeben, also *geliehen* wurde. Nach dem Tod des Fürsten wurde – theoretisch zumindest – das Lehen wieder eingezogen und neu vergeben.

Nun schlug der Kaiser vor, dass auch die Lehen in den jeweiligen Familien verbleiben und weitervererbt werden sollten. Der Plan, so verlockend er zunächst aussah, scheiterte jedoch letztlich am Widerstand der Fürsten, die sich das Recht der Königswahl auf jeden Fall vorbehalten wollten, sich dann aber wenigstens bereit erklärten, den erst zweijährigen Kaisersohn Friedrich zu seinem Nachfolger zu wählen.

Als Heinrich letzte Vorbereitungen zum Kreuzzug traf und sich deshalb nach Messina begab, ahnte er nicht, dass dort normannische Adelige einen Aufstand vorbereitet hatten. Der Kaiser sollte ermordet werden und der Anführer der Verschwörer Konstanze heiraten und den Thron besteigen.

Der Plan wurde jedoch in letzter Minute verraten, und es gelang dem Kaiser, zu seinem Heer zu fliehen, das dann die Truppen der Aufständischen bei Catania schlug. Der Anführer, dessen Name nicht überliefert ist, verschanzte sich in der Burg Castrogiovanni, die aber dann doch erobert wurde. Alle Verschwörer wurden auf bestialische Weise hingerichtet, und Konstanze, von Heinrich der Mitwisserschaft verdächtigt, musste dabei zuschauen.

Auch wie man dem Anführer eine glühende Krone auf den Kopf nagelte.

Kurz darauf erkrankte der Kaiser vermutlich an Malaria und starb. Er war nicht einmal 32 Jahre alt geworden. Und was nun?

Herzog Philipp von Schwaben, der jüngere Bruder des Kaisers und Mordopfer aus der ersten Szene dieses Kapitels, machte sich auf den Weg nach Italien, um den inzwischen dreijährigen Sohn Friedrich nach Deutschland zu holen. Auf die Nachricht vom Tod des Kaisers jedoch breiteten sich überall in Italien Aufstände aus, die sich gegen die Herrschaft der deutschen Kaiser richteten und denen Philipp mit knapper Not entkam.

Unverrichteter Dinge musste er umkehren, und Friedrich blieb bei seiner Mutter auf Sizilien. Konstanze starb jedoch wenig später, und von da an wuchs Friedrich elternlos bei verschiedenen Adelsfamilien auf. Er war zwar wenigstens formal deutscher König, inzwischen sogar zum König von Sizilien gekrönt, aber im Grunde ein König ohne Land, denn auf Sizilien herrschte weitgehendes Chaos.

Auch in Deutschland brach derweilen Krieg aus.

Heinrich VI. hatte das Reich mit harter Hand regiert, aber nun gab es nur noch einen Kindkönig, ebenjenen Friedrich, aber der war weit weg. Selbst die staufertreuen Fürsten kamen zu der Überzeugung, dass nicht damit zu rechnen sei, dass der Kleine jemals das Amt des Königs antreten könne und dass man deshalb den Onkel zum Nachfolger des verstorbenen Kaisers bestellen sollte.

Herzog Philipp sträubte sich zwar zunächst, willigte aber aus reinen Vernunftgründen dann doch ein und wurde nach seiner Wahl in Mainz von dem zufällig dort weilenden Erzbischof von Tarentaise (Savoyen) zum König gekrönt. Vom falschen Mann also am falschen Ort, aber zumindest mit den echten Krönungsinsignien.

Sein schärfster Gegner war der Kölner Erzbischof Adolf von Altena. Staufer waren in Köln nicht sonderlich beliebt, seit Friedrich Barbarossa ihnen die Zollfestung Kaiserswerth (nördlich von Düsseldorf) vor die Nase gesetzt hatte, und auch auf Befehl seines Sohnes Heinrich war der Rhein schon einmal für den Kölner Handel gesperrt worden.

Zudem hatte sich Adolf an der Spitze anderer Fürsten energisch gegen die Pläne des Kaisers gewehrt, eine Erbmonarchie zu etablieren, sodass zwischen den Staufern und dem Kölner Erzbischof nicht gerade von einer Freundschaft zu sprechen war.

Andererseits hatten sich die Kölner schon seit Langem mit dem Mächtigsten der Welfen, mit Heinrich dem Löwen, um die Grenzen ihrer Territorien im Norden gestritten, und erst nach dem Sturz des Herzogs und seiner Verbannung nach England war dem Kölner Erzbischof das Herzogtum Westfalen zugesprochen worden. Und er hatte keineswegs die Absicht, es sich von wem auch immer wieder abnehmen zu lassen.

Gemeinsam mit anderen, ebenfalls stauferfeindlichen Fürsten hielt er Ausschau nach einem geeigneten Gegenkandidaten und fand ihn schließlich ausgerechnet wieder in einem Welfen, in einem Sohn Heinrichs des Löwen, der Mathilde, eine Schwester des englischen Königs Richard Löwenherz, geheiratet hatte. Der Knabe Otto war am englischen Königshof aufgewachsen und schließlich mit der westfranzösischen Grafschaft Poitou und dem Titel eines Herzogs von Aquitanien ausgestattet worden.

Voraussetzung für seine Wahl war zum einen die Zustimmung des Papstes, zum anderen aber Geld. Sehr viel Geld, mit dem man die wahlberechtigten Fürsten überzeugen konnte. Doch schauen wir zunächst nach Rom.

1198 wurde Innozenz III. zum Papst gewählt. Die Sorge des deutschen Dichters und Minnesängers Walther von der Vogelweide (»Owê, der bâbest ist ze junc. Hilf, hêrre, dîner cristenheit«) erwies sich als unbegründet, denn Innozenz war bei seiner Wahl älter als mancher seiner Vorgänger und erwies sich zudem als einer der bedeutendsten und politisch erfolgreichsten Stellvertreter Christi aller Zeiten.

Nach dem Tod Heinrichs VI. hatte seine Frau Konstanze, die kurz darauf ebenfalls starb, den Papst testamentarisch zum Vormund des noch nicht vierjährigen Friedrich bestimmt, aber Innozenz sah zunächst noch keinen Anlass, sich um den Kleinen zu kümmern. Wichtig schien ihm dagegen, den Thronstreit in Deutschland zu nutzen, um sich als oberster Schiedsrichter von den Kandidaten gewisse Versprechungen geben zu lassen.

Zunächst verkündete er, dass bei strittigen Wahlen einzig und allein der Papst das Entscheidungsrecht besitze. Dann erklärte er, dass ein so wichtiges Amt nicht einem Kleinkind anvertraut werden könne, das darüber hinaus bei seiner Wahl durch die deutschen Fürsten noch nicht einmal getauft gewesen sei. Zum anderen sei es für die Kirche – gemeint war wohl der Kirchenstaat – äußerst schädlich, wenn durch die Wahl Friedrichs das Königreich Sizilien wieder von einem römisch-deutschen Kaiser regiert würde.

Gegen Philipp spräche, dass bei seiner Wahl die drei wichtigsten Fürsten, die Erzbischöfe von Mainz, Köln und Trier, nicht anwesend gewesen seien. Darüber hinaus sei Philipp, ein Feind der Kirche wie alle Staufer, bei seiner Wahl noch immer exkommuniziert gewesen, nachdem er seinerzeit von Papst Coelestin III. wegen ebendieser Haltung gebannt worden sei.

Philipp war zwar von den weitaus meisten deutschen Fürsten gewählt worden, und nur wenige hatten sich für Otto ausgesprochen. Der Papst aber entschied, dass es nicht um die Mehrheit der Stimmen gehe, sondern um deren Qualität. Und da sich der Kölner und der Trierer Erzbischof auf die Seite des Welfen gestellt hätten, müsse dieser als Sieger betrachtet werden.

Bevor der Papst jedoch der Wahl Ottos seinen Segen erteilte, musste ihm der Kandidat geloben, alle Gebietsansprüche der Kurie in Mittelitalien und ihre Lehnsherrschaft über das Königreich Sizilien anzuerkennen. Und diesen Schwur müsse er bei der Krönung zum Kaiser erneuern.

Und Otto schwor, was immer der Papst forderte.

Wie aber war es dem Kölner Erzbischof gelungen, wenigstens einige der Fürsten dazu zu gewinnen, sich nicht dem bereits gewählten Philipp anzuschließen, sondern dem Sohn Heinrichs des Löwen, obwohl dieser Otto in Deutschland kaum jemandem bekannt war. Warum klappte es trotzdem?

Weil es sich lohnte. Um zu verstehen, wie das funktionierte, werfen wir nun einen Blick auf die Persönlichkeit eines Kölner Bürgers namens Gerhard mit dem unschönen Beinamen Unmaze. Er taucht zum ersten Mal in einem Bericht über die Gründung des Augustinerinnenklosters St. Maria zum Weiher auf, das von seiner Stieftochter vor den Toren der Stadt gegründet wurde.

Da heißt es, dass er ein sehr vornehmer und reicher Mann

war, ein Zöllner von großer Weisheit, und an anderer Stelle lesen wir, dass dieser Zöllner ein in ganz Deutschland bekannter Ritter gewesen sei, allerdings kein Mann von adeliger Herkunft. Ein bürgerlicher Ritter also, und da merken wir schon, dass man am Ende des 12. Jahrhunderts nicht mehr unbedingt adelig zu sein brauchte, um als vornehm zu gelten.

Wie viel Wert der Kölner Kaufmann auf seinen Ruf legte, beweist allein die Tatsache, dass er sich mit seinem Beinamen nicht abfinden wollte. Viele Bürger der Stadt trugen Beinamen, die nicht gerade schmeichelhaft klangen. Die Familie *Overstolz* beispielsweise, die Überstolzen oder auch Hochmütigen. Oder die *Gyr*, die Gierigen. Und halt die Unmaze, die Unmäßigen. Aber vielleicht auch die über alle Maßen Beliebten – wenn man es denn positiv deuten will.

Aber Gerhard und seine Verwandten sahen es wohl als schändlich an, zumal die Einhaltung der Maße damals in jeder Hinsicht als eine der höchsten Tugenden galt. Da sich die Ummazes gerade ein Haus gegenüber dem Palast des Erzbischofs, also der Kurie, gekauft hatten, nannten sie sich bald nur mehr *de Curia* oder *ante curia*.

Wir wissen nicht, wie die Familie jenes Gerhard Unmaze – wir nennen ihn weiter so – zu ihrem Reichtum gekommen ist, denn normalerweise wurden Geschäfte unter Kaufleuten nicht schriftlich festgehalten. Andererseits wissen wir sehr genau, wie sie das Geld anlegte: in Immobilien, und diese Käufe wurden penibel festgehalten, und zwar in den sogenannten Schreinsbüchern der Sondergemeinden, die weitgehend identisch waren mit den Pfarrbezirken der Altstadt. Diese Akten waren eine Art Grundbuch und haben sogar den Zusammenbruch des Stadtarchivs in jüngster Zeit weitestgehend überstanden.

Aus diesen Büchern erfahren wir, wo die Unmazes nach Möglichkeit Häuser erwarben. Am liebsten in der Nähe von Stadttoren und Märkten, und das hatte einen Grund: Der Erzbischof hatte an Gerhard Unmaze das Amt des städtischen Zöllners verpfändet, und seine Angestellten sollten tunlichst in der Nähe ihrer Arbeitsstelle wohnen.

Was aber bedeutete das: ein Amt verpfänden? War der Erzbischof klamm – und das war er gerade jetzt –, überließ er für eine nicht zu knappe Summe das Amt nebst Einkünften für eine bestimmte Zeit einem der reichen Kaufleute, denn nur sie besaßen das notwendige Kleingeld und natürlich auch die Erfahrung, vernünftig damit umzugehen.

Waren die Kaufleute in früherer Zeit noch mit ihren Wagen von Markt zu Markt gefahren oder gar mit ihren Schiffen zu weit entfernten Häfen gesegelt, änderte sich das im 12. Jahrhundert rapide. Die wirklich Reichen bildeten nun die Richerzeche, und sie hätten weder das Zöllner- noch irgendein anderes wichtiges Amt ausführen können, wenn sie ständig unterwegs gewesen wären. Derart nicht ungefährliche Abenteuer überließen sie nun einem jüngeren Verwandten oder einem Kompagnon, während sie selbst daheim blieben und von dort aus ihren Besitz verwalteten und nach Möglichkeit vermehrten.

Zum Beispiel, indem sie Häuser oder Gärten kauften, vorübergehend vermieteten, um sie später zu einem höheren Preis zu verkaufen. Noch lukrativer war es allerdings, in Not geratenen Hausbesitzern Geld zu leihen und deren Heim als Pfand zu nehmen. Es kam häufig genug vor, dass die Schuldner die Summe nicht zurückzahlen konnten, und die Unmazes waren wieder um ein Haus reicher.

Aber es war durchaus üblich zu vereinbaren, dass das Geld in einem bestimmten Zeitraum zurückbezahlt werden musste und dass eine zusätzliche Summe zu zahlen war, wenn dieser Termin nicht eingehalten werden konnte. Häufig wussten beide Seiten von vornherein, dass dieser Termin unmöglich einzuhalten war, und trotzdem wurde unterschrieben. Damit umging man das für alle Christen verbindliche Verbot, Zinsen zu nehmen. Das durften nur die Juden, die aber nach immer wiederkehrenden Pogromen hin und wieder fehlten.

Im Lauf der Zeit nahmen Kaufleute schließlich ohne jede Scham 25 oder gar 30 Prozent Zinsen, was derart häufig vorkam, dass sich schon niemand mehr darüber beschwerte. Auch die Kirche zeigte sich immer großzügiger. Irgendwann sah auch sie wohl ein, dass Bankgeschäfte – und nichts anderes tätigten diese Kaufleute ja – auch gewisse Kosten verursachen, die irgendwie beglichen werden mussten. Wichtiger noch war, dass die reich gewordenen Bürger mit den eingenommenen Zinsen auch gute Taten vollbringen konnten. Mit Stiftungen und großzügiger Unterstützung der Armen kauften sich die meisten Kaufleute von ihren Sünden frei.

Der große Bernhard von Claivaux verstieg sich sogar zu der Behauptung, das Streben eines Kaufmanns sei gleichzusetzen mit dem Streben des Christen nach dem Seelenheil.

Ebenso wie bei der Kirche verschwanden auch beim Adel die lange gehegten Vorurteile gegenüber den Kaufleuten. Ministeriale – wir würden sie heute als Beamte bezeichnen – versuchten sich im Handel, der Geldadel seinerseits war bemüht, sich ritterlich zu kleiden, und bildete nahezu einen eigenen Stand in der Stadt, und da er sogar die Kriege des Erzbischofs finanzierte, entging er immer mehr kirchlicher Schelte.

Die kleinen Geldverleiher dagegen wurden nach wie vor verflucht. Sie würden ihr Geld damit verdienen, arme und unwissende Mitmenschen durch üble Tricks zu betrügen, während die großen Finanziers ihre Geschäfte schließlich untereinander abwickelten, und bei dem auf beiden Seiten vorhandenen Fachwissen sei es ja nahezu unmöglich, den Partner übers Ohr zu hauen.

Im Jahr 1176 nun war der Kölner Erzbischof – seinerzeit Philipp von Heinsberg – wieder einmal klamm bei Kasse, weil er dem Kaiser Friedrich Barbarossa ein Heer stellen und natürlich ausrüsten musste. Gerhard Unmaze borgte ihm 600 Mark, was damals so viel wert war wie 140 Kilogramm reinen Silbers, und bekam dafür alle Einnahmen aus dem Kölner Zoll.

Aber später brauchte Adolf von Altena noch sehr viel mehr Geld, und je mehr er sich lieh, umso stärker wurde er abhängig von den reichen Kaufleuten. Diese dienten mit ihrem Geld der Herrschaft und wurden dadurch selber reich, und auch die anderen Bürger der Stadt profitierten indirekt von diesen Geschäften, weil die sonst üblichen Zankereien zwischen dem Erzbischof und der Stadt wenigstens vorübergehend auf Eis gelegt wurden.

Lediglich durch den vom Erzbischof nicht genehmigten Bau der Stadtmauer kam es zu einem kurzen Zerwürfnis, das aber durch die Vermittlung von Barbarossa schnell beigelegt wurde, nachdem sich die großen Familien bereit erklärt hatten, 2000 Mark Buße zu zahlen, was ja schließlich auch ein hübsches Sümmchen war. Mit Geld ließ sich inzwischen vieles regeln.

Das wurde besonders deutlich, als es galt, einen Nachfolger für den gerade verstorbenen Kaiser Heinrich VI. zu wählen. Diesmal würde nicht derjenige gewinnen, der aufgrund seines Charakters oder seiner Fähigkeiten als der geeignete Mann erschien, sondern alles hing davon ab, wie viel Geld er und seine Anhänger aufbringen konnten, um die fürstlichen Wähler zu kaufen.

Während sich die staufische Partei des normannischen Schatzes bedienen konnte, den man aus Sizilien hatte nach Deutschland bringen lassen, konnte sich der Welfe Otto als Neffe von Richard Löwenherz der Unterstützung aus England sicher sein. Erzbischof Adolf soll – wie eine Quelle schreibt – damals »unendlich Gelder« aus England bekommen haben, mit denen er nicht nur seine Schulden in Köln zurückbezahlen konnte, sondern vor allem die Königswahl beeinflussen sollte. So wurde beispielsweise sein Kollege aus Trier überredet, Otto zu wählen. Auch der Landgraf Hermann von Thüringen und Herzog Heinrich I. von Brabant sollen mit hübschen Summen gekauft worden sein.

Als sie später die Fronten wechselten, ist von staufischer Seite angeblich ebenso viel Geld geflossen.

Nun sollte man jedoch nicht glauben, der Kölner Erzbischof sei ein glühender Verehrer des welfischen Kandidaten gewesen. Der erschien ihm allenfalls als das kleinere Übel. Natürlich war ihm bewusst, dass das Herzogtum Westfalen einst Heinrich dem Löwen gehört hatte und dass es erst nach dessen Verbannung seinem Erzbistum zugeschlagen worden war. Würde es ein Sohn des Löwen nicht zurückfordern, wenn er erst Kaiser wäre?

Aber Erzbischof Adolf von Altena war längst nicht mehr unbeschränkter Herrscher in seiner Stadt; zu tief stand er in der Schuld der Kölner, und die wollten nun einmal ihren Englandhandel absichern und weiterhin von all den Privilegien profitieren, die ihnen von Richard Löwenherz einst gewährt worden waren. Sie standen bedingungslos auf der Seite Ottos, als nun – im Sommer des Jahres 1198 – der Krieg zwischen den beiden Lagern ausbrach.

Schauplätze schwerer Kämpfe waren besonders Thüringen, das Elsass und das Rheinland. Während sich Otto mit Böhmen und Ungarn verbündete und Philipp aus Thüringen fliehen musste, griff er seinerseits im Elsass an, wo zudem nach einer Missernte eine schreckliche Hungersnot herrschte und Menschen auf den Straßen starben. Die Auseinandersetzungen zogen sich über Jahre hin, bis Richard Löwenherz starb und die Gelder aus England versiegten, denn Richards Bruder Johann Ohneland zeigte wenig Neigung, den Welfen weiterhin zu unterstützen.

Schlimmer noch war, dass dessen Anhängerschaft rapide zerbröckelte. Sein eigener Bruder lief in das Lager Philipps über, und auch sein größter Förderer, der Kölner Erzbischof, wechselte die Fronten, woraufhin Adolf von Altena von Papst Innozenz gebannt und durch Bruno, den bisherigen Propst von Bonn, ersetzt wurde. Die Kölner, die nach wie vor zu Otto standen, jagten Adolf aus der Stadt, und der hatte nichts Besseres zu tun, als Philipp in Aachen – diesmal also am richtigen Ort – ein zweites Mal zu krönen.

Was natürlich nicht das Ende der Auseinandersetzungen bedeutete. Am Rhein stießen die Kontrahenten erneut aufeinander. Ottos Truppen wurden geschlagen, und der Welfe zog sich nach Köln zurück, während Philipps Heer Andernach, Remagen und Bonn verbrannte, um 1205 schließlich Köln (vergeblich) zu belagern, wobei Otto, der mithalf, die Stadt zu verteidigen, bei einem Ausfall schwer verletzt wurde.

Ein Jahr später kam es bei dem Städtchen Wassenberg, das im Dreieck Aachen, Roermond und Mönchengladbach liegt, zu einer vernichtenden Niederlage des Welfen, und das war eigentlich der Anfang vom Ende. Otto rettete sich verwundet nach Köln, wo ihn Philipp aufsuchte, um ihn bei einem Gespräch vor den Mauern der Stadt davon zu überzeugen, dass der Kampf um die Krone für ihn verloren sei. Nicht einmal das Angebot Philipps, ihm das Herzogtum Schwaben zu überlassen und ihm seine Tochter zur Frau zu geben, vermochten Otto umzustimmen. Nur der Tod, sagte er, könne ihm die Krone nehmen.

Er zog sich nach Braunschweig zurück und bereitete sich tatsächlich auf einen neuen Heerzug vor, ohne anscheinend die Aussichtslosigkeit seiner Situation zu erkennen.

Da musste auch der Papst einsehen, dass alle Hoffnungen, die er in den Welfen gesetzt hatte, offensichtlich unerfüllt bleiben würden.

Heimliche Kontakte zwischen Innozenz und Philipp hatte es die ganze Zeit hindurch gegeben, und nun wurden sie plötzlich offiziell. Zwei päpstliche Legaten reisten nach Norden und lösten Philipp zunächst einmal vom Kirchenbann, worauf der König den bei Wassenberg gefangenen Erzbischof Bruno von Köln aus seinem Gefängnis auf Burg Trifels entließ.

Die Legaten ihrerseits sprachen den früheren Erzbischof von Köln, Adolf von Altena, vom Bann frei, und indem Innozenz Philipp zusicherte, er werde ihn – so er denn nach Rom komme – zum Kaiser krönen, erkannte er ihn plötzlich als rechtmäßig gewählten König an.

Ottos endgültige Niederlage war nur noch eine Frage der Zeit. Alles schien geregelt. Da schlug der Mörder in Bamberg zu.

* * *

Nun gab es tatsächlich nur noch einen König: Otto IV. von Braunschweig. Und alle deutschen Fürsten, ob sie früher staufisch gesinnt oder Anhänger des Welfen waren, stellten sich ausnahmslos hinter ihn, und auch der Papst war plötzlich wieder sein Freund. Allerdings ließ er ihn erneut schwören, auf Sizilien zu verzichten und die Grenzen des Kirchenstaates zu respektieren. Und Otto schwor. Ob er damals schon wusste, dass er diesen Schwur niemals einhalten würde, wissen wir nicht.

Aber so kam es.

Obwohl der König, als er in Rom eintraf, darauf bestand, seine Eide erst nach der Krönung zu wiederholen, vollzog Innozenz trotz starker Bedenken seiner Ratgeber den feierlichen Akt. Wegen feindlicher Angriffe römischer Bürger auf seine Begleiter brach Otto vorzeitig nach Norden auf, aber schon in Pisa traf er auf Barone aus Apulien, die ihn baten, ihnen daheim zu helfen. Trotz seines Schwurs, sich nie mehr in die Belange des Königreichs Sizilien einzumischen, machte der Kaiser kehrt und zog wieder südwärts.

Damit war er für Innozenz III. endgültig gestorben. »Das Schwert, das wir selbst geschmiedet haben, schlägt Uns schwere Wunden. Es reut Uns, diesen Menschen gemacht zu haben«, soll er gesagt haben und sprach über Otto den Kirchenbann aus. Das aber löste beim Kaiser weniger Besorgnis aus als die Kunde, dass sich ein gewisser siebzehnjähriger Jüngling namens Friedrich auf einem Schiff befand, das nach Norden segelte.

Papst Innozenz hatte sich urplötzlich daran erinnert, dass er ja schließlich der Vormund jenes Knaben war, der seine Eltern früh verloren und sich seitdem angeblich in den engen Gassen von Palermo herumgetrieben hatte, was aber lediglich eine Legende ist. In Wirklichkeit genoss Friedrich eine vorbildliche Erziehung, denn – wie bereits erwähnt – er war schon als Kleinkind zum König gekrönt worden und viel zu kostbar, um als vernachlässigtes Straßenkind aufzuwachsen.

Auch der Papst ließ sich über ihn berichten und war mehr als beunruhigt, als der Knabe im Verlauf politischer Streitereien sogar als Geisel benutzt wurde. Und ein Lehrer schrieb über den erst zwölfjährigen Friedrich: »Der König hat an Wissen und Kraft sein eigenes Alter so übertroffen, dass man in ihm nur finden kann, was einen reifen und vollkommenen Mann zieren würde. Man muss ihm unverzüglich und ohne Zögern gehorchen, da er von sich aus zwischen Guten und Schlechten, zwischen Getreuen und Ungetreuen unterscheiden kann.«

Aber ein Staufer als Kaiser?

Der Papst musste sich sehr sicher gewesen sein, den jungen König kontrollieren zu können, wenn er nach den Erfahrungen mit den letzten Kaisern tatsächlich dieses Wagnis einging, aber da war ja sonst niemand mehr, und deutsche Fürsten, der Herrschaft Ottos inzwischen überdrüssig, hatten schon Botschaft nach Sizilien geschickt und dem jungen Friedrich die Krone angeboten.

Bestärkt wurden sie bei diesem Vorgehen durch den französischen König Philipp II. August, der den Staufer allein schon deshalb unterstützte, weil es gegen einen Welfen ging, der bekanntlich von England gefördert wurde.

Was den Papst glauben ließ, dass Friedrich ihm treu ergeben sein würde, war zudem die Tatsache, dass er seinerzeit dem erst vierzehnjährigen Kind eine Ehefrau besorgt hatte: Konstanze, die Tochter des spanischen Königs von Aragon, die allerdings nicht mehr ganz jung und auch keine Jungfrau mehr war, sondern die Witwe des ungarischen Königs Emmerich.

Als ihr Vater besorgt in der Kurie anfragen ließ, ob Friedrich nicht zu jung sei für eine 25-jährige Frau, antwortete ihm der

Papst, Knaben aus derart vornehmen Familien würden außerordentlich früh potent.

Lassen wir offen, woher der Heilige Vater das wusste.

Aber er hatte recht, Konstanze wurde sehr schnell schwanger, und nicht nur das beweist, dass die beiden sich sehr geliebt haben, was ja bei dieser Art arrangierter Ehen nicht gerade die Regel war. Trotzdem nahm Friedrich es nicht sonderlich genau mit der ehelichen Treue, was die große Zahl von Konkubinen beweist, deren Namen wir bis heute kennen. Und für die Treue gegenüber Innozenz III. gilt das Gleiche. In dieser Hinsicht trogen den Papst seine Hoffnungen.

Doch davon später.

Den Wettlauf nach Deutschland gewann Friedrich II., der nach einer abenteuerlichen Alpenüberquerung wenige Stunden vor Otto in Konstanz anlangte und von der Stadtbevölkerung begeistert empfangen wurde. Und nicht nur von den Menschen in Konstanz. Die Unterstützung durch den Papst, der Glanz des staufischen Namens, Geld aus Frankreich und die Hilfe der bedeutenden Erzbischöfe von Köln, Mainz und Trier trugen dazu bei, dass er innerhalb kürzester Zeit in ganz Süddeutschland anerkannt wurde, während Otto sich in den Norden zurückziehen musste.

Die letzte Entscheidung jedoch sollte nicht auf deutschem, sondern auf französischem Boden stattfinden. Frankreich ging einmal mehr gegen die Engländer vor, denen nach wie vor der ganze Westen des Landes gehörte. Otto dagegen, der die Bedrohung durch Friedrich II. offensichtlich unterschätzte, wollte seinen englischen Freunden und Verwandten zu Hilfe kommen und drang mit seinem Heer Richtung Lille vor.

Bei Bouvines kam es 1214 zur entscheidenden Schlacht, bei der sowohl der französische König als auch der deutsche Kaiser Otto in höchste Lebensgefahr gerieten, jedoch letztlich von ihren Männern gerettet wurden. Die französische Kavallerie entschied die Schlacht zugunsten von König Philipp. Der goldene

Reichsadler fiel in seine Hände, und er schickte einen seiner zerbrochenen Flügel als Siegeszeichen an Friedrich II.

Otto dagegen, gebrochen und deprimiert, floh nach Köln, dessen Bürger noch immer zu ihm standen; was schon erstaunt, wenn wir erfahren, welch fragwürdiges Bild die kaiserliche Familie inzwischen bot. Ottos Frau Maria, die Tochter des Herzogs Heinrich von Brabant, frönte ihrer ungehemmten Spielleidenschaft und war bei den reichen Kölnern derart hoch verschuldet, dass der englische König Johann Ohneland einspringen musste.

Die Kölner rieten dem Kaiser, ihre Stadt zu verlassen, gewährten ihm im Gegenzug einen Nachlass für die restlichen Schulden und gaben ihm noch 600 Mark Silber zusätzlich. Da der Kaiser sich schämte, so unrühmlich Abschied zu nehmen, soll er dem Anschein nach auf die Jagd gegangen und von dort nicht mehr zurückgekommen sein. Maria dagegen stahl sich als Mann verkleidet aus der Stadt und ward ebenfalls in deren Mauern nie mehr gesehen.

Otto zog sich nach Norden zurück und starb 1218 kinderlos und einsam auf der Harzburg.

Was war da übrig geblieben vom alten Glanz des Reiches? Was von der Würde und Ehre gekrönter Häupter? Was von ritterlichen Idealen, was von der einst sprichwörtlichen Treue bis in den Tod? Wer ein Amt anstrebte, musste teuer dafür bezahlen; Privilegien wurden verschachert, Bestechung war inzwischen an der Tagesordnung, und selbst wer König werden wollte, musste diesem Fürsten einen Zoll am Rhein gewähren, jenem Herzog ein Lehen zukommen lassen, einem dritten eine ganze Grafschaft zugestehen. Nicht zuletzt durch das korrupte Denken und Handeln der Fürsten wurde aus Deutschland der so berüchtigte Flickenteppich.

Jeder war inzwischen bestechlich, selbst die Erzbischöfe. Beispielsweise Johann von Trier, dem sein Kölner Kollege den Domschatz verpfänden musste, damit er Otto und nicht etwa

Philipp wählte. Kurz darauf lief er dann in Philipps Lager über, woraufhin der Papst ihn bannte. Flugs machte der Erzbischof kehrt und schloss sich wieder Otto an, bis seine Untertanen ihn zwangen, wieder zu Philipp zurückzukehren, weshalb ihn der Papst erneut exkommunizierte. Er unterwarf sich notgedrungen, um später ein drittes Mal die Seite zu wechseln.

Was uns lehrt, dass Zuverlässigkeit weder durch Kirchenbann noch durch gigantische Bestechungssummen auf Dauer garantiert werden kann.

Der treuloseste Reichsfürst jener Zeit war unbestritten der Vater jener Maria, die sich soeben in Männerkleidern aus Köln davongeschlichen hat. Bei allen sich bietenden Gelegenheiten waren er und sein gleichnamiger Sohn von staufischen Herrschern bevorzugt worden, und immer wieder hatten sie Verrat geübt. Als Philipp von Schwaben zum König gewählt werden sollte, stellte er sich gegen ihn, wandte sich Otto zu und versuchte, seine Tochter mit dem Welfen zu verheiraten, was aber zunächst scheiterte und erst nach Philipps Ermordung gelang.

Heinrich von Brabant führte den Beinamen *der Mutige*, aber man hätte ihn besser den *Wankelmütigen* genannt. Und das wäre noch geschmeichelt gewesen. Als sich die Schicksalswaage zugunsten Philipps senkte, wechselte er das Lager und verhalf diesem bei der Schlacht von Wassenberg, indem er – was damals als nicht besonders ritterlich galt – Otto und sein Heer durch eine vorgetäuschte Flucht in die morastige Ruraue und damit ins Verderben lockte. Nach der Ermordung des Staufers in Bamberg trat er als Kandidat gegen Otto an, konnte sich aber nicht durchsetzen.

Als der junge Friedrich II. in Deutschland eintraf, schloss Heinrich sich ihm sofort an, wechselte aber schon im nächsten Jahr die Fronten, blieb an Ottos Seite, bis sich ein Sieg Friedrichs abzeichnete. Er heuchelte Reue und wurde von Friedrich in dessen Lager bei Würselen prompt mit der Stadt Maastricht als Lehen belohnt. Weil aber der junge Staufer klug genug war, um gerade bei ihm nicht an ewige Treue zu glauben, musste Heinrich seinen Sohn als Geisel bei Friedrich lassen.

An der entscheidenden Schlacht bei Bouvines nahm Heinrich von Brabant – obwohl damals auf der Seite Ottos stehend – vorsichtshalber nicht teil. Stattdessen schickte er dem Sieger des Tages, dem französischen König Philipp, ein Gratulationsschreiben, das dieser mit zwei Seiten beantwortete. Die erste Seite war leer, auf der zweiten stand: »So leer wie das erste Blatt an Schrift, so leer ist der Herzog an Treue und Gerechtigkeit.«

Fulcher sah geduldig zu, wie der Junge gierig Stücke von dem Laib Brot abriss, den man ihm auf einem Brett vorgesetzt hatte. Zusammen mit dem Brot biss er große Stücke von einem Käse ab und spülte alles nur halb zerkaut mit Wasser hinunter. Immerhin sah er jetzt nicht mehr ganz so verlaust aus wie am Morgen, als er ihn in jenem finsteren Kellerloch besucht hatte, in das er von den Wächtern eingesperrt worden war. Sie hatten ihn inzwischen flüchtig gewaschen, ihm die Haare gestutzt und ein abgetragenes Gewand übergeworfen.

Er stank kaum noch.

Wie alt mochte er sein? Fünfzehn vielleicht? Dann war er damals zwölf gewesen, als er mit jenem Nikolaus losgezogen war, der angeblich diese Vision gehabt hatte. Mit Kindern ins Heilige Land zu ziehen, um es den Heiden wieder zu entreißen. Auf diese Idee musste man erst einmal kommen!

Im Jahr des Herrn 1212 – vor drei Sommern also – war jener Nikolaus mit ein paar Dutzend Jungen in Köln erschienen, stracks in den Dom gegangen, um am Schrein der Heiligen Drei Könige zu beten. Dann hatte er sich unter das Portal gestellt, mitten unter das Gesindel, das seit alters her die Treppen besetzt hält, und angefangen zu predigen.

Zunächst hatten ihm nur die Bettler zugehört, aber die Bauern, die von außerhalb auf die Märkte der Stadt kamen, erzählten daheim von diesem jungen Mann, dem angeblich der Herrgott höchstpersönlich erschienen war, sodass die Schar seiner

Zuhörer von Tag zu Tag wuchs. Bald waren es Hunderte, ein paar Wochen später schon Tausende, die ihm zuliefen.

Aber es waren nicht nur Kinder, auch Halbwüchsige und letztlich sogar Erwachsene, die sich unter das Jungvolk mischten und gebannt an den Lippen des Predigers hingen. Auch Fulcher, der Ratgeber des Erzbischofs, hatte ihm damals einmal zugehört und festgestellt, dass der junge Mann tatsächlich außerordentlich beredt war. Aus der Unterschicht stammte er jedenfalls nicht, aber zum Stadtadel gehörte er auch nicht. Er kam ganz einfach aus dem Nichts, und da seine Reden keineswegs aufrührerisch waren, fand der Erzbischof es auch nicht für notwendig, gegen ihn einzuschreiten.

Umso weniger als die Leute ihn offensichtlich für einen Heiligen hielten und ihn und seine Anhänger großzügig mit Almosen unterstützten. Tat er nicht Gottgefälliges? Predigte er nicht gegen die Ungläubigen? Was sollte verwerflich daran sein, gegen die Heiden zu ziehen und die heiligen Stätten der Christenheit von ihnen zu befreien? Hatten das nicht schon viele edle Ritter versucht?

Fulcher lächelte bitter bei dem Gedanken daran, wie der vierte sogenannte »Kreuzzug« verlaufen war. Beim ersten hatte man Jerusalem erobert und die gesamte Bevölkerung – Moslems und Juden, sogar die in der Stadt ansässigen Christen, Frauen und Kinder – ermordet. Stolz berichtete ein Chronist, man sei bis zu den Knien im Blut der Erschlagenen gewatet. Lange gehalten werden konnte die Stadt indes nicht.

Vor dem zweiten war es in Deutschland zu entsetzlichen Massakern an Juden gekommen, der Kreuzzug selbst hatte in einem Fiasko geendet. Beim dritten Kreuzzug ertrank Kaiser Friedrich beim Baden, später geriet Richard Löwenherz in Gefangenschaft, und zuletzt siegte der berühmte Sultan Saladin über die christlichen Ritter.

Die mächtigen Fürsten des christlichen Abendlandes zeigten danach keine Neigung mehr, dem Aufruf des Papstes zu folgen und Geld und Gefolgsleute zu opfern. Als es Innozenz III. dann doch noch gelang, eine Anzahl christlicher Ritter, vornehmlich französische Barone und flämische Grafen, zu überreden, wurde beschlossen, zunächst Ägypten anzugreifen, die vermeintliche Schwachstelle der Ungläubigen. Schnell aber wurde klar, dass es an den notwendigen Mitteln fehlen würde. Außerdem war Ägypten nur über den Seeweg zu erreichen.

Doch mit welchen Schiffen?

Nennenswerte Flotten im Mittelmeerraum besaßen auf der einen Seite nur die Araber, auf der anderen Seite lediglich die großen italienischen Hafen- und Handelsstädte Genua, Pisa und – Venedig. Dort herrschte der über neunzigjährige und blinde Doge Enrico Dandolo. Während sich Pisa und Genua den Kreuzfahrern verweigerten, erkannte der skrupellose alte Mann seine Chance. Er stellte Schiffe und Mannschaften – gegen eine hohe Summe versteht sich – und ließ die offensichtlich grenzenlos naiven Kreuzfahrer zunächst einmal nach Venedig kommen.

Als die Franzosen und Flamen seinen finanziellen Forderungen nicht auf der Stelle nachkommen konnten, bot er ihnen als Kompromiss an, dass sie ihm bei der Eroberung der von Venedig abgefallenen und so wichtigen Stadt Zara an der dalmatinischen Küste helfen sollten.

Dummerweise war das eine christliche Stadt, und sie zu erobern hätte nach damals geltenden Vorstellungen eine Todsünde bedeutet. Etliche Kreuzfahrer kehrten deshalb zornig nach Hause zurück, aber die Mehrheit beschloss in dieser Situation – Sünde hin oder her –, bei dieser schändlichen Aktion mitzumachen, zumal man in der wohlhabenden Hafenstadt reiche Beute machen würde.

Papst Innozenz III. erfuhr von diesem Plan, protestierte jedoch mit einiger Verzögerung, weshalb manche Bischöfe glaubten, dass er bewusst so spät reagierte, weil er den Kreuzzug nicht gefährden wollte. Aber so hatte er wenigstens nach außen hin ein Alibi. Später sprach er dann doch noch den Kirchenbann über alle Beteiligten aus. Aber der wurde dann rasch vergessen.

Zara jedenfalls wurde angegriffen, erobert und ordentlich ausgeplündert. Konnte man jetzt nach Ägypten segeln? Keineswegs. Der Doge befand, dazu sei es zu spät im Jahr, und schlug vor, in Zara zu überwintern. Wahrscheinlich wusste er schon zu diesem Zeitpunkt, dass Alexios, der Sohn des in Konstantinopel abgesetzten und eingekerkerten Kaisers, nach Deutschland geflohen war.

Der deutsche König, Philipp von Schwaben, war sein Schwager, der ihn eiligst nach Zara bringen ließ, wo Alexios den Kreuzfahrern große Versprechungen machte. Wenn sie zunächst gegen Konstantinopel zögen, den jetzt regierenden Kaiser absetzen und ihn selbst und seinen geblendeten und eingekerkerten Vater wieder auf den Thron setzen würden, könnte er, Alexios, die orthodoxe Kirche veranlassen, zurückzukehren in den Schoß der Römischen Kirche. Aber nicht nur das: Er versprach außerdem, die Schulden gegenüber Venedig zu bezahlen und zudem den Kreuzzug gegen Ägypten zu finanzieren.

Also noch ein Kreuzzug gegen eine christliche Stadt?

Wieder helle Empörung im Kreuzritterlager. Wieder reisten einige ab, aber Dandolo wusste sehr wohl, warum er so lange in Zara gewartet hatte.

Er überzeugte die Kreuzfahrer davon, dass es Gott sicher sehr gefallen würde, wenn die beiden Kirchen wieder vereint würden, dass in Konstantinopel ohnehin der falsche Kaiser regiere und dass – wer wüsste das nicht – dort unermesslich reiche Beute warte. Er vergaß allerdings zu erwähnen, dass er die Hälfte dieser Beute für sich beanspruchen würde, vor allem aber: Mit dem Sturz Konstantinopels würde Venedig die mächtigste Handelsstadt im Mittelmeer werden und die Kontrolle über die gesamte dalmatinische Küste an sich reißen.

Zunächst schien alles nach Plan zu laufen. Der amtierende Kaiser floh angesichts des anrückenden Heeres aus Konstantinopel. Der blinde Isaak kam zurück auf den Thron und regierte zusammen mit Alexios weiter, aber noch bevor man an einen Aufbruch nach Ägypten denken konnte, wurden Isaak und Alexios ermordet, und ihr Nachfolger dachte überhaupt nicht daran, frühere Versprechungen zu erfüllen.

Daraufhin erstürmten die wütenden Kreuzfahrer die Stadt, die neun Jahrhunderte hindurch das Zentrum der christlichen Zivilisation gewesen war. Und es waren Christen, die sich dort wie wilde Bestien aufführten. Sie verwüsteten die Paläste, schändeten die Kirchen, vergewaltigten und verstümmelten die Nonnen in ihren Klöstern, äscherten Bibliotheken ein, setzten eine betrunkene Hure auf den Thron des Patriarchen in der Hagia Sophia und schlugen jeden tot, der sich ihnen in den Weg zu stellen versuchte.

Rund 2000 Einwohner wurden auf das Brutalste hingemetzelt.

Danach wurde geplündert. Ein Augenzeuge berichtet über die Reliquienkapelle im alten Kaiserpalast: »Selbst die Türangeln und Riegel waren hier aus Silber, und dann gab es da keine Säule, die nicht aus Jaspis oder Porphyr oder aus reinen Edelsteinen war. In dieser Kapelle fand man kostbare Reliquien. Man sah da zwei Stücke vom wahren Kreuz Christi, so dick wie das Bein eines Mannes und ungefähr so lang wie ein halber Klafter; auch das Eisen der Lanze, mit der unser Herr in die Seite gestochen wurde, zwei Nägel, die durch die Mitte seiner Hände und die Mitte seiner Füße geschlagen wurden, die Tunika, die er trug und die von ihm genommen wurde, als sie ihn auf den Kalvarienberg führten, und die gesegnete Krone, mit der er gekrönt worden ist.«

An den Plünderungen beteiligten sich auch die den Kreuzzug begleitenden Kleriker. Fulcher erinnerte sich an einen Teilnehmer aus Flandern, der ihm nach seiner Heimkehr berichtet hatte, wie Abt Martin aus dem elsässischen Zisterzienserkloster Pairis in der Pantokratorkirche einem alten Priester das Messer auf die Brust gesetzt und dem zitternden Greis befohlen hatte, ihm die Reliquienkammer aufzuschließen.

Den ganzen Schatz hatte er dann im gerafften Bausch seiner Kutte davongetragen: Splitter vom Kreuz des Herrn, Fäden aus dem Kleid der heiligen Kaisermutter Helena, Tropfen des Heiligen Blutes, Knöchelchen vom heiligen Johannes Baptist, einige Schädel und unzählige Zähne.

Alles echt. Alles heilig.

Waren auch Deutsche an dieser Schande beteiligt?, hatte Fulcher wissen wollen.

Der Flame wusste nur von einem: Er hatte beobachtet, wie der Bischof von Halberstadt, Konrad von Krosigk hieß er wohl, ein ziemlich großes Stück wegschleppte, das angeblich auch vom Kreuz Christi stammte.

Fassungslos hatte Fulcher dem Heimkehrer zugehört. In allen Einzelheiten hatte ihm der Mann berichtet, dass sich seine Landsleute und die Franzosen vor allem auf die Reichtümer der Stadt gestürzt, während die Venetianer hauptsächlich Kunstschätze an Bord ihrer Schiffe gebracht hatten. Aber nicht nur Statuen oder Gemälde. Riesige Säulen, Mosaike und ganze Hausteile hatten sie im Lauf der nächsten Wochen verladen und in die Lagunenstadt gebracht.

Als die Kreuzfahrer abzogen, hinterließen sie Konstantinopel als leere und ausgeplünderte Ruine. Nach Ägypten sind sie nie gekommen.

Und nach Jerusalem erst recht nicht.

Deus le vult – Gott will es. Das war der Schlachtruf der Kreuzfahrer. Aber ein solches Massaker hatte Gott sicherlich nicht gewollt. Unter dem Vorwand, sie bei ihrem zunächst sicherlich ehrlich gemeinten Vorhaben zu unterstützen, hatte der blinde Doge von Venedig ein christliches Heer missbraucht, um die Interessen seiner Stadt durchzusetzen. Aus Rittern waren Raubritter geworden, die sich – angesichts der lockenden Beute – dazu hatten hinreißen lassen, Tausende unschuldiger Menschen zu ermorden.

Mit ungutem Gefühl erinnerte sich Fulcher daran, dass die Gebeine der Heiligen Drei Könige ebenfalls erst nach Köln kommen konnten, nachdem Kaiser Friedrich die reiche Stadt Mailand dem Erdboden gleichgemacht hatte. Ebenso wie die Kölner Bürger mochten sich auch diesmal viele Christenmenschen über die Reliquien gefreut haben, die heimkehrende Kreuzfahrer ihren Kirchen und Klöstern geschenkt hatten.

Dennoch, dachte Fulcher, Raubmord bleibt Raubmord – möge Gott uns allen gnädig sein.

Doch die Heimkehrer brachten nicht nur Beute mit. Sie erzählten auch, was in Zara und Konstantinopel passiert war, dass damals niemand mehr daran gedacht hatte, die heiligen Stätten von den Ungläubigen zu befreien, dass vielmehr Christen auf Christen losgegangen sind, sich gegenseitig ermordet haben um des schnöden Mammons wegen. Gerade in großen Handelsstädten wie Köln hatte sich das längst herumgesprochen, und deshalb waren die Menschen gerührt, als plötzlich dieser Knabe Nikolaus auf den Plan trat.

Nicht mit Gewalt wolle man das Heilige Land zurückgewinnen, predigte er. Als unschuldige Pilger sollten die Kinder losziehen, denn – so hatte es Nikolaus damals der täglich anwachsenden Zahl seiner Zuhörer erzählt – Christus selbst sei ihm erschienen und hatte ihm versprochen, sie brauchten weder Pferde noch Waffen. Er selbst werde sie führen, und das Meer werde sich vor ihnen teilen, sodass sie trockenen Fußes an ihr Ziel gelangen würden. Sie sollten ohne Furcht mit ihm ziehen. Gott werde alles richten. Sie müssten ihm nur bedingungslos vertrauen.

Und das hatten sie getan.

Aber nur wenige waren zurückgekommen. So wie dieser Knabe hier, der endlich satt geworden zu sein schien. Rupert hieße er – so viel hatten die Wächter aus ihm herausbekommen. Und dass er damals mit Nikolaus losgezogen war. Daraufhin hatten sie Fulcher benachrichtigt.

Der war natürlich neugierig. Lange hatte er damals mit dem Erzbischof darüber diskutiert, ob man die Kinder überhaupt hätte losgehen lassen dürfen. Es war doch absehbar, dass sie in ihr sicheres Verderben zogen. Ohne Geld, ohne Waffen, ohne vernünftige Kleidung. Die meisten liefen sogar barfuß. Wollten sie so über die Alpen kommen?

Wenn sie überhaupt wussten, dass es die Alpen gab.

Der Erzbischof sah das gelassen. »Schau dir diese Haufen doch an«, sagte er zu seinem Ratgeber. »Das sind nicht nur Kinder da unten. Die meisten von ihnen sind ja schon etwas älter, und – um ehrlich zu sein – ich glaube, dass die meisten von ihnen schon irgendetwas ausgefressen haben. Und erst recht die Erwachsenen, die sich unter sie gemischt haben. Entlaufene Knechte und Huren, Blinde und Lahme, lauter Gesindel und Bettelpack. Wir sollten froh sein, wenn wir sie vom Hals haben. Sollen sich doch andere Leute mit ihnen herumärgern. Natürlich werden sie nicht nach Jerusalem kommen, aber wenn sie es bis nach Mainz schaffen, bin ich schon zufrieden. Je mehr von diesem Abschaum aus der Stadt verschwindet, umso besser!«

»Aber auch wenn sie schon etwas gestohlen haben«, wandte Fulcher ein, »sind sie doch im Grunde unschuldige Kinder. Sie wollen nach Jerusalem, weil sie hoffen, damit Gottes Willen zu erfüllen.«

»Dann soll ihnen Gott auch helfen«, sagte der Erzbischof. »Er hat es diesem Nikolaus ja angeblich versprochen.«

Und damit hatte es sich.

Fulcher wartete geduldig, bis der Knabe den letzten Bissen Brot verschlungen hatte. Dann sagte er: »Also gut, Rupert, erzähle. Wie ist es dir ergangen damals?«

Rupert sah ihn fragend an, und Fulcher gestand sich ein, dass das eine einigermaßen törichte Frage gewesen war. Natürlich war es ihnen mehr als dreckig ergangen, aber das wusste ja inzwischen Gott und alle Welt. Also versuchte er es anders:

»Du persönlich: Wie bist du in dieses Abenteuer geraten?«

»Eines Tages«, begann der Junge zögernd, »ist einer von denen, die damals mit Nikolaus umherzogen, auf unseren Hof gekommen und hat von ihrer Aufgabe erzählt …«

»Von ihrer Aufgabe?«, fragte Fulcher. »Von welcher Aufgabe?«

»Nach Jerusalem zu ziehen, um das Heilige Grab von den Ungläubigen zu befreien«, erwiderte Rupert.

»Und dann bis du einfach von zu Hause fortgelaufen?«

Rupert sah ihn ernsthaft an. »Wisst Ihr denn, wie es in so einer Bauernhütte zugeht?«, fragte er. »Wie es ist, nachts zwischen Ziegen und Schweinen zu liegen, vor Hunger nicht einschlafen zu können und trotzdem im Morgengrauen vom Vater hochgescheucht zu werden, um ein bisschen Milch aus drei mageren Kühen herauszumelken? Und das Tag für Tag und Nacht für Nacht, ohne die geringste Hoffnung, dass sich daran etwas ändern könnte?«

»Ich gestehe, dass ich mir das nicht so richtig vorstellen kann«, gab Fulcher zu. »Aber trotzdem kann man doch nicht dem erstbesten dahergelaufenen Kerl nachlaufen, der einem völlig Unmögliches verspricht.«

»Es war ja nicht dieser Nikolaus, der uns das versprochen hat, sondern Gott persönlich hat aus seinem Mund gesprochen. Wenigstens haben wir das damals geglaubt.«

»Reichlich naiv«, sagte Fulcher.

»Es sind auch Mönche dabei gewesen, als wir uns in Köln zum Aufbruch versammelten, und die haben uns Mut gemacht, indem sie aus der Bibel die entsprechenden Verse vorgelesen haben. Eine Stelle habe ich mir bis heute gemerkt, und damals hatte ich sie mir stets ins Gedächtnis gerufen, wenn ich an unserem Auftrag zu zweifeln begann.«

»Und wie heißt die Stelle?«, fragte Fulcher neugierig.

Rupert brauchte nicht lange zu überlegen. »Sie steht im Psalm 8 und lautet: *Aus dem Mund von Kindern und Säuglingen, o Gott, verschaffst du dir Lob, Deinen Feinden zum Trotz.*«

»Ja«, sagte Fulcher, »Lob mag ja aus Kindermund kommen, aber das bedeutet noch nicht, über die notwendige Kraft zu verfügen, um gegen die Heiden zu kämpfen, denen sogar unsere tapfersten Ritter unterlegen sind.«

»Aber es war, als spräche Gott selber zu uns, wenn Nikolaus predigte«, versicherte Rupert, »Wir sollten uns keine Sorgen machen, sagte Nikolaus immer wieder. Er würde uns ins Heilige Land führen, und wenn einer von uns fragte, woher wir die notwendigen Schiffe bekommen würden, entgegnete er, dass wir keine Schiffe brauchten. Christus selber sei ihm erschienen und habe ihm versprochen, dass er persönlich die Wogen des Meeres teilen werde, damit wir trockenen Fußes hindurchziehen könnten, wie einst die Israeliten bei ihrem Auszug aus Ägypten.«

»Klingt ja toll«, sagte Fulcher sarkastisch.

»Wir haben es jedenfalls geglaubt«, sagte Rupert müde, »als wir Mitte Mai aus Köln hinauszogen und den Weg rheinaufwärts nahmen. Kaum einer von uns hatte an Proviant gedacht, aber es schien auch nicht notwendig, irgendeine Vorsorge zu treffen. Wohin wir auch kamen, in kleine Dörfer oder große Städte wie Worms oder Speyer, Freiburg oder Straßburg – überall strömten Menschen zusammen, brachten reichlich Almosen und beteten mit uns, bis wir weiterzogen.«

»Und dann haben sie drei Kreuze hinter euch gemacht«, vermutete Fulcher. »Das weiß ich«, sagte Rupert, »aber alles ging gut, bis wir die hohen Berge vor uns hatten.«

»Die Alpen«, nickte Fulcher.

»Wir dachten, diese steilen Pfade führen direkt in den Himmel«, erzählte Rupert. »Aber wir waren müde, wir waren ja schon ewig lange unterwegs, und in den Bergen gab es keine Orte mehr, wo Menschen wohnten, die uns hätten verpflegen können. Und natürlich waren wir fast alle barfuß losgezogen. Niemand hatte uns gesagt, dass wir über Schneefelder würden laufen müssen. Und an warme Kleider oder gar an Decken hatte auch niemand gedacht. Immer mehr brachen vor Erschöpfung zusammen. Immer mehr erfroren in den bitterkalten Nächten.«

Hier versagte Rupert die Stimme. Fulcher wartete, bis er sich wieder gefasst hatte, und fragte dann: »Wie viele von Euch sind denn durchgekommen?«

»Allenfalls die Hälfte. Wir haben nicht mehr gezählt. In Genua sind wir ans Meer gekommen, aber« – Rupert lachte bitter – »es hat sich nicht geteilt. Dann sind wir weitergezogen nach Pisa, wo einige von uns auf ein Schiff gestiegen sind, dessen Kapitän sie angeblich nach Jerusalem bringen wollte, aber ich habe ihm nicht getraut, sondern bin mit Nikolaus und dem Rest unseres Haufens nach Rom gekommen. Wir wollten den Heiligen Vater bitten, uns von unserem Kreuzzugsgelübde zu entbinden. Wir waren völlig am Ende.«

»Und?«, fragte Fulcher. »Hat er es getan?«

Rupert blickte zu Boden. »Er hat uns sagen lassen, einen solchen Eid könne man nicht ungeschehen machen. Wir sollten uns erholen, warten, bis wir erwachsen sind, und uns dann erneut einem Kreuzzug anschließen.«

Er sah Fulcher flehend an. »Muss ich das wirklich tun?«, fragte er verzweifelt.

Fulcher legte ihm die Hand auf die Schulter. »Darüber reden wir später.«

* * *

Im gleichen Jahr, als die deutschen Kinder sich in Köln sammelten, um zu ihrem Kreuzzug aufzubrechen, geschah nahezu das Gleiche in Frankreich. Stephan, ein Hirtenjunge aus dem Dorf Cloyes, das etwa 120 Kilometer südwestlich von Paris liegt, sammelte an die 30 000 junge Menschen um sich und suchte sogar den französischen König auf, um Unterstützung für sein Vorhaben zu erflehen. Aber Philipp weigerte sich, schickte die Kinder zurück und empfahl den Eltern, sie einzuschließen. Vergebens.

Der Kreuzzug setzte sich in Bewegung, musste allerdings nicht die Alpen überqueren, sondern zog die Rhone entlang südlich bis nach Marseille. Doch auch dort teilte sich das Wasser nicht, um sie durchzulassen.

Über das weitere Schicksal der Kinder ist wenig bekannt. Viele waren bereits an Erschöpfung gestorben. Ihrer fünftausend wurden angeblich von zwei Kaufleuten – Hugo dem Eisernen und Wilhelm dem Schwein – mit dem Versprechen, sie ins Heilige Land zu bringen, auf Schiffe gelockt. Zwei davon kenterten vor Sardinien. Die Kinder auf den anderen Schiffen wurden vermutlich in Nordafrika als Sklaven verkauft. Vierhundert soll alleine ein Emir gekauft haben, der sie »aus Respekt vor ihrer Religion« sehr anständig behandelte.

Aber waren das wirklich *Kinder*, die den Großteil der Pilger in diesen Kreuzzügen gestellt haben? Heute würden wir sie wohl so bezeichnen, aber aus mittelalterlicher Sicht waren sie es ganz sicher nicht mehr. Die Kindheit – von gebildeten Zeitgenossen als *infantia* bezeichnet – endete nach damaliger Auffassung mit Vollendung des siebenten Lebensjahres. Daran schloss sich die *pueritia* an, die Knaben- oder Mädchenzeit, die bei den Jungen mit vierzehn, bei den Mädchen dagegen schon mit zwölf Jahren abgeschlossen war.

Heute wäre es undenkbar, Acht- oder Zehnjährige von daheim weggehen zu lassen, aber damals galten sie bereits als Heranwachsende. War das Kind sieben Jahre alt, wurde es – so von vornehmer Herkunft – an den Hof einer anderen adeligen Familie geschickt, um dort aufzuwachsen und eine standesgemäße Erziehung zu erlangen.

Auf dem Land mussten die Kinder schon sehr früh mitarbeiten, die Jungen häufig mit vier oder sechs Jahren als Hirten oder Stallburschen, die Mädchen lernten ebenso früh Schuhe oder Sandalen aus Rinderhäuten herzustellen, Kleider und Decken zu weben, Tongeschirr zu formen, zu backen – und zu brauen. Bis zu ihrer Heirat blieben die Kinder meist auf dem elterlichen Hof.

Anders bei den Handwerkern: Ob Zimmerleute oder Schmiede, Schuster oder Töpfer – sie schickten ihre Söhne frühzeitig aus dem Haus. Sie sollten ihr Handwerk in anderen Werkstätten lernen, wo sie dann nicht nur arbeiteten, sondern auch schliefen und ernährt wurden. Und wenn man dann auch noch zwei Töchter in fremden Haushalten als Mägde unterbringen konnte, waren das schon drei Mäuler, die nicht gefüttert werden mussten. Ein wesentlicher Gesichtspunkt in Zeiten, da der Staat noch kein Kindergeld zahlte.

In städtischen Familien wurde schon sehr früh entschieden, ob die Kinder im Elternhaus heranwachsen oder einem Kloster *dargebracht* werden sollten, wie man es damals umschrieb. Abgesehen von der Tatsache, dass sie bei den Mönchen oder Nonnen kostenlos untergebracht und ernährt werden konnten, gab es für die Kleinen nur dort die Chance, in den Genuss einer halbwegs ausreichenden Bildung zu kommen. Dorfschulen waren völlig unbekannt.

In jedem Fall aber mussten Kinder in möglichst großer Zahl gezeugt und geboren werden, denn sie waren es, die später ihre Eltern ernähren mussten. Schwangere Frauen genossen deshalb vor allem in den Städten besonderen Schutz. Sehr viele starben jedoch im Kindbett, und auch die Kindersterblichkeit war sehr hoch.

Wir wissen von einem Augsburger Bürger, dem vier Frauen elf Mädchen und sieben Jungen gebaren. Von diesen 18 Kindern überlebten lediglich 11, aber auch die wollten schließlich versorgt werden. Man schätzt heute, dass eine Frau, die regelmäßig (natürlich ungeschützten) Verkehr hatte, jedes zweite Jahr schwanger wurde. Genaue Daten sind uns für das 11. und 12. Jahrhundert zwar nicht überliefert, aber die Forschung ist sich ziemlich einig darüber, dass rund 10 Prozent der Kinder schon als Säuglinge starben, während weitere 40 Prozent das Kindesalter nicht überlebten.

Immer mehr Kinder zeugen? Was sagte denn die Kirche dazu?

Die tat sich mit diesem Thema lange Zeit sehr schwer. Schließlich sind Kinder die Folge sexueller Betätigung, die tunlichst vermieden werden sollte. Andererseits war es durchaus wünschenswert, wenn Ehepaare viele Kinder zeugten. Uneheliche Kinder wurden vor allem in ländlichen Gegenden zumeist von den Vätern in deren Familie aufgezogen und waren keineswegs mit einem Makel behaftet. Nur bei der Erbschaft waren sie gegenüber den ehelich gezeugten Geschwistern benachteiligt.

Kinder selbst wurden von kirchlicher Seite geschätzt. Man erinnerte sich mit der Zeit verstärkt an Maria, die Jungfrau, und an den (keuschen) Josef, der als Beschützer der Familie galt. Jesus wurde zunehmend als Kind in der Krippe von Bethlehem dargestellt, die Gemeinden feierten das Fest der Unschuldigen Kinder, und schließlich: Hatte Jesus nicht selber gesagt: »Lasset die Kindlein zu mir kommen, denn ihrer ist das Himmelreich«?

Nicht geachtet waren lediglich die Kinder von Huren. Und von Klerikern.

Am liebsten hätte es die Kirche gesehen, wenn es möglich gewesen wäre, Kinder ohne Geschlechtsakt zu zeugen, aber irgendwann begriffen die Theologen dann doch, dass die Menschheit sich halt nur so fortpflanzen konnte, und der Akt wurde dann auch zähneknirschend gestattet. Aber nur in der Ehe, und auch da nur unter ganz bestimmten Bedingungen.

Die wichtigste Regel lautete: Eheleute dürfen nur dann Verkehr haben, wenn dieser ohne Lust und mit dem einzigen Zweck ausgeübt wird, Kinder in die Welt zu setzen. Sollte einer der beiden Partner dabei Lust empfinden, wäre das eine Sünde.

Zweite Bedingung: Der Beischlaf darf ausschließlich in der normalen Stellung ausgeübt werden, weil diese angeblich am ehesten zur Empfängnis führt. Jede andere Variante des Aktes ist strengstens untersagt. Alle abweichenden Spielarten gegenseitiger Befriedigung sind ebenfalls sündhaft, weil ja allein schon die Befriedigung der Lust sündhaft ist. Natürlich auch die der eigenen Lust durch Onanie oder Masturbation.

Thomas von Aquin lehrte, dass Selbstbefriedigung unausweichlich zur Schädigung des Gehirns und zu Schwindsucht führe. Onanie, Homosexualität, Sodomie und sogar der Coitus interruptus seien sogar größere Sünden als Ehebruch und Vergewaltigung.

Dritte Regel: Geschlechtsverkehr in der Ehe ist kategorisch verboten, wenn die Frau ihre Tage hat. Ohne zu ahnen, dass Frauen zu dieser Zeit nicht empfängnisfähig sind, wurde behauptet, dass zu diesem Zeitpunkt gezeugte Kinder blind oder aussätzig, bucklig oder taubstumm, lahm oder blöde geboren würden.

Viertens: Weil es beim Verkehr fast immer zu sündhaften Gedanken oder Handlungen komme, sollen sich die Eheleute an folgenden Tagen und in diesen Zeiten enthalten: etliche Wochen vor Weihnachten, Ostern und Pfingsten, jeweils in den Nächten von Samstag auf Sonntag, an allen Feiertagen und den Nächten davor und – die wohl irrwitzigste Forderung – in der Hochzeitsnacht und in den drei Nächten danach.

Die Kirche, die einerseits forderte, dass die Ehe ausschließlich der Zeugung von Nachwuchs zu dienen habe, verhinderte mit solchen Verboten einen größeren Kindersegen. Begründet wurde die Beschränkung sexueller Aktivität mit deren unabsehbaren medizinischen Folgen. Zu häufiger Verkehr schade dem Gehirn, schwäche den Körper und führe zu frühem Tod.

Was aber, wenn eine Ehefrau auch während der Zeit, da man sich enthalten sollte, von ihrem Mann sexuell bedrängt wird? Schließlich soll sie ihm doch untertan sein – oder? Auch da wusste der Beichtvater Rat: Zunächst sollte sie ihn, liebevoll natürlich, ermahnen, dass körperliche Liebe an diesem Tag untersagt sei. Wenn aber alles gute Zureden nicht hülfe, dürfe sie sich ihm hingeben.

Aber ohne jede Lust!

Mit anderen Worten: Der Beischlaf ist Eheleuten zwar gestattet, aber die Begierde ist und bleibt etwas ganz Schreckliches und damit eine Sünde. Wenn auch eine lässliche.

Bischof Jonas von Orleans schildert den Unmut, den die Männer angesichts dieser verordneten Lustfeindlichkeit empfanden. Sie schimpften: »Unsere Frauen sind uns rechtmäßig angetraut, und wenn wir von ihnen und zu unserem Vergnügen und wann immer wir wollen, Gebrauch machen, so sündigen wir nicht. Unsere Geschlechtsorgane wurden von Gott geschaffen, damit die Eheleute Beziehungen zueinander haben. Es ist nicht einzusehen, warum es eine Sünde sein soll, wenn diese aus Vergnügen zustande kommen.«

Aber nicht nur die Männer, sondern auch viele Frauen sahen das so. Offen dazu geäußert haben sich allerdings nur wenige zu diesem Thema. Von einer wissen wir es dank dem Geschichtsschreiber Liutprand von Cremona. Er hat uns die hübsche Anekdote von der Frau eines griechischen Adligen überliefert, der in die Gefangenschaft des Herzogs von Spoleto geraten war und wie alle seiner Mitstreiter entmannt werden sollte.

Seine Ehefrau aber herrschte den verdutzten Herzog wütend an, man könne den gefangenen Männern die Augen ausstechen, die Nase abschneiden und notfalls auch Hände und Füße abhacken, denn die gehörten ihnen selber. Ihre Geschlechtsteile dagegen gehörten den Frauen, denn sie dienten deren Befriedigung, und zudem der Fortpflanzung.

In dieser Reihenfolge.

Aus kirchlicher Sicht aber war Keuschheit das Ideal. Vor der Ehe ohnehin, aber auch unter Verheirateten wurde sie gepriesen, und zuweilen auch praktiziert. Zumindest der Überlieferung nach auch von dem deutschen Kaiserpaar Heinrich II. und seiner Frau Kunigunde, die angeblich in einer Josephsehe gelebt haben sollen.

Eine schöne Legende hat uns Gregor von Tours erzählt. Eine Tochter aus gutem Hause war von ihren Eltern mit einem Senator verlobt worden, aber als die Hochzeit näher rückte, verfiel die Braut in tiefe Trauer, und als sie nach den Gründen gefragt wurde, gestand sie, dass sie sich schon früh mit Jesus verlobt habe, und mit der nun anstehenden Hochzeit würde sie wohl alle Hoffnung fahren lassen müssen, jemals in den Himmel zu kommen.

Die jungen Menschen heirateten trotzdem, führten aber eine keusche Ehe. Als sie später starben, wurden die beiden in zwei voneinander getrennten Gruften beigesetzt, aber eines Tages entdeckte man, dass aus den beiden Grabmälern über Nacht ein einziges geworden war.

Keine Legende, sondern Tatsache ist, wie die Ehe der heiligen Hedwig verlief, die – einzig und allein ihren Eltern zuliebe – als Zwölfjährige Herzog Heinrich den Bärtigen von Schlesien heiratete, der sie auch sofort schwängerte. In der Bulle zu ihrer späteren Heiligsprechung hat Papst Clemens IV. detailgenau beschrieben, wie sich das Eheleben des Herzogpaars gestaltete.

Er unterschied dabei zwei Phasen in Hedwigs Leben, die erste, 23 Jahre dauernde, während der sie ihre sieben Kinder bekam, und die zweite, 30 Jahre dauernde, in der sie und ihr Mann bis zu dessen Tod keusch nebeneinanderher lebten. In der ersten Phase schliefen sie nachweislich nur zusammen, um Kinder zu zeugen, wobei Hedwig, wie der Papst wörtlich hervorhob, »niemals vom Feuer der Wollust ergriffen« worden sei.

Während der Monate ihrer verschiedenen Schwangerschaften hatte ihr Gatte keinen Zutritt zu ihrem Schlafgemach und natürlich auch nicht an den von der Kirche verordneten anderen Fastentagen.

Andererseits kam sie jedoch auch ihren Pflichten nach, die von ihr verlangten, dem Ehegatten zu Willen zu sein, wann immer er das wünschte.

Vorausgesetzt, es war gerade erlaubt.

Sie führte damit eine aus damaliger kirchlicher Sicht ideale Ehe. Ob sie so auch gottgewollt war, sei dahingestellt.

I n der Hölle sollen sie schmoren, diese verdammten Bandi-
ten. Der Mann, der auf einem dunkelbraunen Pferd an der
Spitze der kleinen Gruppe ritt, sprach es nicht aus. Er fraß
seinen Hass in sich hinein. Als Erzbischof sollte man nicht flu-
chen, aber Engelbert, der Erste dieses Namens auf dem Kölner
Thron, war nicht der fromme Seelenhirte, wie uns in seiner
Biografie der Mönch Caesarius von Heisterbach glaubhaft machen will.

Ein Zeitgenosse schilderte ihn zwar in höchsten Tönen: Er
sei *die Stange der Kirche, die Zierde des Klerus und die Stütze des Reiches*. Letzteres war er sicherlich, aber ansonsten war er eher ein
Machtmensch, brutal und rücksichtslos, aber was für ihn galt,
das traf auch auf seine ganze Familie zu, mit der er sich schon
seit einiger Zeit heftig überworfen hatte.

Engelbert wurde vermutlich 1185 als Sohn des Grafen Engelbert von Berg auf Schloss Burg unweit von Wuppertal im Bergischen Land geboren. Während sein Bruder Adolf das väterliche
Erbe antrat, schlug Engelbert als jüngerer Bruder – wie damals
in Adelskreisen üblich – die klerikale Laufbahn ein. Und machte
Karriere. Zunächst als Propst in St. Georg in Köln, dann als Dom-
propst. Was ihn jedoch nicht daran hinderte, zusammen mit seinem Verwandten, dem Erzbischof Adolf von Altena, in der Zeit
des staufisch-welfischen Thronstreits die Güter des Domkapitels
zu verwüsten, wofür er schließlich sogar von Papst Innozenz III.
exkommuniziert wurde.

Kurz darauf begnadigt, wurde er Propst von St. Severin in Köln, nahm am sogenannten »Kreuzzug« gegen die Albigenser in Südfrankreich teil und wurde schließlich sogar zum Erzbischof gewählt. Zudem war er ein bei Kaiser Friedrich II. gern gesehener Berater, und da sich dieser kaum einmal in Deutschland sehen ließ, ernannte er Engelbert zum Vormund seines Sohnes, den der Erzbischof schließlich in Aachen als Heinrich VII. zum König krönte.

Engelbert galt in jener Zeit als der verlängerte Arm des Kaisers, und so trat er auch auf.

Unter seiner Herrschaft wurden zahlreiche Städte im heutigen Nordrhein-Westfalen gegründet, so zum Beispiel Siegen, Herford, Brilon oder Attendorn. Wo immer es möglich schien, versuchte er, sein Herrschaftsgebiet zu erweitern. So findet man keine Freunde; und nicht einmal die Unterstützung der eigenen Verwandtschaft.

Da gab es noch eine andere Linie in der Familie: die Grafen von Altena-Isenberg, und hier interessiert uns im Grunde nur Engelberts entfernter Neffe Friedrich, der auf der Isenburg in Hattingen residierte und keinem Streit mit dem Kölner Erzbischof aus dem Weg ging. Der Kaiser war weit weg, an den Ereignissen in Deutschland höchst desinteressiert, und so schuf sich der hiesige Adel seine eigenen Gesetze.

Beispielsweise, wenn es um ein Erbe ging.

Als nämlich Engelberts älterer Bruder, Graf Adolf von Berg, ohne männliche Erben starb, hätten nach damals gültigem Recht seine Tochter und ihr Mann, der Herzog von Limburg, sein Erbe antreten müssen. Das jedoch ließ der Erzbischof nicht zu, sondern riss die Grafschaft Berg an sich. Somit hatte sich Engelbert – neben seinem Neffen – auch noch den Herzog von Limburg zum Feind gemacht, und ganz allmählich bildete sich im Nordwesten eine Adelsfront gegen den Kölner.

Die Lage spitzte sich immer weiter zu. Seit Jahren schon beschwerte sich die Äbtissin des Reichsstiftes in Essen über Friedrich von Isenberg, der bei ihr das Vogteirecht besaß. Ein Vogt vertrat das Kloster in weltlichen Angelegenheiten und kassierte dafür natürlich gewisse Abgaben. Im Normalfall. Immer wieder aber wurden aus den Beschützern Räuber, die das Kloster drangsalierten und dessen Besitz plünderten, was Engelbert im konkreten Fall zum Anlass nahm, dem Neffen das Vogteirecht über Essen wegzunehmen.

Friedrich protestierte heftig. Immerhin besaß seine Familie die Vogteirechte seit 1209. Er hatte vorsichtshalber auch zwei Schriftstücke anlegen lassen, in denen 36 Oberhöfe mit insgesamt 1440 Bauerngütern in 905 Ortschaften aufgelistet waren, die ihm und seiner Familie gehörten. Sollte er diesen Besitz etwa dem Erzbischof überlassen?

Da war kaum eine Einigung möglich. Trotzdem hatte man sich jetzt, Anfang November im Jahr des Heils 1225, in Soest getroffen, aber die mehrere Tage dauernden Verhandlungen verliefen ergebnislos. Gestern hatte man sich getrennt und für die nächste Woche einen neuen Termin verabredet, diesmal in Köln.

Der Erzbischof wusste sehr wohl, dass es wieder zu keiner Einigung kommen würde. Vielleicht glaubte der Vetter, ihn an der Nase herumführen zu können, aber da würde er sich noch wundern. Vielleicht, überlegte Engelbert, sollte ich ihn sogar einsperren, bis er nachgibt. Wir werden darüber schlafen. Heute Abend in Schwelm, wo wir noch die Kirche einweihen und dann übernachten wollen.

Sie ritten soeben am Fuß des Gevelsbergs in einen Hohlweg, als sie plötzlich einen gellenden Pfiff vernahmen. Man hörte Pferdegetrappel und lautes Geschrei. Engelbert gab seinem Pferd die Sporen und versuchte, nach vorne zu entkommen, aber da tauchten auch am Ende des Hohlweges Bewaffnete auf. Seine Begleiter rissen ihre Schwerter heraus, aber der Erzbischof sah sofort, dass Gegenwehr sinnlos war. Es waren einfach zu viele, die auf sie eindrangen. Er gab seinem Pferd die Sporen. Vielleicht konnte er ihre Reihen durchbrechen, aber da riss ihn auch schon einer der Angreifer aus dem Sattel.

Ein Schlag traf ihn an der Schulter, ein zweiter am Kopf, und dann verlor er das Bewusstsein.

Erst Stunden später wagten sich seine geflohenen Begleiter an den Ort des Verbrechens zurück. Fassungslos starrten sie auf die grässlich verstümmelte Leiche ihres Herrn, die von den Mördern im Schmutz der Straße zurückgelassen worden war.

Sie wickelten den Toten in eine Decke und ritten die ganze Nacht hindurch, um den Leichnam auf das Schloss Burg, den Stammsitz der Familie, zu bringen. Dort schien man nicht überrascht, die Leiche des Erzbischofs zu sehen. Die Besatzung hatte wohl Anweisung, die Aufbahrung abzulehnen. Der Tote, sagte man, sei ja nun kein Herrscher mehr, und der wirkliche Herr sei ja wohl ohnehin immer Herzog Heinrich von Limburg gewesen und daher: Gottbefohlen!

Der kleine Trupp ritt mit dem Leichnam weiter zum nahe gelegenen Kloster Altenberg, und dort erwies man sich als christlicher. Man hieß die Männer des Erzbischofs willkommen, entkleidete und wusch den Toten. Dann entnahm man ihm das Herz und barg es in einem kleinen Reliquienschrein, während seine Männer den Leib ihres toten Herrn nach Köln zurückbrachten.

Noch heute wird hier und da behauptet, dass Engelbert eigentlich nicht ermordet, sondern lediglich als Geisel genommen und so zum Einlenken gezwungen werden sollte, was in jenen Zeiten nicht ungewöhnlich gewesen wäre. Der Erzbischof wurde jedoch nicht etwa durch einen unglücklichen Stich getötet, was ja bei energischer Gegenwehr tatsächlich hätte passieren können. Das aber ist wohl auszuschließen. Engelbert wurde gezielt ermordet. Schon damals hat man an der Leiche 47 Verletzungen gezählt.

Noch genauer war der Befund, den der Kölner Gerichtsmediziner Günter Dotzauer nach Untersuchung der Gebeine des

Erzbischofs im Jahre 1979 aufstellte. In seinem Bericht heißt es wörtlich:

»Im rechten Stirnbein ist eine tangentiale Knochenhiebverletzung von einer Länge von 4,3 Zentimetern und einer Breite von 1,8 Zentimetern, die bis in die schwammige Schicht reicht, zu entdecken. Die linke Schädelpartie zeigt eine rissförmige Knochenverletzung zwischen dem knöchernen Gehörgang und einer Knochenschnittwunde. Das rechte Schlüsselbein wurde von scharfen Werkzeugen (Dolch oder Messer) getroffen, von der Wirbelstange sind durch Einhiebe sechs Querfortsätze abgeschlagen. Linke und rechte Beckenschaufeln sind durch mehrere scharfe Einhiebe stark in Mitleidenschaft gezogen. Dicht unterhalb der Oberschenkelpfanne ist der Unterrand derselben auf einer Länge von 6,4 Zentimetern abgeschlagen; großer und kleiner Oberschenkelkopf des linken Beins sind von mehreren Hieben durchschlagen.«

Das Ergebnis dieser Untersuchung ist eindeutig: Engelberts Tod war weder ein Unglück noch eine misslungene Geiselnahme. Das war ein gewolltes Abschlachten.

Juristisch war die Sache klar. Landfriedensbruch war es in jedem Fall, und ob nun Mord oder fahrlässige Tötung – auf beidem stand damals die Todesstrafe. Sofort verhängt der junge König Heinrich über den Isenberger die Reichsacht, und der Papst spricht den Kirchenbann aus. Friedrich verliert seinen gesamten Besitz, seine Brüder gehen ihrer Ämter als Bischöfe von Osnabrück und Münster verlustig.

Während der neue Kölner Erzbischof Heinrich I. von Molenark die Burgen des Isenbergers schleifen lässt und für seine Ergreifung 2100 Mark Silber aussetzt, flieht Friedrich zunächst zum Grafen von Tecklenburg. Später reisen er und seine Brüder nach Rom, um vom Kirchenbann freigesprochen zu werden. Ob der Papst Gnade walten ließ, ist nicht bekannt. Es hätte auch nichts geändert, denn Friedrich wird auf der Heimreise in Huy bei Lüttich erkannt, als er dort um Unterkunft nachsucht.

Sein Gastgeber, der Ritter Balduin von Gennep, erkennt ihn, vergisst angesichts der ausgesetzten 2100 Mark Kopfgeld seine Ehre und verkauft seinen Gefangenen an den Grafen von Geldern, und der liefert ihn schließlich in Köln ab.

Friedrich wusste, was ihn erwartete. Zwei Männer aus seinem Mordkommando waren bereits zuvor gefasst worden. Den einen hatte man am gegenüberliegenden Rheinufer gerädert, den anderen an den Schweif wilder Pferde gebunden und zu Tode schleifen lassen.

* * *

Jan war übellaunig. Er war meist schlecht gelaunt, und besonders dann, wenn eine Hinrichtung anstand. Hinrichtungen bedeuteten Arbeit, und wenn es dann schon seit den frühen Morgenstunden derart regnet, dass sich in den Gassen mittlere Seen bilden, dann würde er am liebsten daheim bleiben, obwohl es dort auch nicht wesentlich gemütlicher ist als im Morast der Straßen.

Er schläft – von wohnen kann man wohl nicht sprechen – ebenso wie seine Halbschwester Trude in dem halb verfallenen Haus am alten Graben, das ihre Mutter ihnen hinterlassen hat, als sie von einem ihrer Kunden erwürgt worden war. Da war Trude gerade mal sechs und er vierzehn Jahre alt. Sie wussten nicht, wer ihr Erzeuger war. Hatten sie überhaupt einen gemeinsamen Vater? Eher nicht. War auch egal. Sie hatten sich von Kindesbeinen an alleine durchschlagen müssen, und so war Trude auf dem Strich gelandet, und er verdiente sich sein bisschen trockenes Brot als Abdecker. Ein unehrlicher Beruf.

Na und?

Von irgendwas musste man ja nun leben, und ein Handwerk zu erlernen – das war für einen wie ihn völlig ausgeschlossen. Schließlich gab es in einer Stadt wie Köln so einiges zu tun, wofür andere Leute sich zu schade waren. Kloaken zu säubern, wildernde Hunde zu erschlagen oder Tierkadaver zu beseitigen.

COLONIA IM MITTELALTER

Fleisch durfte ausschließlich von geschlachteten Tieren verkauft werden, nicht aber von wie auch immer verendeten, und davon gab es genug. Wenn ein Schaf eingegangen oder ein Rind an einer Krankheit gestorben war, dann wurde der Henker benachrichtigt, und der ließ dann ihn holen, damit er das Aas entsorge.

Nicht einmal eine tote Katze durfte der Bürger selber begraben.

Einiges ließ sich ja noch brauchen; die Wolle der Schafe beispielsweise, oder die Haut von Ziegen, Rindern und Pferden, die man bei den Gürtelmachern verkaufen konnte, sogar die Knochen von Hunden und Katzen, die man bei den Seifensiedern loswurde. Vor allem Hundeleder war beliebt, weil sich daraus wunderbar Stiefel, Geldbörsen und Handschuhe machen ließen. Aber es blieb immer noch genug Ekelhaftes zurück, das entsorgt werden musste.

Draußen vor den Toren, auf dem Schindanger, wo er die Reste vergrub, hatte er einen Kittel liegen, den er nur bei dieser Tätigkeit anzog. Außerdem wusch er sich im nahen Bach gründlich Gesicht, Hände und sogar die Haare, damit der Aas-Gestank nicht an ihm klebte, wenn er abends nach Hause kam. Er wusste, dass man ihn sonst nicht in der Gasse hätte wohnen lassen. Schinder hausten normalerweise vor den Mauern der Stadt, aber er brauchte das Gespräch mit den Nachbarn, beispielsweise mit dem alten Christoph, der ebenso wie auch er bei der Hinrichtung des Grafen helfen sollte. Alleine wäre *Meister Hans* damit wohl überfordert.

Wer ist Meister Hans?

Der Henker. Aber Hans war nicht sein richtiger Name, und ein Meister war er auch nicht. Man nannte ihn vielerorts so, weil er nicht zu den Bürgern der Stadt zählte, ein Anonymus, mit dem man nichts zu schaffen haben wollte. Er war der Unehrlichste unter den Unehrlichen, der nicht einmal eine Wirtschaft betreten durfte, wenn auch nur ein einziger Gast Einspruch erhob. Und wenn man ihn dann doch einließ, stellte man einen besonderen Schemel für ihn in die Ecke. Einen Schemel mit lediglich drei Beinen.

Wie sie der Galgen aufwies.

Warum wurde er derart verachtet? Weil er Menschen tötete? Klingt zunächst einleuchtend, aber sofort stellt man sich die Frage: Warum wurden dann die Krieger früher als Helden bejubelt? Das eben stimmt so nicht ganz. In der Antike unterwarfen sich aus der Schlacht heimkehrende Soldaten Monate hindurch schweren Entsagungen, um sich von ihrer »Schuld« reinzuwaschen. Schließlich hatten sie Menschenleben ausgelöscht. Den Geistern der Erschlagenen opferten sie kostbare Gaben, um sie zu versöhnen.

Auch die Götter der Germanen mussten versöhnt werden, wenn sie durch einen Schwerverbrecher beleidigt worden waren. Das Urteil wurde von der Volksversammlung verkündet, und die Vollstreckung – ein sakraler Akt – oblag einem Priester.

Als im Zug der Christianisierung die alten Götter langsam aus dem Bewusstsein der Menschen verschwanden, waren natürlich auch die Menschenopfer undenkbar geworden. Aber das Tötungstabu hielt sich hartnäckig. Man wollte selber lieber unbeteiligt bleiben, wenn der scheinbar notwendige Akt vollzogen wurde.

Die alten Israeliten erfanden deshalb die Steinigung. Jedermann bewarf das Opfer, und niemand wusste, wessen Stein der tödliche gewesen war. Und noch einen »Vorteil« hatte diese Art der Hinrichtung: Der Delinquent wurde unter einem Berg von Steinen begraben und verschwand ganz einfach von der Bildfläche.

Niemand hatte sich die Hände schmutzig gemacht.

Ähnlich verfuhren auch die Germanen, die – abgesehen von denen, die den Göttern geopfert wurden – zum Tode Verurteilte ganz einfach im Moor versinken ließen, wo sie spurlos verschwanden und erst heute hier und da wieder von Torfstechern gefunden werden. Zur großen Freude von Archäologen.

Zur Zeit der Völkerwanderung verwilderten die Sitten, aber danach sah man ein, dass nicht vom ganzen Volk Recht gesprochen werden konnte. Zumindest nicht über den Adel. Das behielt sich der jeweilige Herrscher selber vor. Hatte sich jemand aus der Oberschicht eines todeswürdigen Verbrechens schuldig gemacht, schickte er einen Fronboten los, der nicht nur das Urteil überbrachte, sondern häufig auch gleich selber vollstreckte. Noch Jahrhunderte später erinnerte die scharlachrote Kleidung des Scharfrichters daran, dass er einst als königlicher Bote unterwegs war.

An ihn erinnert noch heute das Wort *Büttel*.

Im Mittelalter verloren Kaiser und Könige ihre Macht. Sogar viele Herzöge und Erzbischöfe mussten die Herrschaft über die neu entstehenden großen Städte abgeben, deren Bürger jetzt auch die Gerichtshoheit für sich eroberten. Ratsherren und Schöffen sprachen nun selber Recht – nur: An professionellen Henkern fehlte es im 13. Jahrhundert noch immer. Man suchte unter den Unehrlichen nach einem Freiwilligen, der häufig aus den Reihen der Abdecker und Kloakensäuberer kam, häufig auch ein Fremder war, dessen Namen keinen interessierte. *Meister Hans* stand für Anonymität.

Dass derart ungeübte Henker ihren Job nicht zur Zufriedenheit aller (auch des Hinzurichtenden!) auszuüben vermochten, versteht sich eigentlich von selbst. Bis in die Neuzeit hinein kam es immer wieder zu skandalösen Fehlleistungen, entweder weil der Henker zu nervös war oder zu betrunken oder weil sich das Opfer verzweifelt wehrte, was ja verständlich war. Dann gelang es dem Henker nicht, das Haupt mit einem präzisen Schlag vom Rumpf zu trennen. Er traf überhaupt nicht oder lediglich in die Schulter oder in den Rücken, schlug mehrfach zu und trennte den Kopf zu guter Letzt mühsam mit dem Messer ab.

Immer wieder musste man damals einen solchen stümperhaften Henker mit Waffengewalt vor der tobenden Menge retten, die den unglückseligen Mann in ihrer rasenden Wut zu lynchen versuchte. Manche Henker wurden auch selber hingerichtet. Allein aus München werden aus dem 14. Jahrhundert etliche Fälle berichtet. Ein Scharfrichter wurde selber aufgehängt, ein anderer enthauptet, einem dritten wurden die Augen ausgestochen und die Zunge herausgerissen.

Noch immer aber erinnerte in Köln das feierliche Ritual an das einstige Sakrale einer Hinrichtung. Es war schon fast wie eine Liturgie, wenn man feierlich einen Stab über dem Kopf des Verurteilten zerbrach, ihn dann auf dem Domplatz zu dem berühmt-berüchtigten Stein führte und zu ihm sprach: »Wir stoßen dich an den blauen Stein, du kommst zu Vater und Mutter nicht mehr heim.«

Von diesem blauen Stein aus wurde der Verurteilte dann mittels des Schinderkarrens zur Hinrichtungsstätte gefahren. Entweder zum Heumarkt, wo die Enthauptungen stattfanden, oder zum Galgen, der auf dem Altermarkt errichtet wurde, oder zum Judenbüchel vor dem Severinstor und später zur Richtstätte am Melatenfriedhof an der Straße, die nach Aachen führte.

Natürlich fand sich kein ehrbarer Handwerker bereit, dem Henker bei der Vorbereitung einer Hinrichtung zu helfen, obwohl da ja zuweilen einiges zu tun war. Wenn es nun überhaupt nicht zu umgehen war, dass Zimmerleute gebraucht wurden, um beispielsweise einen Galgen aufzubauen, trat die gesamte Zunft an, damit nicht etwa ein einziges Mitglied bei dieser schändlichen Arbeit seiner Ehre verlustig ging. Und sollte jemand der Zunftbrüder an diesem Tag krank oder sonst wie verhindert sein, überließ man ihm einen letzten Nagel, den er dann auf jeden Fall später einschlagen musste.

Auch ansonsten musste man als ehrbarer Mann äußerst vorsichtig sein, wenn man seine Ehre nicht verlieren wollte. Als auf dem Kölner Heumarkt der Ratsherr Diederich Spitz hingerichtet wurde, schlug der Henker mit solcher Wucht zu, dass der Kopf des Unglückseligen von der Tribüne hinab unter das Volk rollte.

Ein Fassbinder, dessen Name nicht überliefert ist, hob ihn auf und warf ihn wieder nach oben. Das hätte er besser nicht getan, denn als »Helfer des Henkers« war er ab sofort ehrlos und wurde aus seiner Zunft verstoßen. Und dieser Vorfall ereignete sich nicht etwa im finsteren Mittelalter, sondern immerhin nach der Entdeckung Amerikas! Um genau zu sein: am 10. Januar des Jahres 1513, morgens um 9 Uhr.

Menschenopfer waren zwar geächtet, aber nun wurde der Opfernde geächtet: der Henker. Wenn er als unehrlich bezeichnet wird, hat das nichts mit Wahrheit oder Unwahrheit zu tun. Unehrlich heißt nichts anderes als unehrenhaft, aber seine gesellschaftliche Ächtung stand – vor allem in späteren Zeiten – in einem krassen Gegensatz zu seinem Einkommen. Aus früheren Jahrhunderten ist darüber wenig aktenkundig gemacht worden. Aber mit zunehmender Bürokratie in den städtischen Amtsstuben wurde akribisch festgehalten, was Meister Hans für welche Tätigkeit erhielt.

Der Streit zwischen Henker und Behörde nahm häufig makabre Formen an. War das Hängen aufwendiger als das Kopfabhacken? Stand dem Scharfrichter mehr Lohn zu, wenn er die Leiche des Hingerichteten vierteilte und an verschiedenen Stellen aufspießte, anstatt sie wie üblich zur Gänze unter dem Galgen zu verscharren?

Zusätzliches Honorar gab es zudem, wenn dem Opfer ein Ohr abgeschnitten oder eine Hand abgehackt werden sollte, für das Blenden oder das Herausreißen der Zunge. Zu kurz kam der Henker selten, denn es gab da noch andere Einkommensquellen. Da der Henker häufig auch der Kerkermeister war, mochten sich Inhaftierte hin und wieder einen einigermaßen angenehmen Aufenthalt erkaufen, so sie es sich denn leisten konnten, und selbst die Folter ließ sich – zumindest für unerfahrene städtische Amtleute, die als Beobachter anwesend waren – auf höchst unauffällige Weise mehr oder weniger schmerzhaft gestalten.

Bei besonders qualvollen Hinrichtungsarten, beim Verbrennen bei lebendigem Leibe etwa oder beim Rädern, erwies sich der Scharfrichter fast immer zugänglich, wenn Verwandte der Hinzurichtenden bei ihm auftauchten und ihm heimlich Geld zusteckten, damit er das Opfer in letzter Minute heimlich erdrossele, um ihm so die schlimmsten Schmerzen zu ersparen.

Aber auch nach der Hinrichtung gab es noch Geld zu verdienen, indem der Henker, bevor er die Leichen verscharrte, gewisse Gliedmaßen abtrennte, die er dann entweder an Quacksalber verkaufte oder aber an Bettler. Die hockten dann vor der Kirchtüre und ließen beispielsweise das Bein eines Hingerichteten zur Hälfte unter ihren Lumpen herausschauen, was das Mitleid der frommen Gläubigen weckte; besonders wenn es bereits zu faulen begann und entsprechend entsetzlich aussah und roch.

Aus dem Blut und dem Fett der Hingerichteten rührten die Henker häufig obskure Salben an, die als Wundermittel gegen alle möglichen Krankheiten galten, denn trotz seines unehrlichen Standes erinnerten sich die Menschen noch immer daran, dass der Scharfrichter früher einem Priester gleich die armen Sünder der beleidigten Gottheit geopfert hatte, und schrieben ihm deshalb heimliche Kräfte zu.

Wenn der Henker dann noch ein bisschen begabt war, konnte er sich tatsächlich gewisse medizinische Kenntnisse aneignen, denn es gehörte beim Verhör nicht nur zu seiner Aufgabe, dem Delinquenten ein Geständnis zu entreißen – er musste auch darauf achten, dass ihm das Opfer nicht unter den Händen starb. Und in der Nacht musste er es umsorgen und so weit pflegen, dass es am nächsten Tag wieder halbwegs hergestellt war, damit die sogenannte peinliche Befragung fortgesetzt werden konnte.

* * *

Jan hatte den ganzen gestrigen Tag damit zugebracht, das große hölzerne Wagenrad mit Blei zu überziehen. Und zusätzlich die drei Meter lange Stange. Das klingt einfacher, als es war, denn zum einen muss man einen Schmied finden, der – wie auch immer – den Henker bei seinem schändlichen Tun unterstützt. Hilgers Georg, der Waffenschmied, hatte sich daran auch nicht persönlich beteiligt, aber er hatte Blei in einer großen flachen Schale zum Schmelzen gebracht, und selbst dafür hatte er sich die Erlaubnis seiner Zunft einholen müssen.

Am späten Vormittag hatte Jan dann mit der eigentlichen Arbeit begonnen und mit einer Kelle vorsichtig das Blei auf die Nabe gegossen, dann auf jede Speiche, von beiden Seiten natürlich. Zwischenzeitlich musste das Blei hart werden, ehe man weitermachen konnte. Kein Fleckchen Holz durfte mehr zu sehen sein, denn das Rad sollte ja nicht faulen da draußen. Es würde den Leichnam des Mörders tragen, drei Meter über dem Boden, und zwar nicht nur tagelang, sondern für etliche Monate.

Dann kam die lange Stange an die Reihe, auch dafür hatte er zwei Stunden gebraucht, um sie dann zu schultern und das mit Blei überzogene Rad vor sich her die ganze Severinstraße entlangzurollen, nach draußen zu dem kleinen Hügel am Judenfriedhof, wo man die meisten Verbrecher hinrichtete, deren Leichen anschließend als Abschreckung zur Schau gestellt werden sollten. Hinrichtungen mit dem Beil konnten auf dem Alter Markt stattfinden, wo auch der Pranger stand. Aber Leichen wochenlang am Galgen hängen oder oben auf dem Rad liegen lassen – das war dort natürlich ausgeschlossen.

Allein schon wegen des Gestanks.

Schließlich kam der 13. November des Jahres 1226. Meister Hans hatte den Richtplatz schon im Morgengrauen hergerichtet. Das Loch, das später die hohe Stange aufnehmen sollte, war gegraben, Holzstücke lagen bereit, um sie senkrecht festzukeilen. Vier weitere Keile waren so in den Boden getrieben worden, dass man den Verurteilten mit weit gespreizten Armen und Beinen daran fesseln konnte.

Um den Richtplatz herum herrschte wildes Gedränge. Jan, der Schinder Christoph und ein weiterer Henkersknecht drängten die Menschen zurück. Dazu brauchten sie keine Waffen. Es reichte, wenn sie mit ausgestreckten Händen auf die Gaffer zugingen, um die Leute angstvoll zurückweichen zu lassen. Um kein Geld der Welt würde sich ein anständiger Kölner von einem Unehrlichen auch nur berühren lassen.

In der Ferne war Geschrei zu hören, das langsam näher kam. Zahllose Menschen säumten den Weg vom Judenbüchel bis zum weit offen stehenden Severinstor und vermutlich auch die Straße dahinter bis zum Domhof, wo der Zug vor einiger Zeit aufgebrochen war.

Dann erschienen im weit offen stehenden Tor vier Berittene, die mit ihren Lanzen den Weg frei machten für den Henkerskarren, auf dem gefesselt ein Häuflein Mensch hockte, dereinst stolzer Graf von Isenberg, später ein heimtückischer Mörder und jetzt nur noch eine armselige und gefolterte Kreatur, auf ihrem letzten Weg von der aufgebrachten Menge mit Steinen, Schlamm, faulem Obst und Tierkot beworfen.

Als der Karren auf dem Richtplatz angekommen war, kletterte Meister Hans nach oben, band den Grafen los und stieß ihn roh hinunter. Der Körper des Mannes war fast nackt und mit Wunden übersät; er war im Kerker offensichtlich schrecklich gefoltert worden.

Jan und Christoph warfen ihn auf den Rücken und banden ihn an die vier Pflöcke, dann schoben sie ihm noch Holzscheite unter die Beine und Arme, damit das schwere Rad den Körper des Delinquenten umso entsetzlicher zertrümmern konnte. Wollte man Gnade walten lassen, stieß man das Rad zunächst auf den Kopf des Opfers, was normalerweise sofort den Tod herbeiführte.

Diesen Gnadenakt aber hatte der Erzbischof in diesem Fall ausdrücklich untersagt. Also wurde der Graf nicht *von oben herab* gerädert, sondern auf die besonders schreckliche Art *von unten herauf*. Dabei zerschmetterte der Henker zunächst die Schienbeine, dann die Oberschenkel und die Hüfte, dann die Arme und den Brustkorb. Den Kopf verschonte er jedoch. Das Opfer sollte nicht sterben.

Noch nicht.

Als das erste Schienbein unter dem Aufprall des Rades zerbrach, wandten sich viele Menschen vor Entsetzen ab und hielten sich die Ohren zu. Die furchtbaren Schreie, die jetzt folgen würden, wollten sie nicht hören. Aber Graf Friedrich schrie nicht. Stumm blickte er auf das Folterrad, das wieder und wieder auf seine Gliedmaßen stürzte und eines nach dem anderen zermalmte.

Und stumm vor Entsetzen starrten die Menschen auf das grausige Geschehen und sahen zu, wie der Henker schließlich die zersplitterten Glieder zwischen die Speichen des Rades flocht, das noch immer stumme Opfer so festband, dann das Rad auf die Stange setzte und beides zusammen aufrichtete.

Hoch oben, drei Meter über der Richtstätte, starrte der noch immer lebende Graf Friedrich von Isenberg in den Himmel. Niemand wusste, wie lange er noch leben würde. Irgendwann würde er sterben. Vielleicht in einer Stunde, vielleicht in drei Tagen.

Die Raben würden es als Erste merken.

* * *

Annette von Droste-Hülshoff hat diesem trüben Tag eine Ballade gewidmet, die folgendermaßen ausklingt:

Und wenn das Rad der Bürger sieht,
dann lässt er rasch sein Rösslein traben;
doch eine blasse Frau, die kniet
und scheucht mit ihrem Tuch die Raben:

Um sie mied er die Schlinge nicht.
Er war ihr Held, er war ihr Licht –
und, ach, der Vater ihrer Knaben.

Zum Weinen schön. Aber leider erfunden. Graf Friedrichs Frau
Sophie war nach dem Mord an Erzbischof Engelbert mit ihren
Kindern zu ihrer Familie ins Herzogtum Limburg geflohen, wo
sie im gleichen Jahr, aber noch vor der Hinrichtung ihres Mannes starb.

Es war vorüber. Auf dem Acker lagen nur wenige Leichen, ihrer Waffen und Kleider beraubt. Enttäuschend eigentlich. Barthel hatte sich mehr versprochen und fluchte leise vor sich hin, während er mit den beiden Jungen in einer Senke hockte und darauf wartete, dass auch die letzten Männer das Schlachtfeld verließen. Rund zwanzig Meter neben ihnen balgten sich zwei Raben um eine abgeschlagene Hand.

Die Hitze war nahezu unerträglich.

Unweit von ihnen erspähten sie im Buschwerk den leblosen Körper eines Ritters, der bis dahin offensichtlich noch nicht vermisst wurde. Sie krochen vorsichtig hinüber, und als sie das Visier seines Helms aufklappten, sahen sie in ein dunkelrotes und aufgedunsenes Gesicht. Irgendwelche Verletzungen entdeckten sie nicht. Er war offensichtlich erstickt.

Einer der Jungen riss hastig das Kurzschwert des Toten aus der mit zahlreichen Edelsteinen verzierten Scheide, aber Barthel nahm es ihm weg.

»Was willst du damit?«, fuhr er ihn an. »Etwa in der Stadt zum Kauf anbieten? Einen schnelleren Weg zum Galgen gibt es ja wohl nicht.«

»Und warum sind wir dann überhaupt hierhergekommen?«, fragte der Junge trotzig.

»Um uns zu holen, was die hohen Herren nicht mehr brauchen. Ein paar Eisenringe von einem Panzer, einen schlichten Dolch, eine verbogene Lanzenspitze, und wenn wir nicht einmal so etwas finden sollten, gibt es immer noch das da.« Barthel zeigte auf ein Schlachtross, das nicht weit von ihnen vergebens versuchte, wieder auf die Beine zu kommen. Offensichtlich war ein Bein gebrochen, und niemand hatte sich die Mühe gemacht, den Schimmel von seiner Qual zu erlösen.

»Es wird noch andere geben«, sagte Barthel. »Gut, dass wir die Karren dabeihaben. Das gibt Fleisch für etliche Wochen. Machen wir uns an die Arbeit.«

Barthel war Schinder in Köln. Er tat, was kein anständiger Bürger tun durfte, ohne automatisch unehrlich zu werden: Er holte verendete Tiere ab und entsorgte sie. Nicht ohne sie zuvor dahingehend untersucht zu haben, was da vielleicht noch zu verwerten war: das Fell für den Weißgerber, der daraus Geldbeutel oder Gürtel zu fertigen wusste, und die Knochen für den Seifensieder. Nur das Fleisch verendeter Tiere war tabu. Das würde ihm kein Metzger abnehmen.

Hin und wieder erhielt er den Auftrag, alle herrenlos in den Gassen herumstreunenden Hunde totzuschlagen. Davon hätte er sogar leben können, auch wenn es einigermaßen frustrierend war, jeden Tag mit einem Knüppel auf abgemagerte Köter einzudreschen.

Ebenso unangenehm, wenn auch aus völlig anderen Gründen war die Arbeit als Goldgräber. So nannten die Kölner die Kloakensäuberer, die zum einen die großen städtischen als auch die kleineren privaten Aborte in regelmäßigen Abständen zu leeren hatten. Das war im wahrsten Sinne des Wortes eine Scheißarbeit. Aber sie wurde gut bezahlt, und das war das Einzige, was zählte.

Vor Drecksarbeit durfte man sich halt nicht scheuen, und deshalb hatte er sich mit den beiden Söhnen seiner Schwester sowie zwei von Eseln gezogenen Karren schon nach Mitternacht auf den Weg Richtung Neuss gemacht, weil sich herumgesprochen hatte, dass es dort vor den Toren der Stadt zu einem großen Aufeinandertreffen mehrerer Hundert Ritter kommen würde, an dem auch etliche Söhne aus den vornehmen Familien Kölns teilnehmen sollten.

Mal sehen, ob es da was zu holen gab.

Wer da gegen wen antrat, wusste Barthel nicht. Es war ihm auch völlig gleichgültig, wer dabei letztlich auf der Strecke blieb. Würde es überhaupt Tote geben? Barthel war sich nicht einmal sicher, ob es zu einem richtigen Kampf kommen oder ob es sich nur um eine Art Schauspiel mit stumpfen Waffen handeln würde, ein Rangeln um die Anerkennung durch die anwesenden vornehmen Damen, wie es neuerdings Mode war.

Leider würde dann nur wenig für ihn abfallen.

Aber dann war es doch ein harter Kampf geworden, der einen hohen Tribut gefordert hatte. Barthel und die Jungen hatten nur aus weiter Ferne zugeschaut. Und im Grunde nichts verstanden. Jedenfalls hatten sie gesehen, wie Ritter zu Dutzenden von ihren Rössern gestoßen und von feindlichen Knappen zu Gefangenen gemacht wurden. Manche waren wie tot fortgeschafft worden; nur den einen, der jetzt vor ihnen lag, hatte man noch nicht gefunden, aber Barthel würde sich hüten, den Leichnam zu berauben.

Inzwischen hatte sich das Schlachtfeld ganz geleert, und die drei machten sich über das Streitross her. Barthel durchstieß ihm die Halsschlagader, während die Jungen ihm eine zurückgelassene Decke vom Rücken abstreiften. Dann befahl Barthel ihnen, dem Kadaver die Hufe abzuschlagen, denn das Horn war noch zu verwerten.

Wesentlich wertvoller indes waren die Hufeisen. Abergläubische Menschen hängten sich ein Hufeisen mit der Öffnung nach unten über die Haustüre, weil sie glaubten, unter einem Hufeisen hindurch würde sich weder ein Teufel noch eine Hexe in ihr Haus trauen. Barthel sah das pragmatischer. Für ihn bedeutete ein Hufeisen schlichtweg Geld, das ihm ein Schmied dafür zahlen würde.

Und für vier Hufeisen gab es naturgemäß viermal so viel Geld.

Aber da war schließlich auch das Fell, das der erfahrene Schinder dem Kadaver routiniert abzog, und letztendlich auch das Fleisch, das in großen Stücken herausgeschnitten, in Tücher gewickelt und auf die Karren geladen wurde. Sie fanden noch zwei andere Pferde mit gebrochenen Beinen, mit denen sie ebenso verfuhren wie mit dem ersten.

Schließlich sammelten sie noch ein paar zersplitterte Lanzen ein, deren Spitzen sie ebenfalls bei einem Schmied im Sinne des Wortes würden versilbern können, um sich schließlich im Schatten ihrer Karren erschöpft niederzulassen und wieder zu Atem zu kommen.

Die für Mai ungewöhnliche Hitze stand über dem Schlachtfeld, auf dem sich allmählich weitere Raben und Krähen einfanden. Abergläubische Zeitgenossen behaupteten in solchen Fällen, das seien nicht die stets hungrigen Aasfresser, sondern die Seelen der Gefallenen, die vor der Himmelspforte abgewiesen worden waren, aber das war dummes Geschwätz. Rabenvögel fanden sich immer ein, wenn es nach Blut und Tod roch.

Barthel suchte unter der Beute nach der Flasche, die er vorsorglich mitgenommen hatte. Der Wein darin war längst warm geworden und schmeckte entsprechend grausig. Sie tranken ihn trotzdem.

Notfalls hätten sie auch Blut getrunken.

* * *

Was war denn an jenem 26. Mai 1241 geschehen? In einer Reimchronik der Stadt Köln, die vermutlich 1270 von dem Kölner Stadtschreiber Gottfried Hagen verfasst wurde, und in ein paar anderen dunklen Quellen wird ein Turnier erwähnt, das vor den Toren der Stadt Neuss ausgetragen wurde und bei dem zwischen 60 und 100 Ritter und Knappen umgekommen sein sollen, die meisten von ihnen in ihren Rüstungen einem Hitzschlag erlegen. Bei diesem Turnier hatte sich angeblich ein gewisser Gerhard Scherfgin aus einem alten Kölner Geschlecht besonders hervorgetan. Das ist dann auch schon alles, was wir darüber wissen.

Nicht gerade viel.

Doch was verstehen wir denn eigentlich unter einem Turnier? In alten Ritterfilmen sehen wir immer das Gleiche: Zwei Gepanzerte reiten mit vorgestreckter Lanze aufeinander zu. Dann kommt der Zusammenprall. Einer der beiden fliegt aus dem Sattel, und der andere reitet zur Dame seines Herzens, die ihm von der Tribüne aus zugeschaut hat und ihm nun einen Blumenkranz an die Lanze bindet.

Oder so ähnlich wenigstens.

Aber Derartiges war ja kein Turnier. Das war ein(e) Tjost. Diese Bezeichnung ist heute – zumindest für Laien – derart ungewöhnlich, dass man sich noch nicht einmal darüber einig ist, ob das Wort männlichen oder weiblichen Geschlechts ist.

Doch fragen wir uns zunächst, wie das alles angefangen hat.

Mit Sicherheit in sehr bescheidenem Rahmen und zumeist auf einem Burghof, wo man den Stammhalter, kaum dass er laufen konnte, auf ein Pferd setzte, damit er von Anfang an die Angst vor solchen Riesentieren verlor.

Ein paar Jahre später prügelte er sich schon mit den Kindern des Personals, und als er schließlich stark genug war, brachte ihm – so vorhanden – der alte Waffenmeister bei, wie man mit Lanze, Schwert und Schild umging, aber letztendlich brauchte man doch einige Erfahrung zum Überleben in wirklichen Auseinandersetzungen, und ein solcher Ernstfall ließ sich kaum im Burghof nachstellen.

Deshalb verabredeten sich nicht nur junge und unerfahrene Ritter, sondern auch ältere Haudegen zu Zweikämpfen, die keineswegs vor großem Publikum, sondern oft auf irgendwelchen Wiesen oder Waldwegen ausgetragen wurden, denn noch ging es nicht um die Ehre, sondern hauptsächlich darum, Kraft und Kondition zu steigern. Da machte auch schon einmal ein König mit, wie von Heinrich I. dem Vogler im 10. Jahrhundert berichtet wird.

Natürlich wurde aus dem Trainingsspaß hin und wieder auch blutiger Ernst. Vor allem wenn die jeweiligen Kontrahenten schon länger ein Hühnchen miteinander zu rupfen hatten. Im Grunde jedoch sollten derartige Kämpfe natürlich auf richtige Schlachten vorbereiten, und als gegen Ende des 11. Jahrhunderts neue Lanzen gefertigt wurden, die mehr als drei Meter lang waren, wurde aus den bis dahin üblichen Zweikämpfen eine völlig neue Art der Kriegsführung.

Von nun an ritten in einer Schlacht die feindlichen Heere in dicht geschlossenen Reihen und mit eingelegten Lanzen in gestrecktem Galopp und mit ohrenbetäubendem Gebrüll aufeinander zu. Der Zusammenprall muss fürchterlich gewesen sein. Ringsum splitternde Lanzen, stolpernde Rosse und Ritter, die aus ihren Sätteln stürzten.

Und genauso ging es auch auf den Turnieren zu.

Durchbrach die eigene Reihe die Frontlinie des Feindes, mussten die Ritter beider Seiten möglichst schnell wenden, um sich rasch wieder zu sammeln und erneut anzugreifen. Die Drehung oder Wende heißt im Altfranzösischen *tournoi*, und so lesen wir in einem Bericht des Bischofs Otto von Freising, dass 1127 vor den Toren Würzburgs ein Kampfspiel stattgefunden habe, »*quod vulgo nunc tournoimentum dicitur*«, was also in der Volkssprache Turnier genannt wird.

Das Turnier, wie es sich rasch in ganz Europa durchsetzte, kam tatsächlich zuerst in Frankreich auf. Angeblich wurden die Regeln von dem französischen Adeligen Geoffroy de Preuilly schon im 11. Jahrhundert festgelegt, aber zu einem prachtvollen Fest der Eitelkeiten, vor Publikum und mit zum Teil wertvollen Preisen, wurde das Kampfspiel erst hundert Jahre später. Und dann galt es natürlich auch, einen entsprechenden Anlass zu finden.

Zum Beispiel den Mainzer Hoftag in der Regierungszeit von Friedrich Barbarossa, auf dem 1184 die Schwertleite der beiden

Söhne des Kaisers gefeiert wurde. Anschließend fand ein prunk-volles Turnier mit Tausenden Rittern statt, was leider durch ein schweres Unwetter überschattet wurde, bei dem sogar die extra aus diesem Anlass errichtete Holzkirche am Kampfplatz zu Bruch ging und für ein paar Dutzend Gäste zur tödlichen Falle wurde.

Mit der Zeit wurde es Brauch, dass der Adel nahezu jeden Festtag nutzte, um ein Turnier zu veranstalten. Das konnte ein hoher kirchlicher Feiertag sein, aber auch eine Eheschließung, eine Kindstaufe oder einfach nur hoher Besuch. Die Prahlsucht der damals Reichen und Mächtigen stand keineswegs hinter der Eitelkeit unserer heutigen Society zurück, und wie diese nutzte man jede Gelegenheit zu Protz und Prunk.

Das begann schon mit der feierlichen Einladung an möglichst viele, vor allem aber hochrangige Standesgenossen, denen mitge-teilt wurde, welche anderen berühmt-berüchtigten Kämpfer be-reits zugesagt hatten. Im Vorfeld wurde darüber hinaus festge-legt, welches Lösegeld man von eventuellen Gefangenen fordern durfte, und schließlich wurden wertvolle Preise für den Sieger ver-sprochen, zum Teil auch reichlich bizarre, beispielsweise ein Bär.

Was immer der spätere Sieger auch damit anfangen sollte.

Im Epos »Parzival« von Wolfram von Eschenbach setzt sich die Mutter des Helden, Königin Herzeloyde, bei einem großen Turnier selber als Preis aus. Das fanden sehr viel später, als selbst Nichtadelige Turniere veranstalteten, die Bürger von Magdeburg derart romantisch, dass auch sie eine Frau als Hauptgewinn aus-schrieben.

Leider handelte es sich dabei nicht um eine Königin, sondern um eine Hure.

Außer für Preise hatte der Veranstalter aber auch für einen geeigneten Turnierplatz zu sorgen, und er musste – wichtiger noch – für die anreisenden Gäste eine zumutbare Unterkunft zur Verfügung stellen und für ihr leibliches Wohl sorgen. Zu Deutsch: Es wurden eine Zeltstadt errichtet und Unmengen von Fisch und Fleisch, Wein und Bier beschafft.

Bevor jedoch das Turnier endlich beginnen konnte, waren die Herolde gefordert. Ursprünglich waren das nichts anderes als reitende Boten, die Nachrichten verkündeten, Kriegserklärungen überbrachten und Friedensangebote unterbreiteten. Hin und wieder haben sie wohl auch Botschaften verliebter Ritter an die von ihnen angebeteten Damen überbracht.

Bei Turnieren dagegen waren sie anfangs noch nicht gefragt, denn wenn dort – auch uneingeladen – fahrende Ritter aufkreuzten, fragte sie niemand nach ihrem Stand. Allein das Schlachtross, die Rüstung und die ihn begleitenden Knappen waren Beweis genug für Reichtum und vornehme Herkunft.

Das änderte sich im 13. Jahrhundert. Von da an mussten die Ritter nachweisen, dass ihre Familie seit einigen Generationen zum Adel gehörte, und als Beweis dienten von da an gewisse Symbole, was natürlich eine Wissenschaft für sich war.

Diese Merkmale dienten ursprünglich ausschließlich dazu, einen Ritter identifizierbar zu machen, denn seit dem zweiten Kreuzzug waren die Helme der Ritter anders geformt. Die bis dahin getragenen Spangenhelme wiesen zwar einen Nasenschutz auf, aber das reichte nicht gegen die Wolken von Pfeilschwärmen, die den christlichen Kämpfern entgegenflogen, wenn sie gegen ein muslimisches Heer anritten.

Deshalb erfand man den Topfhelm, der zwar den ganzen Kopf wirksam schützte, aber er wies nur einen schmalen Sehschlitz auf, durch den der Ritter den Feind mehr schlecht als recht wahrnehmen konnte. Sein eigenes Gesicht aber blieb sogar für seine Mitstreiter unsichtbar. Deshalb wurde es notwendig, an seinem Helm und dem Schild gewisse Zeichen anzubringen, die zumindest dem Eingeweihten ermöglichten, den Kämpfer zu identifizieren.

Das Wappen war geboren.

Zunächst waren das noch ziemlich willkürlich gewählte Symbole und Farben, und man musste schon ein gutes Gedächtnis haben, wenn man sich diese Zeichen einprägen wollte. Erst im

Lauf der Zeit wurden sie dauerhaft bestimmten Adelsgeschlechtern zugeschrieben und so zu erblichen Familienzeichen.

Anfangs war das alles einigermaßen ungeordnet, und deshalb wurden Herolde zunächst aus der Szene des fahrenden Volkes rekrutiert, Spielleute und Vagabunden waren das, die derart verachtet wurden, dass man sie sogar straflos totschlagen durfte.

Andererseits waren sie weit herumgekommen, hatten im Gegensatz zu den meisten Adeligen viel von der Welt gesehen und konnten sich häufig in mehreren Sprachen verständigen. Ein Herold des Herzogs Ludwig von Bayern-Ingolstadt soll angeblich sogar Latein, Deutsch, Englisch, Französisch, Polnisch und Ungarisch gesprochen haben.

Mit der Zeit wurden die Herolde nicht nur in Turnieren, sondern auch vor und nach der Schlacht unentbehrlich. Vor der Schlacht konnten sie anhand der verschiedenen Wappen ihrem Herrn die Aufstellung des feindlichen Heeres verdeutlichen und nach der Schlacht die gefallenen Ritter identifizieren. Ihre Hauptaufgabe jedoch blieb die Kontrolle bei den Turnieren, und die bestanden eben keineswegs – wie historische Filme uns gerne weismachen wollen – ausschließlich im Aufeinanderzureiten einzelner Ritter in voller Rüstung, die mit einer Lanze versuchten, sich gegenseitig aus dem Sattel zu stoßen.

Dieser zwar sehr populäre und besonders langlebige Zweikampf hieß damals Tjost (das merkwürdige Wort stammt vom lateinischen *iuxta* = *dicht dabei* ab). Bei diesem Duell galt es, den Gegner mit einem Stoß entweder gegen den Schildbuckel oder – besser noch – unter das geschützte Kinn zu treffen. Keineswegs durfte der Gestürzte dann überrannt werden, sondern der Sieger musste sein Ross so in der Gewalt haben, dass der Verlierer nicht noch schwerer verletzt wurde.

Anfänglich ritten die beiden Streiter auf freiem Feld aufeinander zu, aber das führte unausweichlich immer zu schwereren Zusammenstößen, und zuweilen wurden dabei auch die Pferde von den Lanzen getroffen, sodass man schließlich hölzerne Barrieren, die sogenannten Schranken, errichtete, wodurch die Pferde voneinander ferngehalten wurden. Noch heute sprechen wir davon, dass jemand in die Schranken gewiesen wird.

Um möglichst fest im Sattel zu sitzen, zogen die Ritter mit der Zeit Sättel vor, die vorn und hinten höher waren als normale Sättel. Festbinden durften sie sich am Pferd allerdings nicht.

Wurde beim Lanzenstechen kein Sieger ermittelt, konnte der Kampf – je nach Vereinbarung – mit den Schwertern fortgesetzt werden, wobei die Ritter so lange aufeinander einschlugen, bis einer von ihn ermüdet aufgeben musste.

Schon vor dem Beginn derartiger Zweikämpfe wurde festgelegt, was der Unterlegene dem Sieger als Lösegeld zu zahlen hatte. In der Regel musste er ihm sein Pferd und seine Waffen überlassen, was häufig seinen Ruin bedeutete, denn beides zusammen entsprach in etwa dem Wert von zwanzig Pflugochsen. So mancher Ritter musste sich deshalb bei einem jüdischen Geldverleiher verschulden.

Adelige, die mehr auf Ruhm und Ehre aus waren als auf materiellen Gewinn, verzichteten auf diese Beute oder stifteten das gewonnene Lösegeld für die Armen. Besonders geschickte und kampferfahrene Ritter verhielten sich allerdings leider anders. Sie ritten von Turnier zu Turnier, um auf diese Weise reich zu werden, wobei ihnen der schlechte Ruf, der ihnen daher vorausging, völlig gleichgültig war.

Ein derartiger Profi war William Marschall, der Sohn eines englischen Adeligen, der bereits bei seinem ersten Turnier in der Bretagne mehrere Streitrösser und viele Waffen erbeutete. Zusammen mit einem anderen Ritter zog der außergewöhnlich begabte junge Mann von 1169 an durch ganz Europa. In nur zehn Monaten besiegten die beiden angeblich 107 Gegner und wurden innerhalb kürzester Zeit zu reichen Männern.

Als William aus einem Grund, den wir nicht kennen, dann doch einmal in Gefangenschaft geriet, war er schon so berühmt, dass ihn Königin Eleonore, die Mutter von Richard Löwenherz, freikaufte. Und nicht nur das: Sie holte ihn an den Hof, wo er später nach dem Tod von König Johann Ohneland sogar zum Regenten für dessen noch minderjährigen Sohn ernannt wurde.

Er starb hochbetagt als schwerreicher Mann.

Aber William war keineswegs der Einzige, der den Tjost als Beruf ausübte. Gerade nachgeborene und daher nicht erbberechtigte Söhne versuchten sich im Sinne des Wortes als Glücksritter. Aber auch Erben riskierten Leben und Besitz. Beispielsweise Philipp, der Sohn des Herrn von Kronenberg im Taunus, über dessen Terminplan sein Vater schrieb:

»Er besuchte sein erstes Turnier in Wiesbaden am 5. Oktober 1410, danach war er am 18. November in Mainz, und eine Woche später in Frankfurt; dann eines in Boppard zu Weihnachten und am darauf folgenden Osterfest in Mainz und eines in Worms zwei Wochen später. Dann ein Turnier in Würzburg drei Wochen nach Pfingsten und eines um Martini in Frankfurt, dann eines in Landau zwei Wochen nach Ostern, eines in Heilbronn und in Wiesbaden auf Fastnacht, im November in Boppard und selben Monat in Worms.«

Doch kehren wir vom Tjost zurück zum ursprünglichen Turnier, was in erster Linie ein Kampf war, der sich lediglich in drei Punkten von einer wirklichen Schlacht unterschied:

– Zu einem Turnier wurden die Kämpfer eingeladen,
– bestimmte Regeln mussten eingehalten werden,
– es gab Sicherheitsbezirke, in die sich ermüdete oder verletzte Ritter zurückziehen konnten.

Am Vortag wurde vereinbart, welche einigermaßen gleich starken Parteien gegeneinander kämpfen sollten. Dann wurden für beide Seiten Areale abgesteckt, in die man sich zurückziehen konnte, in die man aber auch gefangene Gegner schaffte, die sich später freikaufen mussten. Am Vormittag des nächsten Tages begann dann das eigentliche Turnier.

Die Ritter trugen zumeist ein bis zu den Knien reichendes Kettenhemd mit Ärmeln, die auch die Handgelenke schützten. Dazu den schon erwähnten Topfhelm, in dem es an heißen Tagen unerträglich stickig wurde. Von William Marschall wird erwähnt, dass bei einem Turnier sein Gesicht derart angeschwollen war, dass ihm ein Schmied bei dem Versuch helfen musste, den zerbeulten Helm vom Kopf zu ziehen.

Wenn die Herolde das Zeichen gaben, galoppierten beide Parteien in geschlossenen Kampflinien aufeinander ein. Der Aufprall war schrecklich, wobei die Ritter versuchten, sich gegenseitig aus dem Sattel zu stoßen, bis sich die beiden Reihen schließlich hoffnungslos ineinander verkeilten. Dann wurden die Schwerter gezogen, auch mit Streitaxt und Keule durfte gekämpft werden, nur nicht mit Dolchen.

Es war jedoch nicht das Ziel, sein Gegenüber zu töten, sondern es – wie auch immer – gefangen zu nehmen, wobei die sogenannten Kipper ein wichtige Rolle spielten. Diese Kipper waren die Helfer der kämpfenden Ritter, zumeist hörige Knechte, die beim Turnier die Aufgabe hatten, müde oder verletzte Gegner aus dem Sattel und zu Boden zu reißen und in den Sicherheitsbezirk zu bringen.

Für die Adeligen war es natürlich ziemlich demütigend, von einem Unfreien weggeführt zu werden, und deshalb wurde auch häufig vereinbart, dass keine Kipper eingesetzt werden dürften. Knechten, die sich trotzdem auf das Turnierfeld wagten, schlug man unerbittlich die Hand ab.

Aber auch ohne Kipper ging man auf Turnieren dieser Art mit äußerster Brutalität vor, und deshalb stellt sich natürlich die Frage nach dem Warum. Ging es hier tatsächlich um das körperliche und taktische Training für die Schlacht? Oder war man ausschließlich auf Beute aus? Um die Ehre ging es bei dieser Art von Kampfspiel weniger, denn da gab es keine Schranken wie beim Tjost, wo zwei edle Ritter einen fairen Zweikampf austrugen, von den Damen auf der Tribüne bewundert und beklatscht.

Bei einem Turnier waren Gelände und Teilnehmerzahl viel zu groß, als dass man von einer Tribüne aus das Geschehen hätte verfolgen können. Ebenso wäre es für Zuschauer unmöglich gewesen, die Leistungen Einzelner zu bewerten. Hier ging es tatsächlich als Erstes darum, das Kämpfen in geschlossenen Formationen zu üben, denn nur so wussten die damaligen Ritter anzugreifen: geradeaus und notfalls in den Tod. List war für die Kämpfer ein Fremdwort. Der begegneten sie erstmals auf den Kreuzzügen.

Und da liefen sie immer wieder einmal in eine Falle der Muslime.

Zusammenhalt war gefragt, und wer in der Schlacht die Seinen aus der Sicht verlor, orientierte sich am Banner seines Herrn. Deshalb war man auch so sehr darauf aus, die feindlichen Fahnen zu erobern. Das war nicht nur eine Frage der Ehre, sondern hatte höchst handfeste Gründe. So verhinderte man das erneute Zusammenfinden von versprengten Haufen, weil das Banner als Orientierungshilfe fehlte.

Was das Beutemachen angeht, sollten wir über die vermeintliche Gier der Sieger nicht allzu sehr die Nase rümpfen. Wir haben gesehen, wie kostspielig die Ausrüstung eines Ritters war, und da er stets damit rechnen musste, auch selber einmal zu den Verlierern zu gehören, muss man Verständnis dafür haben, dass er für einen solchen Fall Rücklagen bildete.

Wie wir heute sagen würden.

Aber es gab sowohl eine physische als auch eine psychische Seite solcher Kampfspiele. Es ging nicht um Taktik allein. Ein französischer Adeliger fand im 13. Jahrhundert, die Turnierregeln seien zu lasch und zu zeremoniell. Sie müssten rau und wild bleiben, denn nur so könne man beurteilen, ob junge Ritter Mut zu körperlichen Strapazen besäßen. Zur Führung sei halt nur jemand geeignet, der das Gewicht seines Helmes aushalte und nicht innehalten müsse wegen Hitze und Luftmangel. In seinem eigenen Schweiß und Blut zu baden – das sei das wahre Bad der Ehre.

Von der Überwindung der Angst ist bei anderen Adeligen die Rede, die die Ansicht vertraten, dass Kriegstüchtigkeit nur in der Praxis zu erreichen sei und dass sich niemand wahrhaft auf eine Schlacht vorbereiten könne, »der niemals sein eigenes Blut fließen sah, niemals seine Zähne unter dem Hieb des Gegners knirschen hörte oder niemals das volle Gewicht seines Feindes auf sich lasten fühlte«.

Kondition hin – Todesverachtung her. Auch wenn beides hinreichend vorhanden war, schützte das den Ritter nicht unbedingt davor, in solchen Turnieren schwer verletzt und leider auch oft genug tödlich verwundet zu werden. Viele Kämpfer kamen zum Teil durch banale Vorkommnisse ums Leben, wie beispielsweise ein Bruder von Richard Löwenherz, der mit seiner schweren Rüstung aus dem Sattel stürzte, unter die Hufe geriet und erst nach dem Turnier tot geborgen wurde.

Herzog Leopold von Österreich stürzte in Graz ebenfalls vom Pferd, wobei ihm von anderen Pferden ein Bein zerquetscht wurde. Obwohl man es amputierte, starb er wenig später am Wundbrand. Andere erstickten – wie anfangs vom Turnier vor Neuss berichtet – in Hitze und Staub, aber die meisten erlitten durch Schwerthiebe tödliche Kopfverletzungen.

Es gab tragisch ausgehende Duelle wie jenes, bei denen der Vater den eigenen Sohn tötete, oder jener berüchtigte Zweikampf bei einem der letzten großen Turniere, der 1559 den französischen König Henri II. das Leben kostete, als die Lanze seines Gegners beim Aufprall zerbrach und ein Splitter durch den Schlitz des Visiers in sein Auge und weiter ins Hirn drang.

Die Ärzte des Königs – unerfahren in der Behandlung derartiger Schäden – ließen sogar extra einige Strafgefangene töten, um deren Schädel von innen zu studieren. Vergebens. Nach zehn qualvollen Tagen starb der König.

Sein unglückseliger Gegner war ausgerechnet der Kapitän seiner Leibgarde, der sich vorsichtshalber ins Ausland absetzte, obwohl er ja eigentlich keine Schuld an dem Unfall trug. Aber er verließ sich auf seinen Instinkt. Leider nicht lange genug. Als er ein paar Jahre später zurückkam, setzte ihn die rachsüchtige Witwe des Königs, Katharina von Medici, gefangen und ließ ihn unter fadenscheinigen Gründen hinrichten.

Vom ritterlichen Ehrencodex, der jedwede Rache nach einem verloren gegangenen Zweikampf verbot, hielt die Dame offensichtlich nicht allzu viel.

Angesichts der rapide ansteigenden Zahl von Todesfällen bei den Turnieren zog die Kirche die Notbremse. Schon relativ früh verbot Papst Innozenz II. im Jahre 1130 auf dem Konzil von Clermont die »Abhaltung jener abscheulichen Märkte oder Jahrmärkte, auf denen Ritter sich nach ihrer Gewohnheit zusammenfinden, um ihre Kräfte und Kühnheit zu messen, was oft zum Tode von Männern und zu großer Gefahr für die Seelen führt«.

Bei Zuwiderhandlungen wurden schlimme Bußen angedroht. Anwesende Mönche durften tödlich Getroffenen noch die Sterbesakramente spenden, aber ein Begräbnis in geweihter Erde wurde untersagt.

Der Kardinal Jakob von Vitry lieferte auch die Begründung für derart drakonische Strafen. Er war der Ansicht, dass ein Turnier jeden Teilnehmer in Versuchung führe, gleich jede einzelne der sieben Todsünden zu begehen.

Es fördere den Stolz, denn jeder Teilnehmer streite für das Lob der Zuschauer und damit für leeren Ruhm,
es fördere Hass und Ärger, denn die Ritter streben nach Rache für die Schläge, die sie beim Turnier einstecken müssten, und weil schlimmere Unglücke an der Tagesordnung seien,
es fördere Bitterkeit und Niedergeschlagenheit, denn wer versagt hat oder verletzt wurde, verfällt in Schwermut,
es fördere die Habgier, denn die Ritter kommen zum Turnier, um sich gegenseitig zu berauben, und wenn sie ihr Vermögen verloren haben, versuchen sie, sich schadlos zu halten, indem sie ihren hilflosen Untertanen hohe Abgaben auferlegen,

es fördere Völlerei und Verschwendung von Gütern aller Art; nicht nur die Güter des Gastgebers, sondern auch die der Armen, von denen sie genommen wurden,

es fördere die Eitelkeit, denn alle, die ihr Herz an Turniere verlieren, verließen den Pfad geistiger Werte auf der Jagd nach eitler und irdischer Befriedigung,

es fördere die Wollust, denn man veranstaltet sie, um liederlichen Frauen zu gefallen, und die Ritter nähmen sogar für ihre Wimpel gewisse Zeichen von den Kleidern der Frauen.

Das ist zwar in Teilen durchaus richtig, aber den meisten Rittern schien es stark übertrieben, zumal es auch andere Meinungen innerhalb der Kirche gab. Der Zisterziensermönch Caesarius von Heisterbach weiß sogar eine Geschichte zu erzählen, bei der die Muttergottes persönlich in die Schranken gestiegen ist, und das kam so:

Ein Ritter kam auf dem Weg zu einem Turnier an einer Marienkapelle vorbei, stieg ab und ging – vielleicht um den Beistand der Muttergottes zu erflehen – ins Innere, wo er alsbald in ein tiefes Gebet versank. Darüber verstrich die Zeit, und als er sich endlich wieder auf sein Ziel besann, entdeckte er, dass er wohl viele Stunden in der Kapelle verbracht haben musste.

Viel zu spät und völlig verzweifelt gelangte er endlich zum Turnierplatz und traf dort auf die Festgesellschaft, die soeben seinen glanzvollen Sieg bejubelte. Während er nämlich in jener Kapelle zu ihr betete, hatte die Gottesmutter seine Gestalt angenommen und an seiner statt für ihn gekämpft und gesiegt.

Wie hätte da noch ein Ritter glauben sollen, dass Turniere nicht gottgefällig seien.

Zumal die Kirche einige Kampfspiele sogar nutzte, um bei dieser Gelegenheit Kreuzritter anzuwerben. Mit dem Turnier von Ecry in den Ardennen beispielsweise wurde 1199 sogar der Vierte Kreuzzug eingeleitet. Nach einem Turnier in Hesdin bei Calais erklärten sich alle Teilnehmer bereit, das Kreuz zu nehmen, und als Wilhelm von Flandern 1251 vom Kreuzzug zurückkehrte, veranstaltete er ein Turnier im heute belgischen Trazegnies, um alle Anwesenden zu ermuntern, am nächsten Kreuzzug teilzunehmen.

Leider stürzte er bei diesem Turnier aus dem Sattel und wurde von den Hufen der Streitrösser zertrampelt.

Wie wir sehen, machte Rom nur selten von der Möglichkeit Gebrauch, ungehorsame Adelige mit Kirchenstrafen zu belegen. Exkommunizierte Ritter hätte man ja auch schwerlich im Namen Gottes ins Heilige Land schicken können.

Tote allerdings ebenso wenig. Wenn die jungen Adeligen also unbedingt kämpfen wollten, mussten diese Ritterspiele endlich entschärft werden. Auch die Könige und Herzöge waren nicht an schwerstverwundeten Rittern oder gar an deren Tod interessiert. Daher förderten sie nach Kräften die Einführung weniger gefährlicher Waffen.

Die Schneiden der Schwerter wurden abgestumpft und auf die Lanzenspitzen kleine Krönchen gesetzt, damit der Brustpanzer des Gegners nicht mehr so leicht durchbohrt werden konnte. So mancher tödliche Stoß wurde auf diese Weise vermieden, aber das Publikum reagierte eher enttäuscht und unwirsch.

König Kasimir IV. von Polen nahm darauf Rücksicht. Bei einem Turnier anlässlich seiner Hochzeit mit Elisabeth von Habsburg wurde den Teilnehmern befohlen, unter ihren Harnischen mit Rotwein gefüllte Schweinsblasen zu tragen, die beim Aufprall einer Lanze natürlich platzten. So konnten die Zuschauer endlich mal wieder »Blut« sehen.

Auch wenn es eigentlich halb trocken war und aus der Wachau importiert.

Als Bruno am frühen Abend den hohen Saal des Erzbischöflichen Palastes betrat, hatte man – und da machten weder die Ritter noch die anwesenden Kleriker eine Ausnahme – bereits ordentlich dem Wein zugesprochen. Lediglich am Ehrentisch, wo Erzbischof Konrad von Hochstaden, seine Schwester Margarethe und ihr Mann, Graf Adolf von Berg, thronten, zu dessen Gefolge Bruno zählte, schien man sich aus naheliegenden Gründen zurückgehalten zu haben.

Schließlich saß man dort zusammen mit dem blutjungen König Wilhelm von Holland, den man auf Vorschlag der Erzbischöfe von Mainz, Köln und Trier im Jahr zuvor bei einer ziemlich merkwürdigen Versammlung in Worringen zum Gegenkönig des Staufers Friedrich gewählt hatte.

Bruno hatte jedenfalls den Eindruck, die Herrschaften am Ehrentisch seien die Einzigen, die noch nicht betrunken waren. Ziemlich voll schienen dagegen die Männer aus der Dombauhütte zu sein, die man aufgrund ihres geringen Standes an einen Tisch gesetzt hatte, der etwas abseits an einer Wand aufgestellt worden war. Dort hockten Flamen und Franzosen, Schwaben und Schweizer beieinander, und es herrschte ein babylonisches Sprachgewirr aus verschiedensten Dialekten.

Gerhard von Rile, der Dombaumeister, sollte ja wohl in Frankreich gelernt haben. Vielleicht diente er ihnen als Dolmetscher.

Bruno sah sich im großen Saal um. Nachdem ein Diener ihm am Eingang aus einer Kanne Wasser über seine Hände geschüttet hatte, wie es bei vornehmeren Festmahlen der Brauch war, suchte sich Bruno im dämmrigen Licht der Fackeln, die in eisernen Haltern an den Wänden steckten, einen freien Platz an einem der langen Tische, auf denen zur Feier des Tages sogar dicke Wachskerzen brannten.

Er ließ sich auf einer der harten Holzbänke nieder. Stühle gab es nur am Ehrentisch. Wie damals, in Brunos Elternhaus. Da gab es auch nur zwei Stühle; jeweils einen für Vater und Mutter. Die Kinder und das Personal waren auf Bänke verbannt, und der Vater hatte ihm erklärt, warum das so sein müsse.

Der Stuhl sei ein Symbol für Macht. Verbrecher würden bekanntlich vor den Richter*stuhl* zitiert. Auch der Papst, der Kaiser und andere hohe Fürsten hätten das Recht zu sitzen, während alle anderen um sie herum stehen müssten. Deshalb habe man auch in der Kirche zu stehen oder allenfalls zu knien. Niemals jedoch dürfe man sitzen.

Das wäre anmaßend in Gottes Gegenwart.

Schließlich würden die Menschen im Normalfall ja auch liegend begraben, weil es gänzlich ausgeschlossen sei, dass Gott es hinnehmen würde, wenn ein normaler Sterblicher sitzend vor seinem Angesicht erscheinen würde. Da müsse man schon Karl der Große heißen, wenn einem eine solche Ehre widerfahren solle. Und außerdem sei es ohnehin nur eine Sage, dass man Kaiser Karl auf einem Stuhl sitzend beigesetzt habe!

Daheim jedenfalls sei der Vater so etwas wie ein Kaiser, und deshalb habe nur er – und allenfalls die Mutter – das Recht, auf einem Stuhl zu sitzen. Denn das Elternhaus hier sei sein Be*sitz*. Die Wohnung sei sein Wohn*sitz*, und wenn ein Heer ein fremdes Land unterwirft, gilt es als Be*satzung*smacht. Das konnte man sich selbst als kleines Kind schon gut merken.

Bruno war allerdings nicht in seinem Elternhaus groß geworden.

* * *

Graf Adolf III. von Berg war 1218 beim Kreuzzug in Ägypten ums Leben gekommen, woraufhin sein jüngerer Bruder, Engelbert, der Erzbischof von Köln, die Grafschaft an sich riss und als Erstes mit dem Ausbau der Burg an der Wupper begann. Das aber kostete viel Geld, das sich Engelbert bei etlichen reichen Kölner Kaufleuten geborgt hatte, zu denen auch Brunos Vater zählte.

Der hatte sich sogar hocherfreut gezeigt, als er um eine beträchtliche Summe angegangen worden war. Natürlich hatte er keine Zinsen gefordert – das war Christen bekanntlich verboten. Aber eine kleine Bitte hatte er trotzdem vorgetragen, wohl wissend, dass man sie nicht abschlagen würde, weil es zunehmend Brauch geworden war, dass reiche Patrizier zumindest einem ihrer Söhne eine ritterliche Erziehung angedeihen ließen.

Reich zu sein genügte inzwischen nicht mehr. Weitaus besser wäre es, zum Adel aufzusteigen. Wenigstens zum niederen. Noch war das möglich, aber irgendwann würden sich die adeligen Familien nach unten abschotten, und dann blieb man auf ewig ein Bürger.

Wenn auch ein reicher.

Wohlhabende Herrschaften stellten heranwachsende Knaben, die als Pagen an ihren Hof kamen, zwar die zur Ausbildung benötigten Waffen und auch ein ordentliches Pferd, aber in diesem Fall würde man vermutlich Brunos Vater bitten, die anfallenden Kosten zu übernehmen. Und er würde es gerne tun, damit der Junge ein ordentlicher Ritter würde.

So kam Bruno mit sieben Jahren auf die Burg des Erzbischofs, wo er sich – wie fast alle Kinder, die so früh aus ihren Familien gerissen wurden – während der ersten Wochen immer wieder aus Heimweh in den Schlaf weinte. Aber die Verzweiflung einiger Kinder hatte auch andere Gründe: Daheim zuweilen verzärtelt und verzogen, mussten sie sich hier in einer Gruppe unterordnen. Häufig auch fühlten sie sich anderen Kindern, die aus vornehmeren Familien stammten, von vornherein unterlegen.

Andererseits sicherte das Aufwachsen des Kindes am Hof der Herrschaft die spätere Treue zu besagter Familie, und die wiederum besaß ihrerseits in dem Kind eine wertvolle Geisel, sollte es irgendwann einmal zu Auseinandersetzungen kommen.

Die kleinen Kerle – man nannte sie Pagen – wurden einzelnen Rittern zugeteilt und waren zunächst nichts anderes als deren Diener. Sie pflegten deren Kleider, kümmerten sich um die Waffen, bedienten bei Tisch, tätigten Botengänge und lernten, wenn sie Glück hatten, nebenbei lesen, schreiben und hier und da auch musizieren.

Noch war vieles spielerisch, aber mit vierzehn Jahren wurden die Pagen zu Knappen ernannt, und man brachte ihnen bei, was einen richtigen Ritter ausmachte. Reiten hatten sie bereits früher gelernt und mit Holzschwertern erste Duelle mit anderen Pagen ausgetragen.

Nun wurde es ernst, die Erziehung strenger und die Ausbildung härter. Der Kampf in schwerer Rüstung und mit richtigen Waffen erforderte einen muskulösen Körper, der durch tägliches Training in Form gehalten werden musste, sodass er nicht nur größere Schmerzen ertragen konnte, sondern auch gegen die Unbilden des Wetters gefeit war.

Die Angst vor dem Töten sollten sie mit der Teilnahme an der Jagd besiegen, was häufig lebensgefährlich war. Nur mit einer Lanze bewaffnet einem in die Enge getriebenen Eber gegenüberzutreten, erforderte ebenso viel Geschick wie Mut. Auch zu Turnieren und sogar in die Schlacht begleiteten die Knappen ihre Herren, wenn sie auch nicht direkt teilnehmen durften, sondern den Rittern nur zur Hand gehen mussten, wenn die sich in den Sattel schwangen, was nur ohne Waffen möglich war. Schild und Lanze wurden dem Ritter nachgereicht.

Zur Ausbildung der Knappen gehörten jedoch nicht nur die körperliche Ertüchtigung und das Erlernen des Waffenhandwerks, sondern auch die Kenntnis ritterlicher Tugenden. Aber worin bestanden diese? Mönche, die versuchten, den Knappen entsprechende Anleitungen zu vermitteln, taten sich schwer. Hieß es in den Zehn Geboten nicht unmissverständlich: »Du sollst nicht töten«? Aber gerade dafür wurden die jungen Männer doch ausgebildet!

Der Gott Israels im Alten Testament besitzt bisweilen durchaus Züge eines zornigen Kriegsgottes, während im Neuen Testament dagegen von der Ankunft des Friedensfürsten gesprochen wird, und Jesus verbietet Petrus sogar, ihn im Garten Gethsemane mit dem Schwert zu beschützen. Nach dem im 4. Jahrhundert erfolgten Übertritt des römischen Kaisers Konstantin zum Christentum ist es jedoch legitim, das später sogenannte Heilige Römische Reich gegen die Heiden zu verteidigen, die auf allen Seiten lauern.

Aus rauen Kriegern werden mit der Zeit Soldaten Christi, die sich nicht nur verteidigen, sondern den Krieg auch in fremde Länder tragen dürfen. Vor allem ins Heilige Land. Dabei sollen sie jedoch bescheiden bleiben, demütig, ehrlich und hilfsbereit. Ihre Banner werden von der Kirche gesegnet, genauso wie ihre Waffen, mit denen sie Schreckliches anrichten werden.

Es liegt indes auf der Hand, dass sich junge Männer, die von geübten Waffenmeistern jahrelang systematisch zu Kampfmaschinen geformt werden, kaum an hohen ritterlichen Idealen orientieren werden. Wie ihr Verhalten dann in der Praxis aussah, schildert uns Petrus von Blois, Prinzenerzieher am sizilianischen Königshof, etwa um 1200:

»Auch heute empfangen die Ritter ihre Schwerter vom Altar und sollen geloben, dass sie Söhne der Kirche sind und dass sie das Schwert empfangen haben zur Ehre der Priester, zum Schutz der Armen, zur Bestrafung der Übeltäter und zur Befreiung des Vaterlands. Aber die Sache hat sich ins Gegenteil gekehrt: Sie plündern und berauben die unbemittelten Diener Christi, unterdrücken ohne jedes Erbarmen die Armen und sättigen am Schmerz der anderen ihre eigenen verbotenen Gelüste und ihre außerordentlichen Begierden.

Die im Kampf gegen die Feinde des Kreuzes Christi ihre Kräfte beweisen sollten, liegen lieber mit ihrer Trunkenheit im Streit, geben sich dem Nichtstun hin, erschlaffen in Völlerei, und durch ihr verderbtes und unanständiges Leben schänden sie den Namen und die Pflichten des Rittertums.«

Das sind Beobachtungen eines seriösen Augenzeugen, die natürlich nicht auf alle Ritter zutrafen, aber den Ansprüchen der Kirche genügten wahrscheinlich nur sehr wenige. In deren Augen lautete der Auftrag: die Kirche schützen, den Unglauben bekämpfen, das Priestertum ehren, das Land befrieden, das eigene Blut opfern und – wenn nötig – das Leben hingeben für die Brüder.

Bemerkenswerterweise ist bei diesen Pflichten, die uns von dem Philosophen Johannes von Salisbury aus dem 12. Jahrhundert überliefert wurden, viel von Kirche und Priestern die Rede, kein Wort jedoch von der Treue, die ein Ritter seinem weltlichen Herrn zu geloben hatte. Die Kirche hat ständig versucht, eine Rolle bei der der sogenannten Schwertleite zu spielen.

Vergebens. Welcher Knappe wann und wo in den Ritterstand erhoben wurde, entschied ausschließlich dessen Dienstherr.

Wenn der Zeitpunkt gekommen war, wurde der inzwischen volljährige junge Mann feierlich mit einem Schwert gegürtet, erhielt Schild und Sporen, zuweilen auch ein Schlachtross, und war nun ein Ritter im Gefolge seines Herrn. Diese Zeremonie konnte in einer Kirche stattfinden, konnte auch mit dem Segen eines Priesters einhergehen, aber es war und blieb immer ein rein weltlicher Akt.

Bruno war froh, das alles hinter sich zu haben. Er war stolz, ein Ritter zu sein und zur Feier der Grundsteinlegung des neuen Doms eingeladen zu werden. Hier war – abgesehen von den Handwerkern der Dombauhütte – nur der Adel vertreten.

Und er gehörte dazu.

* * *

An Unterhaltung indes war eh nicht zu denken. Der Tisch, an dem Bruno saß, stand ziemlich nah an einer kleinen Bühne, auf der sich abwechselnd Gaukler und Musiker tummelten. Auf Tänzerinnen, wie man sie häufig bei ähnlichen Festen an den Höfen des hohen Adels antraf, hatte man hier verzichtet, weil sie meistens, und mit Sicherheit am Hof eines Erzbischofs, eher als Dirnen betrachtet wurden.

Normalerweise wurde bei solchen Festlichkeiten immer getanzt, wobei zuweilen nur die Damen den Herren etwas vortanzten, aber man tanzte zuweilen auch in bunten Reihen, wobei ein Ritter an jeder Hand jeweils eine Dame hielt, und schließlich gab es den Zweiertanz, den Bruno bevorzugte. Er verstand andererseits auch, dass die Mönche dagegen waren und predigten, dass es drei Dinge seien, mit denen die Männer vom Teufel verführt werden: indem sie die Frauen ansehen, mit ihnen reden und sie anfassen.

Wer wollte da widersprechen. Natürlich lassen sich unkeusche Gedanken auf einem Feldzug leichter verdrängen, aber wenn man dann einer schönen Frau in die Augen sieht, mit ihr scherzt und sie sogar im Arm halten darf – wer würde da nicht sündigen!

Wenigstens in Gedanken.

Aber wenn die Damen dann bei diesen neuartigen Tänzen hochhüpfen, sodass auch ihr Busen hüpft, dann ist das alles noch reizvoller, und Bruno konnte schon verstehen, dass sich ein Mönch kürzlich zu einer sehr drastischen Äußerung verstieg, indem er erklärte: »In der neuen Zeit vertreiben die Flöten und Trommeln zusammen mit ihrem Krach die sittsamen Fideln von den Festen, und zu dem lautstarken Getöne springen die Mädchen um die Wette, indem sie wie Hirschkühe die Hinterkeulen grob und unanständig bewegen.«

Nun gut. Als Mönch könnte man sich vielleicht auch etwas weniger derb ausdrücken.

Auf Damen musste man an diesem Abend leider verzichten. Gerne verzichtet hätte man aber auf die Spielleute, die mit ihren Hörnern und Harfen, ihren Zimbeln und Trommeln, den Fideln und Schalmeien einen derartigen Lärm machten, dass man dankbar war, wenn sie wenigstens vorübergehend von Gauklern und Spaßmachern abgelöst wurden; auch wenn die sich vergeblich bemühten, bei den trunkenen und lärmenden Männern Aufmerksamkeit zu erwecken.

Bruno sah, wie am Ehrentisch aus Glasbechern und aus goldenen oder zumindest aus vergoldeten Kelchen getrunken wurde. Die anderen Gäste hatten sich mit Tonkrügen zu begnügen, aber daraus schmeckte ihm der Wein nicht. Er hatte nicht nur – wie jedermann im Übrigen – sein eigenes Messer dabei, sondern auch seinen eigenen Zinnbecher. Da war er empfindlicher als die meisten seiner Zeitgenossen.

Und das galt auch für Löffel. Er würde niemals einen benutzen, der schon in weiß Gott wie vielen anderen Mündern gesteckt hatte. War ja wirklich kein Aufwand, seinen eigenen, kurzstielig und aus Hirschhorn gefertigt, in einem Lederfutteral am Gürtel bei sich zu tragen.

Wenn es auch keine goldenen Kelche für jedermann gab – das Essen wurde auf silbernen Tellern serviert, die von Dienern vor die einzelnen Gäste gestellt wurden, während ein weiterer Diener sorgfältig notierte, welches Geschirr welchem Ritter vorgesetzt wurde, damit später alle Teile wieder eingesammelt werden konnten und nichts Wertvolles heimlich unter dem Mantel eines Ritters verschwand, der auf diese schäbige Weise zum Raubritter hätte werden können.

Die Keramikschüsseln dagegen, in denen Mus und Brei serviert wurden, die gedrechselten Holzteller mit dem darauf aufgetürmten Fleisch und die geflochtenen Brotkörbe liefen dagegen kaum Gefahr, als Souvenir mitgenommen zu werden.

Bruno trank einen Schluck Wein und war angenehm überrascht. Der Erzbischof hatte sich nicht lumpen lassen. Es wurden nicht etwa die billigen Rotweine vom Mittelrhein ausgeschenkt, die wirklich kaum zu genießen waren. Kein Wunder, dass ein Freund Brunos aus der Nähe von Ravenna einst zu ihm gesagt hatte: »Auf jeden Becher, den ich bei Euch trinke, kommen mir die Tränen.«

Der Weißwein in Brunos Becher dagegen schien aus Ungarn zu kommen, vielleicht auch aus dem Süden Tirols. Er war schwer und schmeckte lieblich. Niemand hatte sich die Mühe machen müssen, ihn mit Honig oder anderen Gewürzen schmackhaft zu machen, wie das gemeinhin geschah; wobei das keineswegs als Panscherei bezeichnet wurde.

Gewürze waren im Übrigen überaus beliebt, beispielsweise beim Fleisch, das jetzt aufgetragen wurde.

Viel war es nicht, denn das Fleisch vom Rind, Schaf und Schwein war eher etwas für das gemeine Volk und schwer arbeitende Knechte; für Mitmenschen, denen man auch die Innereien der Tiere überließ. Die besseren Leute bevorzugten Geflügel, dessen Fleisch zarter, wenn auch weniger nahrhaft war.

Gewürzt wurde beides recht stark, aber nicht etwa um fauligen Geschmack zu verdecken. Fleisch kam – zumindest bei den besseren Herrschaften – grundsätzlich frisch auf den Tisch. Gewürze galten vielmehr als gesundheitsfördernd und wurden, sofern es sich der Hausherr leisten konnte, verschwenderisch über alle Speisen verteilt. Pfeffer dagegen war relativ preiswert zu haben, für Arme aber noch immer nahezu unerschwinglich.

Nach dem Fleisch wurden gebratene Vögel aufgetragen: Gänse und Enten, Tauben und Wachteln, Reiher und Fasane, aber auch Raben, Krähen, Elstern und Dohlen. Am Ehrentisch wurde sogar ein bis auf die Schwanzfedern, die noch immer einen Halbkreis bildeten, gerupfter Pfau serviert. Der nackte Körper war mit Sandelholz rot gefärbt, der Hals dagegen strahlte dank eines Anstrichs mit sündhaft teurem Safran in leuchtendem Gelb.

Man war längst satt, als schließlich noch gedörrtes Obst aufgefahren wurde, teils aus den Gärten der Kölner Klöster, teils aber auch aus Italien auf langem Weg herbeigeschaffte Kirschen und Pfirsiche, Feigen und Mandeln. Sogar getrocknete Weintrauben, die man neuerdings allgemein Rosinen nannte.

Die ersten Gäste übergaben sich bereits in vorsorglich bereitgestellte Holzkübel, die von Dienern mit stoischen Gesichtszügen draußen in eine Latrine entleert, aber nicht ausgewaschen wurden. Entsprechend rochen sie, als man sie wieder hereintrug. Man hätte vielleicht erwarten können, dass sich die Betrunkenen gleich selber dort draußen entleert hätten, aber so waren nur wenige Ritter daheim erzogen worden.

Bruno hatte schon als kleines Kind gelernt, dass man sich vor dem Essen die Hände wäscht, dass man weder schmatzt, noch rülpst und schon gar keine Winde von sich gehen lässt; dass man ein Getränk nicht in sich hineinschüttet, solange der Mund noch nicht leer ist; dass man nicht ins Tischtuch – so vorhanden – schnäuzt und auch nicht in die Finger niest, mit denen man das Fleisch aus der gemeinsamen Schüssel fischt; dass man nicht mit dem Messer in den Zähnen herumstochert und abgenagte Knochen nicht zurück in die Schüssel wirft; dass man nicht am Essen herummosert, und wenn man schon ausspucken muss, dann bitte nicht auf den Tisch, sondern unter denselben oder aber an die nächstliegende Wand. Und letztlich: Man spricht nicht mit vollem Mund, und man greift nicht zum Brotkorb, bevor der erste Gang serviert ist.

Sonst wird man für einen ungehobelten Fresssack gehalten.

* * *

Tatsächlich arteten selbst Festessen dieser Art sehr häufig zu dem sprichwörtlichen großen Fressen aus. Oder zu einem Saufgelage. Das aber konnte kaum gottgewollt sein. Hugo von Trimberg, Rektor an einem Bamberger Stift, predigte zwar keine absolute Askese, im Gegenteil: Zu einem guten Essen, meinte er, gehöre auch ein guter Trunk. Er verstieg sich sogar zur medizinisch unhaltbaren These, dass man die Gicht nicht mit Enthaltsamkeit bekämpfen könne. Aber feiern solle man – bitte schön – nur in Maßen. Und nicht so, wie es der später heiliggesprochene Zisterziensermönch Bernhard von Clairvaux im 12. Jahrhundert an Fürstenhöfen und zuweilen sogar in Klöstern beobachtet hat:

»Inzwischen wird ein Gang nach dem anderen aufgetischt, und statt des Fleisches, wovon man sich ferngehalten hat, wird die doppelte Menge großer Fische gereicht. Und wenn man vom ersten Gang gesättigt ist und den zweiten berührt, hat es den Anschein, als hätte man den ersten noch nicht gegessen. Denn mit derart großer Sorgfalt und Kunst der Köche wird alles zubereitet, dass sogar, wenn vier oder fünf Gänge verzehrt sind, die früheren Speisen kein Hemmnis für die späteren bedeuten und die Sättigung den Appetit nicht verringert.

Denn wenn der Gaumen von neuen Gewürzen gereizt wird, entwöhnt er sich allmählich der altbekannten und erneuert sich gefräßig im Verlangen nach ausländischen Geschmacksrichtungen, als wäre er noch nüchtern. Der Magen jedoch wird – ohne es zu wissen – überladen, denn die Abwechslung verdrängt die Abneigung. Weil wir einen Widerwillen haben gegen pure Speisen, wie die Natur sie gemacht hat, wird die Fresssucht von immer neuem Geschmack erregt, während die Speisen auf zahllose Weisen untereinander vermischt und der natürliche Geschmack, den Gott in die Sachen gesteckt hat, geschmäht wird …

Darauf wird der äußerliche Anschein der Dinge so weit geändert, dass nicht weniger das Auge als der Geschmack sich freuen kann. Und obwohl der Magen sich schon durch zahlreiche Rülpser gesättigt zeigt, ist doch die Neugier nicht befriedigt. Doch während die Augen von Farben und der Gaumen von allen möglichen Geschmacksrichtungen verführt werden, wird der unglückliche Magen weder von Farben beleuchtet noch von besonderem Geschmack gestreichelt und dennoch gezwungen, alles aufzunehmen. So wird er unter diesem Druck mehr verschüttet als erquickt.«

Da wird unsereinem schon bei der Lektüre übel.

Als unmoralisch wird die Völlerei der Reichen – und nur sie können sie sich ja überhaupt leisten – nicht zuletzt deshalb zu den sieben Todsünden gerechnet, weil sie logischerweise immer zulasten der Armen und Hungernden geht.

Völlerei wird im Jenseits streng bestraft und führt die Sünder buchstäblich *in des Teufels Küche*. Wo sie, wie in einem zeitgenössischen französischen Gedicht beschrieben, entsprechend verarbeitet werden: Sündige Nonnen werden auf Schnittlauch serviert, Mörder und Diebe mit Knoblauch angerührt, Homosexuelle an einem Spieß gebraten, alte Huren in Teig gebacken und Fettsäcke wie Rehrücken gespickt.

Man liebte es nun mal deftig.

Den ärmeren und bäuerlichen Schichten, denen wir uns nunmehr zuwenden wollen, war es jedoch kaum ein Trost, dass sie ihr Brot ohne jede Furcht essen und ihr Bier völlig sorglos schlürfen konnten, während beim Festmahl der Mächtigen stets die Angst vor Gift gegenwärtig war. Wie leicht konnte ein Missgünstiger ein entsprechendes Mittelchen ins Salzfässchen mengen oder einen aus der Dienerschaft dazu bewegen, heimlich ein paar tödliche Tropfen in den Pokal zu schmuggeln, den er mit devoter Haltung dem Fürsten reichte.

Um Attentate dieser Art zu erschweren, wurde das Salzfass von einem eigens dazu abgestellten Kriegsknecht bewacht, und wenn ein Diener dem Fürsten mit der rechten Hand einen Becher darbot, musste die linke hinter dem Rücken bleiben, auf dass der Mann nicht auf dumme Gedanken kam. Noch heute schenken Kellner auf diese Weise ein, wissen allerdings kaum, warum man sie das so gelehrt hat.

Später kam das Zutrinken in Mode. Man hob den Becher und prostete seinem Gegenüber zu. Der prostete natürlich zurück; das Spiel begann von Neuem und endete nicht selten in einem Zwangssaufen. Zu Zeiten der Renaissance, da an den Fürstenhöfen Giftanschläge besonders gefürchtet wurden, hatte diese Art des Zuprostens auch noch einen praktischen Sinn.

Wenn der Gastgeber aus ein und derselben Weinkanne zwei Pokale füllen ließ und aus dem einen Becher seinem Gegenüber zuprostete, durfte der sicher sein, dass dieser Trunk zumindest diesmal ungefährlich war.

Bei einer Bauernhochzeit dagegen ging's weniger gefährlich zu. Da konnte man zwar bei den üblichen Raufereien ein paar Zähne verlieren, aber kaum das Leben. Bei derartigen Feiern wurde gesoffen, was das Zeug hielt, und es gab tatsächlich Ärzte, die behaupteten, es sei besonders bekömmlich, zweimal im Monat total betrunken zu sein.

Das galt natürlich nicht nur für Bauern; der Ritter Hans von Schweinichen, offensichtlich besonders auf gesunde Ernährung bedacht, schrieb gegen Ende des 16. Jahrhunderts in kurzen Abständen immer wieder stolz in sein Tagebuch: »Heute wieder einen guten Rausch gehabt!«

Die Dörfler feierten zwangsläufig in Jahreszeiten, in denen das Wetter es erlaubte, Bänke und Tische auf dem Dorfplatz aufzustellen, was insofern weniger günstig war, als man in den wärmeren Monaten eigentlich genug auf den Feldern zu tun hatte. Andererseits bestanden die Bauernhäuser gemeinhin aus einem einzigen Raum, in dem die Menschen nicht nur zusammen mit dem Vieh schliefen, sondern wo auch ein offenes Feuer ohne Rauchabzug brannte, was eine größere Feier nahezu unmöglich machte. Denn – wie gebildete und des Lateins mächtige Leute damals zu sagen pflegten:

sunt tria dampna domus:
imber, mala femina, fumus

Was zu Deutsch heißt: Drei Dinge sind ganz schlimm im Haus: ein undichtes Dach, ein böses Weib und der Rauch.

Als dann das Wohnhaus in wenigstens zwei Räume unterteilt und endlich auch der Rauchabzug zur Regel wurde, konnte auch zur Winterzeit in der warmen Wohnstube gefeiert werden, aber schöner war's trotzdem auf dem Dorfplatz. Da spielte der Dudelsack, da tanzten die Menschen, da floss der Met. Hin und wieder auch Blut.

Aber was stand da neben den Bierkrügen noch auf dem Tisch. Was aßen die armen Leute in den Dörfern?

Hauptsächlich Brei.

Brei und Suppen haben schon die Menschen in der Antike gegessen, und Schotten und Engländer können sich bis heute kein Frühstück ohne Brei vorstellen, denn Porridge ist ja nichts anderes, wenn auch nicht aus Hirse, die man damals bevorzugt hat, sondern aus Hafer zubereitet. Zu Brei lässt sich fast jede Art von Lebensmitteln verarbeiten, vor allem natürlich Getreide, notfalls aber auch Pilze oder Bucheckern, Kastanien und alle Sorten von Gemüse.

Dessen Auswahl war allerdings nicht so reichhaltig, wie wir das heute gewohnt sind. Es gab zwar Erbsen und Rüben, alle möglichen Kohlsorten, auch Pferdebohnen, die wir heute Saubohnen oder einfach Dicke Bohnen nennen, aber die Grünen Bohnen oder Stangenbohnen kamen erst später aus Amerika zu uns und sind wie viele andere Gemüsesorten auch erst in der Neuzeit kultiviert worden. Was im heimischen Garten wuchs, war jedenfalls recht anspruchslos.

Fleisch gab es recht wenig, und dann auch nur zu Beginn des Winters, wenn geschlachtet wurde. Dann musste es entweder eingepökelt, also durch Einlegen in eine Salzlache haltbar gemacht werden, was aber nur für eine begrenzte Zeit möglich war, oder man verarbeitete es zu Dörrfleisch, woraus sich ja auch nicht gerade ein lukullisches Mahl bereiten ließ.

Deshalb griff man lieber auf Hühner, Enten und Gänse zurück. Und natürlich auf Fisch. Den gab es reichlich, und zunächst durfte auch überall geangelt werden, aber das änderte sich im Lauf der Jahrhunderte radikal. Es dauerte nicht sehr lange, bis die Herrschaften nicht nur das Jagdrecht in ihren Wäldern durchsetzten, sondern ihren Untertanen auch verboten, in den zu ihrem Besitz gehörenden Teichen und Flüssen zu fischen und zu angeln.

Dennoch: Fisch gab's das ganze Mittelalter hindurch zur Genüge. Das Zentrum von Fang und Handel war die Ostsee. Dänische Kutter trafen dort – bis an die Reling mit Stockfischen (Dorsch und Kabeljau) und Heringen gefüllt – in den Häfen ein, wo bereits die Händler aus Lübeck mit riesigen Fässern mit Salz aus Lüneburg warteten, mit denen die Heringe für den Transport nach Süden haltbar gemacht wurden.

Die Stockfische dagegen wurden aufgeschlitzt und ausgenommen, dann auf hölzerne Latten gelegt und unter Dächern getrocknet. Der Dörrfisch war natürlich haltbarer als der Hering, kam aber im Gegensatz zu diesem bretthart beim Verbraucher an und musste erst einmal aufwändig gewässert werden, ehe man ihn in die Pfanne werfen konnte.

Der Fischreichtum in der Ostsee war damals so groß, dass sich ganze Heringszüge in den Meerengen drängten, sodass man, wie zeitgenössische Quellen berichten, weder Netze noch sonstige Fangwerkzeuge brauchte und die »Fische mit den bloßen Händen fangen« konnte. Das klingt nicht nur märchenhaft – es ist auch mit Sicherheit übertrieben. Andererseits: Fest steht, dass die Schwärme zeitweise so dicht waren, dass sie die Schiffer beim Rudern behinderten und dass die Fischer ebenso wie die Händler bei diesem Geschäft reich geworden sind.

Süßwasserfische dagegen waren seltener zu bekommen. Die Herrschaften wachten eifersüchtig über ihre Gewässer, wobei man trotzdem davon ausgehen darf, dass die strengen Verbote häufig umgangen wurden. Schließlich war es sehr viel leichter, versteckt Angeln auszulegen, als einen Hirsch oder eine Wildsau zu jagen.

Gezüchtet wurden Süßwasserfische fast ausschließlich in den Teichen der Klöster, aber sie kamen nur selten auf den Markt, weil – wenigstens theoretisch – die Fastengebote in den Klöstern strikter befolgt wurden als in den Katen der Bauern. Da musste das Fleisch halt durch Fisch ersetzt werden, wobei es sich dabei hauptsächlich um Forellen und Karpfen gehandelt hat.

Während Hechte als Könige der Fische galten und folglich nur bei festlichen Gelagen auf den Tisch kamen, galten Hummer und Austern als nichts Besonderes und der Lachs sogar bis in die jüngste Vergangenheit als Arme-Leute-Fisch. Noch Anfang des 20. Jahrhunderts gab es derart viele Lachse im Rhein, dass sich vielerorts Dienstmädchen von ihrer Herrschaft ausbedungen haben, nicht mehr als dreimal in der Woche Lachs essen zu müssen.

Während der Fastenzeit und auch an den zahlreichen anderen Tagen, an denen sich Christenmenschen in jeder Hinsicht zurückhalten sollten, waren die entsprechenden Gebote anfangs sehr streng. Nicht nur der Genuss von Fleisch war verboten, sondern auch andere tierische Produkte wie Milch, Käse und Eier waren tabu und durften erst ab 1491 wieder zu sich genommen werden. An diese Bestimmungen hielt man sich aber nicht einmal in den Klöstern.

Gerade dort war man sehr erfinderisch, wenn es darum ging, die Fastengebote zu umgehen. So erklärten clevere Mönche beispielsweise alle Biber und Otter zu Fischen. Waren es etwa keine Wassertiere? Oder man vermengte kleingehacktes Fleisch mit Teig, gab ihm die Form einer Ente und servierte das Ganze als Geflügel. Wo ein Wille war, gab es auch ein entsprechendes Rezept.

Außerhalb der Fastenzeiten lebten die Mönche recht gut. Menüs aus der Klosterküche sind aus gutem Grund recht selten überliefert. Schließlich wurden die entsprechenden Chroniken in den Klöstern niedergeschrieben, und mit Maßlosigkeit wollte man sich schließlich nicht unbedingt brüsten. Hier aber lesen wir leicht verwirrt, was man den Mönchen im Mailänder Kloster St. Ambrosius Mitte des 12. Jahrhunderts vorsetzte:

Im ersten Gang gab es kaltes Huhn, dazu Schinken in Wein und kaltes Schweinefleisch. Im zweiten Gang wurden gefüllte

Hühner sowie Kalbfleisch mit Pfefferkraut und einige Torten serviert, und im dritten Gang kamen noch einmal gebratene Hühner auf den Tisch, flankiert mit in Teig gebackenen Nieren und gefüllten Ferkeln.

Selbst wenn wir zugestehen wollen, dass die Mönche das vermutlich nicht alles aufgegessen haben, sondern einen größeren Rest an die Armen vor der Klosterpforte verteilt haben dürften – asketisch haben sie wohl nicht gelebt. Sonderlich einfallsreich aber war der Speiseplan anscheinend auch nicht. Wo auch hätte der Bruder, der in der Klosterküche fürs tägliche Kochen zuständig war, gastronomische Kenntnisse der feineren Küche sammeln sollen!

Hauptsache, der Herr gab seinen Mitbrüdern ihr tägliches Brot, wie es im Vaterunser heißt, und Brot kann man aus den unterschiedlichsten Getreidesorten backen.

Deren kannte man recht viele. Neben Roggen, Gerste und Hafer wurden viele Sorten angebaut, deren Namen uns kaum noch geläufig sind und die wir allenfalls noch aus alten Rezeptbüchern kennen: Dinkel zum Beispiel oder Rispenhirse, Emmer und hier und da auch das Einkorn. Weizen dagegen war in frühen Zeiten sehr selten, weil sein Anbau wegen der damals herrschenden Klimabedingungen nur vereinzelt möglich war.

Im 9. und 10. Jahrhundert beispielsweise befand sich unter dem »Zehnten«, den das Kloster Werden an der Ruhr von seinen abhängigen Bauern kassierte, hauptsächlich Gerste und Roggen und nur 0,1 Prozent Weizen. Dabei dürfen wir getrost davon ausgehen, dass das aus Weizen gebackene Weißbrot den Mönchen vorbehalten war, während sich die Klosterbrüder und alle anderen zum Gesinde Zählenden mit dunklem Brot begnügen mussten.

Überliefert ist das Schicksal einer jungen Prinzessin aus dem französischen Anjou, die vor ihrem blutschänderischen Vater fliehen musste und endlich in einem Bauernhaus Zuflucht fand. Verwirrt starrte sie auf das Schwarzbrot, das die braven Bauersleut ihr aufgetischt hatten, und murmelte mit tränenerstickter Stimme: »Ach, ich Arme, zu einem solchen Leben bin ich nicht erzogen worden.«

Wie wahr!

Gernot spähte ungeduldig nach vorn, während sich der lange Zug der Stadt näherte, doch obwohl die breite Straße, die von Norden her auf Köln zuführte, schnurgerade verlief, war von den neuen Mauern noch nichts zu erblicken. Bäume und Buschwerk versperrten die Sicht, und vorauszureiten – das schickte sich nicht, wenn man zum engeren Kreis der Vertrauten gehörte, die den jungen Herrscher auf seinem Weg zu den Reliquien der Drei Könige begleiteten.

Vor etlichen Tagen war der junge Friedrich in Aachen vom Mainzer Erzbischof zum König gekrönt worden und hatte sich offensichtlich vorgenommen, sogleich ein deutliches Zeichen zu setzen. Nicht etwa die Wallfahrt nach Köln. Das war eine uralte Tradition. Ungewöhnlich dagegen war vielmehr, dass er unmittelbar nach seiner Krönung feierlich gelobt hatte, das Heilige Land von den Heiden zu befreien. Dazu mussten die Herrscher von den jeweiligen Päpsten meist gedrängt werden, und weil sie sich so schwer damit taten, hatte der Papst soeben angekündigt, selber einen solchen Kreuzzug zu organisieren.

Friedrich dagegen wollte sofort klarstellen, dass dies eine Sache des weltlichen Herrschers war und der Papst sich mit theologischen Fragen befassen und ihm das Kämpfen überlassen möge.

Und um darüber hinaus deutlich zu machen, wen er in dieser Hinsicht als sein Vorbild betrachte, hatte er nach der Krönung in Aachen die Gebeine des großen Kaisers Karl in jenen kostbaren Schrein umbetten lassen, den sein Großvater Friedrich Barbarossa schon vor Jahren in Auftrag gegeben hatte.

Zum Schluss war er gemeinsam mit einem Goldschmied auf eine Leiter gestiegen und hatte persönlich die letzten Nägel in den Sarg getrieben. Zuvor allerdings, und das war auf weniger Verständnis gestoßen, hatte er die Gebeine mit einem Tuch bedeckt, in das keine christlichen Symbole, sondern zahllose kleine Hasen eingearbeitet waren. Offenbar hatte er das kostbare Stück aus Palermo speziell für diese Umbettung anfertigen lassen und mitgenommen. Ein erstes Anzeichen dafür, dass der junge König tief in seinem Inneren offensichtlich andere Empfindungen hegte als die Ritter in seiner Begleitung.

Gernot dagegen war kaum überrascht. Er kannte Friedrich jetzt seit über drei Jahren, wusste alles über dessen Herkunft und Kindheit. Er hatte zu jener Delegation gehört, die dem damals Siebzehnjährigen im Auftrag der deutschen Fürsten in Palermo die deutsche Königskrone angeboten hatte.

Eigentlich hatte er als Sohn einer Kölner Patrizierfamilie in jener Gruppe, die fast ausschließlich aus schwäbischen Rittern bestand, nichts zu suchen, aber Beamte der erzbischöflichen Kanzlei hatten ihre Beziehungen ausgespielt und ihn in besagte Delegation geschmuggelt, weil man in Köln höchst interessiert daran war, in den allgemeinen Thronwirren auf dem Laufenden zu bleiben.

Das war schwierig genug, denn der Erzbischof hielt es – wie die ganze Stadt – am liebsten mit den Welfen, also mit Otto, dem Sohn Heinrichs des Löwen, der in England aufgewachsen war. Mit England unterhielt die Stadt bekanntlich die besten Handelsbeziehungen, was viel Geld in die Säckel der Kölner Kaufleute brachte, bei denen sich der Erzbischof wiederum jede benötigte Summe leihen konnte.

Aber dann wechselte der Erzbischof die Fronten und lief zu den Staufern über, was ihm einen Bannstrahl aus Rom und seine Amtsenthebung einbrachte. Aber nicht ihn allein traf die Kirchenstrafe, sondern mit ihm alle Bürger von Köln.

Lange Zeit hindurch wurden keine Kinder mehr getauft, keine Ehen geschlossen, keine Beichte gehört, keine Kommunion ausgeteilt, und nicht einmal die Toten durften auf christliche Art bestattet werden. Mal gab es überhaupt keinen Erzbischof, mal anscheinend deren zwei, und obwohl es jetzt endlich wieder einen allgemein und sogar vom Papst anerkannten richtigen König gab, war der Kirchenbann noch immer nicht aufgehoben.

Ob der junge Friedrich den Papst würde umstimmen können? Schließlich hatten sich inzwischen auch die Kölner zu ihm bekannt, aber ob er ihnen verzeihen konnte, dass sie sich so lange gegen ihn gestellt hatten? Und ob er sich ihretwegen mit dem Papst anlegen würde? Eher wohl nicht. Schließlich verdankte er es letztendlich nur ihm, dass er nun die Krone trug.

Aber da war noch etwas: Gernot erinnerte sich nur zu gut an die Reaktion des Jünglings, als die deutsche Delegation ihm damals die Königswürde antrug. Friedrich hatte keinen Augenblick gezögert, die einigermaßen gefährliche Reise nach Norden anzutreten, und weder die normannischen Barone der Insel noch seine weinende Frau Konstanze, die ihn – mit dem soeben geborenen Söhnchen Heinrich auf dem Arm – verzweifelt anflehte, bei ihr zu bleiben, konnten ihn aufhalten.

Gernot hatte Friedrich als jungen Mann erlebt, der nur ein einziges Ziel kannte: wie sein Vater und Großvater der Kaiser des Reiches zu werden. Gernot hegte große Zweifel, ob ausgerechnet er sich sonderlich für das Schicksal einer Stadt einsetzen würde. Selbst wenn sie wie Köln die größte und bedeutendste auf deutschem Boden war.

Es würde jedenfalls einiges zu berichten geben, wenn er sich an diesem Abend nach Abschluss des üblichen Zeremoniells mit seiner Familie zusammensetzen würde, die er seit Jahren nicht mehr gesehen hatte.

Es wurde tatsächlich ein langer Abend, und es sollte vorläufig der letzte sein, den er in seiner Heimatstadt verbringen würde.

* * *

Weitere dreizehn Jahre vergingen, bevor die Familie in Köln wieder von Gernot hörte. In Briefen, die er aus Jerusalem schrieb, wohin er den Kaiser 1229 auf dessen Kreuzzug begleitet hatte, schilderte er dieses Abenteuer.

Friedrich war wohl der erste Kreuzritter, der ins Heilige Land aufbrach, obwohl er vom Papst gebannt worden war. Wir erinnern uns, dass er diesen Kreuzzug schon am Tage seiner Krönung in Aachen gelobt hatte, aber diesen Eid vergaß er sehr schnell. Und auch einen anderen, noch wichtigeren. Er hatte dem Papst wiederholt geloben müssen, auf die Krone Siziliens zu verzichten, wenn er die Krone des Heiligen Römischen Reiches erringen würde, denn nichts fürchtete man im Lateran mehr als die erneute Umklammerung des Kirchenstaates von Süden und Norden her.

Dieses Ziel hatte Friedrich aber nie aus den Augen gelassen, und deshalb ließ er seine Frau Konstanze und ihren vierjährigen Sohn nach Deutschland holen, wo der Knabe Heinrich später, inzwischen achtjährig, zum deutschen König gewählt wurde. Mit diesem Trick wurde Friedrich de facto selber zum Herrscher über Sizilien, da Heinrich noch minderjährig war und sein Vater an seiner Stelle Regent sein würde.

Einen Papst wie Innozenz III. hätte Friedrich nicht so zum Narren halten können, aber dessen Nachfolger, Honorius III., war ungleich schwächer – oder auch gütiger. Außerdem brauchte er Friedrich für den versprochenen Kreuzzug, denn eine andere »Bewaffnete Wallfahrt« christlicher Ritter, der sogenannte Kreuzzug von Damiette, bei dem den Sarazenen das wichtige Nildelta entrissen werden sollte, war kläglich gescheitert.

Nun setzte Papst Honorius alle Hoffnung auf den Staufer, der 1220 trotz seiner zögerlichen Haltung sogar anstandslos in Rom zum Kaiser gekrönt wurde, wobei er noch einmal feierlich versprach, das Kreuz zu nehmen, ohne auch nur im Traum daran zu denken, dem Ritterheer am Nil zu Hilfe zu kommen oder gar selber ins Heilige Land zu ziehen.

Schließlich aber musste der Kaiser dann doch dem Drängen des Papstes nachgeben und legte sich fest: Am 24. Juni 1225 wollte er aufbrechen. Zehn Jahre nach seinem ersten Gelübde.

Dem Papst kam in dieser Situation der Umstand entgegen, dass Friedrichs Frau Konstanze starb. Zur gleichen Zeit suchte der schon 70-jährige christliche Regent des Königreichs Jerusalem, Johann von Brienne, angesichts seines hohen Alters für seine Tochter Jolande, die er unbedingt versorgt wissen wollte, nach einem standesgemäßen Ehemann. Honorius dachte, es wäre doch eine tolle Chance für den inzwischen 28 Jahre alten Friedrich, durch eine Heirat auch noch König von Jerusalem zu werden.

Leider war die Ausgesuchte noch nicht einmal halb so alt wie er.

Der Papst brauchte lange dazu, den Kaiser zu überreden. Friedrich war eher an reifere Damen gewöhnt. Konstanze zählte schließlich bereits 25 Lenze, als sie mit dem damals erst 14-jährigen Friedrich verheiratet wurde. Außerdem bestand da noch ein kleines Ehehindernis, das Honorius allerdings mit einem Federstrich beseitigte: Jolande und Friedrich besaßen eine gemeinsame Ur-Ur-Großmutter, aber das schien dem Papst jetzt eher nebensächlich.

Auch Johann von Brienne war von seinem Schwiegersohn begeistert, zumal der ihm zusagte, er würde bis an sein Lebensende Regent von Jerusalem bleiben. Kaum aber war die Ehe geschlossen, stritt der Kaiser bedenkenlos ab, Derartiges versprochen zu haben, und selbst die Hochzeitsnacht verbrachte er nicht im ehelichen Bett, sondern vergnügte sich stattdessen mit einer von Jolandes Cousinen namens Anais, die wenigstens zwanzig Jahre zählte, als Brautjungfrau fungiert hatte und fortan keine Jungfrau mehr war.

Zwei Jahre später – im September des Jahres 1227 – wollte der Kaiser endlich sein immer wieder erneuertes Versprechen wahrmachen, sammelte ein großes Heer und brach von der auf dem italienischen Stiefel gelegenen Hafenstadt Brindisi auf, aber schon tags darauf erkrankte er an einer unbekannten Seuche, und während die übrige Flotte weitersegelte, bewogen seine Vertrauten den Kaiser, umzukehren und sich erst einmal auszukurieren.

Papst war inzwischen Gregorius IX., und der verlor nun endgültig die Geduld. Er verhängte über den Kaiser den Kirchenbann, zumal er die Krankheit Friedrichs nur für einen weiteren Vorwand hielt. Aber es muss sich in der Tat um eine verheerende Seuche gehandelt haben, denn viele seiner Männer starben daran, und unter den Toten befand sich auch einer der Vertrauten des Kaisers: Ludwig, der Landgraf von Thüringen und Ehemann der heiligen Elisabeth.

Es war schließlich nur ein kleines Heer, mit dem Friedrich schließlich doch noch lossegelte. Auf einen ernsthaften Krieg mit den Männer des Sultans El-Kamil würde er sich nicht einlassen können, zumal viele der Adeligen, die ihm als dem Regenten von Jerusalem noch kürzlich den Lehnseid geschworen hatten, ihm nun die Gefolgschaft verweigerten, nachdem sie erfahren hatten, dass Friedrich gebannt war.

Zu wirklichen Kämpfen kam es folglich nicht, zumal Sultan El-Kamil ebenfalls Probleme mit seiner Verwandtschaft hatte. Die beiden Kontrahenten respektierten sich, tauschten wertvolle Geschenke aus, und Friedrich beteuerte, man sei nicht gekommen, um Palästina mit Gewalt zurückzuerobern. Das einzige Ziel sei es, christlichen Pilgern wieder freien Zutritt zu den heiligen Stätten zu ermöglichen, aber – so ließ er dem Sultan mitteilen – dessen Untertanen sollten »Ruhe haben vor den Christen und nicht gezwungen sein, im Kampf gegen diese ihr Blut zu vergießen«.

Nach langem Feilschen, bei dem sich der Kaiser im Vergleich mit dem Sultan als ausdauernder erwies, einigte man sich darauf, dass Jerusalem mit Ausnahme des Felsendoms und der el-Aqsa-

Moschee wieder christlich werden sollte. Außerdem wurde freier Zugang nach Bethlehem und Nazareth geschaffen und vereinbart, dass beide Seiten ihre Gefangenen freigeben sollten. Zehn Jahre lang sollte dieser Friedensvertrag dauern.

Dann zog Friedrich feierlich in Jerusalem ein. Feierlich, aber nicht umjubelt.

Die Moslems hatten die Stadt verlassen, die christlichen Einwohner ihrerseits blieben in ihren Häusern, und weil sich der Kaiser im Kirchenbann befand, ließ sich auch kein Priester in der Grabeskirche sehen, wo sich Friedrich, keineswegs niedergeschlagen, die Krone des Königreichs Jerusalem selber aufs Haupt setzte.

Dann ließ er sich von den Männern des Sultans durch die Stadt führen.

Als er den Felsendom besichtigte, fragte er seine Begleiter, warum denn die Fenster vergittert seien. »Um die Spatzen draußen zu halten«, lautete die Antwort. »Und jetzt hat Euch Gott die Schweine gesandt«, antwortete Friedrich trocken, indem er jenen Ausdruck gebrauchte, den Mohammedaner benutzten, wenn sie abschätzig von Christen sprachen.

Eine andere Frage des Kaisers lautete: »Wie wird man eigentlich Kalif?« Und als man ihm antwortete, alle Kalifen seien Nachkommen des Propheten, fand Friedrich das sehr vernünftig, denn: »Bei den einfältigen Franken kann jeder Papst werden.«

Seine muslimischen Verhandlungspartner hatte Friedrich mit seiner weltoffenen Art und seinem für einen Christen jener Zeit ungewöhnlichen Wissen sicherlich beeindruckt. Bei gläubigen Mohammedaner stießen derartige Sarkasmen jedoch weitestgehend auf Ablehnung. Wer die eigenen Glaubensgenossen als »Schweine« bezeichnete, weckte eher Argwohn, und wer – wie man sich zumindest erzählte – Moses, Christus und Mohammed allesamt als Schwindler bezeichnete, galt auch bei Muslimen als Gotteslästerer.

Die unblutige Zurückgewinnung der heiligen Stätten hätte im Reich eigentlich Euphorie auslösen müssen. Stattdessen regte sich bei den christlichen Baronen im Nahen Osten Zorn, weil sich der Kaiser über ihre Köpfe hinweg zum König von Jerusalem erklärt hatte. Beim Papst und allen anderen Widersachern im Reich wurde der Kreuzzug eines Gebannten sogar als Todsünde angesehen.

Eigentlich unvorstellbar: Lieber hätte man auf die Rückgewinnung Jerusalems verzichtet, als diesen Erfolg einem Gebannten verdanken zu müssen.

Auch die Christen in Akkon zeigten deutlich, was sie vom Kaiser hielten. Als er zum Hafen und zu seinem dort ankernden Schiff ging, das ihn wieder nach Sizilien bringen sollte, führte ihn sein Weg durch das Schlachterviertel, wo ihn die Menschen, die ihn erkannten, mit fauligem Gedärm bewarfen. Offensichtlich war anscheinend nicht einmal das gemeine Volk mehr auf seiner Seite.

Und schon gar nicht der Papst, der die Abwesenheit des Kaisers nutzte, um ihn für tot erklären zu lassen, und sich dann mit den lombardischen Städten verbündete und Söldnertruppen in Sizilien einmarschieren ließ. Ihr Auftrag: den heimkehrenden Friedrich abzufangen, in welchem Hafen auch immer er anlegen sollte.

Der Kaiser indes steuerte nicht Sizilien an, sondern landete wieder in Brindisi, und im Gegensatz zu Akkon jubelten ihm hier die Menschen zu. Innerhalb kürzester Zeit war er wieder Herr der Lage, schreckte aber sowohl vor einem Einmarsch in den Kirchenstaat als auch davor zurück, angesichts der unnachgiebigen Haltung Gregors IX. die Wahl eines Gegenpapstes zu betreiben. Selbst als der Papst – wenn auch vergeblich – die deutschen Fürsten aufforderte, sich einen anderen König zu wählen, blieb Friedrich besonnen.

Zum ersten Mal in seinem Leben bewies der Kaiser Geduld, und er musste sehr viel davon aufbringen. Immerhin dauerte es fast ein Jahr, bis man den Zwist beilegte. Im Sommer 1230 wurde der sogenannte Frieden von St. Germano beschlossen. Gesiegt hatte im Grunde keine der beiden Seiten.

* * *

Den brüchigen Frieden hatte der Kaiser allerdings teuer erkaufen müssen. Seine Lehnsleute im Reich waren es eigentlich nur noch dem Namen nach. Immer wieder hatte Friedrich den Fürsten Zugeständnisse machen müssen, um sich im Norden den Rücken frei zu halten, während er im Süden gegen Sarazenen und Normannen um die Macht kämpfte, ganz zu schweigen von den immer wieder aufbrechenden Konflikten mit den lombardischen Städten und den ebenso endlosen Auseinandersetzungen mit den jeweiligen Päpsten.

In Deutschland hatte er seine Hoffnung auf seinen Sohn Heinrich gesetzt, der – wie Friedrich selber – niemals die Liebe eines Vaters erfahren hatte. Der Kaiser hatte Frau und Kind in Palermo zurückgelassen, als Heinrich noch ein Baby war. Dann hatte er den vierjährigen Knaben und dessen Mutter zu sich nach Deutschland geholt, um ihn zum König wählen zu lassen. Lediglich vier Jahre war die kleine Familie zusammengeblieben – dann brach Friedrich nach Rom auf, um sich zum Kaiser krönen zu lassen.

In den folgenden zwölf Jahren hatten sich Vater und Sohn nicht mehr gesehen. Wie konnte sich da eine liebevolle Beziehung entwickeln. Ebenso wie sein Vater wurde auch Heinrich zwangsvermählt. Man verkuppelte den erst Vierzehnjährigen mit der um sieben Jahre älteren Prinzessin Margarethe von Österreich, die ebenso wenig für ihren kindlichen Ehemann empfand wie er für sie.

Gernot war nicht sonderlich überrascht, als Friedrich ihn beauftragte, nach Deutschland zu reisen und ihn auf dem Laufenden zu halten, was den jungen König anging. Er kam gerade recht, um mitzuerleben, auf wie grauenvolle Weise ein gewisser Konrad von Marburg Jagd auf vermeintliche Ketzer machte.

Auch der Kaiser verfolgte Häretiker. Ausgerechnet Friedrich, der von seinen Gegnern häufig selber der Ketzerei bezichtigt wurde, erließ eine Bestimmung, in der es unter anderem wörtlich hieß, er werde gegen alle Häretiker das Schwert zücken, »damit wir die Schlangensöhne des Unglaubens, die Gott und die Kirche beleidigen wie Entweiher des Mutterleibes, mit gerechtem Gericht verfolgen und die Bösewichter nicht leben lassen«.

Sämtliche Ketzer beiderlei Geschlechts sollten zur ewigen Infamie verurteilt werden, friedlos sein und der Acht verfallen. Überführten Irrlehrern sei die Zunge auszureißen, und in schweren Fällen müssten sie auf dem Scheiterhaufen sterben.

Häresie war für den Kaiser allerdings kein theologisches Phänomen, sondern eine Frage der eigenen Autorität. Wer gegen die Kirche des Reiches rebellierte, würde auch ihm den schuldigen Gehorsam verweigern. Und sosehr Friedrich für sich selbst das Recht des freien Denkens in Anspruch nahm: Ketzer und Abweichler von der katholischen Lehre ließ er unbarmherzig verfolgen.

Über die Herkunft Konrads von Marburg war wenig bekannt, und niemand konnte Gernot eine befriedigende Auskunft erteilen. Er war der Beichtvater jener Elisabeth aus Thüringen gewesen, von der man sich Wunderdinge erzählte und deren Mann Ludwig zu Beginn des Kreuzzugs an einer Seuche gestorben war. Vermutlich stammte Konrad aus Marburg, wie sein Name verriet, und wahrscheinlich war er auch Mönch, aber welchem Orden er angehörte, wusste niemand zu sagen. Tatsache war, dass er vom Papst persönlich den Auftrag erhalten hatte, in Deutschland Ketzer aufzuspüren.

Und das tat er auf seine Weise.

Papst Innozenz III. hatte noch festgelegt, dass jedem der Ketzerei oder Hexerei Verdächtigen die Anklagepunkte darzulegen seien, damit er sich ordentlich verteidigen könne, und keineswegs nur die Aussagen der Ankläger seien zu werten. Darüber hinaus müsse dem Beschuldigten mitgeteilt werden, wer ihn der Ketzerei beschuldigt habe, damit boshafte Verleumdung und bewusste Falschaussagen weitgehend ausgeschlossen werden könnten.

Derartige Feinheiten schienen Konrad von Marburg zu umständlich. Das musste alles schneller gehen. Er zahlte sogar Prämien an Denunzianten und verlockte so geradezu jedermann, unliebsame Nachbarn oder lästige Konkurrenten der Ketzerei zu beschuldigen. Gestand der oder die Angeklagte sofort, beließ man es häufig bei einer geringen Buße oder beim Abschneiden der Haare, was Schande genug über die Betreffenden brachte.

Leugnete er dagegen seine Schuld oder blieb er – wenn er denn einer Sekte angehörte – bei seinem Irrglauben, wurde er sofort aus der Kirche ausgeschlossen und einem weltlichen Gericht übergeben, das in jedem Fall auf Tod auf dem Scheiterhaufen zu entscheiden hatte.

Eines Tages wurde auch der hochgeachtete Graf Heinrich III. von Sayn, der bereits am Kreuzzug teilgenommen hatte, als strenggläubiger Christ galt, und dessen Charakter über allen Zweifel erhaben war, beschuldigt, an ketzerischen Zusammenkünften teilgenommen und dort schlimme Reden gehalten zu haben.

Tatsächlich hatte es gewisse Gespräche unter den Adeligen im Land gegeben, die sich Sorgen um die Zukunft machten und wohl auch die schlimme Art und Weise kritisiert hatten, mit der neuerdings Jagd auf Ketzer gemacht wurde. Mit theologischen Fragen hatte das allerdings weniger zu tun, aber gleichwohl: Der Graf von Sayn wurde vorgeladen. Er setzte allerdings durch, dass es eine korrekte Verhandlung in aller Öffentlichkeit werden müsse, und brachte vorsichtshalber seine gepanzerten Ritter mit zum Prozess, der im Mainzer Dom stattfand.

Gernot hatte mit vielem Zureden erreicht, dass sich sogar der junge König Heinrich dort einfand und mit ihm die Erzbischöfe von Köln und Trier sowie der Kanzler des Reiches, der Erzbischof von Mainz. Der Graf von Sayn schwor einen Reinigungseid, und seine Ritter hoben ebenfalls die Schwurhand, was bei einem weltlichen Prozess zum sofortigen Freispruch geführt hätte.

Dies aber war ein Inquisitionsverfahren, und da galten andere Regeln. Der Erzbischof von Trier fragte eindringlich, wer denn die Belastungszeugen gewesen seien, die so schwere Beschuldigungen gegen den Grafen vorgebracht hätten. Konrad von Marburg antwortete lediglich, der Erzbischof glaube doch nicht ernsthaft, dass er hier seine Zeugen aufmarschieren lasse, wo die Ritter des Grafen offensichtlich nur darauf warteten, diese Zeugen auf der Stelle abzuschlachten.

Im Übrigen sei man bei besagten Zusammenkünften nicht nur auf Krebsen und Kröten geritten, sondern man habe auch andere Dinge getrieben, die so scheußlich gewesen seien, dass man sie in einer Kirche nicht einmal aussprechen könne. An dieser Stelle zog der Graf sein Schwert und konnte nur mit Mühe daran gehindert werden, den Inquisitor zu erschlagen.

Schließlich erhob Konrad von Marburg die Stimme und verkündete, dass er kraft seines Amtes den Grafen hiermit aus der Kirche ausschließe und dem weltlichen Gericht übergebe, das ihn zum Feuertode verurteilen werde.

In dem nun ausbrechenden Tumult eilte der Erzbischof von Trier hinüber zu dem jungen König und flüsterte ihm aufgeregt zu, er möge doch bedenken, welche Reaktion die Verurteilung des angesehenen Grafen beim Hochadel im Reich hervorrufen müsse; es gebe doch wahrlich genug Probleme mit den Fürsten!

Tatsächlich erhob sich Heinrich nach einiger Zeit und gebot Ruhe. »Ich stelle fest«, sagte der König, »dass der Prozessverlauf keine eindeutige Klarheit gebracht hat. Ich werde einen großen Königstag einberufen, damit der Fall gründlich untersucht und nach geltendem Recht entschieden werden kann.«

Der Trierer Erzbischof schien erleichtert, aber der Graf, dem offensichtlich blitzschnell klar geworden war, dass Konrad von

Marburg auch dort das letzte Wort haben würde, wandte sich an König Heinrich und erklärte kalt: »Ich lehne diesen Königstag ab. Ich fordere, die Angelegenheit dem Heiligen Vater direkt zur Entscheidung vorzulegen.«

Zunächst herrschte atemlose Stille. Ein Vertreter des Hochadels hatte sich offen gegen den König gestellt. Heinrich starrte finster auf sein Gegenüber. Dann drehte er sich wortlos um und verließ – begleitet von tosendem Jubel – den Dom. Er hatte einmal mehr gegen den deutschen Hochadel verloren. Ein nachdenklicher Gernot folgte ihm ins Freie.

Sehr viel später erfuhr er, dass nach dem Eklat im Mainzer Dom Gesandte der Erzbischöfe nach Rom gereist waren und dem inzwischen 66-jährigen Papst Gregor IX. erzählt hatten, welchen Missbrauch Konrad von Marburg mit seinem Amt treibe. Warum sie nicht früher gekommen seien, hatte der Papst gefragt, dem Inquisitor sofort alle Vollmachten entzogen und alle seine Handlungen für nichtig erklärt.

Für viele Opfer war das zu spät, aber die Sache erledigte sich, bevor noch die Gesandten zurück waren, auf eine einigermaßen drastische Weise: Drei Ritter des Grafen von Sayn lauerten Konrad von Marburg auf und schlugen ihn einfach tot.

Damit jedoch war nur das eine Problem gelöst, schlimmer noch war die gegenteilige Auffassung von Vater und Sohn, wie das Land in die Zukunft geführt werden solle. Während Friedrich ganz auf seine Fürsten setzte, auf die er ja letztlich angewiesen war, förderte der junge König die gerade zu dieser Zeit aufblühenden und nach Unabhängigkeit strebenden Städte und auch den niederen Adel, musste aber dennoch immer wieder Rücksicht auf die Reichsfürsten und Grafen nehmen, wie gerade jetzt in Mainz geschehen. Gernot mochte den jungen Heinrich, berichtete jedoch pflichtschuldigst dem Vater, was sich im Norden zutrug, und das gab dem Kaiser Anlass zur Sorge.

Schon zu einem Hoftag, zu dem der Kaiser zwei Jahre zuvor alle Fürsten des Reiches nach Ravenna eingeladen hatte, war Heinrich nicht erschienen. Die lombardischen Städte hatten einmal mehr die Alpenpässe gesperrt, sodass nur wenige Vertreter des Hochadels auf Umwegen dorthin gelangt waren. Friedrichs Sohn dagegen hatte nicht einmal den Versuch dazu unternommen.

Als der Kaiser dann zu Ostern 1232 erneut einen Reichstag – diesmal nach Aquileja – einberief, wurde Heinrich regelrecht herbeibefohlen. Aber dabei beließ es Friedrich nicht. Der junge König durfte den Tagungsort nicht betreten, sondern musste in einer benachbarten Stadt Quartier beziehen, und der Kaiser verhandelte lediglich über Gernot und andere Mittelsmänner mit seinem Sohn, der sich schließlich geradezu entwürdigenden Bedingungen unterwerfen musste.

So wurde er gezwungen, vor allen anwesenden Fürsten zu schwören, jeder Anweisung des Kaisers zu gehorchen. Sollte er es nicht tun, sollten sich die Fürsten notfalls gewaltsam gegen ihn erheben. Und – schlimmer noch – Heinrich wurde zudem gezwungen, an den Papst zu schreiben und ihn zu bitten, den Kirchenbann über ihn zu verhängen, sollte er dieses sein Gelöbnis jemals brechen. Erst nach dieser Demütigung wurde es dem Sohn gestattet, seinem Vater wieder unter die Augen zu treten.

Die folgende Tragödie war abzusehen. Als Heinrichs Zaudern im Inquisitionsverfahren gegen den Grafen von Sayn dem Kaiser bekannt wurde, zögerte er nicht, beim Papst die Exkommunikation seines eigenen Sohnes zu beantragen, die auch prompt erfolgte. Heinrich reagierte daraufhin fernab jeglicher Vernunft, indem er ein Bündnis mit etlichen deutschen Adeligen, aber auch mit den lombardischen Städten, seit jeher Todfeinde der Staufer, gegen den eigenen Vater abschloss.

Das Maß war endgültig voll. Friedrich zog ohne Heer, dafür aber mit dem exotischen Prunk, mit dem er sich gemeinhin umgab, über die Alpen nach Norden. Der prachtvolle Zug, auf dem der Kaiser Kamele und Leoparden, Maultiere und Affen mit sich führte, die wiederum von Sarazenen und dunkelhäutigen Afrikanern begleitet wurden, sollte allen Untertanen beweisen, dass Friedrich ein nahezu gottgleicher Herrscher war, der es nicht nötig hatte, seinem Sohn mit Waffengewalt gegenüberzutreten.

Sein Auftreten wirkte auf die Menschen in der Tat überwältigend. Wer auch immer bis dahin zu Heinrich gehalten hatte, fiel sogleich von ihm ab und huldigte dem Kaiser. Sein Sohn reiste dem Vater entgegen und wollte sich ihm in der Kaiserpfalz zu Wimpfen demütig zu Boden werfen, aber Friedrich ließ ihn nicht vor. Erst einige Tage später kam es zu diesem Ritual.

Minutenlang presste Heinrich seine Stirn auf den Boden, und es bedurfte des guten Zuredens von des Kaisers Vertrauten, bis ihm Friedrich endlich das Zeichen gab, sich zu erheben. Aber er verzieh seinem Sohn nicht, sondern sprach in Anwesenheit aller Fürsten auf der Stelle das Urteil über seinen Sohn: lebenslanger Kerker.

Der König war gerade einmal vierundzwanzig Jahre alt.

Heinrich wurde nach Apulien gebracht und dort in ein Verlies geworfen. Nach einigen Jahren musste er sich eingestehen, dass es keine Hoffnung auf Begnadigung gab. Als man ihn in ein anderes Gefängnis verlegen wollte, kam er ums Leben. Wie – das weiß man bis heute nicht. Die einen sagen, er sei beim Sturz von seinem Pferd ums Leben gekommen, aber das ist eher unwahrscheinlich. Glaubhafter ist angesichts seiner verzweifelten Situation eine andere Version: Heinrich habe sich absichtlich mit seinem Pferd in eine steile Schlucht gestürzt, um seinem Leben ein Ende zu setzen.

Später schrieb Friedrich in einem Brief: »Wir gestehen, dass wir, der wir durch des lebenden Königs Übermut nicht gebeugt werden konnten, durch den Sturz dieses unseres Sohnes gerührt sind. Wir sind jedoch weder die Ersten noch die Letzten, die durch die Übergriffe von Söhnen Schaden erlitten haben und nichtsdestoweniger an ihrem Grabe weinen.«

* * *

Es war eine lange Reise gewesen. Begleitet von dreitausend Rittern waren sie von London nach Canterbury gezogen, wo sie am Grab des heiligen Thomas Becket gebetet hatten. Dann waren sie weitergeritten nach Sandwich, von dort per Schiff nach Antwerpen gesegelt und hatten dann den Weg über Land nach Köln gewählt. Gernot war erleichtert, als am Horizont endlich die weiter in die Höhe gewachsenen Mauern der Stadt auftauchten, seiner Heimatstadt, in der er zur Welt gekommen war und die ihm trotzdem fremd war. Schließlich zählte er seit frühester Jugend zum Gefolge des Kaisers, und von dem war ja bekannt, dass er sich nur höchst ungern nördlich der Alpen aufhielt. Er war und blieb halt im Grunde seines Herzens ein Sizilianer.

Mal schauen, ob er seine neue Frau besser behandelt als seine letzte, dachte Gernot, während sie sich der Stadt näherten. Weiter hinten in dem langen Zug der Ritter und Kriegsknechte, der sich über flaches Land von Norden auf Köln zubewegte, saßen in einem Wagen der kaiserliche Gesandte Petrus von Vinea und die 21-jährige englische Prinzessin Isabella, mit der Petrus im Namen Friedrichs die Ehe geschlossen hatte.

Natürlich waren in den Monaten zuvor langwierige Verhandlungen geführt worden, mit dem Ergebnis, dass der jungen Dame die stattliche Mitgift von 30 000 Silbermark mitgegeben wurde. Und nicht nur das: Sie besaß kostbare, in Frankreich geschneiderte Kleider, eine Krone aus reinem Gold, kostbaren Halsschmuck, ganze Kisten voller Juwelen und nicht zuletzt zahlreiche Rösser aus bester Zucht.

Jetzt endlich – im Mai des Jahres 1235 – konnte die feierliche Zeremonie stattfinden. Isabella war vom Tower nach Westminster gebracht worden. Sie hatte sich auf einem Bett niedergelassen, Petrus hatte ihr den Ring des Kaisers an den Finger gesteckt, sich dann neben ihr niedergelassen und ein nacktes Bein unter ihre Decke gesteckt.

Damit war die Ehe nach allgemeiner Auffassung endgültig und rechtsverbindlich vollzogen. In Köln würde Isabella darauf warten, dass der Kaiser sie nach Worms holte, wo dann die Hochzeit mit großem Prunk gefeiert werden sollte.

»Bin mal gespannt, ob die Prinzessin es so lange in Köln aushält«, sagte Gernot zu dem an seiner Seite reitenden Herzog Heinrich von Brabant. Der teilte seine Bedenken, aber ihre Skepsis sollte schnell verfliegen.

Ein Bote der Kölner Patrizier war dem Zug bereits vor ein paar Stunden entgegengeritten und hatte erklärt, auch wenn man aus Antwerpen komme, könne man nicht ins nächstgelegene Eigelsteintor einreiten, sondern müsse einen Halbkreis um die Stadt schlagen, da man allerorten mit dem Bau der Stadtmauer beschäftigt sei und noch nicht alle Tore passierbar seien. Man möge bitte zum südlich gelegenen Severinstor kommen.

Gernot ritt nach hinten und empfahl dem Gesandten, er und die Prinzessin sollten wohl besser hoch zu Ross in die Stadt einreiten, damit die Menschen, die sie dort empfangen würden, sie so besser sehen und sie ihrerseits den Jubel der Massen bewusster genießen könnten.

Hoffentlich jubeln sie auch, dachte er bei sich.

Und ob sie jubelten! Der Kölner Erzbischof Heinrich von Müllenark, der sie auf der Englandfahrt begleitet hatte, war vor Tagen vorausgeritten und hatte alles getan, damit die Bürger der Stadt der Prinzessin einen stürmischen Empfang bereiteten. Gernot wusste nicht so recht, was er von diesem Kleriker halten sollte.

Sein Ruf war nicht gerade der beste, aber vielleicht lag das auch daran, dass man ihn – verständlicherweise – stets mit seinem Vorgänger verglich, jenem Engelbert von Berg, den man vor zehn Jahren brutal ermordet hatte. Der musste, wie man sich erzählte, ein harter Bursche gewesen sein, und das war dieser Heinrich von Müllenark mit Sicherheit nicht. Man verspottete ihn heimlich sogar wegen seines Äußeren, auf das er im Gegensatz zu anderen Fürsten nun wirklich keinen Wert legte. Er trug Hosen aus Leinen wie ein gewöhnlicher Handwerker, und so jemand reiste im Auftrag des Kaisers durch die Lande!

Andererseits: Die Handelsbeziehungen zwischen Köln und England waren ja seit jeher sehr intensiv, und der Erzbischof war in London mehr als herzlich empfangen worden. Der König selber hatte die kaiserliche Gesandtschaft auf deren Heimweg sogar ein ganzes Stück Weges bis zu ihrer Einschiffung begleitet.

Ob der Erzbischof jetzt die Bürger seiner Stadt, mit denen er wie eigentlich alle seine Vorgänger in beständigem Streit lebte, dazu bringen konnte, die Prinzessin ebenso herzlich zu begrüßen, wie er selber in England begrüßt worden war?

Er hatte es tatsächlich geschafft.

Tausende Menschen warteten schon vor dem Stadttor auf die Prinzessin und ihre Begleiter. Zahlreiche Karren standen dort, wie Schiffe gestaltet, und die Pferde, die sie zu diesem Platz gezogen hatten, waren unter teuren Tüchern versteckt. Auf den Wagen standen musizierende Geistliche, und tanzende junge Mädchen schwenkten bunte Tücher, warfen von oben Blumen auf die Ritter und winkten ihnen mit Palmzweigen zu.

Der Zug, der das Stadttor passierte und sich durch die engen Straßen langsam auf den Dom zubewegte, konnte sich nur mit Mühe einen Weg durch die Menge bahnen, aus der jetzt immer häufiger gerufen wurde, man wolle die neue Kaiserin sehen. Petrus von Vinea beugte sich zu der Prinzessin hinüber und übersetzte ihr, was die Menschen da forderten, und sie reagierte sofort. Lächelnd zog sie den Schleier vom Gesicht, und nun kannte der Jubel der Menge endgültig keine Grenzen mehr.

Eine so schöne Frau hatte man in Köln lange nicht gesehen. Aber ob sie auch dem Kaiser gefiel?

Gernot wusste, dass solche Nebensächlichkeiten kaum eine Rolle spielten, wenn Herrscher heirateten. Liebe zwischen den

Eheleuten, Leidenschaft gar – das waren Ausnahmen. Barbarossa, Friedrichs Großvater, hatte seine Beatrix, die kleine Prinzessin aus Burgund, wirklich lieb gehabt. Davon sprach man in Adelskreisen heute noch. Weil es halt so selten war.

Barbarossas Sohn, Heinrich VI., war dagegen nicht gefragt, als man den damals 21-jährigen mit der bereits über 30-jährigen Konstanze von Sizilien verheiratete. Natürlich nur deshalb, weil sie (und damit zugleich ihr Ehemann) später einmal die Krone des Inselreiches erben würde. Sehr viel Begeisterung war offensichtlich nicht im Spiel, denn es dauerte acht Jahre, bevor der kleine Friedrich zur Welt kam.

Konstanze hieß auch die Frau, die man ebenjenem Kind später zuführte. Auch sie war elf Jahre älter als ihr Mann, der sich nur zur Hochzeit mit der Schwester des Königs von Aragon durchringen konnte, weil sie als Mitgift fünfhundert spanische Panzerreiter mitbrachte, die allerdings bereits wenig später zum großen Teil einer Seuche erlagen.

Weder Leidenschaft noch Mitgift – war alles umsonst?

Sollte man glauben, aber dann entdeckten die beiden ungleichen Ehepartner, dass sie sich tatsächlich liebten. Und diese ungewöhnliche Liebe hielt, bis Konstanze 1222 starb, zwei Jahre nach seiner Krönung zum Kaiser. Auf ihren Sarkophag aus Porphyr, in dem man sie in der Kathedrale von Palermo als einzige der drei Kaiserinnen bestattete, ließ Friedrich die Inschrift setzen: »Ich war Siziliens Königin und Kaiserin, Constantia. Hier wohne ich nun, Friedrich, deine Frau.«

Ganz ohne Frauen konnte der Kaiser jedoch nicht leben. Eine Liebesheirat ist er allerdings nicht mehr eingegangen. Jolande hatte er nur wegen der Krone des Königreichs Jerusalem geehelicht und sie – wie wir hörten – noch in der Hochzeitsnacht betrogen.

Ähnlich abartig verhielt er sich in der ersten Nacht, die er mit Isabella von England verbrachte, die er 1235 in Worms heiratete. Auch diese Ehe war aus rein politischen Motiven geschlossen worden, nachdem Friedrich sich mit den Welfen ausgesöhnt hatte, die stets von den Engländern unterstützt worden waren.

Der Kaiser legte sich zwar zu seiner Frau, berührte sie aber nicht vor dem Morgengrauen, weil Astrologen behauptet hatten, dies sei die günstigste Stunde, einen Erben zu zeugen. Nach vollzogenem Akt erhob sich der Kaiser und ermahnte Isabella, von nun an recht vorsichtig zu sein, denn sie habe soeben einen Sohn empfangen. Wirklich romantisch. Leider stimmte die Vorhersage nicht so ganz, denn Isabella wurde erst nach zwei Jahren schwanger.

Und gebar eine Tochter.

Jolande war damals erst 14 Jahre alt gewesen, als sie Friedrich auf väterliches Geheiß ehelichen musste. Zwei Jahre später hatte sie eine Tochter geboren und im Jahr darauf den Sohn Konrad, der nach dem Tod seines Vaters König werden sollte. Jolande starb wenige Tage nach seiner Geburt. Ebenso erging es der englischen Isabella, die ihre vierte Geburt nicht überlebte.

Nun war es keineswegs so, dass der Kaiser unfähig war, eine Liebesbeziehung einzugehen. Gernot war Zeuge, als sich Friedrich nach Konstanzes Tod in die Markgräfin Bianca Lancia verliebte, mit der er drei Kinder hatte. Sieben Jahre waren die beiden ein Paar, und Gernot war sich sicher, dass es während dieser Zeit keine andere Frau in Friedrichs Leben gegeben hat.

Friedrich war auch bei ihr, als sie schwer erkrankte, und er heiratete die Geliebte auf ihrem Sterbebett. Böse Zungen behaupteten damals, es sei lediglich ein Akt der Berechnung gewesen, damit ihre Kinder – obwohl unehelich gezeugt – im Nachhinein thronfolgeberechtigt geworden seien.

Unter Friedrichs Nachkommen gab es auch einen gewissen Heinz, der aber Enzio gerufen wurde. Seine Mutter hieß Adelheid, war eine Jugendliebe des Kaisers und die Tochter des Herzogs von Spoleto, in dessen Verwandtschaft Friedrich als Kind zeitweilig aufgenommen war.

Gernot hatte diese Adelheid nie kennengelernt, auch nicht die zahllosen Liebschaften, die zuweilen ein paar Wochen dauerten, manchmal auch schon nach zwei Stunden beendet waren. Ganz zu schweigen von den angeblichen Orgien mit sarazenischen Sklavinnen, die besonders die Kirchenoberen aufbrachten und den Intimfeind des Kaisers, den Kardinal Rainer von Viterbo, zu der hasserfüllten Forderung verleitete, man möge »Namen und Leib, Spross und Samen dieses Babyloniers« vernichten.

* * *

Gernot wunderte sich immer wieder, wie viel Hass dem Kaiser besonders vor allem seitens der Päpste entgegenschlug. Er entsprang in erster Linie der panischen Angst vor der Einkreisung des Kirchenstaates von Norden und Süden her. Die Angst war nicht unbegründet, denn kein Staufer hatte einen Hehl daraus gemacht, dass es vorderstes Ziel war, im Süden Sarazenen und Normannen zu vertreiben oder doch zumindest zu unterwerfen. Wenn dann noch die stets rebellierenden lombardischen Städte in die Knie gezwungen werden konnten, wäre das Papsttum wie schon unter Karl dem Großen auf den Schutz des Kaisers angewiesen.

Eine Utopie, wie sich herausstellen sollte.

Aber waren die staufischen Kaiser deshalb Monster, wie die ihnen feindlich gesinnten Päpste alle Welt glauben machen wollten? Wieso zählten dann zu Friedrichs engsten Vertrauten und Ratgebern über jeden Zweifel erhabene Männer wie der Deutschordensmeister Hermann von Salza, dem selbst Rom den Respekt nicht versagte? Oder Erzbischof Berard von Palermo, der dem exkommunizierten Kaiser bis zu dessen Tod die Treue hielt?

Weil sie ihn besser kannten.

Sie versuchten stets, hinter seinen frivolen Sprüchen, die – zum Teil von seinen Gegnern – überliefert sind, Rückschlüsse über das wahre Wesen des Kaisers zu ziehen. Wollte er wirklich Gott lästern, wenn er daran zweifelte, dass wirklich eine jungfräuliche Maria das Jesuskind geboren habe? Oder wenn er anscheinend spöttisch fragte, wo denn die Hölle liege? Und das Paradies? Und der Himmel?

Das Weiterleben eines Menschen nach dem Tod erschien ihm ebenfalls unwahrscheinlich, denn der Körper verfaule bekanntlich und die Seele »verweht wie ein Hauch«.

Bei vielen Sprüchen darf man annehmen, dass sie päpstlicher Gräuelpropaganda entstammen, doch andererseits muss man schon zur Kenntnis nehmen, dass er im herkömmlichen Sinn kein glaubender Mensch war. Eher ein zweifelnder.

Aus diesen Zweifeln heraus zog er gegen alles zu Feld, was ihm abergläubisch erschien. Zum Beispiel das noch immer viel praktizierte Gottesurteil. Kein vernünftiger Mensch könne annehmen, behauptete er, dass der liebe Gott glühendem Eisen befehle, die Sohlen eines Unschuldigen nicht zu verglühen, den man zwinge, darüberzulaufen. Und auch einem tiefen Wasser würde er wohl kaum verbieten, einen Unschuldigen zu verschlingen.

Gottesurteile wurden deshalb von ihm schlichtweg verboten.

Die Zweifel an gewissen Lehren der Kirche wurden nicht geringer durch sein übergroßes Interesse, das er allen Wissenschaften entgegenbrachte. Er gründete die erste Universität in Neapel, dessen berühmtester Student (und späterer Lehrer) Thomas von Aquin war, und sammelte an seinem Hof Gelehrte aller Fakultäten, wobei kein Unterschied gemacht wurde zwischen Christen, Juden und Arabern.

Einen Riesendurchbruch schaffte dabei ein junger Mathematiker aus Pisa, der in einem Buch das Rechnen mit den sogenannten indischen Ziffern vorstellte. Eine Sensation ersten Ranges, denn bis dahin gab es weder ein Dezimalsystem noch irgendeine Möglichkeit, Aufgaben schriftlich zu lösen, und Brüche waren ebenfalls unbekannt.

Friedrich beließ es nicht bei der Theorie. Er liebte höchst handfeste Experimente, wenn sie auch zuweilen von interessierter Seite überliefert wurden, um seine ketzerische Denkweise zu beweisen. Unbestritten dagegen ist der Versuch herauszufinden, welcher Sprache sich ein Kind bedient, zu dem bis dahin niemand gesprochen hat.

Wird es nun Hebräisch sprechen oder Griechisch, Latein, Arabisch oder die Sprache der Mutter, von der es geboren wurde?

Die Kinder sollten nach dem Willen des Kaisers ihren Eltern fortgenommen und von ihren Ammen gestillt und gepflegt werden, aber sonst ohne Ansprechpartner oder Bezugsperson bleiben. Alle Kinder blieben stumm und starben nach kurzer Zeit. Das Ergebnis des Experiments stieß auf allgemeines Interesse. Dass dabei Kinder sterben mussten, fand man anscheinend normal.

Ganz ohne Experimente kamen die Reformen aus, die Friedrich in relativ kurzer Zeit durchsetzte. Er machte Sizilien zum Beamtenstaat mit all seinen Vor- und Nachteilen, verstaatlichte die Gewinnung von Eisen und Salz, verbot die Ausfuhr von Lebensmitteln und Vieh, vereinheitlichte die Währung und regierte mit harter Hand.

Aber er sorgte auch für seine Untertanen, indem er – mehr als ungewöhnlich für seine Zeit – erste Umweltgesetze erließ. So befahl er, dass keiner »in den irgendeiner Stadt oder Burg benachbarten Gewässern in einer Entfernung von einer Meile oder weniger Flachs oder Hanf wässern darf, damit die Luft dadurch nicht verdorben wird«.

Den Fischern wurde verboten, »Taxus oder ähnliche Kräuter, durch welche die Fische getötet werden oder sterben, in die Gewässer zu werfen. Denn dadurch werden sowohl die Fische selbst giftig, wie auch die Gewässer, aus denen Menschen und Tiere öfter trinken, eben dadurch schädlich werden.«

Und zum Schluss hieß es: »Wer das trotzdem tut, soll zu einem Jahr Zwangsarbeit in Ketten verurteilt werden.«

Auch den Kranken galt seine Sorge. Kurpfuschern legte er das Handwerk, und wer sich Arzt nennen wollte, musste drei Jahre lang Logik studieren, dann noch einmal fünf Jahre Medizin (einschließlich der Chirurgie) und zum Abschluss ein einjähriges Praktikum bei einem Medikus nachweisen. Seine Patienten hatte er als Arzt dann zweimal täglich zu besuchen, auf deren Wunsch auch in der Nacht.

Apotheker durften keine Fantasiepreise mehr fordern, und Quacksalber, die angebliche Liebesgetränke andienten, wanderten ein Jahr lang hinter Gitter. Wenn ihren Patienten beim Verzehr solcher Mittelchen etwas zustieß, musste der Verursacher mit der Todesstrafe rechnen.

Gegen solche Reformen konnte der Papst – welcher auch immer gerade auf dem Thron Petri saß – wenig einwenden. Wohl aber gegen den Umgang des Kaisers mit religiösen Minderheiten. Zum Beispiel mit den Juden.

Schon 1221 hatte er verkündet: »Nicht allein unsere christlichen Untertanen stehen unter unserem Schutz, sondern auch die Angehörigen anderer Glaubensgemeinschaften«, und das meinte Friedrich ernst.

Ebenso wie er nicht an die Beweiskraft von Gottesurteilen glaubte, stand er auch anderen Überlieferungen und besonders Verallgemeinerungen mehr als skeptisch gegenüber. So bezweifelte er als einer der wenigen Mitmenschen die allgemein verbreitete Behauptung, Juden würden Christenkinder entführen und an ihnen Ritualmorde begehen.

Als im Umland von Fulda einmal mehrere Juden des Mordes an Christenkindern beschuldigt und dem Kaiser als angeblicher Beweis zwei halb verweste Leichen gebracht wurden, fuhr Friedrich die Ankläger unwirsch an: »Wenn sie tot sind, dann geht und begrabt sie. Zu etwas anderem taugen sie nicht!«

Womit er fraglos recht hatte. Aber dabei beließ er es nicht. Er ließ über die Grenzen des Reiches hinweg zahlreiche inzwischen getaufte Juden befragen, ob irgendwo in den mosaischen

Büchern behauptet werde, dass dem Gott Israels das Töten von Christenkindern gefalle. Die Antwort: Das sei völlig abwegig. Im Talmud und in der Thora stünde sogar, dass der Allmächtige nicht einmal Gefallen an Tieropfern finde.

Von da an befahl der Kaiser, derartige Vorwürfe gegen Mitglieder der jüdischen Gemeinden streng zu bestrafen.

Andererseits mussten die Juden im Reich neuerdings einen gelben Fleck auf ihrer Kleidung tragen und sich einen Bart wachsen lassen. Das allerdings sollte sie nicht diskriminieren – was es wahrscheinlich trotzdem tat –, sondern solche Gesetze entsprachen dem Ordnungssinn der Kaisers. Juden mussten erkennbar sein, weil man ihnen höhere Steuern abknöpfen wollte.

Folgten sie dem Gesetz, blieben sie unbehelligt, auch bei der Ausübung ihrer religiösen Riten. Zudem brauchte man sie als Geldgeber, denn anders als den Christen war es ihnen nicht verboten, gewerbsmäßig Kredite zu verleihen. Und die brauchten, wie man es in Köln gesehen, auch Erzbischöfe.

Gerade sie.

Anhängern des Islam war Friedrich schon während seiner Kindheit in der Vielvölkerstadt Palermo begegnet. Zudem wurde das Bergland im Inneren der Insel Sizilien damals von Sarazenen beherrscht. Als es Friedrich schließlich gelang, sie zu besiegen, wurden sie weder ausgerottet noch zwangsbekehrt. Friedrich siedelte an die 16 000 von ihnen in Apulien an, zum Entsetzen des Papstes bei Foggia, dicht an der Grenze zum Kirchenstaat.

Dort durften sie nicht nur Moscheen bauen, sondern auch Koranschulen errichten. Wer hätte dem Kaiser in seinem Kampf gegen die Päpste bedingungsloser gehorchen können als sarazenische Krieger und Leibwächter, denen ein gegen ihren Herrn geschleuderter Bannstrahl aus Rom aus verständlichen Gründen vollkommen gleichgültig war.

* * *

»Was ist mit Euch, Herr?« Die leise Stimme hinter ihm schreckte ihn auf. Vor einer halben Stunde hatte sich Gernot vor dem Altar in der kleinen Kapelle zu Boden geworfen, den Kopf auf die verschränkten Arme gelegt und hemmungslos zu weinen begonnen. Es war einfach zu viel gewesen, was er in der letzten Zeit erlebt hatte. Er hatte den Kaiser um seinen Abschied gebeten, und der war auch sofort gewährt worden.

Fast schien Friedrich erleichtert, dass ihn wieder einer seiner alten Gefährten verlassen wollte. Sollten sie doch alle gehen. Sie würden ihn ja doch verraten, wie ihn alle hintergangen hatten. Er hatte schließlich genug Söhne in die Welt gesetzt. Die waren inzwischen erwachsen, und mit ihnen besetzte er alle wichtigen Ämter, die plötzlich frei geworden waren. Wenigstens seinen Söhnen konnte er vertrauen.

Hoffte er wenigstens.

»Wollt Ihr beichten?«, fragte der Mönch, der ihn angesprochen hatte.

Oh ja, das wollte er, denn auch an seinen Händen klebte Blut, und er war sich nicht sicher, ob es nicht unschuldig vergossen worden war. Es hatte vor ein paar Jahren begonnen, als dem Kaiser gewisse Dokumente in die Hände gefallen waren, die ihm verrieten, dass in den Reihen seiner Vertrauten Pläne geschmiedet worden waren, die sowohl seinen Tod als auch die Ermordung seines Sohnes Enzio und den eines seiner Schwiegersöhne zum Ziel hatten.

In letzter Minute war es gelungen, den Anschlag zu verhindern und wenigstens einige der Verschwörer gefangen zu nehmen. Man fand Beweise, dass die Verräter vom Papst angestiftet worden waren. Der Kaiser behauptete nun, dass die Attentäter ihn ermorden wollten, obwohl er ihnen doch wie ein leiblicher Vater gewesen sei. Auf Vatermord stand jedoch laut römischem Recht eine besonders schreckliche Strafe: Vatermörder wurden zusammen mit lebenden Giftschlangen in Ledersäcke genäht und ins Meer geworfen.

Und so geschah es auch in diesem Fall.

Einer der Hauptattentäter jedoch wurde nicht sofort hingerichtet, sondern geblendet und anderweitig aufs Schwerste verstümmelt unter ständiger Folter durch die einzelnen Städte geführt, um zu zeigen, wie es in Zukunft allen Rebellen ergehen würde. Aber all das half wenig.

Kurz darauf, als sich der Kaiser unwohl fühlte, reichte ihm der Leibarzt in einem Becher eine Medizin. Misstrauisch gegenüber jedermann, wie Friedrich inzwischen geworden war, gab er den Kelch dem Arzt zurück und sagte: »Trink du zuerst auf meine Gesundheit!«

Der Arzt geriet in Panik, gab vor zu stolpern und verschüttete den Inhalt, aber ein wenig blieb dennoch im Pokal zurück. Man holte einen bereits zum Tode Verurteilten und ließ ihn den Rest trinken. Er war nach wenigen Sekunden tot.

Dem Arzt war das nicht vergönnt. Er starb erst nach tagelanger Folter. Möglicherweise hat er dabei auch verraten, dass ihn der engste Vertraute des Kaisers zu dieser Tat angestiftet hatte: Petrus von Vinea, mit dem Gernot einst nach London gereist war, um von dort die Prinzessin Isabella abzuholen, die Friedrichs dritte Ehefrau werden sollte.

Jetzt stellte sich heraus, dass ebendieser Petrus, dem der Kaiser mehr vertraut hatte als jedem anderen, ihn um ein halbes Vermögen betrogen hatte. Gernot war zugegen, als man ihn blendete. Einen Tag später fand man ihn tot auf. Er hatte sich den Kopf an der felsigen Wand des Kerkers eingerannt.

Der Mönch hörte geduldig zu, wie Gernot ihm alles schilderte, was er an der Seite des Kaisers erlebt hatte, und auch gestand, wie häufig er sehr wohl geahnt hatte, dass es Unrecht war, wozu er von Friedrich benutzt worden war.

»Kann mir das je vergeben werden?«, fragte Gernot den Mönch. »Ich war doch überall dabei.«

»Gott ist gütig«, antwortete der Mönch. »Er wird Dir verzeihen, wenn Du bereust.«

Der Mönch sprach ihn von allen Sünden frei und fragte zum Schluss: »Sagtest du nicht, du kämst aus Köln?«

»Dort bin ich geboren, und ich bin gerade auf dem Heimweg.«

»Dann kehrt heim, stellt bei den Heiligen Drei Königen eine Kerze auf. Betet dabei für einen gewissen Rainald von Dassel. Auch er hat lange Zeit einem Kaiser gedient, und ich bin nicht sicher, dass er bei seinem Tod ebenso reuig war wie jetzt Ihr in diesem Moment.«

A rnold stampfte missmutig durch den leichten Nieselregen heim. Was sollte denn das nun wieder? Als ob man nichts Besseres zu tun hätte. Am frühen Morgen war ein Mönch zu ihm gekommen, hatte ungeduldig mit der Faust gegen die Haustür gehämmert, und als er ihm unausgeschlafen und übellaunig geöffnet hatte, war ihm barsch mitgeteilt worden, alle Mitglieder der Brauer-Bruderschaft hätten sich nach dem Angelus-Läuten im Dominikanerkloster in der Stolkgasse einzufinden.

Das Angelus-Läuten, auch so eine neuartige Erfindung. Die Bettelmönche hatten es vor Kurzem eingeführt, und die Dominikaner haben nichts Eiligeres zu tun, als es sofort zu übernehmen. Drei *Ave Maria* soll man am frühen Abend beten, und das nur, weil der Erzengel Gabriel die frohe Botschaft der Gottesmutter angeblich um diese Tageszeit gebracht hat.

Was diese Mönche so alles wissen wollen!

Und was war so dringend, dass alle ins Kloster kommen mussten? Ein neuer Schutzpatron wurde ihnen verordnet. Als ob sie nicht längst einen gehabt hätten. Sogar etliche, wenn man sie alle aufzählt. Beispielsweise sein eigener Namensgeber, Arnulf – das ist das Gleiche wie Arnold – war vor ein paar Hundert Jahren Bischof in Metz und galt als Beschützer der Brauer.

Andere beteten zum heiligen Bonifatius, wiederum andere zu Sankt Florian. Die Weiber riefen die heilige Dorothea an, und die Studenten baten Johannes den Täufer um Hilfe, wenn sie morgens mit schwerem Kopf aufwachten, denn der war nicht nur der Patron der Wirte, sondern half auch bei Kater und Kopfschmerzen.

Vermutlich deshalb, weil ihn der Tanz der Salome seinen Kopf gekostet hat.

Und wenn Weibsbilder aus welchem Grund auch immer besonders heftig gefeiert hatten, war die heilige Bibiana zuständig. Aber diese Dame kannten ja vermutlich noch nicht einmal die Mädchen vom Hurenhaus auf dem Berlich, obwohl Bibianas Beistand dort wahrscheinlich besonders häufig benötigt wurde.

Nun also von heute auf morgen ein neuer Patron: Petrus hieß er. Petrus von Mailand, oder von Verona. Das wusste nicht einmal der Leiter der Klosterschule so genau, den sie *Albert den Großen* nennen. Er war lange Zeit aus Köln fort, ist weit herumgekommen, und unterwegs hat er wohl von diesem Petrus gehört, den der Papst vor Kurzem als Märtyrer heiliggesprochen hat.

Als der letzte Bruder an diesem Abend im Klosterhof eingetroffen war, gesellte sich besagter Albert zu ihnen und berichtete von jenem Dominikaner, der in Italien gegen die Häretiker gepredigt hatte und anscheinend ein besonders scharfer Hund gewesen ist. Nicht umsonst sagten die Leute von den Dominikanern, dass sie *domini canes* seien, was wörtlich die Hunde des Herrn bedeutet.

Jener Petrus also war Inquisitor des Papstes und machte sich bei der Verfolgung der Sekte der Katharer so unbeliebt, dass ihm irgendjemand eines Tages auf offener Straße ein Schwert in den Kopf stieß, was er naturgemäß nicht überlebte. Das war nun schon ein paar Jährchen her, aber warum der große Albert unbedingt einen Verfolger von Ketzern zum Schutzpatron der Kölner Brauer erklärte, das hatte niemand der Mitbrüder verstanden.

Da hätte man auch alles beim Alten lassen können.

Hilfe von irgendwelchen unbekannten Heiligen brauchte er ohnehin nicht. Arnold bekreuzigte sich erschrocken ob seines lästerlichen Gedankens, aber die Geschäfte liefen im Augenblick tatsächlich bestens, wem auch immer das von denen da oben zuzuschreiben war.

Woran das liegt? Obwohl Wein in Köln nicht sonderlich teuer ist, trinken die kleinen Leute doch lieber Bier. Zum einen ist es billiger, zum anderen nahrhaft. Zwar hatte Erzbischof Engelbert im harten Winter 1224/25 vorübergehend das Brauen verboten, damit die Gerste nicht in Bier, sondern in Brot verwandelt würde, um die Hungernden zu ernähren. Aber die meisten Menschen ernährten sich lieber flüssig, sodass sein Verbot kaum beachtet wurde. Es wurde weitergebraut. Wenn auch nicht öffentlich.

Als die Zeit des Hungerns endlich vorbei war, wurde mehr Bier gebraut als zuvor. Jeder Kölner trank wenigstens einen Liter am Tag, Kinder und Greise eingeschlossen. Ja, auch die Kinder, denn Bier war ja nicht nur nahrhaft, sondern eignete sich auch vorzüglich als Schlafmittel für die lieben Kleinen.

Die Mönche in den Klöstern aßen in der Fastenzeit zwar weniger als im übrigen Jahr, aber dafür tranken sie umso mehr. Sie durften tatsächlich bis zu fünf Liter täglich in sich hineinkippen! Arnold kicherte. Irgendwie musste man den Körper ja auch in der Fastenzeit kräftigen. Und Erzbischof Konrad sah sowohl bei Klerikern als auch bei Laien großzügig über das Saufen hinweg, denn nicht nur Bauern, Brauer und Wirte profitierten vom Durst seiner Untertanen, sondern auch seine Eminenz verdiente kräftig daran.

Geld stinkt bekanntlich nicht, und als sich seinerzeit zwei Kaiser gegenseitig den Thron streitig machten, versuchte der eine – Otto IV. – die Kölner Bürger auf seine Seite zu ziehen, indem er ihnen erlaubte, einen Mahl- und einen Braupfennig zu erheben. Aber das hatte ihm nur wenig genutzt. So richtig Kaiser wurde besagter Otto trotzdem nicht. Das aber wurde etwas später Friedrich II., und von dem ließ sich Erzbischof Konrad von Hochstaden die Erlaubnis erteilen, eine Biersteuer zu erheben.

Natürlich kam es zum Streit, und da holte man sich einen neutralen Schiedsrichter, nämlich Albertus, unseren Oberdominikaner, und seitdem kassiert der Erzbischof die eine Hälfte der Einnahmen, und der Rat der Stadt erhält die andere.

Mal sehen, wie lange das gut geht.

* * *

Bier also war in Köln ein Volksgetränk – aber seit wann? Löschten schon die römischen Legionäre damit ihren Durst?

Mit Sicherheit nicht.

Bier war den Römern zwar nicht unbekannt, denn ihre Soldaten waren ihm sowohl im Nahen Osten als auch in Spanien begegnet, aber Wein, wie sie ihn aus Griechenland und von daheim kannten, war ihnen allemal lieber. Plinius der Ältere jedenfalls urteilt: »*Was dieses Getränk angeht, ist es besser, gleich zum Wein überzugehen.*«

Für Frauen – glaubt er – sei der Bierschaum dagegen nützlich, denn es sei bekannt, »*dass er die Reinheit der Haut im Gesicht der Frauen erhält*«.

Immerhin.

Die Kelten im Rheinland berauschten sich von alters her an Bier, wie immer sie das hergestellt haben mögen. Von den Vorzügen des Getränks konnten sie die römischen Besatzungstruppen allerdings nicht überzeugen. Im 4. Jahrhundert vergleicht ein vornehmer Römer, nachdem er einen Schluck riskiert hat, Bier und Wein mit den Versen:

Wer bist du, beim Dionysos, du, woher stammst du?
Beim wahrem Bacchus! Wahrlich! Dich kenne ich nicht,
sondern nur den Sohn des Zeus. Dieser duftet nach Nektar;
nach Geißbock stinkst du, da die Kelten,
denen es an Trauben mangelt, dich erzeugten aus Korn.

Dieses krasse Urteil eines römischen Snobs konnte jedoch weder die Kelten noch die germanischen Völker von ihrem Standardgetränk Bier abbringen. Zunächst selten, später immer häufiger taucht das Bier in Urkunden auf. Im 9. Jahrhundert wird auf einer Synode in Mainz sogar der Verzicht auf seinen Genuss als Sühne für Totschlag festgeschrieben.

Die Bußbestimmung lautet: Wer einen anderen Menschen tötet, muss sieben Jahre büßen. In den ersten vierzig Tagen darf er sich hauptsächlich nur von Wasser, Brot, Hülsenfrüchten und Öl ernähren. In den kommenden drei Jahren bleiben ihm bis auf bestimmte Festtage Fleisch, Wein, Met und Bier versagt, und in den letzten vier Jahren darf er dann mit Ausnahme von jeweils drei vierzigtägigen Fastenzeiten vor Ostern, St. Johann Baptist (24. Juni) und Weihnachten bis auf Fleisch wieder alles genießen. Sogar Bier.

Und wo wurde es gebraut? Größtenteils daheim. Brauen war – ebenso wie Backen – eine der Hauptaufgaben der Hausfrau. Hinweise darauf finden wir sogar noch in Grimms Märchen, wo das Rumpelstilzchen um ein Feuer herumtanzt und singt:

Heute back ich, morgen brau ich,
übermorgen hol ich der Königin ihr Kind.
Oh wie gut, dass niemand weiß,
dass ich Rumpelstilzchen heiß.

Und Rumpelstilzchen besaß sicherlich keine Brauerei. Es backte sein Brot und braute sein Bier – wie alle Leute seinerzeit – für den Hausgebrauch.

Über die ersten größeren Braustätten verfügten dagegen die Klöster. Der aus dem 9. Jahrhundert stammende erhaltene Klosterplan von St. Gallen zeigt allein drei Braustellen innerhalb des Klosters mit Brauöfen, Braupfannen, Malzdarren und Kühlräumen. Alle Braustätten waren als Doppelräume- oder Doppelhäuser zusammen mit den Backstuben geplant.

Es gab eine Brauerei für die Mönche, eine zweite Brauerei und Bäckerei für die Pilger, und ein drittes Brau- und Backhaus lag neben einem Gebäude, das zur Beherbergung vornehmer Gäste diente und in dem auch für Pferde und Diener Aufenthaltsräume vorgesehen waren. Hier wurde wohl das beste Bier gebraut, wobei bezeichnend ist, dass sich die Braumeister wöchentlich abwechselten. Erst Anfang des 9. Jahrhunderts ging man vom wöchentlichen zum jährlichen Wechsel über. Damit war ein erster Schritt in Richtung einer Spezialisierung getan, und man kann sich gut vorstellen, dass auch die Klosterinsassen daran interessiert waren, einem Mönch, der sich besonders gut auf das Brauen verstand, diese Aufgabe auf Dauer zu übertragen.

So viel zu den Klöstern. Auf dem Land war früher – wir sahen es schon – die Hausfrau fürs Backen und Brauen zuständig, aber in kleinen Haushalten war ja auch die benötigte Menge an Bier geringer; aber was passierte in den Städten? In Köln beispielsweise? Gab es da schon Kölsch?

Leider nein. Köln war damals noch nicht die stärkste (Bier-) Macht am Rhein und wohl auch nicht die früheste, wie man in der Domstadt noch immer verzweifelt behauptet. Dabei berufen sich die dortigen Brauereien nach wie vor auf eine Urkunde aus dem 9. Jahrhundert, aus der hervorgehen soll, dass es damals schon Brauereien in Köln gegeben habe. Diese Urkunde ist aber leider nachweislich eine Fälschung aus dem 13. Jahrhundert, und niemand weiß, wer sie wann und wo ausgestellt hat. Doch selbst wenn sie echt wäre, würde das für Köln einen Tiefschlag bedeuten.

In der Urkunde heißt es nämlich, dass die adeligen Damen aus dem Gerrikusstift in Gerresheim die Hälfte eines Kirchenzehnts in Pier, einem Ort bei Düren, bekommen sollen, um besseres Bier und Schwarzbrot zu erhalten. Gerresheim aber ist heute ein Stadtteil von Düsseldorf!

Trotzdem kann es natürlich durchaus sein, dass zu diesem Zeitpunkt in Köln schon Bier gebraut wurde – nur: Nachweisen lässt sich das nicht. In jedem Falle aber spielte die Stadt in dieser Zeit noch keine führende Rolle in der frühmittelalterlichen Biergeschichte. Es gab ja hierzulande schließlich auch viel mehr und wirklich guten Wein.

* * *

Arnold kommt am Haus seines Nachbarn Bruno vorbei, der als Schroeter arbeitet, ein Hüne von einem Mann, der Arnold hin und wieder beim Transport schwerer Gerstensäcke hilft, denn Arnold ist ein schwächlicher Mann, der seinerseits Bruno nicht helfen kann.

An seiner Frau hat Arnold kein sonderliches Interesse mehr, seitdem festzustehen scheint, dass sie unfruchtbar ist. Und deshalb lässt er hin und wieder seinen Nachbarn wissen, dass er für einige Tage auf Reisen geht, was Bruno dankbar ausnutzt, denn der ist unverheiratet und infolgedessen an Kindern nicht interessiert; sehr wohl aber an Arnolds vernachlässigter Frau, die er bei solchen Gelegenheiten zu besuchen pflegt. Heimlich natürlich, denn alles andere wäre Arnold gegenüber unfair.

Man weiß ja, wie Nachbarn tratschen.

Und wenn Bruno müde von der Arbeit kommt, dann klopft er gern an Arnolds Tür, denn er weiß, dass dort stets ein kaltes Bier auf ihn wartet. Seltener dagegen klopft Arnold an Brunos Tür, aber wenn doch, dann steht dort immer eine Karaffe mit gutem Wein für ihn bereit.

Endlich erreicht Arnold – einigermaßen durchnässt – sein Haus in der Nähe der Ehrenpforte. Es ist ein ziemlich großes Haus, aber er bewohnt es allein, zusammen mit seiner Frau und einer Magd. Allerdings gibt es da noch eine Schlafkammer für zwei oder drei Knechte, die er jedoch nur wochenweise beschäftigt, wenn größere Arbeiten zu verrichten waren.

Das allerdings ist mehrfach im Jahr der Fall.

Er tut sich immer schwer, anderen Leuten zu erklären, wie

man gutes Bier braut, weil er fürchtet, er würde sie damit langweilen. Und das tut er wohl auch. Dass man dafür Getreide benötigt, Hafer, Weizen oder am besten Gerste, ist wohl den meisten Menschen klar, aber dann wird es kompliziert. Zunächst muss die Gerste gemälzt werden und dann gedarrt; später erfolgt das Maischen und das Läutern, gefolgt vom Würzekochen, Filtern und Kühlen, bis es zur Hauptgärung, dem Schlauchen und der Nachgärung kommt.

Wer will das alles wissen und begreifen!

Jedenfalls dauert das Ganze ein paar Wochen, und das wiederum besagt, dass man viel Platz haben muss, eine Menge Speicherplatz und zahllose Bottiche, Pfannen und Fässer. Arnold fragt sich zuweilen, wie eine normale Hausfrau draußen auf dem Land angesichts dieses Aufwandes das Bier für ihre Familie in einer kleinen Bauernkate brauen kann.

Und wie das wohl munden mag.

Arnolds Zweifel waren berechtigt, denn der Geschmack der verschiedenen Bierarten variierte selbst innerhalb ein und derselben Stadt in sehr viel stärkerem Maße als heute. Das lag daran, dass man zunächst noch keinen Hopfen einsetzte. Den für Bier typischen Geschmack erreichte der Brauer durch die sogenannte Grut. Das war eine Mischung von Kräutern, Gewürzen und allerlei geheimnisvollen Zutaten, deren Rezept jeder Brauer eifersüchtig hütete.

In der Grut fanden sich unter anderem Rosmarin und Enzian, Lorbeer und Schafgarbe, alle möglichen Rinden und Harze, Kirschen und Wacholderbeeren, Späne von Fichten und Kiefern, aber auch sehr viel weniger harmlose Zutaten: giftige Stechäpfel beispielsweise oder Bilsenkraut, das Halluzinationen hervorrufen kann.

Das war sicherlich auch der Grund dafür, dass im Dunstkreis des Brauens ein besonders starker Aberglaube herrschte. Wenn – was häufiger geschah – beim Brauen etwas schiefging, suchte man die Schuldigen in Bierhexen, aber auch sonst herrschten mehr als wundersame Vorstellungen. So hockten sich Bierprüfer mit ihren ledernen Hosen auf eine mit Bier übergossene Holzbank. Löste sich der Hosenboden leicht von der Bank, war das Bier rein. Klebte der Hosenboden fest, enthielt das Bier zu viel Zucker und wurde aus dem Verkehr gezogen.

Der Brauer verlor sein wertvolles Grutrecht.

Mit der Zeit setzte sich von Norddeutschland her der Anbau von Hopfen durch, was die Grut überflüssig machte. Aber so weit war es noch nicht. Noch war das Bier dick und zähflüssig, schmeckte nicht im Entferntesten wie die heutigen Biersorten, was einen römischen Kardinal, der zu Gast in Deutschland weilte, zu dem vernichtenden Urteil veranlasste: »*Noch etwas Schwefel dazu, und der Höllentrank ist fertig!*«

* * *

Arnolds Nachbar Bruno – wir hörten es zwar schon, haben es aber vermutlich nicht verstanden – war ein Schroeter. Wohlgemerkt: kein Schroeder, denn so nannte man im Mittelalter die Schneider. Die Bezeichnung Schroeter ist hergeleitet von dem Wort *Schrot*, das wir ja auch heute noch benutzen, und dem Tätigkeitswort *schroten*, was so viel bedeutete wie *schleifen*, *ziehen* oder *reißen*. Im Gegensatz zu den eher zierlichen Schneidern waren die Schroeter kräftige Gesellen, die dafür zuständig waren, Weinfässer von den Schiffen an Land, von dort in die Keller, von dort wiederum in einen anderen Keller oder zurück auf ein Schiff zu bringen.

Das war zwar Knochenarbeit, aber beim Schroeter handelte es sich um einen angesehenen Beruf und einen gut bezahlten dazu. Schließlich trugen sie die Verantwortung für die ganze Ladung, denn sie brachten die Fässer nicht nur an Bord der Rheinschiffe, sondern fuhren sie auch bis zu ihrem Bestimmungshafen, wo sie die wertvolle Fracht wieder abluden und zu den selten geräumigen Kellern der Käufer brachten.

Dort angekommen, legten sie eine große Leiter, die zuvor reichlich mit Fett eingerieben worden war, über die steile Treppe nach unten und ließen so die bis zu 26 Zentner schweren Fässer nach unten. Auf die gleiche Weise wurden sie auch wieder nach oben gezogen und auf eine Schubkarre oder ein Pferdefuhrwerk verfrachtet.

Nun könnte man meinen, dass angesichts des soeben geschilderten Bierkonsums doch nicht derart viele Weinfässer in Köln angekommen oder von dort weitergeschafft worden sein können, dass dafür eine ganze Schroeter-Bruderschaft notwendig gewesen sei. Und eben das ist ein Irrtum. Ein gigantischer Irrtum.

Auch wenn der Bierkonsum beträchtlich war, wurden Unmengen an Wein benötigt – sowohl zum Handel als auch zum Verzehr. Lassen wir den Handel erst einmal außen vor und fragen uns zunächst, was es denn so zu trinken gab in der alten Domstadt. Wasser natürlich – oder?

Nur sehr bedingt.

Die fantastischen Leitungen, mit denen die Römer sich klares Quellwasser aus der Eifel nach Köln geholt hatten, waren längst zerfallen. Der Rhein, der im Mittelalter die Abwässer der Stadt aufnehmen musste, war inzwischen völlig verschmutzt. Nur wenige Bäche erreichten das Stadtgebiet, und das genügte natürlich nicht, um die Bürger hinreichend mit Trinkwasser zu versorgen.

Überall im Stadtgebiet gab es zwar sumpfige Tümpel und Teiche, sogenannte Pfuhle, in denen sich aber lediglich Unrat und stinkende Abfälle sammelten. Noch heute existieren ihre Namen wie Perlenpfuhl oder Rinkenpfuhl fort. Blieben also nur ausgebaggerte Brunnen. Deren Wasser jedoch war ebenfalls nur bedingt trinkbar war, weil die Menschen ihre Latrinen fahrlässigerweise in deren unmittelbarer Nähe angelegt hatten.

Um das Brunnenwasser einigermaßen zu desinfizieren, nahmen die Menschen – man mag es kaum glauben – zwar nicht den besten Tropfen, aber in jedem Fall Wein! Und dabei ging eine Menge drauf. Doch damit nicht genug. Einem Handwerker standen während der Arbeitszeit jeweils morgens, mittags und abends ein Quart Wein zu, also täglich eineinhalb Quart oder umgerechnet 2,1 Liter. Gehen wir davon aus, dass er wohl auch an seinen freien Tagen die gleiche Menge trank, waren das im Jahr exakt 766,5 Liter.

Nehmen wir ein anderes Rechenbeispiel: Da damals in einem Haus zumeist eine Großfamilie lebte, die neben der Kinderschar die Eltern, vielleicht noch ein Großelternteil sowie einen Knecht und eine Magd umfasste, war der Weinbedarf enorm. Wenn also auch nur fünf Erwachsene die gleiche Menge Wein verzehrten wie der oben zitierte Handwerker, wurden in einem solchen Haushalt folglich pro Jahr 3832,5 Liter oder – nach heutigen Maßstäben – unvorstellbare 5475 Flaschen Wein geleert.

Und wenn Besuch kam, noch ein bisschen mehr.

Selbst wenn man bedenkt, dass der Wein häufig verdünnt wurde, ist das eine ungeheure Menge. Kein Wunder, dass die Kölner auf Weinanbau innerhalb der Stadt oder direkt vor ihren Toren Wert legten, aber die Rebstöcke der Klöster reichten natürlich nicht aus, zumal gerade dort der Eigenbedarf groß war.

Die milden Temperaturen, die zwischen dem 9. und dem 14. Jahrhundert in Mitteleuropa herrschten, wirkten sich positiv auf den Weinbau aus, wenn auch die Qualität zu wünschen übrig ließ. Immerhin sollen in guten Jahren aus den Weingärten innerhalb der Mauern pro Jahr rund eineinhalb Millionen Liter Wein – zumeist Rotwein – gewonnen worden sein.

Aber selbst das genügte nicht. Schon gar nicht, um einen schwunghaften Weinhandel in Europas Norden zu betreiben, sei es in London, in den flandrischen Städten oder bis hinauf nach Nowgorod. Also musste Wein vom Ober- und Mittelrhein eingeführt werden, aus dem Elsass, vom Main, von der Mosel und der Nahe.

Dort waren Kölner Weinhändler stets willkommen, weil sie zuverlässig zahlten – häufig die ganze Ernte im Voraus – und zudem Waren aus dem Norden mitbrachten, die im Süden besonders geschätzt wurden: Heringe aus der Ostsee und Pelze aus Skandinavien und dem Baltikum. Aber auch einheimische Töpferwaren aus dem Frechener und Siegburger Raum. Für tüchtige Fernhändler verwandelte sich der Wein in flüssiges Gold.

Bei größeren Entfernungen wurde er nach Möglichkeit per Schiff transportiert, denn die alten römischen Straßen befanden sich in einem erbärmlichen Zustand, und das Rütteln und Schütteln beim Transport über Land wäre dem Wein sicherlich nicht gut bekommen. Außerdem ging es auf dem Rhein schneller, und Wegelagerer gab es dort auch nicht.

Da der Rhein nach Süden hin zunehmend tückischer wurde – man denke allein an die vor der Loreley lauernden gefährlichen Riffe und die damals noch nicht entschärften zahlreichen Stromschnellen –, kamen die Fässer auf sehr flachen und wendigen Schiffen nach Köln, wo sie wegen des Stapelrechts ohnehin erst einmal ausgeladen und zum Kauf angeboten werden mussten. Dann ging die Reise auf dem nunmehr weniger gefährlichen Fluss weiter nach Norden, aber jetzt auf größeren und sogar seetüchtigen Schiffen, mit denen man auch London oder Stockholm erreichen konnte.

Sogar mit Friesland wurde gehandelt, wo man die Domstadt unter dem Namen *Colnaburg* kannte, und bis auf den heutigen Tag ist ein ganzes Viertel in Köln nach den Männern aus dem Norden benannt.

Wie einfach hätte das alles sein können: Ein Schiff aus – sagen wir – Mainz läuft am Kölner Ufer an, der Kaufmann quittiert und bezahlt, begleitet die Schroeter mit den Fässern zu seinem Haus, schaut ihnen beim Verladen zu und basta.

So war's eben nicht. Die Kölner hatten im 13. Jahrhundert einen ungeheuren Bürokratieapparat aufgebaut, der so gar nicht zu ihrem rheinischen Temperament zu passen schien. Das hätte man preußisch nennen können, wenn man damals schon Preußen gekannt hätte. Heute könnte man eher an bestimmte Vorschriften der EU denken, aber irgendwie musste man schließlich sowohl die zu erhebenden Steuern als auch die Qualität der Waren kontrollieren, und das ging so:

Der meiste Wein kam per Schiff. Fässer, die mit Karren herbeigeschafft wurden, durften ausschließlich durch das Severinstor gebracht werden. Dort saß – ebenso wie an der Salzgasse, die vom Hafen heraufführte – ein Akzisemeister, wobei unter Akzise sowohl der Zoll als auch die Steuer auf zahlreiche Verbrauchsgüter zu verstehen war.

Zu dessen Truppe gehörten zum einen die Schroeter, die noch an Bord prüften, ob die Fässer auch die angegebene Menge Weines enthielten. Waren es weniger als angegeben, war der Händler der Dumme, waren es mehr, sollte offensichtlich Steuer hinterzogen werden.

Um keinen Betrug zu ermöglichen, stach der Schroeter ein Fass an, ließ den Inhalt in ein anderes Fass laufen und füllte den Wein dann mit einem genormten Gefäß zurück. War alles in Ordnung, wurden die Fässer versiegelt und der Schroeter ritzte die überprüfte Literzahl in das Fass ein, das dann mittels eines Krans an Land gehoben wurde. Auch der Kranmeister hatte Gehilfen, die Gewicht und Inhalt mit den Aufzeichnungen des Schroeters verglichen, und natürlich wurden auch hier Gebühren kassiert. Nun machten sich die Schroeter mit den Fässern auf zum Haus des Käufers, der natürlich zuvor beim Akzisemeister in der Salzgasse seine Steuern zu entrichten hatte.

Aber auch nachdem der Wein endlich im Keller angekommen war, hatte der Käufer noch nicht alles hinter sich. Die Stadt schickte in unregelmäßigen Abständen und natürlich unangemeldet sogenannte *Beseher* aus, die freien Zutritt zu jedem Keller in der Stadt besaßen. Sie hatten die Aufgabe zu prüfen, in welchen Häusern wie viel von jedem Wein lagerte und ob auch für all die edlen Tropfen brav Zoll und Steuer bezahlt worden waren. Schließlich hätte ja ein unredlicher Mensch heimlich ein Fässchen Moselwein am Akzisemeister vorbei in die Stadt schmuggeln können.

Es gab viele Gaststätten in den einzelnen Vierteln, und die Wirte brauchten dafür natürlich die entsprechende Erlaubnis – gegen Gebühren versteht sich. Aber selbst der normale Bürger durfte sich hin und wieder ein bisschen Geld nebenbei verdienen, indem er sein Privathaus vorübergehend in eine Kneipe verwandelte.

Aber ganz ohne Bürokratie ging auch das nicht, denn die Stadt wollte schließlich mitverdienen. Also musste der brave Bürger bei der städtischen Weinschule vorsprechen und dort ein Ausschankteam mieten. Das bestand zum einen aus einem Mann, der den Wein in Krüge goss, ferner aus mehreren Kellnern, die den Wein an die Tische brachten, und letztlich aus dem Oberaufseher, einem Mann, der den schönen Beruf eines Kistensitzers ausübte.

Der hieß so, weil er tatsächlich auf einer Kiste saß, in die er das eingenommene Geld warf, das er später gemeinsam mit dem Hauswirt zu zählen pflegte, um dann auch gleich die Gebühren und die Miete für das Team einzubehalten.

Wer eine solche Kurzzeitkneipe eröffnen wollte, musste einen Blumenstrauß oder auch nur einen grünen Zweig über der Haustüre anbringen, um einerseits zu zeigen, dass er dies hier keineswegs illegal betreibe, sondern mit Wissen und Genehmigung der Stadt. Andererseits wurden natürlich auch die Nachbarn und alle Passanten darauf aufmerksam gemacht, dass es hier einen guten Tropfen gebe.

Wem dies als Werbung nicht ausreichend erschien, heuerte junge Männer an, die als *Weinrufer* oder auch *Weinschreier* durch die Gassen liefen und laut Reklame für die Kneipe machen sollten. Dass durch diese Ausrufer nicht gerade das beste Publikum angelockt wurde, ist einleuchtend. Häufig musste der Weinausschank schon nach wenigen Stunden behördlicherseits abgebrochen werden, weil es unter den trunkenen Gästen zu wüsten Prügeleien gekommen war.

Agnes starrte an die Decke, während sich Georg auf ihr abmühte. Es dauerte von Mal zu Mal länger, aber im Grunde war es erstaunlich, dass ihr Körper ihn noch immer hin und wieder erregte. Schließlich zählte er schon an die sechzig Jahre, hustete viel, und auch sein Keuchen, wenn er endlich kam, klang in letzter Zeit zunehmend bedrohlich.

Als er nach einigen Minuten erschöpft neben ihr lag, legte sie ihre Hand auf seine Brust, fühlte sein Herz rasen und stellte sich vor, wie es wäre, wenn es nicht mehr rasen, sondern plötzlich stehen bleiben würde.

So ganz abwegig war die Vorstellung ja nicht.

Nicht dass sie ihn hassen würde, den alten Mann. Aber geliebt hatte sie ihn auch nie. Bruno, ihr Vater, hatte auf dem Sterbebett verfügt, dass sie ihn heiraten sollte, damit sie versorgt war. Geld würde er ihr zwar genug hinterlassen, aber in jedes Haus gehörte schließlich ein Mann. Die Liebe würde sich später einstellen.

Vielleicht.

Wichtiger war, dass sie versorgt war, und Georg, ihr zukünftiger Mann, war ebenfalls Nagelschmied, und ein angesehener dazu. Alles würde in der Familie bleiben, sodass Bruno beruhigt sterben konnte. Was er auch kurz darauf tat, nachdem er seine Tochter besagtem Georg zur Frau gegeben hatte.

Georg war schon zweimal verheiratet gewesen, aber beide Ehen waren kinderlos geblieben. War er vielleicht unfruchtbar? Agnes wünschte es sich von Herzen, denn sie konnte sich nicht vorstellen, von diesem Greis geschwängert zu werden. Was würde sie mit einem kleinen Kind anfangen, wenn ihr Mann, was ziemlich wahrscheinlich war, bald das Zeitliche segnen würde!

Da er sie nach wie vor einmal in der Woche nahm, beschloss sie, kein Risiko einzugehen, und führte unten stets ein Stückchen Tuch ein, das sie nach dem Verkehr heimlich wieder entfernte, aber wirkliche Sicherheit konnte das natürlich nicht bedeuten.

Es kam, wie es kommen musste: Im zweiten Ehejahr wurde Agnes schwanger. Georg war außer sich vor Freude, als sie einen Jungen zur Welt brachte. Er betrank sich mit einigen Nachbarn sinnlos, bis er gegen Mitternacht wie ein Stein ins Ehebett fiel. Als er am nächsten Morgen mit schwerem Kopf erwachte, fand er unter seinem Körper das tote Neugeborene. Er hatte es anscheinend im Schlaf erdrückt.

Das geschah häufiger, wenn Säuglinge zusammen mit den Eltern im gleichen Bett schliefen, und deshalb kam auch niemand auf den schrecklichen Gedanken, Agnes könnte das Kind erstickt und unter den Körper des nahezu bewusstlosen Vaters geschoben haben. Und falls das doch jemand aus der Nachbarschaft vermutete, behielt er es tunlichst für sich.

Bei übler Nachrede drohte dem Verleumder das Stehen am Pranger auf dem Alter Markt.

Seitdem näherte Georg sich ihr seltener, und wenn sie nachts neben ihm lag und seinem Schnarchen zuhörte, wanderten ihre Gedanken zu Andreas, dem Gesellen, der all das verkörperte, was ihrem Ehemann fehlte: Kraft, Witz, Unternehmungslust – Jugend halt.

Und erst sein Körper! Wenn sie ihn in der Werkstatt sah, wurde ihr bewusst, wie sehr sie sich danach sehnte, von seinen Händen gestreichelt zu werden, ihren Kopf auf seine unbehaarte Brust zu legen und sich in seine muskulösen Arme zu kuscheln. Wo mochte er wohl jetzt, in diesem Augenblick, sein, während sie so stark an ihn dachte.

Andreas befand sich auf dem Heimweg. Er musste sich beeilen, rechtzeitig nach Hause zu kommen, denn da war der Alte kleinlich. Lehrlinge und auch Gesellen durften nicht über Nacht wegbleiben.

Dafür hatte der Meister zu sorgen, der gegenüber der Bruderschaft verantwortlich war.

Der Geselle hatte sich bei Berta ausgetobt, einer Dirne, die an der alten Mauer wohnte. Sie war nicht sonderlich anziehend, aber Andreas war in diesen Dingen eher anspruchslos. Hauptsache: Sie war einigermaßen sauber. Wichtiger noch war ihm, dass sie für ein paar Pfennige zu haben war. Die hübscheren Huren kosteten ihn dagegen fast den Verdienst eines ganzen Tages.

Das musste ja nicht sein.

Er empfand es ohnehin als ungerecht, dass ein Geselle wie er niemals würde heiraten können. Womit denn hätte er auch eine Familie ernähren sollen! Mit dem wenigen, was ihm der Alte zahlte? Das war doch lächerlich. Er hatte nur eine einzige, eine winzige Chance: Der Alte musste möglichst bald das Zeitliche segnen, und dann galt es, sein Töchterchen zu erobern, auf dass sie sich für ihn als neuen Gemahl entschied.

Dann wäre es durchaus möglich, dass ihn die Bruderschaft der Nagelschmiede als Nachfolger und folglich auch als Meister anerkennen würde. Schließlich ist er kein Fremder und schon gar kein Jude, auch nicht der Sohn eines Henkers, Schächters, Leinewebers oder eines Vaters, der einen anderen unehrlichen Beruf ausübt.

Auch die Meisterprüfung wird kein Problem darstellen. Ob er dann jene riesengroßen Nägel herstellen soll, wie sie die Zimmerleute in der Dombauhütte brauchen, oder in einer befristeten Zeit an die tausend winzige Nägelchen, die beispielsweise von Sattlern bestellt werden – all das dürfte für ihn bei seiner Erfahrung keinerlei Problem darstellen.

Allerdings: Ein kleiner Makel lastete schon auf seiner Herkunft: Sein Vater war ein Leutepriester in der Pfarrei St. Jakob. Eine Magd war von ihm schwanger geworden, aber er hatte sie damals nicht im Stich gelassen, sondern bis an ihr Lebensende versorgt. Und dem Kind, nämlich Andreas, die Lehrstelle bei dem alten Nagelschmied besorgt, unter dessen Dach er heute wieder lebte. Der Priester hatte den Alten sogar dazu überreden können, dem elternlosen Jungen das normalerweise zu zahlende Lehrgeld zu erlassen.

Andreas hatte die Lehre absolviert und war als Geselle bei seinem alten Lehrmeister geblieben. Wohin auch sonst hätte er gehen sollen. Er war zwar unehelich geboren, aber vielleicht wird die Bruderschaft ein Auge zudrücken; schließlich würde damit ja auch die Zukunft von Agnes gesichert, die erst dreiundzwanzig Jahre alt war und damit zwei Jahre älter als er.

Ob sie wohl einwilligt? Doch warum sollte sie nicht?

Länger als ein Jahr nach dem Tod ihres Mannes würde sie die Schmiede auf keinen Fall weiterführen dürfen. Also brauchte sie einen neuen Partner. Sie ist nicht gerade eine Schönheit, nach der sich die Männer auf der Straße umdrehen, aber gesund sieht sie aus, und das ist wichtig, denn Andreas will viele Kinder bekommen. Mindestens zehn, denn einige von ihnen werden wahrscheinlich schon als Babys sterben, aber wenn auch nur fünf überleben, ist die Chance groß, dass eines davon ein Junge ist, der später die Werkstatt übernehmen und seine Eltern ernähren kann.

Nur: Erst einmal müsste der Alte sterben!

* * *

Aus heutiger Sicht würden wir Denkweise und Verhalten dieses jungen Mannes als kalt, gefühllos und berechnend bezeichnen. Er selbst hätte sich als nüchtern und realistisch eingeschätzt. Einzig und allein als Ehemann von Agnes hatte er die Chance, als Meister die Nachfolge des Alten anzutreten. Sie würde ihm sogar das Geld geben müssen, um damit seinen Eintritt in die Bruderschaft und das Festessen zu finanzieren, zu dem er alle anderen Meister einzuladen hatte, wenn man ihn denn tatsächlich gnädig aufnehmen sollte.

An der Bruderschaft führte kein Weg vorbei. Sie war allmächtig. Aber was waren das für sonderbare Vereinigungen, zu denen sich vom Anfang des 12. Jahrhunderts an in den deutschen Städten die Meister der verschiedenen Handwerke zusammenschlossen, die wir hier der Einfachheit halber *Zünfte* nennen wollen, obwohl sie hier und da auch andere Bezeichnungen wie beispielsweise *Innung*, *Zeche* oder *Gaffel* trugen.

Alle diese Bezeichnungen kannte man im Köln des 12. und 13. Jahrhunderts ohnehin nicht. Man sprach nur von Bruderschaften oder lateinisch *fraternitates*. Das Wort *Zunft* kam erst im 17. Jahrhundert aus Süddeutschland ins Rheinland. Seine sprachliche Wurzel ist nicht gesichert.

Wahrscheinlich stammt es aus dem Althochdeutschen, wo es in der Bedeutung »Regel« oder »sich ziemen« verwendet wurde. Andere meinen, dass es sich um eine aus dem Mittelalter stammende Verkürzung des Wortes Zusammenkunft handelt. Weniger glaubhaft ist, dass es aus dem Arabischen stammt, wo ein Handwerksgewerbe »sinf« heißt.

Ein entsprechendes Wort im Lateinischen gibt es merkwürdigerweise nicht, obwohl schon die Römer entsprechende Zusammenschlüsse von Handwerkern kannten, die vom Senat gefördert wurden, weil sie in Kriegs- und anderen Krisenzeiten alle ihre Erzeugnisse der Obrigkeit zur Verfügung stellen mussten.

Vereinigungen dieser Art gab es in Zentraleuropa dagegen zunächst nicht, weil im frühen Mittelalter der weitaus größte Teil der arbeitenden Menschen weit zerstreut in winzigen Dörfern auf dem Land lebte. Während die Frauen fürs Backen, Brauen und Weben zuständig waren, hatten die Männer ihre handwerklichen Talente unter Beweis zu stellen, denn schließlich mussten Sattelzeug und Eggen hergestellt werden, Wagenräder und Schemel,

Pflüge, Sensen und anderes Gerät. Schmiede waren sehr gefragt, aber man brauchte auch Zimmerleute, Schuster oder Töpfer.

Nur: Es gab so wie gut wie keine Konkurrenz vor Ort. Das änderte sich rapide, als durch das schnelle Anwachsen der Siedlungen nun in zahlreichen Städten eben nicht nur ein einziger Schmied gebraucht wurde, sondern deren mehrere, sodass viele Handwerker vom Land in die Stadt wechselten.

Wo sie zunächst einmal wenig geachtet waren.

Die Oberschicht in großen Städten wie Augsburg oder Köln bildeten damals die alten Geschlechter, zudem die reichen Kaufleute und zum Dritten die Bediensteten des Stadtherrn, die sogenannten Ministerialen, die heute noch im Wort *Minister* weiterleben. In diese Oberschicht der Reichen konnte ein normaler Handwerker kaum einmal vordringen; schon gar kein Schneider oder Bäcker, allenfalls ein reich gewordener Goldschmied.

Da ihnen der Zutritt zur hochmütigen Oberschicht verwehrt war, sie andererseits jedoch die meisten Steuern zahlten und schon deshalb nicht zur Unterschicht gehören wollten, schlossen sich die Handwerksmeister zu religiösen Bruderschaften zusammen, die sich zunächst in den verschiedenen Vierteln der Stadt bildeten, später aber nur noch am jeweils ausgeübten Handwerk ausgerichtet waren.

Aus diesen Bruderschaften, die in Kirchen Altäre für ihren jeweiligen Schutzpatron, aber auch sonstige Heiligenfiguren, Monstranzen und Wachskerzen stifteten, entwickelten sich dann schnell die ersten Zünfte: 1106 schlossen sich die Schiffer in Worms zusammen, 1128 die Schuhmacher in Würzburg und 1158 die in Magdeburg, nachdem die Bettlakenweber 1149 die vermutlich erste Zunft in Köln gegründet hatten. Dass dies wirklich die erste in der Stadt war, ist allerdings keineswegs bewiesen. Sie wird lediglich als Erste urkundlich erwähnt.

Zunftzwang bestand für alle in der Stadt ansässigen Meister, wobei daran erinnert werden muss, dass es ja auch Handwerker gab, die ständig unterwegs waren. Es handelte sich bei ihnen jedoch nicht um die wandernden Handwerksburschen, denen wir erst sehr viel später begegnen werden, sondern vornehmlich um Maurer, Zimmerleute und Steinmetze, die am Bau der gewaltigen Kathedralen mitarbeiteten, die damals in vielen Städten Europas entstanden.

Zu ihnen gehörte beispielsweise jener hochbegabte Gerhard von Rile, der – vermutlich als Steinmetz – seine Erfahrungen in der Bauhütte von Amiens gemacht hatte, bevor er 1248 als Dombaumeister in Köln engagiert wurde und mit der Errichtung der gotischen Kathedrale begann.

Doch zurück zu den ansässigen Handwerkern. Mit dem Entstehen und Wachsen der Städte entwickelten sich aus übergeordneten Handwerken, beispielsweise dem Eisenschmied, spezialisierte, Eisen verarbeitende Berufe, um besser auf spezifische Kundenwünsche eingehen zu können; beispielsweise Nagelschmiede wie unser Andreas, aber auch Huf-, Messer- oder Waffen- und Ringpanzerschmiede, Schlosser oder Laternenmacher.

Nur innerhalb der Stadtmauern bestand Zunftzwang, wobei streng darauf geachtet wurde, dass niemand aufgenommen wurde, der unehrlich geboren war oder zuvor einen unehrlichen Beruf ausgeübt hatte. Von Juden ganz zu schweigen. Und natürlich achtete die Zunft auch streng darauf, dass sich ihre Mitglieder ihrem Stand entsprechend verhielten. Also *anständig*!

Was aber machte das Wesen einer Zunft aus?

Sie sollte die Existenz der Handwerkerfamilie absichern. Nicht mehr und nicht weniger. Kein sonderlich hoch gestecktes Ziel, möchte man aus heutiger Sicht meinen. Und es war nicht zuletzt diese Bescheidenheit, die der reichen Oberschicht Anlass war, geringschätzig auf die Handwerker hinabzuschauen. Für die Kaufleute existierte schließlich nur ein einziges Ziel: Geld machen. Viel Geld.

Nicht dass die reichen Bürger sonderlich geizig gewesen wären. Im Gegenteil. Sie stifteten der Kirche und verteilten reichlich Almosen. Sie betrachteten die Bettler als arme Menschen, die Gott ihnen geschickt hatte, damit sie an ihnen Wohltätigkeit üben und so in ihr Seelenheil investieren konnten. Aber davon abgesehen: Geld konnte man im Grunde nie genug verdienen.

Das sah man in den Zünften anders. Wenn irgendetwas ihren Vorstellungen widersprach, so war das die heute noch gern benutzte Redewendung »Handwerk hat goldenen Boden«. Sie entstand erst während der Gründerzeit im 19. Jahrhundert, als man als Handwerksmeister – so man denn ebenso fleißig wie tüchtig war – tatsächlich wohlhabend werden konnte. Aber eben das war nicht das angestrebte Ziel der Zünfte.

Wichtiger als Reichtum, viel wichtiger, war die Sicherung der Existenz, und das wiederum setzte Chancengleichheit voraus. Man ist geneigt, an kommunistische Idealvorstellungen zu denken nach dem Motto: Niemand soll reich werden, aber auch niemand darf arm bleiben. Es ging nicht an, dass der eine Meister mehr und länger arbeiten ließ als der andere, und schon gar nicht erlaubt war die Abwerbung von Arbeitskräften mittels besserer Bezahlung.

Also erließ die Zunft äußerst strenge Gesetze. In einem Betrieb durften nicht mehr als drei Gesellen und zwei Lehrlinge arbeiten. Der Lohn war in der ganzen Stadt festgeschrieben. Nachtarbeit war strengstens untersagt. Rohstoffe durften nicht von auswärts importiert werden. Die Meister hatten abzuwarten, bis diese offiziell in der Stadt angeboten wurden. Machte ein Meister trotzdem einmal ein Schnäppchen, hatte er den Gewinn mit den andern zu teilen. Bei den Gerbern war sogar festgelegt, wie viele Felle im jeweiligen Betrieb gegerbt werden durften.

So war sichergestellt, dass keiner dem anderen *ins Handwerk pfuschte*, dass keiner der Betriebe schuldlos verarmte, während sich andere – sei es durch Geschick, sei es durch Mehrarbeit – bereicherten. Es bestand jedoch die Gefahr, dass manche Betriebe durch allzu viel Konkurrenz innerhalb der Mauern hätten verarmen können. Deshalb wurde Fremden verboten, sich als Meister innerhalb der Mauern niederzulassen.

Was natürlich auch seine Nachteile hatte. Durch die Abschottung nach außen kamen weniger technische Neuerungen in die Städte. Dies erschien den Menschen damals auch nicht zwingend notwendig. Es gab ja genug billige Arbeitskräfte. Wozu musste man dann die verschiedenen Arbeitsgänge rationalisieren! Einfach erscheinende Hilfen wie beispielsweise Kurbeln oder Schrauben setzten sich nur ganz langsam durch. Man arbeitete wie die Väter und Vorväter. Das hatte sich bewährt, und es schien keinen Grund zu geben, daran etwas zu ändern.

Der Nachwuchs kam folgerichtig nur aus den eigenen Reihen, oder aber wenn ein Geselle wie in unserem Fall die Witwe eines Meisters heiratete und den Betrieb fortführte. Das bedurfte allerdings der Zustimmung der Zunft.

Die Hochzeit mit der Witwe war die einzige Chance eines Gesellen, seinem erbärmlichen Dasein zu entkommen. Allein für die Gnade, von einem Meister als Lehrling angenommen zu werden, hatte sein Vater seinerzeit *Lehrgeld zahlen* müssen, und während der je nach Handwerk zwischen zwei und sieben Jahre dauernden Ausbildung hatte er im Haus des Meisters gelebt und war dabei nicht nur weidlich ausgenutzt, sondern oft genug körperlich gezüchtigt worden, ein *Prügelknabe* halt, wie wir noch heute sagen.

Auch nach Ende der Lehrzeit (eine wirkliche Verpflichtung zum Wandern kam erst im 16. Jahrhundert auf) blieb der Geselle im Normalfall im Haus des Meisters, durfte nachts nicht fortbleiben, schon gar nicht heiraten und wurde zudem noch äußerst schlecht bezahlt – bei einer Arbeitszeit von täglich zwischen zwölf und vierzehn Stunden. Sonntags wurde nicht gearbeitet und samstags nur bis 16 Uhr, damit sich die Gesellen wenigstens einmal in der Woche ordentlich waschen und vielleicht sogar baden konnten

Da in den Badehäusern häufig leichte Mädchen arbeiteten, konnten die Gesellen bei dieser Gelegenheit auch andere Bedürfnisse befriedigen, was von den jeweiligen Meistern (miss-)-

billigend in Kauf genommen wurde. Immer noch besser, als dass die jungen Männer verheirateten Frauen nachstellten. Der Schutz ehrbarer Bürgerinnen war schließlich der einzige Grund, warum überhaupt Prostitution in der Stadt geduldet wurde.

Im Lauf der Zeit bildeten sich in den Städten eigene Handwerkerviertel. Bis heute existieren in alten Städten Straßennamen, die an die verschiedenen Gewerbe erinnern. In Köln finden wir beispielsweise noch Namen wie Rothgerberbach, Schildergasse, Unter Taschenmacher, Seidmacherinnengäßchen, Weberstraße, Unter Goldschmied oder Streitzeuggasse.

Bestimmte Gewerbe waren auf fließendes Wasser angewiesen; beispielsweise die Gerber und die Färber, die deshalb ihre Häuser in Flussnähe oder an einem zufließenden Bach errichteten. Sie wurden in der Stadtmitte im Übrigen auch deshalb nicht geduldet, weil sich von ihren Werkstätten aus ein bestialischer Gestank verbreitete. Andere Handwerker wie Bäcker und Bader sah man ebenfalls lieber vor den Mauern der Stadt, da von ihren Öfen stets eine permanente Brandgefahr ausging.

In Würzburg wurde verkündet: »Es soll kein Kesselmacher und kein Töpfer sein Handwerk in der Stadt betreiben mit Schmieden und Brennen, sondern in den Vorstädten, so wie es von alters her Brauch gewesen ist. Doch dürfen sie sehr wohl in der Stadt wohnen und ihren Sitz haben, um ihre Waren hier zu vertreiben und zu verkaufen.«

Aber nicht nur Brandgefahr drohte; die Nachbarn fühlten sich auch anderweitig behelligt, und so befahl der Rat der Stadt Brünn: »Auch sollen die Schmiede, Bäcker und ähnliche Handwerker, die bei Ausübung ihrer Tätigkeit häufig mit Feuer umgehen, den Rauch dieses Feuers in einem Rauchfang oder in einer speziell dafür errichteten Konstruktion über das Dach hinaus in die Luft ableiten, damit er nicht, indem er sich unterhalb des Daches ausbreitet, den Anwohnern Schaden zufügt oder sie belästigt.«

Die Zunft war wie eine große Familie. Die Aufnahmebedingungen waren streng, aber wer einmal dazugehörte, brauchte sich um die Zukunft keine Sorgen mehr zu machen. Im Krankheitsfall des Meisters würde seine Familie Zuwendungen aus der Zunftkasse erhalten; er selbst sogar bei altersbedingter Berufsunfähigkeit. Sollte er plötzlich sterben, würde die Zunft ein ehrenvolles Begräbnis, die Totenmesse und die jährlichen Fürbitten finanzieren.

Auch für die Witwe und ihre unmündigen Kinder wurde gesorgt, und sollte die arme Frau später einmal ein Darlehen brauchen – kein Problem.

Jede Zunft besaß ein eigenes Haus oder doch zumindest eine Zunftstube, in der sich das Tafelsilber befand und in der die gemeinsamen Essen, die Aufnahmerituale und die Totenehrungen stattfanden. Hier wurden die Zunftordnung und die Mitgliedsbücher aufbewahrt und notfalls auch der Ausschluss eines Meisters aus der Zunft beschlossen. Zucht und Disziplin herrschten in der Zunft, aber wie groß war das Ansehen ihrer Mitglieder, der Handwerker?

Höchst unterschiedlich. Von der Oberschicht wurden sie, wie bereits erwähnt, gemeinhin verachtet; schon aufgrund ihres mangelnden Ehrgeizes, reich und mächtig zu werden. Allerdings brauchte jedermann den Bäcker und den Metzger, den Schuhmacher und den Töpfer, ebenso wie den Brauer und den Tuchmacher, den Bauern und den Winzer.

Die Kleriker, vornehmlich die Mönche, sahen in den Baumeistern und Zimmerleuten, den Schmieden und Steinmetzen notwendige, zum Teil aber auch wirklich geniale Hilfskräfte zur Errichtung von Klosterkirchen und Kathedralen. Dazu schienen zumindest einige Baumeister in der Tat berufen, und seitdem sprechen wir noch heute vom *Beruf*.

Was die Mönche in den städtischen Klöstern allerdings nicht daran hinderte, gewissen Gewerbetreibenden mächtig Konkurrenz zu machen, also genau das zu tun, was die Zünfte ihren Mitgliedern verboten: Sie bauten Wein an, züchteten Schlachtvieh, stellten Backwerk her, und zwar weit über den Eigenbedarf hinaus, um es dann billiger als die weltlichen Mitbürger in der Stadt feilzubieten. Immer wieder und meist vergeblich baten die Zünfte die Stadtväter, diesen unlauteren Wettbewerb zu verbieten.

Aber hatte der Rat der Stadt denn überhaupt ein Interesse daran, die Zünfte zu unterstützen, die sich doch nur um ihre eigenen Interessen zu kümmern schienen? Mehr noch: Musste er nicht fürchten, dass die organisierte Handwerkerschaft eines Tages zu mächtig werden könnte?

Diese Gefahr bestand in der Tat, aber im 13. Jahrhundert war es noch nicht so weit. Zu diesem Zeitpunkt profitierten die Stadt und ihre Bürger noch eindeutig von den Zünften, und zwar in mehrfacher Hinsicht. Zum einen zahlten die Handwerker die meisten Steuern. Außerdem gab es eine regelrechte Qualitätskontrolle, eine Art Warentest im Mittelalter. In vielen Zünften fand vor dem Feilbieten der Waren noch eine »Beschau« durch den Zunftmeister statt, der nach sorgfältiger Prüfung bestätigen musste, dass die Produkte nach den Regeln der Kunst hergestellt waren, um erst dann die Ware zum Verkauf freizugeben.

Aber nicht nur ihren Beruf hatten die Handwerker ordentlich auszuüben. Auch zur Verteidigung der Stadt mussten sie ihren Beitrag leisten. Bis zum Ende des 13. Jahrhunderts hatten sich in den Schlachten nur zu Pferde kämpfende Ritter oder doch Patrizier gegenübergestanden. Für den Kampf zu Fuß eigneten sich nun die Handwerker besser. Vor allem für die Verteidigung der ihnen bestens vertrauten Stadtmauern. Allerdings waren sie auch verpflichtet, selber für ihre Ausrüstung zu sorgen.

Aus dem 14. Jahrhundert ist uns eine Anordnung des Frankfurter Rates überliefert, in der es heißt: »Wer ein Handwerk ausüben kann und dreißig Gulden Vermögen besitzt, der soll seinen vollen Harnisch haben, Panzer und Haube, Beinschutz und eine Lanze von guter Qualität. Besitzt aber jemand weniger als dreißig

Gulden an Werten, so soll ihm sein Rottenmeister sagen, wie er sich bei seiner Ausrüstung verhalten soll. Die Rottenmeister sollen auch von Haus zu Haus gehen und die vorhin beschriebenen Bestimmungen einem jeden erklären, auf dass er gut ausgerüstet sei. Wenn man aber feststellt, dass einer nicht gut ausgerüstet ist, wie es beschrieben wurde, so zahlt dieser für jeden Tag, sooft man es feststellt, eine halbe Mark an Strafe.«

Selbst Frauen von Handwerksmeistern mussten nach dem Tod ihrer Männer einen Beitrag zur Stadtverteidigung leisten, denn ebenfalls in Frankfurt wurde über die Aufgaben von Metzgerwitwen Folgendes bestimmt: Sie durften weiterhin Fleisch verkaufen, damit sie ihre Kinder ernähren konnten, *solange sie ihren Harnisch haben und halten und eine jede einen redlichen Gesellen dingt und bestimmt, der mit solchem Harnisch auf Befehl der Stadt dienstbereit wie einer der Meister ist.*

Letztendlich sorgten die strengen Zunftregeln dafür, dass sich die Gesellen, die knapp ein Drittel der berufstätigen Menschen in der Stadt bildeten, wenigstens weitgehend an die gesellschaftlichen Spielregeln hielten und vor allem des Nachts nicht die Stadt unsicher machten.

Im späten Mittelalter versuchten die Gesellen immer wieder, sich ähnlich wie ihre Meister zu Gesellenbünden zusammenzuschließen, was aber nur selten wirklich gelang. Da ein wirklicher Arbeitskampf – beispielsweise um mehr Lohn oder längere Freizeit – aussichtslos erschien, verlegten sich die Gesellen zunehmend darauf, neben dem Sonntag einen weiteren freien Tag in der Woche oder zumindest alle zwei Wochen zu erzwingen. Sie machten einfach »blau«, und weder der Rat in den Städten noch die Meister in den Betrieben konnten das auf Dauer verhindern.

Erst durch die in jüngster Zeit geschaffenen Arbeitszeitregelungen wurde der *blaue Montag* überflüssig, wobei sich die Gelehrten noch heute darüber streiten, warum die Gesellen »blau«machten und nicht rot oder grün. Vermutlich weil die Farbe »Blau« im

COLONIA IM MITTELALTER

Mittelalter mit »heilig« gleichgesetzt wurde; der freie Tag wäre demnach ein heiliger Tag gewesen.

Andererseits hieß besagter Tag in Sachsen »Bierschicht«, was darauf schließen lässt, dass sich die Gesellen zumindest dort in ihrer Freizeit nicht gerade in Frömmigkeitsübungen ergingen.

Heinrich, der Schuster, war ein armer Teufel; oder *en ärm Sau*, wie man auch damals schon in Köln bedauernswerte Mitmenschen nannte. Und deshalb riefen sie ihn nicht nur Hein, was eigentlich normal gewesen wäre, sondern hatten ihn mit dem wenig schmeichelhaften, aber den Tatsachen durchaus entsprechenden Beinamen *Havenit* versehen.

Denn er hatte wirklich nichts.

Außer der winzigen und halb zugewachsenen Hütte, die er sich etwas außerhalb der Legalität mit gefundenen Brettern zusammengenagelt hatte. Sie klebte nahe der Ulrepforte an der Innenseite der neuen Stadtmauer, und deshalb hatte er sich eine Rückwand ersparen können.

Kaum jemand fand den Weg in diese abgelegene und schmutzige Ecke, sodass er versuchen musste, die wenigen und billigen Sandalen, die er fertigte, sobald er genug Geld hatte, um das notwendige Material zu erstehen, an irgendeiner Ecke in der Nähe des Marktes anzupreisen.

Mit wenig Erfolg.

Deshalb bastelte er aus den tierischen Abfällen, die ihm ein befreundeter Schinder überließ, kleine Talglichter, mit denen er über Land zog, was ihm zwar auch kaum etwas einbrachte, aber als er eines Tages – von Brauweiler kommend – die Ulrepforte ansteuerte, wurde er von zwei Reitern angesprochen, die ihm den Weg versperrten und sich aus den Sätteln gleiten ließen.

Hein Havenit war verwirrt und ängstlich zugleich. Die schwarzen Rösser, die Kleidung der Herren, ihre Waffen – all das bewies, dass sie zur städtischen Oberschicht gehörten, und um solche Herrschaften machte man tunlichst einen Bogen. Wenn man es denn vermochte, aber gerade deshalb hatten sie ihm ja auch den Weg verstellt.

Ob er sich ein bisschen nebenbei verdienen wolle, fragten sie ihn. Havenit schaute sie verwirrt an. Er konnte sich nicht vorstellen, dass sie ihm Talglichter abkaufen wollten, und das war tatsächlich nicht ihre Absicht. Sie zeigten ihm heimlich, damit keiner der jetzt zahlreich zurück in die Stadt strebenden Menschen es bemerkte, ein richtiges Goldstück, wie es Hein noch nie zuvor gesehen hatte, und flüsterten ihm zu, davon könne er noch mehr bekommen, wenn er ihnen einen kleinen Dienst erweisen würde.

Und damit ließen sie die Goldmünze in seine Hände gleiten.

So einen großen Schatz für einen kleinen Dienst? Havenit mochte es noch nicht glauben, aber er war auch klug genug, um zu wissen, dass man ihn sofort festnehmen würde, sollte er versuchen, ein so wertvolles Goldstück bei einem Geldwechsler in kleine Münzen umzutauschen. So viel Geld konnte ein Mann wie er nur gestohlen haben.

Das sahen dann auch die Herren ein, und einer der beiden drückte dem Schuster ein Beutelchen in die Hand mit dem Versprechen, das sei nur eine winzige Anzahlung, wenn er denn bereit sei, jenen besagten kleinen Dienst …

Havenit war zu allem bereit, ja, er hätte seinen eigenen Vater verraten, wenn er ihn denn je gekannt hätte, warum also nicht den vornehmen Leuten aus der Stadt einen Gefallen erweisen. Schließlich kam der Auftrag – wie ihm versichert wurde – vom Herrn Erzbischof persönlich.

Und das sollte er tun: aus seinem Häuschen an der Stadtmauer einen Gang bauen, der unter dem Befestigungswerk hindurch nach draußen führen würde, einen Stollen, der hoch und breit genug war, einem Ritter mitsamt seinem Ross einen Weg in die Stadt zu bahnen. Es würde natürlich nicht nur ein einzelner Reiter kommen, sondern schon ein paar mehr.

Den Zeitpunkt, wann der unterirdische Gang fertig sein müsse, werde man ihm rechtzeitig mitteilen, aber er solle schon einmal anfangen, denn das würde eine Menge Arbeit bedeuten, und helfen lassen dürfe er sich auch von seinen besten Freunden nicht. Alles sei streng geheim, vertrauten sie ihm an.

Dass es vor allem wahnsinnig gefährlich sein würde, sagten sie ihm allerdings nicht.

In der Nacht darauf begann Hein Havenit mit den Ausschachtungsarbeiten unter seiner Hütte. Die ausgegrabene Erde trug er in Ledereimern und in den Taschen seiner Schürze im Dunkeln nach draußen und verstreute sie in den Gärten und Weinbergen innerhalb der Stadtmauern. Monate hindurch schuftete er, und dann kam – mit einem weiteren Säckchen voller Münzen – die Nachricht: In der Nacht zum 15. November kommen die Reiter. Bis dahin müsse der Gang fertig sein.

Und er wurde fertig.

Hein Havenit wusste allerdings nicht, wer ihm den Judaslohn gezahlt hatte, denn um Politik hatte er sich noch nie gekümmert, und den Erzbischof kannte er gerade einmal dem Namen nach: Engelbert von Falkenburg.

Engelbert war kein sonderlich frommer Seelenhirte und ging keinem Streit mit der Stadt Köln oder dem Adel in der Umgebung aus dem Weg. Als er einmal mehr versuchte, gegen jedes Gesetz Ausfuhrzölle auf dem Rhein zu erheben, legten nicht nur die Kölner Kaufleute, sondern auch Graf Wilhelm von Jülich Protest ein, weil seine Untertanen dadurch ebenfalls Schaden gelitten hätten.

Als Antwort fiel der Erzbischof in dessen Grafschaft ein und verwüstete und plünderte alle Dörfer, bis der Graf sich ihm am Marienholz zwischen Lechenich und Zülpich entgegenstellte, sein Heer vernichtend schlug, den mitten unter seinen Rittern kämpfenden Erzbischof gefangen nahm und ihn auf die Burg

Nideggen bringen ließ. Dort blieb er dreieinhalb Jahre, über die wir später mehr erfahren werden.

Die Zeit seiner Gefangenschaft nutzten seine in der Stadt verbliebenen Anhänger, die vornehmen Geschlechter in Köln gegeneinander aufzuhetzen. An der Spitze der einen Gruppe standen die Overstolzen, auf der anderen die Familie Weise aus der Mühlengasse, die – warum auch immer – zum Erzbischof stand.

Die Weisen wiegelten die Zünfte auf und versprachen ihnen alle Freiheiten, um die sie sich bislang vergeblich bemüht hatten, während die Overstolzen den Grafen von Jülich um Hilfe baten. Dagegen wiederum kamen die Weisen nicht an, und deshalb flüchteten sie sich in die Klöster, wo man ihnen nichts anhaben durfte, denn dort genoss jedermann Immunität.

Aber ein Heer von Gleichgesinnten konnte man von dort aus sehr wohl sammeln, und es waren ebendiese Verbündeten, die den armen Havenit bezahlten, damit er ihnen ein Schlupfloch grub, durch das sie in die Stadt gelangen konnten. Ob der Erzbischof in seinem Gefängnis davon wusste oder die Geschichte sogar angezettelt hat, weiß man nicht.

Bestimmt hat er sich darüber gefreut.

Fünftausend Mann waren es angeblich, die auf diese Weise in die Stadt gelangten, während die Overstolzen und ihre Anhänger arglos ein Fest feierten, zu dem Graf Wilhelm von Jülich in seinem Haus in der Stadt geladen hatte. Ein Bürger namens Hermann Vinkelbart aber hatte – wodurch auch immer – von dem Verrat erfahren und die Feiernden alarmiert.

Es kam zu einer blutigen Straßenschlacht, in deren Verlauf die Overstolzen wahre Heldentaten vollbracht haben sollen, in der aber auch einer ihrer Anführer, Matthias Overstolz, fiel. Die Weisen dagegen flohen nach Bonn, und das war's fürs Erste.

Es ist schwer, hier zu entscheiden, was an dieser abenteuerlichen Überlieferung wahr ist. Höchst unwahrscheinlich ist die Geschichte vom armen Havenit, der einen Tunnel gegraben haben soll, durch den die (fünftausend!) Ritter hoch zu Ross unter der Mauer her in die Stadt hätten reiten können.

Das hätte er nie geschafft. Schließlich konnte er unter seiner kleinen Hütte nicht einfach ein senkrechtes Loch graben, denn wie sollte ein Pferd samt Reiter von unten dort heraufkommen. Er hätte also einen mindestens zwanzig Meter langen (abgestützten!) Stollen mit sanftem Gefälle bis in ein Gebüsch im Stadtgraben buddeln müssen, wozu er geschätzte achtzig Kubikmeter Erde ohne Zuhilfenahme einer Karre unauffällig hätte wegschaffen und verstreuen müssen.

Dass die Feinde in die Stadt gelangt sind, steht zwar fest, aber es darf vermutet werden, dass die Torwächter an der Ulrepforte bestochen, vielleicht aber auch von Anhängern der Weisen aus dem Stadtinneren heraus überrumpelt und überwältigt worden sind. Nur Hein Havenits übermenschliche Leistung hat es wohl nicht gegeben.

Dennoch ist es eine schöne Geschichte. Muss sie auch noch wahr sein?

* * *

Wie die meisten hochrangigen Kleriker dieser Zeit verstand sich Engelbert eher als Politiker denn als Theologe. Zudem waren die Kölner Erzbischöfe auch Reichsfürsten – Kurfürsten sogar, die den deutschen König mitwählten –, und das Seelenheil ihrer Schäfchen interessierte sie sehr viel weniger als deren Geld, denn Reichtum bedeutete Macht, und das war für den hohen Klerus – den Papst eingeschlossen – das weitaus Wichtigste.

Um ihre Vorstellungen zu verwirklichen, scheuten sie vor keinem Mittel zurück, und Auseinandersetzungen begannen meist mit Polemik. Eines der unzähligen Beispiele für die Verrohung des politischen Umgangs miteinander ist der Kampf zwischen den Todfeinden Papst Gregor IX. und Kaiser Friedrich II.

In einem Schreiben des zumindest in diesem Fall nicht gerade christlich handelnden Heiligen Vaters heißt es über den Kaiser, der von Gregor mit dem Antichrist gleichgesetzt wird:

Es steigt aus dem Meere die Bestie voller Namen der Lästerung, die, mit der Tatze des Bären und dem Löwenmaul wütend, an den übrigen Gliedern von der Gestalt eines Leoparden, ihren Mund zu Lästerungen des göttlichen Namens öffnet und nicht aufhört, auf Gottes Zelt und die Heiligen, die in den Himmeln wohnen, die gleichen Speere zu schleudern. Mit eisernen Klauen und Zähnen begehrt sie, alles zu zermalmen und mit ihren Füßen die Welt zu zerstampfen.

Und der Vertraute des Papstes, Kardinal Rainer von Viterbo, legt nach:

Dieser Nimrod – rasender Jäger der Unzucht vor dem Herrn, der nur Worte der Lüge liebt – hat nur Ruchlose zu Dienern, die mit ihrer Bosheit den König ergötzen und mit Lügen den Fürsten … Er höhnt den Bann, schlürft vielmehr seine Strafen aus vollen Bechern wie Wasser. Er verachtet die Schlüsselgewalt, er, der Fürst der Tyrannei und Verfälscher des kirchlichen Glaubens und Kults, der Vernichter der Satzungen, der Grausamkeit Meister, der Zeiten Verwandler, der Verwirrer des Erdrunds und Hammer der ganzen Kirche … Wie Luzifer unterfing er sich, zum Himmel der Kirche zu steigen, über den Stern des Himmels und den Leuchtern der Braut seinen Thron aufzurichten und seinen Sitz gen Mitternacht, dass er ähnlich, ja höher sei als des Höchsten Statthalter.

Die Antwort des Kaisers fiel ähnlich scharf aus:

Der da sitzt auf dem Lehrstuhl verkehrten Dogmas, der Pharisäer, gesalbt mit dem Öle der Bosheit über seine Genossen, der römische Priester unserer Zeit, er begehrt, sinnlos zu machen, was aus Nachahmung himmlischer Ordnung herabgestiegen ist: und glaubt vielleicht, so passe er zu den Dingen droben, die von Natur, nicht vom Willen geführt werden. Den Glanz unserer Majestät sinnt er, zur Verfinsterung zu bringen; denn mit zur Fabel verwandelter Wahrheit, voll von Lügen, ergehen Briefe in die verschiedenen Teile der Welt. Mit Deutelei, nicht mit Vernunft beschuldigen sie unsere Glaubensreinheit.

Da hat er geschrieben, der Papst (bloß dem Namen nach), wir seien die Bestie, die aus dem Meere aufsteigt, voll Namen der Lästerung, mit eines Leoparden Buntheit übermalt. Wir aber behaupten, er ist jenes Ungetüm, von dem man liest: es ging heraus ein anderes Pferd, ein rotes, aus dem Meere, und der darauf saß, nahm den Frieden von der Erde, sodass die Lebenden sich untereinander erwürgen.

Der hasserfüllte Streit setzte sich auch unter Gregors Nachfolger Innozenz IV. fort und endete damit, dass der neue Papst nach Lyon flüchtete und von dort aus 1245 den Kaiser für abgesetzt erklärte. Dazu hatte er zwar kein Recht, und Friedrich war natürlich nicht bereit, seine Absetzung anzuerkennen.

In der Folge brachen besonders in Italien blutige Kämpfe zwischen den kaiser- und papsttreuen Lagern aus, während im Norden die beiden mächtigsten geistlichen Fürsten, die Erzbischöfe von Köln und Mainz, mit Unterstützung des Papstes versuchten, einen Gegenkönig zu Friedrich zu erheben.

Der Mainzer Erzbischof schlug den Heinrich von Raspe vor, den Landgrafen von Thüringen, einen Schwager der heiligen Elisabeth, aber der starb schon neun Monate später nach einem Sturz vom Pferd. Der Kölner Erzbischof Konrad von Hochstaden setzte daraufhin die Wahl Wilhelms II., des Grafen von Holland, durch, auf dessen Seite sich nach und nach auch viele Anhänger der Staufer schlugen. Was bedeutete, dass der Kölner Erzbischof für den Papst mit der Zeit weniger wichtig wurde und die bis dahin reichlich geströmten Bestechungsgelder aus Rom ausblieben, die Konrad jedoch dringend brauchte.

Was tun? Als Erstes beschloss er, neue Münzen prägen zu lassen und die Untertanen zu verpflichten, die alten gegen die neuen umzutauschen. Da die neuen vom Materialwert her jedoch um zwanzig Prozent weniger Silber enthalten würden, wäre das ein äußerst lohnendes Geschäft für den Erzbischof gewesen.

Zum anderen plante er, neue Zölle zu erheben, aber gerade die Zollfreiheit war ja bisher der Garant für den blühenden Handel und zugleich den Reichtum der Stadt gewesen. Kein Wunder, dass die Bürger entschieden protestierten und im Rat Überlegungen angestellt wurden, wen sie denn in diesem Streit als Schiedsrichter anrufen sollten; ein gerechter und unparteiischer Mann sollte es sein, dem auch der Erzbischof würde vertrauen können.

»Warum eigentlich nicht Bruder Albert?«, fragte einer in die Runde.

* * *

Am Rande der Schwäbischen Alb liegt im Tal der Donau das Städtchen Lauingen. Kurz vor 1200 wurde dort ein Junge geboren. Sein Vater, vermutlich ein Verwalter staufischer Lehen, nannte ihn Albert, und eigentlich wissen wir von dem Knaben lediglich, dass er die Natur liebte und gern in der Donau angelte.

Wahrscheinlich hat er eine Schule besucht, denn das nächste Mal hören wir erst von ihm, als er fast neunundzwanzig Jahre alt ist und anscheinend etliche Zeit damit zugebracht hat, durch die Lande zu wandern und wohl auch einige Bergwerke zu besichtigen, wie er später einmal erzählte.

Dann finden wir ihn an der Universität von Padua wieder, wo er nicht etwa Theologie, sondern die Freien Künste studiert und wie viele seiner Kommilitonen häufig in die Kirche eines neuen Ordens geht, um dort vor allem den Predigten der Mönche zu lauschen, von denen er sehr angetan ist.

Was weiter nicht erstaunt, denn dieser Orden, einige Jahre zuvor von einem gewissen Dominikus gegründet, nennt sich Predigerorden, und wir kennen seine Brüder heute als Dominikaner, deren Regel lautet: Verzichte auf Hab und Gut, auf Titel und Ehren und auf eine Karriere an einer Universität. Widme stattdessen dein Leben der Seelsorge und lebe von Almosen.

In Padua lernt Albert einen gewissen Jordanus kennen, der als Sohn vermögender Eltern in Westfalen geboren wurde und nun als Nachfolger des verstorbenen Dominikus zweiter General des Ordens ist. Jordanus schlägt ihm vor, Dominikaner zu werden, aber Albert zögert. Soll das seine Zukunft sein? Ein Predigermönch? Wird er diesen Schritt nicht doch eines Tages bereuen?

Jordanus kann ihn schließlich überzeugen. Zumal er nicht für immer hinter Klostermauern verschwinden wird. Im Gegensatz zu Benediktinern oder Zisterziensern, die ihr Leben lang in dem Kloster bleiben, in das sie eingetreten sind, müssen Dominikaner als Prediger stets dorthin gehen, wo man sie braucht, und können jederzeit in eine andere Stadt geschickt werden. Langweilig also wird es vermutlich niemals sein.

Alberts erste Station ist Köln, wo er während seines Noviziats mit dem Studium beginnt und schließlich zum Priester geweiht wird. Vielleicht sollten wir uns an dieser Stelle daran erinnern, dass im Mittelalter längst nicht alle Kleriker zugleich Priester waren. Die Priesterweihe wurde nur denjenigen erteilt, die in der Seelsorge gebraucht wurden und Sakramente spenden mussten.

Folglich waren die meisten Benediktiner, Zisterzienser oder Kartäuser zwar Mönche, aber keine Priester. Selbst im Domkapitel und sogar im Kardinalskollegium gab es kaum Priester. Man denke an Rainald von Dassel oder auch an Konrad von Hochstaden, die beide zum Erzbischof erhoben wurden, bevor sie die Priesterweihe empfingen. Die vor allem in der Seelsorge tätigen Dominikaner dagegen waren – ebenso wie die Minderbrüder oder Franziskaner – in der Regel allesamt geweiht.

In Köln waren die ersten Dominikaner schon 1221 eingetroffen und von den Stiftsherren von St. Andreas freundlich aufgenommen worden. Man schenkte ihnen eine Kapelle und das Hospiz zur heiligen Maria Magdalena in der Stolkgasse, und sie lebten wie auch die Stiftsherren nach der Regel des heiligen Augustinus.

Überhaupt nicht erfreut waren dagegen die Pfarrer der städtischen Gemeinden, denen die Gläubigen davonliefen, um die Predigten der Neuankömmlinge zu hören. Aber sowohl beim damaligen Erzbischof als auch beim zufällig in der Stadt weilenden päpstlichen Legaten Konrad von Urach erlitten sie eine bittere Abfuhr.

Einen Pastor, der sich beklagte, dass ihm seine neuntausend Schäfchen weglaufen würden, fragte der Legat: »Weißt du nicht, dass du vor dem Richterstuhl Gottes Rechenschaft ablegen musst für jede dir anvertraute Seele? Und nun beklagst du dich, dass dir so viele Helfer die Last abnehmen, unter der du sonst zusammenbrechen müsstest? Deine Klage beweist, dass du unwürdig bist, ein Pfarrer zu sein. Ich nehme dir deshalb dieses Amt.«

Damit war die seelsorgerische Tätigkeit der Kölner Dominikaner auch von höchster Stelle anerkannt.

Albert wurde 1243 an die Pariser Universität Sorbonne geschickt, erwarb dort den Magister der Theologie, lehrte drei Jahre und kehrte später nach Köln zurück, wo gegenüber dem Kloster der Dominikaner die Gebäude des soeben von ihnen gegründeten Studium generale entstanden waren. Unter seiner Leitung wurde die Kölner Schule berühmt und zog Studenten aus ganz Europa an.

Unter ihnen befand sich ein gewisser Thomas, Sohn einer wohlhabenden und einflussreichen Grafenfamilie aus Aquino, einer Stadt rund hundertzwanzig Kilometer östlich von Rom gelegen. Seine Eltern hätten ihn gerne als Abt des Klosters Montecassino gesehen, ihn aber zog es zu den Dominikanern, und in Neapel trat er in den neuen Orden ein. Die Eltern waren entsetzt. Sollte ihr Sohn etwa demnächst in den Straßen der Stadt um Almosen betteln?

Daher veranlassten die Eltern und zwei seiner Brüder, Thomas zu entführen und ihn – so wenigstens will es die Legende – eine Nacht mit einem hübschen, aber leichtfertigen Mädchen in ein Zimmer einzusperren mit der Hoffnung, dass er ihren Reizen erliegen möge. Aber der Trick misslang. Thomas blieb keusch und Dominikaner.

Sein Verhältnis zu Frauen war einigermaßen bizarr. Das allerdings hatte er mit vielen Klerikern der damaligen Zeit gemeinsam. Auch Albert glaubte, man brauche Frauen leider ausschließlich, um Nachkommen zu zeugen. Ansonsten solle man sich vor ihnen hüten wie vor giftigen Schlangen.

Wie dem auch sei. Thomas von Aquin studierte ebenfalls in Paris und folgte seinem Lehrmeister nach Köln. Aus dem schönen, groß gewachsenen jungen Mann, dem die Mädchen daheim bewundernd nachgeschaut hatten, wurde leider recht schnell ein unglaublich dicker Mönch, weil er im Kloster nichts anderes tat als lesen. Und essen. Angeblich hat ein Mitbruder für ihn einen Schreibtisch entworfen, in den eine halbkreisförmige Ausbuchtung gesägt war, damit Platz war für Thomas' unförmigen Bauch.

Seinem gewaltigen Körper verdankte er seinen Spitznamen »der Ochse«, und da er stets in sich gekehrt war und wenig sprach, nannte man ihn auch den »stummen Ochsen«. Albert jedoch, der früh erkannte, welches Genie in dem stillen Denker schlummerte, sagte zu seinen Mitbrüdern: »Wir kennen ihn zwar als den stummen Ochsen, aber das Brüllen seiner Lehre wird in der ganzen Welt widerhallen.«

Alberts Prophezeiung erwies sich zwar als richtig. Thomas jedoch wurde – wohl aufgrund seiner ungesunden Ernährung, vielleicht aber auch durch einen Giftanschlag – lediglich neunundvierzig Jahre alt. Aber wir wollen hier weder über das Äußere der beiden noch über ihre geistige Größe sprechen, was ganze Bücher füllen würde und zudem außerordentlich anstrengend zu lesen wäre. Beschränken wir uns auf Albert, den man später »Magnus«, also den Großen, nennen wird, und die Rolle, die er als Schiedsrichter in Köln gespielt hat.

Jetzt wurde er zum ersten Mal gebraucht.

Er war inzwischen bekannt in der Stadt. Natürlich konnten die Leute sein Genie nicht beurteilen. Aber man begegnete ihm mit Ehrfurcht und dem unbestimmten Ahnen, dass er ein ungewöhnlicher Mensch sein musste. Und man erzählte sich geheimnisvolle Geschichten, von denen wir später noch hören werden.

Bislang war Köln zwar als reiche Handelsmetropole bekannt und die prächtigste Stadt Deutschlands überhaupt. Der Bischof und Geschichtsschreiber Otto von Freising urteilte schon hundert Jahre zuvor, sie übertreffe alle Städte von Gallien und Germanien, was Reichtum, Bauten, Größe und Pracht angehe, und auch Papst Innozenz IV. meinte, Köln sei durch Größe, Adel und Macht bemerkenswerter als andere Städte in deutschen Landen.

Nur: Die Wissenschaft war hier nicht gerade zu Hause. Bislang gab es lediglich die Domschule, aber jetzt leitete der gefeierte Professor der Pariser Universität hier ein Studium generale. Es lag in der Stolkgasse, wo sich heute ein Bankhaus und die Polizeiinspektion Innenstadt befinden. Plötzlich war Köln mehr als nur eine Handelsmetropole, und das verdankte die Stadt ebendiesem Albert, dem sowohl die reichen Geschlechter der Stadt als auch der Erzbischof vertrauten.

Und der Gelehrte entschied rasch und klar.

Der Erzbischof dürfe sich nicht in die Münzangelegenheiten einmischen. Neue Münzen dürften nur geprägt werden, wenn entweder ein Wechsel auf dem Thron des Erzbischofs erfolgt oder wenn dieser dem Kaiser mit einem Heer nach Italien folgen müsse und daher neues Geld brauche. Der Erzbischof hat nicht das Recht, neue Zollschranken auf dem Rhein aufzubauen. Keine der beiden Seiten darf Ansprüche geltend machen für Sachschäden oder Todesopfer, die im bisherigen Verlauf des Streites zu beklagen waren.

Sowohl die Geschlechter als auch der Erzbischof erklärten sich mit diesem Spruch einverstanden. Alberts Ruf in der Stadt festigte sich weiter, und mit Konrad von Hochstaden entstand beinahe so etwas wie eine Männerfreundschaft. Nur dauerhaften Frieden – den hatte der Schiedsrichter Albert noch nicht erreicht.

Aber das lag nicht an ihm.

1254 wurde in Worms der Rheinische Städtebund gegründet, der den Frieden im ganzen Land garantieren sollte. Theoretisch zumindest. Die Reichsfürsten sahen das aus höchst egoistischen Gründen äußerst ungern, und ein Erzbischof wie Konrad erst recht. Noch schlimmer war für ihn, dass auch sein Schützling König Wilhelm von Holland – mittlerweile allgemein anerkannter römisch-deutscher König – diesem Bund beitrat, um seine Stellung im Nordwesten des Reiches zu stärken.

Das gefiel Konrad überhaupt nicht, denn er wollte das Sagen haben, er ganz alleine. Bei einem Treffen mit dem König und einem päpstlichen Legaten in Neuss, das mit einem erbitterten Streit zwischen den Teilnehmern endete, kam es fast zur Katastrophe: In der Nacht, nachdem der Erzbischof abgereist war, brannte das Haus, in dem man sich getroffen hatte, nieder. König und Legat entkamen den Flammen im letzten Augenblick, und man war sich allgemein ziemlich sicher, dass der Brandstifter im Auftrag Konrads gehandelt hatte.

Richtig aufgeklärt wurde die Angelegenheit nie, und die Sache erledigte sich durch den jämmerlichen Tod, den König Wilhelm kurz darauf fand, als er im Kampf gegen aufständische Friesen mit seiner schweren Rüstung durch die dünne Eisdecke eines Sees brach und vom Feind gnadenlos erschlagen wurde.

Was danach geschah, ist so ungefähr das Schäbigste, das aus dem 13. Jahrhundert zu berichten ist: Da sich die deutschen Fürsten nicht auf einen Nachfolger Wilhelms einigen konnten, ließ sich die eine Hälfte von Alfons von Kastilien, die andere – unter ihnen auch der Kölner Erzbischof – von Richard von Cornwall, dem Bruder des englischen Königs, bestechen. Keiner von ihnen war in der Lage, das Reich tatsächlich zu regieren. Alfons hat nicht ein einziges Mal deutschen Boden betreten.

Die kaiserlose, die schreckliche Zeit war endgültig angebrochen.

Dem Kölner Erzbischof war das nur recht. Nun brauchte er sich für nichts mehr zu rechtfertigen. Und von dieser Freiheit machte er auch gegenüber seinen Untertanen skrupellos Gebrauch. Als er einmal wieder in seiner Kölner Pfalz zu Gericht saß, kam es in der Nähe zu einer wilden Schlägerei, in die auch einer seiner Verwandten verwickelt war.

Konrad ließ das Gerücht verbreiten, man habe einen Anschlag auf seine Person versucht und er sei nur mit Mühe entkommen. Von Bonn aus rüstete er ein Heer, und bei Frechen kam es zu einer Schlacht, die der Erzbischof zwar verlor, aber er ging weiter gegen die Stadt vor, sodass man sich ein zweites Mal an die Dominikaner wandte und Albert bat, zwischen den Parteien zu schlichten.

Der Erzbischof legte 53 Beschwerdepunkte gegen die Bürger vor, die ihrerseits Konrad mit 21 Anklagepunkten beschuldigten. Es würde zu weit führen, alle Einzelheiten des Kompromisses aufzuführen. Wichtig war auf der einen Seite, dass der Erzbischof keine neuen Zölle erheben durfte. Andererseits wurde auch festgestellt, dass vor allem zivile Prozesse nicht immer neutral geführt wurden, weil die Rechtsprechung in der Stadt weitgehend von Vertretern der großen Familien ausgeübt wurde.

In der Folge tat sich der Erzbischof ausgerechnet mit den Zünften zusammen, schmeichelte ihnen und erweckte zumindest nach außen den Eindruck, dass nun alles bestens geregelt sei. Die düpierten großen Familien fragten sich natürlich mit einigem Grund, ob Rechtsprechung und Verwaltung einer solchen Stadt tatsächlich Bäckern und Webern übertragen werden dürften.

Den Erzbischof störten solche Zweifel nicht. Als er 1261 starb, hatte er die volle Kontrolle über die Stadt zurückerobert, aber es war abzusehen, dass sich die Bürger nicht ewig wegducken würden.

* * *

Die Botschaft aus Rom kam überraschend: Papst Alexander IV. suchte einen Nachfolger für den Bischof von Regensburg, der sich derart unwürdig benommen hatte, dass er nicht mehr zu halten war und sich freiwillig in ein Kloster zurückzog. Der Heilige Vater, der Albert aus einer früheren Begegnung kannte, hielt ihn für den einzig geeigneten Nachfolger. Mit ihm wollte er ein unüberhörbares Zeichen setzen, denn die deutschen Bischöfe waren zugleich Reichsfürsten, und auf entsprechend großem Fuß lebten sie auch.

Aber ein Predigermönch auf einem Bischofsthron?

Warum nicht? Auch Petrus war als Fischer ein armer Mann gewesen. Albert sträubte sich. Er fühlte sich nicht zum Herrschen geboren. Andererseits schuldete er dem Papst unbedingten Gehorsam. Seine Zerrissenheit wurde noch größer, als ein Schreiben seines entsetzten Ordensmeisters eintraf, der von den Absichten des Papstes erfahren hatte.

In dem Brief hieß es, er glaube ja, dass es Alexanders Wille sei, ihn nach Regensburg zu schicken, »wer aber, der Euch kennt, vermag anzunehmen, dass Ihr Euch dieser Anordnung fügen werdet? Wer vermöchte zu glauben, Ihr wolltet an Eurem Lebensabend Eurem Ruhm diesen Makel zufügen, und auch dem Orden, dem Ihr zu so großem Ansehen verholfen habt?«

Und weiter: »Ich flehe Euch an, Teurer und Geliebter, wer von uns wird hinfort der Übernahme kirchlicher Würden widerstehen, wenn Ihr jetzt unterliegt? Wird man nicht vielmehr Euer Beispiel zur Entschuldigung anführen? Welcher Laie wird nicht Ärgernis nehmen an Euch und allen Mitbrüdern und sagen, wir würden die Armut nicht lieben, sondern sie nur so lange ertragen, bis wir sie abschütteln könnten? Lasst Euch nicht durch päpstliche Befehle einschüchtern. Ein heiliger Ungehorsam zur rechten Zeit schädigt in solchen Fällen den Ruf eines Mannes nicht, sondern erhöht ihn.«

Eine ernste und eindringliche Ermahnung, aber Albert folgte dem Ruf des Papstes. Zwar trat er in Regensburg nicht wie ein Fürst auf, in glänzenden Gewändern und hoch zu Ross, sondern stets in der weißen Kutte seines Ordens und mit einfachem Schuhwerk; andererseits: Nachdem die schlimme Finanzlage des Bistums in kürzester Zeit behoben worden war, verzichtete er nicht auf die Einkünfte, die einem Bischof zustanden und die er mit ausdrücklicher päpstlicher Erlaubnis behalten durfte. Das Geld würde er später brauchen, und er wusste schon jetzt wofür.

Nachdem er einen geeigneten Nachfolger gefunden hatte, der auch in der Regensburger Diözese akzeptiert wurde, wollte er zurück nach Köln, aber der Papst – mittlerweise Urban IV. – hatte noch eine andere Aufgabe für ihn. Albert sollte in ganz Deutschland zu einem neuen Kreuzzug aufrufen, und diesem Wunsch des Papstes kam er ebenfalls nach.

Was der inzwischen fast Siebzigjährige in den folgenden Monaten leistete, ist geradezu unvorstellbar. Zu Fuß wanderte er über die Alpen nordwärts und durch Oberbayern nach Augsburg, weiter über Frankfurt nach Köln. Dann predigte er am Niederrhein, in ganz Norddeutschland und in Brandenburg, zog dann südwärts bis Freiburg und vor dort ins Elsass und zurück nach Speyer und Regensburg.

Diese unmenschlichen Anstrengungen waren allerdings nicht von Erfolg gekrönt. Die Bereitschaft, an einem Kreuzzug teilzunehmen, war stark zurückgegangen, nachdem der letzte in einer Katastrophe geendet hatte. Außerdem wurde Albert gerade jetzt wieder dringend in Köln gebraucht, wo das Domkapitel seinen Probst Engelbert von Falkenburg zum neuen Erzbischof gewählt hatte.

Und der war – sofern das überhaupt möglich war – noch machthungriger und habgieriger als sein Vorgänger. Auch er versuchte, die Kölner Kaufleute mit einem neuen Zoll bei Neuss zu schröpfen, und als ein neu einberufenes Schiedsgericht dies für ungesetzlich erklärte, fiel er, wie oben berichtet, in das Gebiet des Grafen von Jülich ein. Der Graf, der auf der Seite der Stadt Köln stand, stellte sich ihm entgegen, nahm ihn schließlich gefangen und sperrte ihn ebenso wie seinen Vorgänger im Amt auf der Burg Nideggen ein.

Was nicht mehr als recht und billig war.

Vorsichtshalber schickten die Kölner und der Graf von Jülich einen Bericht nach Rom, in dem ausführlich dargestellt wurde, warum man einen Erzbischof gefangen hielt, aber anstatt den Inhaftierten zur Rechenschaft zu ziehen und ihn aufzufordern, zukünftig den Seelenhirten zu geben und nicht den Straßenräuber, entsandte der Papst den Nuntius Bernhard von Castaneto, der sein Quartier jedoch vorsichtshalber nicht in Köln nahm, sondern in Engelberts Bonner Pfalz.

Von dort aus forderte er den Grafen von Jülich auf, den Erzbischof sofort freizulassen. Erst dann werde er sich mit den verschiedenen Streitpunkten beschäftigen. Nun hatten aber sowohl der Graf als auch die Kölner ihre Erfahrungen mit solchen Zusagen gemacht und hielten Engelbert weiterhin in Verwahrung, weil sie berechtigte Zweifel an der Neutralität des päpstlichen Gesandten hatten.

Daraufhin sprach Castaneto über den Grafen und dessen Sohn, den verbündeten Grafen von Geldern, sowie über alle Schöffen, Richter und Ratsherrn von Köln den großen Kirchenbann aus. In der Folge kam es dann zu der eingangs geschilderten Schlacht an der Ulrepforte, und dann kehrte für kurze Zeit Ruhe ein. Aus Rom kam zunächst keine Antwort, und man hoffte, dass der Papst Einsicht zeigen und den Kirchenbann aufheben möge.

Man hoffte vergebens.

Plötzlich tauchte der Nuntius wieder auf und verschärfte den Kirchenbann sogar noch. Die ganze Stadt Köln wurde mit dem Interdikt belegt, was konkret bedeutete, dass niemand mehr die Sakramente empfangen durfte.

Niemand durfte mehr mit den Feinden des Erzbischofs verhandeln. Allen weltlichen Klerikern wurde befohlen, innerhalb von zwei Monaten die Stadt zu verlassen, aber das Schlimmste war: Jeder Handel mit Kölner Kaufleuten wurde mit sofortiger Exkommunikation geahndet. In dieser verzweifelten Lage riefen die Kölner erneut Albert, den bewährten Helfer in der Not, zu Hilfe, der sich zu dieser Zeit in Straßburg aufhielt.

Und der fast Achtzigjährige zögerte keinen Augenblick. Aber er traf sich nicht mit den Kölnern, denn die galten schließlich als Feinde des Erzbischofs, und mit denen durfte er nicht sprechen. Also begab er sich direkt zur Burg Nideggen, und dort muss er – das Ergebnis dieses Gesprächs lässt keinen anderen Schluss zu – dem Erzbischof mit aller Deutlichkeit ins Gewissen geredet haben.

Ob er sich vorstellen könne, wird er Engelbert gefragt haben, unter welcher Gewissensnot seine Untertanen durch seine Schuld litten; wie es sei, in wilder Ehe leben zu müssen, weil kein Priester die Liebenden trauen dürfe; ein neugeborenes Kind ungetauft sterben zu sehen; seine Vergehen keinem Priester gestehen zu können; möglicherweise gar ohne Vergebung einer Todsünde zu sterben und der ewigen Verdammnis anheimzufallen. Und das alles, obwohl der einzelne Bürger an allem Geschehenen völlig unschuldig sei.

Ob er, der Erzbischof, das alles auf sein Gewissen nehmen könne und wolle.

Es gibt keine Augenzeugen für dieses Gespräch, und wir kennen nur das Ergebnis: Engelbert hat sich nach diesem Treffen offensichtlich dazu durchgerungen, endgültig seinen Frieden mit der Stadt zu machen und seiner Erzdiözese in Zukunft ein würdiger und untadeliger Oberhirte zu sein. Er überließ Albert die notwendigen Verhandlungen und erklärte sich bereit, alle getroffenen Vereinbarungen zu akzeptieren.

Er teilte dem Stadtklerus darüber hinaus mit, er habe gegen den Kirchenbann beim Papst Berufung eingelegt, und befahl allen Seelsorgern, den Bann als aufgehoben zu betrachten. Damit war die Welt für die Kölner wieder in Ordnung, obwohl sich Rom erst nach Engelberts Tod dazu durchrang, den Kirchenbann auch offiziell aufzuheben. Albert aber war für die Kölner von diesem Tag der große Friedensstifter, der den Bürgern schmerzlich fehlen sollte, als es zum nächsten Zerwürfnis kam.

Aber das ist wieder eine andere Geschichte.

Albert, den schon lange die Gicht plagte, blieb jetzt in Köln. Schon zu seinen Lebzeiten rankten sich Legenden um seine Person, die vor allem durch seine Forschungen auf vielen naturwissenschaftlichen Gebieten stets neue Nahrung erhielten. Besonders oft erzählt wurde die Geschichte vom Besuch König Wilhelms im Kölner Dominikanerkloster.

Der Monarch war kurz vor Weihnachten gekommen, und draußen herrschte klirrende Kälte. Im Klostergarten aber, wo – ungewöhnlich genug – das Abendessen stattfinden sollte, schneite es keine Flocken, sondern Blumen und Blüten. Frühling mitten im Winter. Aber vielleicht hatte Albert den König lediglich in sein Tropenhaus eingeladen.

Neben Zellen und Altären gab es im Dominikanerkloster an der Stolkgasse auch Labore, wo Albert forschte. Er beschäftigte sich mit Pflanzen und Tieren, Metallen und Edelsteinen. Manches war seriös, anderes weniger. Albert behauptete beispielsweise, um festzustellen, ob ein Mädchen noch Jungfrau sei, müsse man ihr einen Trunk mit geriebenem Smaragd geben. Müsse sie sich danach nicht übergeben, so sei sie keusch. Erbreche sie jedoch, habe sie ihre Unschuld verloren.

Unwahrscheinlich, dass Albert Jungfrauen getestet hat, und noch viel unwahrscheinlicher, dass in einem Dominikanerkloster so leichtfertig mit Edelsteinen umgegangen worden ist. Aufgrund seiner seriösen und weniger seriösen Experimente unterstellte man Albert häufig, ein Zauberer zu sein, wogegen er sich vehement wehrte. Kein Magier sei er, sondern ein Wissenschaftler.

Darüber wollen wir uns an dieser Stelle nicht streiten. Wir wollen auch nicht seine theologischen und philosophischen Thesen zur Diskussion stellen. Hier geht es lediglich um die großartigen Verdienste, die sich Albert durch seine friedensstiftende Politik um die Stadt Köln erworben hat.

Als er sein Ende kommen sah, machte er sein Testament. Seine private Bibliothek schenkte er dem Orden. Sein Geld verteilte er zum Teil an süddeutsche Klöster, die er besonders schätzte, und den Rest stiftete er für den Bau eines gotischen Chors in der Kölner Dominikanerkirche.

Dort fand er auch sein Grab, bis das Kloster in der napoleonischen Zeit aufgelöst wurde und seine Gebeine nach St. Andreas umgebettet werden mussten.

P hilipp von Altena war mehr als missmutig; sein Diener würde sogar behaupten, er sei stinkesauer, aber derartige Ausdrücke verwendete man in besseren Kreisen nicht. Zu sechsen waren sie einmal mehr über ihn hergefallen, über ihn, den Vermögensverwalter des Doms und so eine Art Schatzmeister: der Domdekan und der Domkanoniker, der Chorbischof und der Subdekan, der Kantor und der Kustos der Kammer. Sie hatten es schon mehrfach versucht, aber heute hatte er letztlich doch nachgeben müssen, obwohl er die ganze Sache für ebenso unnütz wie undurchführbar hielt.

Einen neuen Dom wollten sie bauen.

Ein objektiver Betrachter hätte es sicherlich als merkwürdig bezeichnet, dass das Domkapitel erst im Jahre 1247 zur Tat schritt. Bereits Erzbischof Engelbert hatte sich für den Bau eines neuen Doms starkgemacht, aber dann wurde er 1225 in einem Hohlweg bei Gevelsberg ermordet, und sein ohnehin nicht sonderlich tatkräftiger Nachfolger Heinrich von Müllenark zeigte an dem kühnen Projekt überhaupt kein Interesse.

Für etliche Jahre schien auch das Domkapitel in einen Tiefschlaf gefallen zu sein. Dabei hatte der französische König Ludwig IX., der später heiliggesprochen wurde, nun wirklich vorgelebt, wie man kostbare Reliquien ehrt: 1245 hatte er in Paris den Bau einer wunderschönen Kirche befohlen, der Sainte Chapelle, in die er später persönlich die Dornenkrone Christi tragen wollte, die er für unglaublich viel Geld in Konstantinopel erworben hatte.

Angeblich hatte er für die Krone das Zweieinhalbfache von dem zahlen müssen, was der Bau der ganzen Kapelle letztlich kostete.

In Köln hatte sich bis dahin nichts getan. Erst Erzbischof Konrad von Hochstaden, dessen Familie die große Grafschaft Are besaß, die sich über das Ahrtal hinzog und in den Burgen Altenahr, Neuenahr und Nürburg wichtige Stützpunkte besaß, griff Engelberts Planungen wieder auf, sicherte dem Domkapitel seine volle Unterstützung bei der Suche nach einem geeigneten Baumeister zu, und nach einiger Zeit war man tatsächlich fündig geworden.

Der zukünftige Meister hieß Gerhard, war verlobt mit einem Mädchen namens Gertrud und stammte aus der kleinen Siedlung Rile im Norden der Stadt. Von dort war sein Vater nach Köln gekommen und hatte nahe der Marcelluskapelle den Hof Kettwig gekauft, weshalb man ihn ebenso wie seinen Sohn auch den *Mann von Kettwig* nannte.

Seine Mitbrüder aus dem Domkapitel hatten dem Schatzmeister gegenüber behauptet, dieser Gerhard sei ein Riesentalent und habe schon in vielen Bauhütten gearbeitet, vor allem im Frankenreich; beispielsweise in Amiens.

Wo immer das sein sollte.

Aber warum musste überhaupt ein neuer Dom her? Wegen der Gebeine der Heiligen Drei Könige, die Reinhard von Dassel einst aus Mailand mitgebracht hatte, nachdem Kaiser Friedrich, wegen seines roten Bartes Barbarossa genannt, die Stadt erobert hatte. Geraubt hatte sie zwar der Kaiser, und er hatte sie dem Kölner Erzbischof geschenkt. Aber wer sich mit Diebesgut auf und davon macht, ist ja auch nicht viel besser als der Dieb selber.

Nun gut, und das musste Philipp sich schließlich eingestehen: Den Weisen aus dem Morgenland hatte es die Stadt zu verdanken, dass sich seitdem jedes Jahr Tausende von Pilgern auf den Weg nach Köln machten, wo sie viel Geld ließen, und neben den Stätten im Heiligen Land, neben Rom und Santiago de Compostela zählte Köln inzwischen zu den am meisten aufgesuchten Wallfahrtsorten auf der ganzen Welt.

Immerhin hatte sich das Domkapitel ja nun wirklich dankbar gezeigt. Hatte man die sterblichen Überreste der Magier etwa nicht in den prächtigsten Schrein gebettet, der jemals geschaffen wurde? Steht dieser Schrein nicht auch jetzt schon in einem erhabenen Dom, der sich durchaus mit anderen prächtigen Gotteshäusern im Reich messen kann? Und ist dieser Dom etwa nicht umgeben von einem Kranz von über zwanzig anderen Kirchen, die wenigstens zum Teil fast ebenso majestätisch wirken wie er selber?

Doch genau daran stoßen sich offensichtlich die anderen Mitbrüder aus dem Domkapitel. Genau das – behaupten sie – dürfe eben nicht sein. Zum Beispiel dieses wunderschöne und gerade fertig gewordene Langhaus von Groß St. Martin, die herrliche Kirche Maria im Kapitol mit den neuen Gewölben, der mit einem Dekagon, einem Zehneck, überstülpte Ovalbau von St. Gereon, oder St. Andreas, ganz in der Nähe des Doms, nach einem Brand wunderbar erneuert – alle diese architektonischen Kostbarkeiten würden den alten Dom in seinem Glanz keineswegs unterstützen, sondern bewirken, dass er in dieser Anhäufung architektonischer Pracht nahezu untergehe und Gefahr laufe, schlicht und einfach übersehen zu werden.

Sagen die Mitbrüder.

Außerdem kann er angeblich die große Anzahl von Pilgern nicht mehr fassen, die neuerdings zu den Gebeinen der Könige strömen. Der künftige Dom soll 25 000 Menschen aufnehmen können. Was für ein Wahnsinn. So viele Einwohner hat nicht einmal die ganze Stadt!

Und als ob das allein nicht reichen würde, muss etwas ganz Neues her. Das Kapitel träumt von einem riesigen Gotteshaus, das in jenem merkwürdigen Stil errichtet werden soll, wie jener Chor, den man soeben anstelle des abgerissenen alten Chors an die Kirche St. Ursula angebaut hat oder in dem seit einiger

Zeit die Kathedralen im Reich der Franken entstanden sind. Ganz schmal und hoch mit riesigen Fenstern und vielen Türmchen.

Über Geschmack lässt sich streiten.

In jedem Fall sollte hier Geld aus dem Fenster geworfen werden, und zwar zu einem Großteil Geld, das eigentlich ihm zustünde, haderte Philipp bei sich, und eben das war es, was ihn so böse machte. Alle Mitglieder des Domkapitels verfügten natürlich über etliche Pfründe, womit sie ihren Lebensunterhalt bestritten, und sie entstammten ja auch allesamt einigermaßen wohlhabenden Familien. Dennoch wollte es ihm nicht in den Kopf, dass gerade er als Schatzmeister auf einen guten Teil seines Einkommens verzichten sollte.

Die Mitbrüder hatten mehr oder weniger über seinen Kopf hinweg beschlossen, dass er zukünftig auf alle Spenden verzichten müsse, die außerhalb der Messe von reuigen Sündern oder von weit her gereisten Pilgern auf den Petrusaltar gelegt wurden. Diese Regelung sollte zunächst zwar nur für sechs Jahre gelten, und er sollte als Ersatz auch eine Rente von dreißig Mark Silber erhalten, aber hierbei hatte anscheinend niemand bedacht, dass er von diesen Spenden schließlich auch eventuell notwendige Ausbesserungsarbeiten am Dom bezahlen musste.

Natürlich wollte das Domkapitel, wie man ihm wortreich erklärt hatte, auch noch viele andere Einkommensquellen ausschöpfen. Der Papst beispielsweise sollte nach ihren Vorstellungen Ablassbriefe verschicken an fromme Gläubige, die für den neuen Dom spendeten. Boten sollten in alle Länder reisen, um auch dort für ein würdiges Denkmal für die Drei Könige zu sammeln. Reichlich naiv, darauf zu hoffen. Als ob man dort nicht lieber für die eigenen Gotteshäuser spenden würde, die allüberall gebaut wurden.

Aber die Mitbrüder – erklärten sie ihm – würden selbst einen Teil beitragen, und der Herr Erzbischof würde sich selbstverständlich auch nicht lumpen lassen. Außerdem könnte man den Gläubigen nahelegen, die Domkasse in ihrem Testament zu berücksichtigen, und dann gab es ja auch noch Kollekten, Stiftungen, Opfer und einiges mehr.

Heute hatten sie ihm ein Pergament mitgebracht, auf das besagter Gerhard so etwas wie einen Grundriss gekritzelt hatte. Er sah einigermaßen beängstigend aus. Wie groß der Dom denn werden solle, fragte Philipp zweifelnd und erschrak, als sie ihm antworteten, das Langschiff solle rund 180 Schritte lang und das Querschiff wohl deren 100 breit werden.

»Daran werdet ihr mehr als hundert Jahre bauen«, prophezeite der Kämmerer, und ahnte nicht, dass es exakt 632 Jahre bis zur Vollendung des Kölner Doms dauern würde.

* * *

Der Dombaumeister war rundum zufrieden. Die Arbeiten am Chor gingen zügig voran. Tags zuvor war der Altar in der neuen Sakristei geweiht worden, und zwar von niemand anderem als vom Leiter der Dominikanerschule, jenem Albert, ohne den zwischen den Bürgern der Stadt und ihrem Erzbischof noch immer Mord und Totschlag herrschen würden. Wie es der weise Mann geschafft hat, die verhärteten Fronten aufzuweichen und Frieden zu stiften – Arnold wusste es nicht. Im Grunde genommen, wusste es wohl niemand, außer Albert selbst.

Und dem Erzbischof natürlich.

Die Kölner verehrten den alten Mann, und manche glaubten sogar, dass es Albert selber war, der den Plan für die neue Kathedrale erarbeitet hatte, aber das war natürlich Unfug. Um Derartiges zu schaffen, bedurfte es nicht nur unglaublicher Fantasie, sondern auch eines ungeheuren Talents und zudem vieler Lehrjahre. Wie sollte ein Mönch, sei er noch so weit in der Welt herumgekommen, Derartiges leisten!

Arnold selbst war zwar ein ungewöhnlich guter Werkmeister, sonst hätte man ihn wohl kaum zum Nachfolger Gerhards ernannt, aber ein Genie wie sein Vorgänger war er – wie er sehr wohl wusste – mit Sicherheit nicht.

Das Domkapitel hatte Gerhard damals aus vielen Bewerbern ausgewählt, weil er ihnen den kühnsten und zugleich harmonischsten Plan vorgelegt hatte, eine atemberaubende Konstruktion, die ihm da vorschwebte, und den hohen Herren hatte es den Atem verschlagen, als er seine Vorstellungen erläuterte.

War das überhaupt möglich? War das nicht schon Frevel? Erinnerte das nicht beängstigend an den Hochmut der Menschen zu Babel, die ebenfalls ein Gebäude bis in den Himmel vortreiben wollten, um dann in alle Winde zerstreut zu werden?

Aber schließlich hatte die Begeisterung über alle Bedenken gesiegt. Und sie hatten ihm nicht etwa gesagt, er solle mal mit dem Ostchor beginnen und dann werde man weitersehen. Nein, sie wollten die ganze Kathedrale auf der Stelle. Alle Zweifel wurden im Keim erstickt, obwohl für das Hauptschiff und die Türme – wie viele sollten es überhaupt werden? – noch keine Detailpläne vorlagen.

Baumeister Gerhard machte sich sofort an die Arbeit. Noch wohnte er im Elternhaus an der Johannisstraße. Später aber, als das Domkapitel feststellte, dass man mit ihm nicht nur einen genialen Architekten, sondern zugleich einen überaus tüchtigen Werkmeister eingekauft hatte, schenkte es ihm den großen Teil eines Weinbergs an der Marzellenstraße, auf dem er sich ein stattliches Haus baute.

Ein ebenso gebildeter wie zynischer Bekannter hatte ihn seinerzeit gewarnt, er solle sich vorsehen; auch wenn er im zivilisierten Köln und nicht in der anscheinend barbarischen Normandie arbeite. Dort nämlich habe ein Architekt namens Lanfredus gelebt, der ein ebenso großes Genie gewesen sei wie Gerhard. Nachdem er sich einen geradezu fantastischen Turm für das Kastell von Ivry ausgedacht habe, sei er von den Bauherren enthauptet worden, um zu verhindern, dass er anderswo noch ein anderes, ebenso geniales Kastell entwerfen könne.

Gerhard hatte damals versprochen, sich diesbezüglich vor-
zusehen.

Dabei hätte seine Karriere schon nach ganz kurzer Zeit
um ein Haar ein jähes Ende gefunden. Wenn auch auf andere
Weise. Der Bauplan sah vor, dass nur der Chor des alten Doms
abgerissen werden sollte, um Platz für den neuen zu schaffen.
Der westliche Teil des alten Gebäudes dagegen sollte zunächst
stehen bleiben, weil man dort nach wie vor Gottesdienst feiern
wollte.

In der Regel riss man ein altes Gebäude nicht von oben herab mit der Spitzhacke ab, weil diese Methode zum einen für
Arbeiter einigermaßen gefährlich war und zum anderen sehr
viel Zeit in Anspruch nehmen würde. Deshalb unterminierte
man die Mauern, stützte sie gleichzeitig mit Holzpfählen ab,
füllte dann die Höhlungen mit Reisig und setzte zu guter Letzt
alles in Brand, bis die Mauern in sich zusammenbrachen. Danach ließen sich die Trümmer leicht wegschaffen.

Wenn denn alles nach Plan lief.

Tat es aber nicht. Während die letzten Reisigbüschel in die
Gräben gestopft wurden, zog ein Unwetter über den Rhein herauf, und als die Männer ihre Fackeln unter die Holzscheite stopften, brach von Osten her ein Sturm los, der die Gräben innerhalb
kürzester Zeit in eine glühende Hölle verwandelte. Schlagartig
wurde allen klar, dass die Flammen viel zu hoch züngelten, und
als die Wände des alten Chors zusammenstürzten, raste ein Feuer-
orkan in die alte Kirche hinein.

Und dort stand nicht nur der Schrein mit den Reliquien der
Könige.

Gerhard schrie den Männern zu, sie sollten mit ihm kommen, und stürmte an der Seite des Doms zum Eingang, um zu
retten, was noch zu retten war. Vor allem den Schrein. Und das
schafften sie auch. Vor allem deshalb, weil man ihn vor Beginn
der Abrissarbeiten vorsichtshalber aus dem Chor entfernt und
nach hinten getragen hatte. Gerettet werden konnte auch das

Gerokreuz, aber vieles war im Feuersturm verbrannt, und zwei wertvolle Kronleuchter waren sogar geschmolzen.

Was war das nun gewesen? Hatte Gott wie damals in Babel ein Zeichen gesetzt, dass er ein derart pompöses Haus nicht wolle? Man hätte es leicht so auslegen können, aber das Domkapitel deutete die vermeintliche Katastrophe anders: als Zeichen des Herrn, dass man sich gefälligst beeilen solle, dieses architektonische Wunderwerk noch schneller als vorgesehen zu vollenden, um den alten Dom vergessen zu können.

Das allerdings war nicht möglich, denn der wurde noch gebraucht, und so erhielt Gerhard den Auftrag, ihn möglichst rasch – wenn auch notdürftig – wiederherzustellen, damit man weiterhin dort die Heilige Messe feiern könne, bis der neue Dom fertig sei.

Arnold wusste natürlich, dass er selber das nicht mehr erleben würde. Nicht einmal sein Nachfolger, und dessen Nachfolger wohl auch nicht. Zuweilen wünschte er sich, ganz weit in die Zukunft blicken zu können, aber weil er wusste, dass Derartiges keinem Menschen vergönnt war, gab er sich damit zufrieden, ein klein wenig von der nahen Zukunft zu träumen, und darin spielte sein Sohn Johannes eine gewisse Rolle.

Johannes, nach seinen Lehr- und Wanderjahren nach Köln zurückgekommen, war von seinem Vater damit beauftragt worden, das gesamte Transportwesen der Dombauhütte zu organisieren und zu leiten. Und das machte er so gut, dass sich Arnold entschlossen hatte, ihn zu einem gewissen Zeitpunkt dem Domkapitel als seinen Nachfolger vorzuschlagen.

* * *

Johannes stand am oberen Rand des Steinbruchs und sah hinunter zum Fluss, wo soeben ein hoch mit Baumstämmen beladenes Floß vorbeitrieb. »*Eines meiner Flösse*«, dachte er stolz. Das Holz, zumeist Tannenstämme, die in ihrer Mehrzahl zu Balken und

Brettern für den Gerüstbau verarbeitet wurden, kam zum Teil aus dem Schwarzwald, zum Teil aber auch aus dem Hunsrück und aus der Eifel.

Ein Transport über Land wäre viel zu aufwändig gewesen, während Flöße denkbar geeignet waren, Langholz ebenso sicher wie rasch ans Ziel zu bringen.

Um die Beschaffung der Stämme musste sich Johannes nicht kümmern. Das Domkapitel hatte entsprechende Verträge mit den Besitzern der jeweiligen Forste ausgehandelt, worin auch festgeschrieben war, dass die Bäume im Winter geschlagen und geliefert werden mussten. In der kalten Jahreszeit – so hatte der Dombaumeister gesagt – sei das Holz härter und widerstandsfähiger, und darüber hinaus konnte man Baumstämme vom Anlandungsplatz am Kölner Ufer besser über hartgefrorene Pfade oder gar über eine geschlossene Schneedecke zur Baustelle hochziehen als über vermatschte Wege.

Auf der Anlieferung während der kalten Jahreszeit hatte vor allem Johannes bestanden, der für alle Transporte zuständig war; für die von weit her, aber auch für alle Materialbewegungen auf der Baustelle selbst.

Und gerade dort wurde die Arbeit mit schwerem Material umso schwieriger, je höher der Chor in den Himmel wuchs.

Mit Treträdern, Kränen und Winden konnten Balken und Bretter fast mühelos hochgezogen werden. Auch Wannen voller Mörtel, sorgfältig in Decken eingeschlagenes Glas, Kästen mit Nägeln, Werkzeug und viele andere Dinge brachten die Arbeiter relativ leicht über Leitern nach oben. Sehr viel schwieriger dagegen war es, einen bleischweren Stein genau zu platzieren. Einen solchen Brocken konnte man nicht mit dicken Seilen an die richtige Stelle hieven, weil man ihn dann nicht mehr haargenau hätte absetzen können.

Deshalb schlug man in die Mitte der Oberseite des Steins eine Vertiefung, die sich im Inneren wie ein Schwalbenschwanz vergrößerte. Dann führte man – an einem Seil befestigt – den sogenannten *Wolf* ein. Der war das Gegenteil einer Zange, denn seine beiden Bolzen klappten nicht zusammen, sondern dehnten sich nach rechts und links aus, sobald man daran zog. So verklemmte sich der *Wolf* im Stein, und man konnte den Klotz mittels eines Krans heben und wenige Millimeter hoch über dem gewünschten Platz aufhängen, um ihn dann ganz behutsam zu positionieren und die Fugen mit Mörtel zu füllen.

Zunächst aber mussten die Steine natürlich irgendwo abgebaut und zur Baustelle gebracht werden; genauer gesagt: in die Hütte der Steinmetze, wo den ganzen Winter hindurch gearbeitet wurde. Einige von den Männern wurden jedoch an anderer Stelle gebraucht; hier, am Drachenfels beispielsweise, wo Johannes den Flößen nachschaute, die rheinabwärts glitten und bald in Köln anlanden würden.

Seit Menschengedenken nannten die Leute diesen Berg hier »*Drachenfels*« und erzählten sich ebenso haarsträubende wie törichte Geschichten von einem Untier, das man angeblich früher mit Gefangenen oder – besser noch – mit Jungfrauen gefüttert hatte, um es gnädig zu stimmen. Was natürlich dummes Geschwätz war. Bei dem Gestein, das hier abgebaut wurde, handelte es sich weder um Kalkstein noch Basalt, sondern schlicht und einfach um Trachyt, und deshalb muss der Berg hier ursprünglich *Trachytfels* geheißen haben, was aber weniger romantisch klingt als *Fels des Drachen*.

Ursprünglich hatte der Berg mitsamt dem Steinbruch und der oben gelegenen Burg den Kölner Erzbischöfen gehört, die ihn aber dann dem Bonner Cassius-Stift überließen. Dem wiederum wurde die Instandhaltung der Burg und der Lohn für deren Besatzung auf Dauer zu lästig und zu kostspielig, und der damalige Propst überließ sie einem Burggrafen, mit dem das Kölner Domkapitel dann vereinbarte, dass die Dombauhütte den Steinbruch auf bestimmte Zeit nutzen durfte.

Allerdings gab es eine Einschränkung: Der Vertrag galt zunächst lediglich für vier Jahre, konnte aber jederzeit verlängert werden. Auch die Zahl der Steinbrecher, die dort arbeiten würden, war genau festgelegt. Nicht mehr als sechs Männer durften dort Steine brechen, damit der Steinbruch nicht zu schnell ausgebeutet wurde.

Beim Sprengen selbst wurde viel Holz und Wasser benötigt, denn nachdem an den richtigen Stellen Löcher gebohrt worden waren, trieb man Holzstücke hinein, die mit Wasser übergossen wurden. Das aufquellende Holz brachte jeden Fels zum Bersten. Im Winter sparte man sich das Holz und goss lediglich Wasser in die Vertiefungen. Sank nun das Thermometer unter null Grad, war es das Eis, das dann die Aufgabe des Holzes übernahm und das Gestein zerbrach.

Hilfsarbeiter brachten schließlich die abgesprengten Stücke über eine lange Rutsche hinunter zum Rhein, wo sie auf die dort anlegenden Schiffe verladen wurden. Zuvor allerdings hatten Steinmetze sie mit drei verschiedenen Symbolen gekennzeichnet. Das erste besagte, dass der Brocken vom Drachenfels stammte, das zweite verriet den Namen desjenigen, der ihn im Groben zurechtgehauen hatte, und das dritte zeigte an, zu welchem Platz innerhalb der Baustelle der Stein gebracht werden solle.

Johannes hatte zwar Steinmetz gelernt, aber im Augenblick war er nur für die Organisation des Transportwesens zuständig. Das war Verantwortung genug. Wenigstens für den Augenblick. Was später kommen würde – er war ja noch sehr jung. Aber hin und wieder gestattete auch er sich einen Traum. Da war er wie sein Vater.

* * *

Arnold ging durch die neue Sakristei und dann die vielen Stufen hinab in den alten Dom, dessen Fußboden um etliche Meter tiefer lag als der Boden des neuen Chors. Der wiederum lag direkt an der römischen Stadtmauer, hinter der das Gelände steil abfiel. Man hatte erst einen sehr hohen Keller bauen und darauf die Sakristei setzen müssen, damit sie das Niveau des neuen Gotteshauses erreichte. In diesem Keller arbeiteten jetzt zwei Dutzend Steinmetze, deren Hämmern in der Tiefe zu hören war.

Der Boden im alten Dom war nackt. Gerhard hatte die Mosaiksteine nach dem Brand herausnehmen und säubern lassen. Ob man sie später im neuen Dom würde brauchen können, war noch unklar. Aber es schien sinnvoller, sie erst einmal aufzubewahren. Womöglich würde das Domkapitel sie auch für eine andere Kirche stiften wollen.

Arnold schaute zurück in den neuen Chor, dessen Erdgeschoss bereits fertig war. Seine Männer waren dabei, eine Wand hochzuziehen, die ihn vom Hauptschiff des alten Doms abriegeln würde. Nach ihrer Vollendung konnte man in beiden Teilen ungestört Gottesdienst feiern.

Dass der Chor ganz hochgezogen und überwölbt ist, dachte Arnold, würde er wohl kaum erleben. Fünfzig Jahre, schätzte er, würde es mindestens noch dauern, und allenfalls sein Sohn Johannes – so er denn sein Nachfolger würde – könnte die Einweihung miterleben.

Es war ohnehin ein Wunder, dass der Bau schon so weit fortgeschritten war, und obwohl Arnold von seinen Fähigkeiten durchaus überzeugt war, dankte er im Stillen seinem Herrgott, dass sein Vorgänger die schwierigsten Aufgaben bereits bewältigt hatte: neben dem genialen Entwurf des Plans das Abmessen des Grundrisses und die Erstellung der Fundamente für den Chor.

Allein das Vermessen einer riesigen Baustelle mit recht bescheidenen Mitteln war eine nahezu unlösbare Aufgabe, zumal wenn – wie auf dem Kölner Domhügel – das Gelände sehr uneben war und zur Seite hin abfiel. Auf diesem Berg hatten schon die Römer gebaut, und immer wieder hatte man Erde aufgeschüttet und abgebaut, sodass die Oberfläche unregelmäßig geformt war.

Messen kann man nur, wenn man Stäbe einschlägt und die Entfernungen von Stab zu Stab mit Seilen vermisst. Seile aber bestehen zumeist aus Hanf und haben den Nachteil, dass sie sich bei Feuchtigkeit ausdehnen und ihre Länge verändern. Präzise Messungen sind so kaum möglich. Man kann allenfalls versuchen, die Seile durch eine Beimengung von Bast oder Tierhaaren zu härten oder die fertigen Stücke mit Wachs oder Schwefel einzureiben, um eine Dehnung zu verhindern. Aber zuverlässig ist das alles nicht. Arnold war froh, dass wenigstens die Vermessung des Geländes bereits unter der Leitung von Gerhard erfolgt war.

Ebenso wie das Legen der Fundamente. Wenigstens im Chorbereich.

Auch das klingt zunächst einmal relativ einfach. Ist es auch, wenn man eine Burg auf einen flachen Acker baut. Besser noch: auf Fels. Es reicht schon, wenn man weiß, ob der Boden eher hart ist oder ziemlich weich. Ob man auf Tonerde baut oder auf Lehm. Was aber ist mit einem durch Jahrhunderte hindurch künstlich angehäuften Hügel, in dem Schicht über Schicht lagert, römische Mosaikfußböden und merowingische Mauern, Hohlräume vielleicht, die lose mit Schutt aufgefüllt wurden?

Und wie schwer wird das riesige Bauwerk, das die Fundamente schließlich tragen müssen, ohne unter der ungeheuren Last wegzurutschen oder zusammenzubrechen? Wer könnte das ausrechnen?

Man kann natürlich auf Sicherheit gehen und die Löcher, die Gräben, die das Fundament aufnehmen sollen, so breit und so tief ausheben wie nur eben möglich, aber das kostet nicht nur Zeit, sondern auch Arbeitskräfte, die bezahlt werden wollen.

Und diese Männer müssen nicht nur wochenlang schuften, um derart riesige Löcher zu graben; es sind ja auch Steine und Geröll vom Boden der Grube nach oben zu schaffen, und weitere Dutzende von Hilfskräften müssen die Erde in geflochtenen Körben wegtragen, zuweilen an weit entfernte Stellen, denn direkt auf der Baustelle ist natürlich kein Platz für den Aushub.

Das Domkapitel wird naturgemäß ungeduldig ob der Gründlichkeit, die der Baumeister an den Tag legt, indem er die Fundamente ungewöhnlich tief in die Erde treiben lässt. Dennoch ist es besser, etwas mehr Zeit und Geld zu investieren, als die halbfertigen Mauern plötzlich zusammenbrechen zu sehen, wie es beispielsweise in Merseburg, in Speyer oder in Cluny geschehen ist.

Mit dem Mauerwerk des abgebrochenen Chors und den Fundamentsteinen des alten Doms ließen sich die Gruben prächtig füllen und verliehen dem aufstrebenden neuen Mauerwerk die größtmögliche Stabilität. Mit dem großartigen Plan und den festen Fundamenten waren ideale Bedingungen für den neuen Dom geschaffen, aber Arnold wusste sehr wohl, dass die Alltagsarbeit ebenso wichtig war, und da war er in seinem Element: der Organisation.

Arnold dachte zurück an die Zeit, als er sich nach Beendigung seiner Lehrzeit als Steinmetzgeselle auf Wanderschaft begeben hatte. In Straßburg war er gewesen und in Burgund, in Beauvais hatte er gearbeitet und in Troyes. Damals hatte er die Baumeister beneidet, wie sie so über die Baustelle schlenderten. Hoch angesehen und noch höher bezahlt. Wenn sie nicht wollten, brauchten sie sich die Hände nicht schmutzig zu machen. Ein paar Anweisungen hier, ein strafender Blick dort – das reichte schon. Keinen Gedanken hatte er selber damals daran verschwendet, was es bedeutet, ganz alleine voll verantwortlich zu sein für die Errichtung einer riesigen Kathedrale.

Und für das Leben von ein paar Hundert Menschen.

Die meisten Mitmenschen, die noch nie in einer Bauhütte gearbeitet haben, glauben vermutlich, dort würden außer dem Dombaumeister lediglich eine Handvoll Steinmetze gebraucht. Und vermutlich noch ein paar ungelernte Knechte. Eine törichte Vorstellung.

Natürlich gibt es die Steinmetze, die im Übrigen ganz nebenbei auch Bildhauer sind. Und sie haben Handwerkszeug, das sich bei der Steinbearbeitung rasch abnutzt. Und wer schleift es wieder scharf oder muss es gar ersetzen? Die Schmiede natürlich, die zweitwichtigsten Handwerker in der Hütte und ebenso gut bezahlt wie die Zimmerleute, die Unmengen an Balken und Brettern zurechtsägen und zu den notwendigen Gerüsten zusammenbauen.

Und dann sind da noch die Maurer und die Verputzer, die Mörtelmischer und die Dachdecker, die Hilfsarbeiter und natürlich die Lehrlinge. Für sie alle gelten bestimmte Regeln, die in jeder Bauhütte anders aussehen. Gearbeitet wurde nur bei Tageslicht, aber im Sommer konnte man schon auf achtzehn Stunden kommen, während die Arbeitszeit im Winter entsprechend kürzer war.

Vor gar nicht ganz so ferner Zeit wurden die Arbeiten im Winter ganz eingestellt, weil dann die Steine, die angeliefert wurden, nicht bearbeitet werden konnten. Auf die genaue Größe konnten die Steinmetze sie erst vor dem Setzen an der fraglichen Stelle bringen, aber mit Mörtel zu arbeiten – das war bei Frost nicht möglich.

Inzwischen wurden die Steine normiert und schon im Steinbruch halbwegs auf das gewünschte Format gebracht, was den Steinmetzen in der Hütte nicht nur eine Menge Arbeit ersparte, sondern auch eine günstigere Beladung der Schiffe gestattete, mit denen die Brocken rheinabwärts zur Baustelle gebracht wurden. So konnte sowohl im Steinbruch als auch in der geheizten Bauhütte den ganzen Winter über auf Vorrat gearbeitet werden, sodass im Frühjahr die Mauern schneller hochgezogen werden konnten.

Ein Problem stellte stets die Entlohnung der Steinmetze dar. Sie verdienten mehr als die anderen Handwerker, und das war nicht mehr als gerecht, nur: Seitdem die vom Steinbruch angelieferten Stücke mehr oder weniger vorgefertigt waren, konnten die Steinmetze pausenlos arbeiten, und nun stellte sich die

Frage, ob sie pro fertigem Block bezahlt werden sollten oder nach den geleisteten Stunden. Bei Akkordarbeit arbeiteten sie natürlich schneller, aber möglicherweise auch schlampiger. Wurden sie nach Stunden entlohnt, ließen sie sich naturgemäß etwas mehr Zeit.

Aber auch dann konnte man schlampen.

Arnold war sich noch nicht schlüssig, und bei den anderen Handwerkern stellte sich diese Frage nicht. Einen Schmied konnte man nicht nach der Zahl der Nägel bezahlen, die er täglich herstellte, und den Seiler nicht nach den Metern von Tau, die er anfertigte, oder den Zimmermann nicht nach der Zahl der gesägten Balken. Sie alle wurden besser bezahlt, als würden sie bei einem Handwerksmeister irgendwo in der Stadt arbeiten. Das wussten sie auch und gaben sich folglich alle Mühe, für längere Zeit in der Bauhütte bleiben zu dürfen.

Kein Problem gab es mit den Hilfsarbeitern, die im Gegensatz zu den Handwerkern, die samstags ihr Wochenentgelt erhielten, am Abend eines jeden Tages ihren – geringen – Lohn ausgezahlt bekamen. Zumeist handelte es sich um Landarbeiter aus den umliegenden Dörfern, die nach der Aussaat im Frühjahr auf den Bauernhöfen nicht mehr gebraucht wurden und erst zur Erntezeit wieder unabkömmlich waren. Trotz des Hungerlohns nahmen sie den oft langen Marsch zur Baustelle in Kauf, um abends wieder nach Hause zu laufen. In warmen Sommernächten allerdings sparten sich viele den Heimweg und verbrachten die Nacht in eine Decke gehüllt im Graben vor der Stadtmauer.

Arnold ging um die Baustelle herum zu der Stelle, wo andere Arbeiter die großen Mengen an Mörtel herstellten, die tagtäglich gebraucht wurden. Das waren keineswegs Hilfskräfte, sondern gut bezahlte Fachleute, die fein zerstoßenen Kalkstein mit Wasser löschten, bis er zu Staub zerfiel und ihn dann sorgfältig mit geeignetem Sand vermengten.

Manche glaubten, richtiger Mörtel würde erst dann entstehen, wenn man Eier, Milch, Ochsenblut oder Urin in den Brei gebe, aber das war in Arnolds Augen lediglich ein Aberglauben. Für einen ebensolchen Unfug hielt er die Behauptung, zum Bau des Doms dürfe man keine Marmorbruchstücke von ehedem heidnischen Tempeln verwenden, wie man sie beispielsweise in der Umgebung der Kirche Maria im Kapitol gefunden hatte. Gerade aus zerstoßenem Marmor ließ sich ein hervorragender Mörtel herstellen, und es war natürlich auch wesentlich billiger, als große Mengen an Kalkgestein aus weiter entfernten Steinbrüchen herbeizuschaffen.

In der Hütte der Glaser wurde mit Hochdruck an den Fenstern für den Untergaden des Chors gearbeitet. Etliche, darunter das prachtvolle Bibelfenster, waren schon vollendet, die Scheiben eines anderen lagen – zwar noch nicht mit den Bleistegen zusammengesetzt, aber schon geordnet – auf einem Holztisch. Sie wirkten stumpf, fast wie tot, und Arnold wunderte sich einmal mehr darüber, welch ein fantastisches Licht ein derart leblos wirkendes Fenster nach seinem Einbau in den Innenraum werfen würde.

Aber die neuen Fenster lassen ja nicht nur dieses wunderschöne farbige Licht ins Innere der Kirche. Die Fenster erzählen ja auch Geschichten aus dem Alten und Neuen Testament, zeigen die Verkündigung Mariens durch den Erzengel Gabriel, stellen die Taufe im Jordan oder die Anbetung durch die Heiligen Drei Könige dar. In den alten Kirchen hatte man mit derartigen Darstellungen die Wände geschmückt, aber nun gab es kaum noch Wände; lediglich Pfeiler und Fenster. Riesige Fenster, und in ihnen wurden nun die frommen Geschichten erzählt.

Bunt und verständlich für alle Menschen, die glauben wollten.

Woher er gekommen war, wusste später niemand mehr zu sagen. Bei Einbruch der Dämmerung hatte er in der Schmierstraße eine nicht mehr ganz junge Frau angesprochen, die auf ihn den Eindruck machte, als warte sie schon seit einiger Zeit auf einen Freier. Und das tat Leinewebers Sofie tatsächlich.

Natürlich möglichst unauffällig, denn Dirnen wurden in gewissen Häusern eingesperrt und unter die Aufsicht des jeweiligen Hurenwirtes gestellt, der ihnen den größten Teil ihrer Einnahmen als Miete und Verpflegungskosten abknöpfte. Dort wollte sie auf keinen Fall landen. Da blieb sie lieber in ihrem Häuschen auf der Schmierstraße.

Ob sie schon einmal mit einem richtigen Kaiser zusammen gewesen sei, fragte sie der alte Mann. Sofie sah ihn verdutzt an und überlegte einen Augenblick, was das wohl sei, ein Kaiser, vermutlich so etwas wie ein Graf; dann sagte sie, sie kenne nur den Erzbischof, und auch den nur aus der Entfernung. Wie er denn ausschaue, dieser Kaiser.

»Sieh mich an«, sagte der alte Mann. »Ich bin es. Kaiser Friedrich, der Zweite dieses Namens, und ich bin der Enkel jenes Friedrichs, den die Leute *Barbarossa* genannt haben.«

Sofie schaute ihn verdutzt an. »Na fein«, sagte sie, »als Kaiser wirst du ja viel Geld haben. Wie viel bin ich dir denn wert?«

Der alte Mann schüttelte den Kopf. »Ein Kaiser zahlt kein Geld für die Liebe. Es ist eine Ehre, mit mir zu schlafen.«

Sofie lachte höhnisch. »Mit mir auch«, sagte sie, wandte sich ab und ließ ihn stehen. »Alter Spinner«, murmelte sie.

Als sie am nächsten Morgen erwachte, hatte sie den komischen Kauz fast vergessen, und er fiel ihr erst wieder ein, als ihre Schwester ihr gestand, am Abend zuvor draußen an der neuen Stadtmauer mit einem jungen Handwerksburschen geschlafen zu haben. Er hatte ihr zwar nichts zahlen können, aber er war jung, hübsch und kräftig gebaut. Überall, wie sie betonte. »Weißt du«, sagte sie zu ihrer Schwester, »wir müssen so oft mit alten und hässlichen Kerlen schlafen, da kann man sich doch einmal etwas gönnen – oder?«

Da erinnerte sich Sofie, dass am Abend zuvor auch mit ihr jemand hatte schlafen wollen, ohne zu bezahlen, und sie erzählte ihrer Schwester von dem Mann, der behauptete, Kaiser Friedrich zu sein.

»Nie von ihm gehört«, sagte die Schwester, aber sie schlug vor, sie sollten den lahmen Lambert fragen, der früher Kriegsknecht gewesen war, bis man ihm eine Lanze durch die Kniekehle gestochen hatte. Der musste doch den Kaiser kennen.

Der lahme Lambert hatte jetzt einen Stammplatz vor der Kunibertskirche in der Nordstadt. Dort hatte schon sein Onkel gebettelt, und so ein richtig guter Platz wurde innerhalb der Familie weitervererbt. Da kannten einen die Kirchgänger und gaben mehr als bei anderen, die neu vor Ort waren.

Ja, den Friedrich, den kannte er natürlich. Er hatte unter ihm in Italien gekämpft. Wo das sei? Weit im Süden, wo die Sonne heißer scheint als am Rhein, weit hinter hohen Bergen, die man nur im Sommer überqueren kann, weil da oben sonst immer Schnee liegt. Und Lambert erzählte den beiden Frauen von diesem ungewöhnlichen Kaiser, der ständig Streit mit dem Papst hatte – das ist so eine Art Obererzbischof –, und dass er unter seinen Soldaten merkwürdige Heiden hatte, die nicht an den lieben Gott glaubten, sondern an einen anderen, den sie Allah nannten oder so ähnlich.

Jahr um Jahr sei er mit dem Kaiser herumgezogen, und irgendwann muss Friedrich ja wohl auch einmal in Köln gewesen sein. Lange vor Lamberts Zeit natürlich, aber dann sei er da unten im Süden gestorben, das heißt – und jetzt beugte sich der Lahme vor und flüsterte geheimnisvoll: »Es heißt aber, dass er überhaupt nicht richtig gestorben ist!« Er sah die beiden Frauen triumphierend an, und die beiden fragten wie aus einem Mund:

»Sondern?«

»Man erzählt sich, dass er mitten hinein in den Ätna geritten ist!«

»Wo hinein?«

»Der Ätna«, erklärte der Alte geduldig, »ist ein Vulkan, ein Berg der Feuer spuckt, wenigstens hin und wieder. Und der Kaiser ist da hineingeritten, weil er ein Zauberer war und nicht in den Himmel kommen konnte. Aber vielleicht« – er sah die beiden Frauen bedeutungsvoll an – »vielleicht ist er ja auch wieder herausgekommen und bis zu uns gewandert.«

»Hältst du das für möglich?«

Lambert zuckte die Achseln. »Eher nicht.«

»Und was machen wir jetzt?«

»Wir suchen ihn, und dann rufen wir einen Mönch. Der soll ihn befragen.«

Sie brauchten nicht lange zu suchen. Der Mann, der sich als Kaiser Friedrich ausgab, hatte die Nacht anscheinend in einem übel beleumundeten Haus am Kattenbug verbracht und hockte nun vor dessen Tür auf einem Haufen Abfall, umgeben von einer Schar abgerissen ausschauender Männer und Frauen, die ihn mit offenem Mund anstarrten und gierig seinen abenteuerlichen Geschichten lauschten.

Wann trifft man schon einmal einen Kaiser!

Der lahme Lambert warf nur einen kurzen Blick auf den Alten. »Wenn das der Kaiser ist, bin ich der Erzengel Michael«, sagte er und bekreuzigte sich sofort ob seiner gotteslästerlichen Rede. »Lauf rüber zum Kloster«, wandte er sich an Sofie,

»und sag ihnen, sie können hier den Kaiser persönlich bewundern.«

Kurz darauf erschien in Begleitung von zwei Stadtsoldaten ein Dominikanermönch, der finster auf den alten Mann hinunterblickte und ihn fragte: »Du schäbiger Halunke willst der Kaiser sein?« Der Greis erhob sich würdevoll und sagte: »Der bin ich, und du solltest so mit mir sprechen, wie es die Würde meines Amtes erheischt, oder du wirst es bereuen.«

»Nun gut«, erwiderte der Mönch. »Also: Wo bist du geboren? Wer war deine Mutter? Wie hieß deine zweite Frau?«

Der Alte starrte ihn verwirrt an.

»Nenne mir eine Stadt auf Sizilien. Oder eine Burg, die du in Apulien erbaut hast. Oder ein Buch, das du geschrieben hast. Und welche Städte in Italien hast du erobert?«

Keine Antwort. Langsam begriffen die Leute, die dem Alten bislang geglaubt und ihn tatsächlich für den Kaiser gehalten hatten, dass sie einem Narren aufgesessen waren, und begannen zunächst zu kichern, dann laut zu lachen, schließlich aber rissen sie ihn an den Haaren, beschimpften und bespuckten ihn, bis der Mönch sie stoppte.

»Du hast Glück, alter Mann«, sagte er. »Wenn wir dir geglaubt hätten, dass du wirklich der ehemalige Kaiser bist, hätten wir dich als Ketzer verurteilt, denn das war jener Friedrich in den Augen der Mutter Kirche. Und Ketzer werden bekanntlich vor den Mauern der Stadt verbrannt. Da wir aber sehen, dass du nur ein kleiner Wichtigtuer bist, dem die Sonne zu lange auf den Kopf geschienen hat, sollte man dich lediglich etwas abkühlen.«

Er gab den beiden Stadtsoldaten einen Wink, drehte sich um und kehrte zurück zu seinen Mitbrüdern ins nahegelegene Kloster der Dominikaner.

Auch der Alte wollte sich aus dem Staub machen, aber die Soldaten packten ihn und schleppten ihn zum Altermarkt, wo sie den zitternden Greis der gaffenden Menge als den ehemaligen Kaiser Friedrich vorstellten, was großes Gelächter auslöste. Man band ihn an den Pranger, krönte ihn mit schmutzigem Gemüse, das man zu einer Art Krone gedreht hatte, verbeugte sich vielmals vor ihm, bewarf ihn mit fauligem Abfall und tauchte ihn schließlich in eine Kloake, bevor man ihn zum Eigelsteintor hinausstieß.

* * *

Ob man den falschen Kaiser zuvor auf dem Alter Markt dieser höhnischen Krönungszeremonie unterworfen hat, bevor man ihn vertrieb, ist nicht sicher. Fest steht, dass sich 1284 ein gewisser Tile Kolup, der vermutlich mit richtigem Namen Dietrich Holzschuh (lat.: *calopes* – siehe auch Galosche) hieß, zunächst in Köln als der bereits 1250 gestorbene Stauferkaiser Friedrich II. ausgab.

Nach seiner Vertreibung aus Köln tauchte er kurze Zeit später in Neuss auf, wo man ihn tatsächlich ernst nahm und er nicht nur bei den ärmeren Bürgern großen Anhang fand. Die Zeit des Interregnums, der »kaiserlosen, der schrecklichen Zeit«, war noch nicht vergessen, und die Menschen sehnten sich nach einem starken Herrscher. Die Stadtväter rückten den Hochstapler auch nicht heraus, als es tatsächlich wieder einen (richtigen) König gab, nämlich Rudolf von Habsburg.

Kolup überspannte schließlich den Bogen, als er nicht nur den Kölner Erzbischof provozierte, sondern es sich auch noch herausnahm, Rudolf vor seinen Thron zu laden und ihn aufzufordern, sich von ihm in seiner Königswürde bestätigen zu lassen.

Mit der Zeit wurde ihm der Boden unter den Füßen denn doch zu heiß. Er verließ Neuss und wandte sich – warum auch immer – nach Wetzlar. In der dortigen Stadtchronik heißt es über sein Erscheinen: »Ein würdiger alter Mann in vornehmem Gewand, ein wenig müde vom langen Ritt, in sich gekehrt und karg mit den Worten, aber in den Augen etwas, als träumte er einen schönen Traum.«

Aber König Rudolf hatte ihn nicht vergessen, und als er eines Tages mit einem Heer vor den Toren von Wetzlar eintraf, lieferten die Stadtväter ihm den falschen Friedrich aus. Der König ließ ihn ausgiebig foltern und am 7. Juli 1285 als Ketzer verbrennen.

So weit, so schlimm. Aber da stellt sich doch die Frage, wer da – wie unser Tile – so alles unterwegs war und in die Städte drängte; das waren ja nicht nur Händler mit wertvoller Fracht oder Bauern, die Gemüse und Obst auf den Markt bringen wollten; da waren die zahllosen Scholaren, die mal hier, mal dort studierten, viele Kriegsknechte, die gerade mal niemand brauchte, das sogenannte fahrende Volk, die Possenreißer und Gaukler, die Schauspieler und Wunderheiler, und da zogen vor allem zahllose Bettler durchs Land, deren Zahl vor allem nach Missernten ins Unermessliche anwuchs.

Und Missernten gab es reichlich. In einer friesischen Chronik aus dem Jahr 1272 lesen wir:

In diesem Jahr gab es eine große Hungersnot in Friesland, die sich auch über ganz Westfalen erstreckte, dazu eine Sterblichkeit der Schafe. Wegen übermäßiger Regenfälle war vier Jahre lang wenig Korn gewachsen. Man konnte nur in Dänemark und im Slawenland Getreide kaufen, wo der Herr, der zürnt und sich wieder erbarmt, eine reiche Getreideernte beschert hatte.

Doch der Herr Bischof hatte aus Hass gegen die Bewohner des Emslandes den Markt an der Ems gesperrt, sodass die Emser ihr Vieh nicht verkaufen und die lebensnotwendigen Dinge nicht bezahlen konnten, weil sie kein Geld hatten. In Dänemark und im Slawenland aber wollte man ihr Vieh nicht nehmen, sondern nur Geld. So verstärkte sich die Hungersnot immer mehr, und wegen der Wucherpreise waren Grundstücke nichts mehr wert. Deshalb flüchteten nicht wenige in die Städte, manche um zu betteln, manche, um nur fürs Essen als Knechte zu dienen, obwohl sie zuvor eigene Felder bestellt hatten.

Warum der Bischof die Emsländer hasste, wissen wir nicht. Ein Bischof sollte eigentlich niemanden hassen, und deshalb ist seine Haltung verwerflich; verantwortlich für die Missernte war er jedoch sicherlich nicht, aber aus diesem kurzen Text lernen wir eine Menge:

Schuld an Missernten waren nicht etwa mangelnde Regenfälle und eine daraus resultierende Dürre, sondern – im Gegenteil – sintflutartige Regenfälle bis in den Sommer hinein. Und es blieb fast nie bei einem Hungerjahr, weil die verzweifelten Menschen auch das gesamte Getreide verzehrten, sodass nichts für die Aussaat im nächsten Frühjahr übrig blieb.

Zum Zweiten: Missernten waren zumeist auf einzelne Regionen beschränkt. Hier war es in Friesland und Westfalen passiert; es hätte aber auch Thüringen oder die Pfalz treffen können. Wohl dem, der ausweichen konnte, wie beispielsweise die Mönche von Montfaucon in der Nähe von Verdun. Während einer Hungersnot floh der ganze Konvent vorübergehend nach Wesseling, südlich von Köln, weil das Kloster dort seit 820 die Grundherrschaft über das damalige *waslicia* besaß.

Drittens: Missernten sind eine Strafe Gottes. Hier zürnt er, dort erbarmt er sich. Weil er es aber selber ist, der für die Katastrophe verantwortlich zeichnet, gab es keinen Schutzheiligen, den man im Falle einer Hungersnot um Hilfe angehen konnte. Was auch hätte er gegen die vom Herrgott persönlich angeordnete Strafe unternehmen können? Man konnte allenfalls zur heiligen Agathe beten, auf dass sie den Schmerz, den der Hunger verursacht, lindern möge. Ihr Namensfest liegt übrigens sinnigerweise am 5. Februar, häufig also in der Fastenzeit.

Und letztlich: Die Chance, derartige Katastrophen zu überleben, war in der Stadt größer als auf dem Land. Andererseits vermehrten sich die Leute auf dem Land schneller als in den

Städten, die schnell wuchsen und immer mehr Arbeitskräfte benötigten. Natürlich waren dort Handwerker eher willkommen als von oben herab betrachtete Flüchtlinge, die nicht einmal einen Familiennamen vorzuweisen hatten, die man – wie den lahmen Lambert – nach ihrer Herkunft, ihrer Haarfarbe oder gar nach einem Gebrechen benannte: Bonns Franz, oder die rote Marie und den buckligen Bertram.

Auch war man natürlich jedem Fremden gegenüber zunächst einmal misstrauisch, aber fest stand nun einmal, dass die Menschen in der Stadt früher starben als die auf dem Land, also wurden die Zugewanderten zuweilen herzlich, manchmal sicher auch zähneknirschend empfangen. Schließlich konnte sich ja jedermann irgendwie nützlich machen, gerade wenn es sich um unehrenhafte Arbeit handelte wie beispielsweise das Reinigen von Kloaken.

Und noch eines muss festgehalten werden: Armut an sich war schließlich keine Schande. Bettler wurden sogar benötigt.

Wie das?

Arme und Kranke boten den Bessergestellten Gelegenheit, ihr Mitleid unter Beweis zu stellen. Der Wohlhabende gab ein Almosen, der Beschenkte schloss ihn dafür in sein Gebet ein. Deshalb schämte sich der Bettler seiner Armut nicht. Mochten die Reichen mächtig sein – die Armen lebten wie einst Jesus, der seine Zuhörer ermahnt hatte, sie möchten die Vögel des Himmels betrachten: »Sie säen nicht, sie ernten nicht, und unser himmlischer Vater ernährt sie doch!«

Fromme Menschen entdeckten die Armut als Lebensform neu. Die Bettelorden entstanden, und ein Kleriker fragte rhetorisch: »Wo soll Christus wohnen? Doch nicht bei den Prälaten, die Simonie betreiben. Zuflucht wird ihm verweigert von den Rittern, die den Raub rechtfertigen. Es gibt keine Unterkunft für ihn bei den Städtern, denn dort wohnt der Wucher. Er wird abgewiesen von den Kaufleuten, die von der Lüge beherrscht werden. Er hat keinen Platz in den Gemeinden, weil dort der

Diebstahl herrscht. Wo aber soll Christus wohnen? Nur bei den Armen Christi, über die geschrieben steht: Selig sind die Armen im Geiste!«

Auch Christus am Kreuz wird nun anders dargestellt. Er ist nicht länger der Pantokrator, der Weltenrichter, wie wir ihn in den Mosaiken des Ostens oder als Steinrelief oder an den romanischen Kreuzen dargestellt finden. Jetzt treffen wir auf einen nackten, geschundenen Mann, allein, armselig, von allen verlassen, als Schmerzensmann, den es zu achten, ja, dem es sogar nachzueifern gilt. Hat er nicht auch gesagt, dass leichter ein Kamel durch ein Nadelöhr gehe, als dass ein Reicher ins Himmelreich gelange?

Natürlich war nicht jeder Bürger damals bereit, sein letztes Hemd zu verschenken oder wie der heilige Martin seinen Mantel zu teilen, aber man konnte immerhin einen kleinen oder auch größeren Beitrag zum Nachlass seiner Höllenstrafen leisten, indem man – beispielsweise – vor Antritt einer längeren (und stets gefährlichen) Reise nicht nur sein Testament machte. Es empfahl sich vielmehr, an seine Pfarrgemeinde oder an ein nahe gelegenes Kloster zu spenden und die Mönche ebenso wie Freunde und Verwandten zu bitten, ihn während seiner Reise in ihr Gebet einzuschließen. Vor allem aber musste man die zuständigen Fürbitter Raphael, Tobias, Christophorus und in Köln natürlich die Heiligen Drei Könige um deren Schutz anflehen.

Auch für Daheimgebliebene gab es genug zu tun, um das Seelenheil zu sichern. Besonders übel beleumundete Orte in Köln waren beispielsweise die Schmierstraße (heute Komödienstraße), Unter Sachsenhausen, die Diebesgasse (Thieboldsgasse) und die Straßen am alten Stadtgraben in der Pfarrei Maria Ablass. Dort lebte unter ärmlichsten Verhältnissen von den braven Bürgern verachtetes Gesindel, das entweder unehrlichen Berufen nachging oder auf Bettelei angewiesen war. Allerdings gab es dort nichts zu holen. Betteln musste man schon an anderen Orten.

Viele Bettler gingen von Haus zu Haus, andere hockten vor

den Kirchtüren, und manche scheuten sich auch nicht, die Gläubigen in den Gotteshäusern um ein Almosen anzugehen. Einige taten das sogar während der Heiligen Messe, und zwar so aggressiv, dass sie verhaftet und aus der Stadt gewiesen wurden.

Nun war Betteln ja tatsächlich eine Kunst, was hier nicht zynisch klingen soll. Einfach die Hand aufzuhalten und ein paar undeutliche Worte zu murmeln brachte zumeist nur wenig ein. Es brauchte häufig mehr, um die Herzen der Passanten zu erweichen. Frauen banden sich unter dem Kittel ein Kissen auf den Bauch, um eine Schwangerschaft vorzutäuschen, was allerdings ein billiger Trick war. Andere ließen sich zum Schein anketten, aßen Seife und spielten – mit Schaum vor dem Mund – den Besessenen.

Ganz Unerschrockene kauften sich beim Henker das Bein eines Hingerichteten. Vielleicht stahlen sie es sich auch vom Galgen. Jedenfalls ließen sie es zur Hälfte unter ihrem Kittel hervorschauen und taten so, als gehöre es ihnen. Da die Leiche schon einige Zeit am Galgen gehangen hatte, sah es entsprechend grässlich aus. Und es roch auch so. Anscheinend tat es jedoch seine Wirkung, sonst wäre der schaurige Betrug nicht immer wieder versucht worden.

Für das teils aggressive, teils betrügerische Vorgehen mancher Bettler sollten wir, die wir seit dem letzten Weltkrieg nicht mehr wissen, was wirklicher Hunger bedeutet, Verständnis aufbringen. Die Kölner Behörden des 13. Jahrhunderts jedoch regierten zunehmend härter; vor allem wenn es sich bei den auffälligen Bettlern um Fremde handelte, und es gab damals sehr viel mehr Auswärtige in der Stadt, als man vielleicht meinen sollte.

Da waren zunächst einmal die zahllosen Menschen, die ziemlich planlos durch die Lande pilgerten, um irgendwo ein bisschen Brot zu erarbeiten. »Stabkerle« nannte man sie vor ewig langer Zeit in Skandinavien, und niemand weiß eigentlich so genau, warum sie mit dem Bettelstab unterwegs waren, statt da zu betteln, wo man sie kannte und Almosen eher zu erwarten waren.

Es gibt eine Hypothese, wonach sie nichts anderes taten als die frühmittelalterlichen Könige, die ja auch keine feste Residenz besaßen, sondern von einer Königspfalz zur anderen zogen, um sich und ihr Gefolge von den jeweiligen Pfalzgrafen bewirten zu lassen. Sonderlich einleuchtend ist diese Theorie allerdings nicht.

Dann gab es viele unfreie Mägde und Knechte von den Fronhöfen der näheren und ferneren Umgebung, die sich aufmachten, ihr Glück in der Stadt zu suchen. Es gab ja da den alten Grundsatz, dass Stadtluft frei mache. Sie mussten also beispielsweise versuchen, in einem städtischen Haushalt Unterschlupf zu finden. Wenn ihr Herr sie über einen Zeitraum von einem Jahr und einem Tag nicht fand und zurückforderte, waren sie zu freien Bürgern geworden.

Von Burg zu Burg, von Stadt zu Stadt und von Markt zu Markt zog natürlich das fahrende Volk, zu dem selbst die vermeintlich so vornehmen Minnesänger gehörten, die aber zum Teil auch zu den Unfreien gehörten, weil sie – um es mit einem heutigen Begriff zu erklären – keine Heimatadresse angeben konnten. Werfen wir deshalb einen Blick auf ihre Tätigkeit, obwohl das Ambiente, in dem sie wirkten, im Grunde mit den Lebensumständen von Bettlern wenig zu tun hatte.

Der höfische Spielmann wurde engagiert, um die Gäste zu unterhalten, aber dazu gehörte nicht nur der Vortrag von Minneliedern. Er spielte auch etliche Instrumente, erzählte Witze und durfte zuweilen sogar den Gastgeber verulken. Insofern war er ein Vorläufer des späteren Hofnarren. Aber er war zugleich Akrobat, Tänzer, Schauspieler oder Dompteur. Es gab auch damals schon die heute oft gescholtene Spaßgesellschaft.

Das Publikum war anspruchsvoll und wollte immer Neues sehen oder hören. So klagt im 13. Jahrhundert einer dieser Spielleute:

Wenn ich meine Lieder vor diesen Leuten singe, so will der erste hören,
wie Dietrich von Bern sein Land verließ, der zweite, wo König Rother
zu Hause war. Der dritte will vom Kampf gegen die Ruizen hören,
der vierte von Eckehards Not, der fünfte von Kriembilds Verrat. Den
sechsten erfreut es, mehr zu hören, was aus den Wilzen geworden ist;
der siebente möchte vom Kampf gegen Heime oder Herrn Wittich hören,
von Siegfrieds oder Herrn Eckes Tod; dagegen will der achte nur
höfischen Minnegesang. Der neunte findet das alles langweilig, und der
zehnte kann sich nicht entscheiden; er will bald so, bald so, mal hier,
mal dort …

Immerhin werden die Spielleute in der Regel reich belohnt; selbst wenn bei glanzvollen Festen des Hochadels Tausende Sänger und Spaßmacher zusammenströmten. Um möglichst viele anzulocken, wurde schon im Vorfeld jedem Unterhaltungskünstler ein wertvolles Geschenk zugesagt. Das konnte ein kostbares Gewand sein oder ein wertvoller Becher, edle Pelze oder ein teures Pferd.

Nur mit Landbesitz waren die Fürsten zumeist knauserig. Auch ein Walther von der Vogelweide hatte Jahrzehnte hindurch befürchten müssen, eines Tages an den Adelshöfen nicht mehr gefragt und deshalb gezwungen zu sein, mit Gauklern und Bettlern hungrig durch die Lande zu ziehen, bis ihm Kaiser Friedrich II. eigenen Grund und Boden schenkte, von dessen Ertrag er leben konnte.

Ergriffen und zu Tränen gerührt schrieb er seine Gefühle nieder: »Ich hab' mein Lehen, alle Welt, ich hab' mein Lehen! Nun fürcht' ich nicht den Winter an den Zehen, will nicht mehr viel von geizgen Herrn erflehen …«

Nicht so prunkvoll wie beim Hochadel, dafür aber mindestens so unterhaltsam und einigermaßen deftig ging es bei den eher dörflichen Festen zu: auf Jahrmärkten und anlässlich von Kirchweihfesten. Wir zitieren aus einer Chronik:

»Da erschienen sie mit tanzenden Bären, Hunden und Ziegen, Affen und Murmeltieren, liefen auf dem Seil, schlugen Purzelbäume nach vorwärts und rückwärts, warfen Schwerter und Messer, stürzten sich unverletzt auf deren Spitzen und Schneiden, verschlangen Feuer und zerkauten Steine, übten Taschenspielerkünste unter Mantel und Hut, mit Zauberbechern und Ketten, ließen Puppen miteinander fechten, schmetterten wie Nachtigallen, schrien wie der Pfau, pfiffen wie das Reh, rangen und tanzten beim Klang der Doppelflöte, hüpften in grotesken Tiermasken umher. Führten rohe, theatralische Szenen auf, spielten den Betrunkenen und den Dümmling; zankten sich in komischen Streitgesprächen, parodierten geistliche und weltliche Stände und trieben tolle und derbe Possen ...«

Und natürlich tauchte da häufig auch noch der Medikus auf, zumeist ein Quacksalber, der den Dörflern seine Wundermittel anpries. Ärzte gab es auf dem Land ja so gut wie nicht, und wenn die alte Weise Frau, die in einem Häuschen am Waldrand hauste, keinen Rat wusste und kein Mittelchen zur Hand hatte, versuchte man es mit bizarren Zauberrezepten wie diesen: Gegen Gelbsucht zermahle man den Kopf eines wütenden (!) Hundes, vermische ihn mit Honig und trinke das Ganze. Oder: Ein Trunk aus Essig mit verbranntem Ziegenhaar hilft gegen Nasenbluten.

Dann aber kommt der angeblich studierte Medikus, begleitet von seinem angeblich an merkwürdigen Gebrechen leidenden Diener, der vor aller Augen scheinbar einen epileptischen Anfall bekommt, der sofort verschwindet, wenn ihm sein Herr ein gewisses und nicht gerade billiges Getränk einflößt, das er Rosmarinbalsam oder Skorpionöl nennt.

Auf dem nächsten Jahrmarkt lahmt der getreue Diener offensichtlich, wird aber durch ein anderes Wundermittel – diesmal ist es angeblich Elefantenschmalz – vor aller Augen geheilt. Viel Geld kann der Quacksalber so verdienen, muss allerdings aufpassen, dass er weitergezogen ist, ehe sich die Nutzlosigkeit seiner vermeintlichen Wundermittel erweist.

Elendiglicher Betrug – und was sagte die Kirche dazu?

Betrügerische Wundertäter waren dem Klerus völlig egal. Spielleute dagegen nicht. Für den damals sehr populären französischen Theologen Honorius von Autun waren Gaukler schlichtweg Diener des Satans ohne Hoffnung auf Seelenheil und Tänzerinnen mit Huren gleichzusetzen. Ihn schien nicht zu stören, dass auch Erzbischöfe derartige Unterhaltungskünstler an ihre Höfe einluden. Er vertrat die Ansicht, dass sie des Teufels seien: *Gott wird über die Lacher lachen.*

Schon die frühen Kirchenlehrer hatten jede Art von Musik in Gotteshäusern abgelehnt. Vertonte Gebete empfand man als lächerlich, häufig genug wurden sie als Gotteslästerung verurteilt. Man duldete weder Chöre noch Psalter noch andere *Leichtsinnigkeiten.* Histrionen, wie Gaukler und Spielleute auf Latein hießen, galten als heidnisch. Und ihre Musik auch. Sobald sie auf Hochzeiten auftauchten, waren die Priester gehalten, sich zu entfernen.

Der englische Theologe Thomas von Chobham befand: »Es gibt drei Arten von Spielleuten: Solche, die ihren Körper in schandbaren Sprüngen oder schändlichen Gebärden verdrehen, verbiegen oder entblößen oder grässliche Panzer oder Masken tragen. Sie alle sind zur Verdammnis bestimmt, sofern sie nicht ihren Beruf aufgeben.

Zum Zweiten gibt es andere, die nichts anderes tun, als sich in fremde Angelegenheiten einzumischen. Sie besitzen keinen festen Wohnsitz, sondern ziehen zu den Höfen der Fürsten und verbreiten Schimpf und Schande über Abwesende. Auch diese sind der Verdammung anheimgegeben. Der Apostel verbietet nämlich, mit solchen zu speisen. Sie werden *scurrae vagi* (fahrende Possenreißer) genannt, weil sie zu nichts taugen als zum Prassen und Schmähen.

Es gibt eine dritte Kategorie von Spielleuten, die Musikinstrumente besitzen, um die Menschen zu erfreuen, und von denen wiederum gibt es zwei Arten: Die einen besuchen öffentliche Gelage und ausgelassene Geselligkeiten, um dort frohe Lieder zu singen und damit die Menschen zur Unkeuschheit anzustiften. Diese sind ebenso verdammungswürdig wie die ersten. Die anderen, *ioculatores* genannt, singen von den Taten der Könige und vom Leben der Heiligen, und diese Menschen spenden den Menschen Trost in ihren Kümmernissen und ihren Ängsten. Sie können gerettet werden.«

Dies war so ziemlich genau die gängige Haltung der Kirche. Sie war ebenso unnachsichtig wie nutzlos; zum einen, weil sowohl an den weltlichen wie auch an den kirchlichen Höfen das genaue Gegenteil gelebt wurde, und zum anderen, weil sich gerade die armen Leute das bisschen Freude, das ihnen der ansonsten triste Alltag selten genug bot, nicht von sauertöpfischen Klerikern nehmen lassen wollten.

Nun könnte man dem Irrtum unterliegen, dass das fahrende Volk, das – wie der oben zitierte Theologe behauptet – »öffentliche Gelage und ausgelassene Geselligkeiten besucht«, ein wildes, freies und unbeschwertes Leben führte. Das war vielleicht an etlichen Wochenenden in den warmen Monaten des Jahres so, und dann gab es auch sicherlich ausreichend zu essen und zu trinken.

Aber was war dann?

Im Winter wollte niemand ihre Späße sehen, war niemand bereit, ihnen Unterkunft zu gewähren, wurden sie zu dem, wofür die ehrbaren Bürger sie im Grunde die ganze Zeit über hielten: zu unehrenhaftem Lumpenpack, dem man tunlichst aus dem Weg ging.

Wenn die Kälte einsetzte, strömten die Gaukler und Spielleute in die größeren Städte, mischten sich unter die Bettler und flehten Passanten um ein Almosen an. Da klopften sie an die Türen von Klöstern und Stiften, in Köln beispielsweise bei St. Pantaleon, St. Andreas oder Maria im Kapitol. Die Klöster wiederum schickten Brüder und Schwestern durch die Pfarreien, die im Auftrag ihrer Oberen bei den Bürgern Geld sammeln sollten, um die Bettler an den Klosterpforten versorgen zu können.

Viele Bürger spendeten auf diese Weise; andere hielten sich ihre eigenen Hausarme, die regelmäßig an ihre Tür kamen oder, wenn sie besonders viel Glück hatten, hinten im Hof oder vielleicht unter der Treppe schlafen durften.

Erst sehr viel später, als die Bettelei in den Städten überhandnahm, wurden vielerorts strenge Regeln eingeführt. Anfang des 15. Jahrhunderts heißt es in einer Kölner Verordnung: »Weiter vernehmen unsere Herren vom Rat, dass viele Leute, Männer und Frauen, in der Stadt ihrer Bettelei nachgehen, obwohl sie stark und gesund sind und ihr Brot gut selber gewinnen könnten.

Deshalb gebieten unsere Herren, dass all diese Gesunden für ihren Lebensunterhalt arbeiten und dienen sollen, und wer das nicht will, soll sich schnellstens zur Stadt hinausmachen. Wer sich nicht nach diesem Befehl richtet, in Köln bleibt und bettelt, den sollen die Gewaltrichter gefangen nehmen und ein Jahr lang in einen der Stadttürme legen, wo er nur Wasser und Brot bekommen soll, und danach soll man ihn aus der Stadt jagen.«

Noch später – Ende des 15. Jahrhunderts – dienten blinde Bettler auch zur Belustigung der wohlhabenden Bürger. Man schuf auf dem Alter Markt einen umzäunten Pferch, in den man ein Schwein einsperrte. Fünf blinde Bettler wurden mit Harnisch und Knüppeln ausgerüstet und in das Gehege geführt, wo sie nun aufgefordert wurden, das in Panik geratene und umherrasende Tier totzuschlagen.

Bei der wilden Verfolgungsjagd blieb es nicht aus, dass die Bettler immer wieder übereinanderstürzten, von den anderen für das Schwein gehalten und zum großen Spaß der Zuschauer mit dem Knüppel bearbeitet wurden. Irgendwann war die Sau dann endlich tot. Die Bürger hatten ihren Spaß gehabt und die armen Blinden sich gegeneinander böse verletzt.

Immerhin: Als Belohnung durften sie das Schwein letztendlich braten und untereinander aufteilen.

Reinhard von Westerburg lief ungeduldig auf und ab. Von dem Hügel aus, auf dem sich die Kirche und die Klostergebäude der Abtei Brauweiler erhoben, konnte er hinunterblicken auf das Lager der Verbündeten und beobachten, wie sich Knechte und Knappen beeilten, die großen Zelte abzubauen, in denen die Ritter und das Fußvolk die Nacht verbracht und sich – jeder auf seine Art – auf die zu erwartende blutige Schlacht vorbereitet hatten.

In den frühen Morgenstunden war dann sein Bruder Siegfried von Westerburg, der Erzbischof von Köln, mit den Anführern seines Heeres und denen seiner Verbündeten hinauf zur Abtei gegangen, um gemeinsam eine Messe zu feiern. Vorher hatte der Erzbischof noch die Beichte ablegen wollen, und weil der Brauweiler Abt todkrank das Bett hütete, war der zufällig anwesende Abt des Prämonstratenserklosters Knechtsteden eingesprungen.

Die Beichte hatte einigermaßen lange gedauert, was Reinhard nicht weiter erstaunte. Ein Erzbischof von Köln brauchte wohl immer etwas länger, die Vielzahl seiner Sünden zu gestehen. Die kleinen und auch die etwas größeren. Aber es war wohl gescheiter, mit reinem Gewissen in diese Schlacht zu ziehen. Zumindest wenn man gläubig war. Reinhard hatte darauf verzichtet.

Er war zwar Propst in Bonn, aber deshalb musste man ja nicht gleich an die ewige Verdammnis glauben.

Da hielt er sich lieber an mächtige Schutzpatrone wie den heiligen Georg oder – noch besser – den Erzengel Michael.

Auf die Heiligen, die hier in Brauweiler verehrt wurden, sollte man bei einer Schlacht weniger zählen. Den heiligen Medardus kannte ohnehin niemand, und auch der heilige Nikolaus mochte vielleicht bei Kindern erwartungsvolle Vorfreude wecken, aber als helfende Hand auf dem Schlachtfeld wurde er weniger geschätzt.

Beim ersten Konzil von Nicäa soll er sich allerdings heftig mit den Arianern gestritten haben und deren Anführer sogar eine Ohrfeige verpasst haben. Immerhin. Aber einen Drachen hat er trotzdem nicht getötet, und deshalb beschloss Reinhard, dem heiligen Georg treu zu bleiben.

Wenn nur die Messe endlich zu Ende ginge.

Es war ein weiter Weg bis zur Fühlinger Heide südlich von Worringen, wo man sich zur Schlacht verabredet hatte. Und es gab auch keine richtig ausgebaute Straße, sondern lediglich einen besseren Feldweg, der dorthin führte. Er war so schmal, dass gerade einmal drei Reiter nebeneinanderher reiten konnten. Das Fußvolk musste neben dem Weg her über den Acker oder durch die Heide laufen. Hätte man die Männer in den Zug eingegliedert, wäre er noch sehr viel länger geworden.

Reinhard schloss die Augen und überschlug die Zahl der Pferde in den eigenen Reihen. Er kannte zwar nicht die genaue Zahl der Verbündeten, aber er konnte sie gut einschätzen. Aufseiten seines Bruders, des Erzbischofs, würden ungefähr dreihundertfünfzig Ritter kämpfen, und jeder von ihnen führte zumindest drei Pferde mit sich: ein Pferd, das ihn bis Worringen tragen würde, ein Packpferd und das Schlachtross, das er erst unmittelbar vor Beginn der Schlacht besteigen würde.

Manche Grafen und Herzöge kamen sogar mit vier oder fünf Pferden. Die anderen rund 650 zumeist nichtadeligen Kämpfer, hatten nur ihr Reitpferd und teilten sich zu zweit ein weiteres Packpferd. Immerhin kamen so über 2000 Pferde zusammen.

Wenn man nun die Länge eines Pferdes mit rund zwei Metern annimmt und einen Sicherheitsabstand von weiteren drei

Metern berücksichtigt, ergibt das immerhin eine Länge von drei-einhalbtausend Metern für die erzbischöflichen Berittenen.

Hinzu musste man außerdem die verbündeten Truppen aus Luxemburg, Limburg und Geldern rechnen, sodass Reinhard auf eine Zuglänge von fast zehntausend Metern und zu der Erkenntnis kam, dass die ersten Truppen das Schlachtfeld erreichen würden, noch bevor die letzten aus dem Lager bei Brauweiler aufgebrochen waren.

Zudem würde man das Fußvolk nicht zu besonderer Eile antreiben können, weil die Leute schließlich nicht erschöpft die Walstatt erreichen sollten. Ein Grund mehr, rechtzeitig aufzubrechen. Wenigstens theoretisch.

Noch aber hielt der Erzbischof das Gebet für wichtiger.

Wenn Reinhard einem Fremden hätte erklären müssen, warum diese Schlacht angeblich unausweichlich war, hätte er sich schwergetan. Worum ging es eigentlich? Um Macht. Das war wohl klar. Um den Schutz der Handelswege, um den Zoll auf dem Rhein, um die Herrschaft über die Bürger der Stadt Köln, um die Sicherung (und Erweiterung) des jeweiligen Herrschaftsgebietes und alles Mögliche andere.

Aber das war ja nichts Neues. Zugespitzt hatte sich die Lage gefährlich, als der Herzog von Limburg starb, der über ein Gebiet südwestlich von Aachen regiert hatte. Sein Land war zwar relativ klein, lag aber strategisch günstig, und wenn sich einer der Herren aus den umliegenden Gebieten dieses Territorium aneignen könnte, würde er praktisch einen großen Teil des Gebietes zwischen dem Niederrhein und den Niederlanden beherrschen.

Da war zunächst Rainald, der Graf von Geldern, der mit der Tochter des Verstorbenen vermählt war, aber da gab es auch den Grafen Adolf von Berg, einen Cousin besagter Tochter, und letztlich einen weiteren, wenn auch etwas weiter entfernten Verwandten: Graf Heinrich von Luxemburg.

Sowohl Rainald von Geldern als auch Adolf von Berg sahen schnell ein, dass sie ohne starke Verbündete keine Chance hatten, ihre Ansprüche durchzusetzen, und so verkaufte Rainald seine vermeintlichen Erbrechte an besagten Heinrich von Luxemburg, und Adolf von Berg überschrieb sie an Herzog Johann von Brabant. Jeweils gegen eine stattliche Summe, versteht sich.

Und was hatte die Stadt Köln damit zu tun?

Sie ergriff die Gelegenheit beim Schopf. Die Patrizier der Stadt wussten, dass es in Kürze zu einer Entscheidung kommen musste, und da galt es, auf der Seite der Sieger zu stehen.

Reinhard lächelte grimmig. Diese Verräter! Noch im vergangenen Jahr hatten sie dem Erzbischof feierlich geschworen, sich niemals mit einem seiner Feinde zu verbrüdern, aber dann fiel der Herzog von Brabant brandschatzend in das erzbischöfliche Territorium ein, und die Kölner hatten nichts Besseres zu tun, als ihm schleunigst die Stadttore zu öffnen, weil er ihnen versprochen hatte, des Erzbischofs Zollfestung Worringen zu zerstören.

Schlimmer noch: Vor einer riesigen Menge hatten nicht nur die Brabanter und die Kölner ein Bündnis geschlossen, sondern zusätzlich auch noch die Grafen von Berg, Mark und Jülich. Gegen wen – das wurde nicht offiziell gesagt, aber dass es gegen Erzbischof Siegfried gehen sollte, das war ja wohl allen klar.

Nur: Den Erzbischof beunruhigte das nicht im Geringsten. Rein militärisch jagten ihm seine Kölner Untertanen ebenso wenig Angst ein wie die drei Grafen. Und über den Herzog von Brabant spottete er in einem Kriegsaufruf an seine Verbündeten, Freunde und Verwandten: »Ein Walfisch ist an Land gekommen und schon so weit drinnen, dass man jetzt ein Netz über ihn werfen und ihn einfangen kann. Er ist so groß und fett, dass ich ihn nicht vollständig bewältigen kann. Darum kommt und holt Euch einen Teil davon!«

Siegfried von Westerburg war sich seines Sieges dermaßen sicher, dass er vorsorglich etliche Karren mit sich führte, die hoch beladen waren mit Ketten und Seilen, mit denen die besiegten und gefangen genommenen Feinde nach der Schlacht gefesselt werden sollten.

Ganz so zuversichtlich war Reinhard nicht, aber als sich endlich die Tore der Abteikirche öffneten und sein Bruder nebst Gefolge erschien, verflogen seine Zweifel. Das war eine Schar gut aussehender und prachtvoll gekleideter Männer, in den besten Jahren, mutig, erfahren, kampferprobt und mit Sicherheit durchtrainiert.

Wenn sie erst ihre Schlachtrösser bestiegen, ihre Rüstung angelegt und die Helme aufgesetzt hatten – wer würde es wagen, gegen sie anzutreten!

* * *

Battele war siebzehn Jahre alt, blond, groß und schlank. Er hasste seinen Spitznamen, denn eigentlich war er auf den Namen Johannes Baptist getauft, aber seitdem ihn der Herzog so genannt hatte, als er noch zwölf war, riefen ihn auch die anderen am Hof von Brabant so. Im Grunde durfte er froh sein, dass man aus *Baptist* nicht *Babbele* gemacht hatte.

Battele war Knappe des Herzogs und in dessen Heer seit Wochen durch die Lande gezogen. Zuletzt hatten sie bei Bonn die Weinberge des Kölner Erzbischofs verwüstet, später waren sie in sein Jagdrevier bei Brühl eingedrungen, aber dann hatte sie der Hilferuf aus Köln erreicht. Dort hatten sie schließlich einen Pakt mit den angesehenen Familien geschlossen und sich zugleich mit den rechtsrheinischen Grafen und mit Walram von Jülich zusammengetan, um sich dann auf den Weg nach Norden zu machen, wo sie jetzt die verhasste Zollburg des Erzbischofs in Worringen belagerten.

Die Belagerung einer Burg ist nicht gerade eine Aufgabe, der sich Ritter gerne unterziehen. Zum einen ist es kaum möglich, in voller Rüstung und mit einem Topfhelm auf dem Kopf eine Sturmleiter hochzusteigen, und mit Ruhm bedecken kann man sich auch nicht, weil es niemals zu einem echten Zweikampf kommen kann.

Eine solche Festung aus der Ferne mit Steinschleudern zu beschießen wird ebenfalls als unritterlich empfunden, und deshalb überlässt man das lieber dem nichtadeligen Fußvolk, und in der Tat waren viele Kölner Bürger mit derartigen Belagerungsmaschinen angerückt, um die Mauern der verhassten Zollfestung sturmreif zu schießen.

Lange konnten die Verteidiger ohnehin nicht mehr durchhalten, es sei denn, der Kölner Erzbischof rückte an, gewann die Schlacht und vertrieb die Belagerer. Aber das mochte Battele sich lieber nicht vorstellen.

Sein Herr, Herzog Johann von Brabant, nahm an der Belagerung natürlich ebenso wenig teil wie die anderen hohen Herren. Sie blieben lieber im Zeltlager, das man auf einer kahlen Erhebung südlich von Worringen aufgeschlagen hatte, und warteten dort in den frühen Morgenstunden des 5. Juni 1288 auf das Anrücken des feindlichen Heeres. Man hatte auf freiem Feld die Heilige Messe gefeiert und dann Späher südwärts gesandt, die das Heer rechtzeitig warnen würden.

Battele war wie die anderen Knappen dafür verantwortlich, dass die Pferde versorgt waren und die Rüstungen ihrer Herren bereitlagen, sodass die Ritter binnen einer Stunde gefechtsbereit waren. Er kontrollierte das Zaumzeug und den Sattel des Herzogs, der vorne fast bis zum Bauch reichte, um den Unterleib gegen Lanzenstiche zu schützen, der aber auch hinten hochgestellt war, um dem Reiter beim Stoß Halt zu geben.

Diese besondere Form verlieh dem Kämpfer zwar Sicherheit, hatte aber zugleich den Nachteil, dass die Oberschenkel des Ritters fast eingeklemmt waren, sodass er sich im Falle eines Sturzes kaum ohne fremde Hilfe aus dem Sattel lösen konnte.

Auch das Aufsitzen war einigermaßen schwierig und in voller Rüstung unmöglich, obwohl die Streitrösser aus Brabant ebenso wie die aus anderen Ländern kaum fünfzehn Handflächen hoch waren und die Knappen mühelos über ihren First schauen konnten, ohne sich auf die Zehen stellen zu müssen.

Battele polierte noch einmal die Schwertklinge des Herzogs und überzeugte sich davon, dass auf der Scheide und auf dem dreieckigen und mit seinem Wappen verzierten Schild seines Herrn kein noch so kleiner Flecken zu sehen war. Zuletzt kontrollierte er auch den Dolch, den man *Misericordia* nannte.

Vermutlich hieß er so, weil er nur gebraucht wurde, um einen Schwerverletzten von seinen Qualen zu erlösen.

Zum Schluss prüfte er noch die Spitze der Lanze, lehnte sie an die Zeltwand und legte die gewaltige Keule daneben, die er stets mit unverhohlenem Abscheu polierte, denn das war in seinen Augen keine ritterliche Waffe. Allerdings eine – wie er zugeben musste – hin und wieder nützliche.

Wenn nämlich im harten Kampf Mann neben Mann die Lanze im Schlachtgetümmel nicht mehr einsetzbar war, nützte auch das relativ leichte Schwert wenig, weil es die Ringelpanzer, die den ganzen Leib der Ritter bedeckten, nicht durchdringen konnten. Ein wuchtiger Schlag mit der Keule konnte jedoch durch das Ringelhemd hindurch jeden Knochen des Gegners zermalmen.

Während er sich noch vorzustellen versuchte, ob die Wucht eines Keulenhiebs auch einen Topfhelm durchschlagen könnte, jagte draußen ein Reiter heran, der sein Pferd vor der Gruppe von Rittern zum Stehen brachte, die sich um den Herzog versammelt hatten, und aus dem Sattel glitt.

»Sie kommen«, keuchte er. »Dort!«, und die Männer starrten in die Ferne, wo langsam eine Staubwolke sichtbar wurde.

Jetzt musste alles ganz schnell gehen. Schon am Vorabend waren Aufstellung und Taktik beraten und beschlossen worden, und Johann von Brabant hatte Heinrich, den Grafen von Virneburg, zum Beobachter und damit zugleich zum Befehlshaber über die eigenen und die verbündeten Truppen ernannt.

Das hatte seinen Grund darin, dass der Herzog beschlossen hatte, in vorderster Linie zu kämpfen, um mit seinem Mut auch den seiner Ritter zu wecken und sie zu ermutigen, ebenso wie er selbst alles auf eine Karte zu setzen. Sieg oder Tod – das war die Parole.

Auch wenn man sie nicht allzu wörtlich auslegen durfte.

Battele hatte wie alle Knappen gelernt, dass bei einem ritterlichen Zweikampf in erster Linie nicht der Tod des Gegners angestrebt wurde, sondern seine Gefangennahme. Dann nämlich erbeutete man nicht nur dessen Waffen, sondern in den meisten Fällen winkte auch ein hohes Lösegeld – und Geld stinkt bekanntlich nicht, wie schon der römische Kaiser Vespasian wusste.

Wenn aber der Herzog in vorderster Front kämpfte, konnte das auch von entscheidendem Nachteil sein. Zum einen besaß er in diesem Fall keinen Überblick über das Schlachtfeld, konnte also nicht wissen, wo die eigenen Reihen Gefahr liefen, durchbrochen oder umgangen zu werden. Schlimmer noch: Sollte er fallen, konnte der Tod des Anführers seine Mitkämpfer entmutigen und zu Übergabe oder Flucht veranlassen.

Wie dem auch sei. Johann hatte sich entschieden und den Grafen von Virneburg als Beobachter auf einem flachen Hügel zurückgelassen und ihm eine Schar von Knappen zugeordnet, die dem Herzog notfalls wichtige Botschaften bringen oder auch ein neues Schlachtross zuführen sollten, falls das seinige verletzt oder gar getötet würde.

Während die Ritter und das Fußvolk das Lager verließen und sich zum Kampf aufstellten, erklärte der Graf den Knappen die Schlachtordnung. Ganz rechts formierten sich die Grafen von Jülich und Loon, das Zentrum bildeten der Herzog und seine Ritter von Brabant, und ganz links, dem Rhein zu, hatten sich die Handwerker von Köln und das Fußvolk der Grafen von Mark und Berg aufgestellt.

Dann endlich – inzwischen war es bereits später Vormittag – traf auch das Heer des Kölner Erzbischofs ein. Er selbst stellte sich gegenüber den Kölner Fußtruppen auf, sein Zentrum bildeten die Ritter der Grafen von Luxemburg, und den linken Flügel, also vom Hügel aus gesehen ganz rechts, bildeten die Ritter des Grafen Rainalds von Geldern.

»Merkwürdig«, murmelte Heinrich von Virneburg verwundert. »Warum bildet nicht der Erzbischof mit seinen Rittern das Zentrum?«

Ein paar Minuten später wusste er es, als sich Siegfried von Westerburg mit seinen Männern in Bewegung setzte, nicht ohne Mühe die alte Römerstraße mit ihren versumpften Gräben überquerte und auf das Kölnische Fußvolk und die Bergischen Bauern lostrabte, um dann, etwa hundert Meter vor deren Reihen, in gestreckten Galopp zu verfallen.

Die Kölner Handwerker, die den größten Teil des Fußvolks stellten, hatten zwar ihre Armbrüste mitgebracht, aber da sie das Schießen lediglich auf den Übungsplätzen der Zünfte geübt hatten und keinerlei Kampferfahrung besaßen, feuerten sie ihre Bolzen viel zu hastig und nahezu ungezielt in Richtung des Gegners ab.

Wenn aber eine Armbrust benutzt worden war, brauchte man wenigstens eine halbe Minute, um sie erneut zu laden, aber so lange dauerte es natürlich nicht, bis die Ritter des Erzbischofs heran waren und wie ein Orkan über die Schützen hereinbrachen und sie niederritten. Noch harmloser als die Bürger erwiesen sich die Bauern, die entsetzt in alle Richtungen auseinanderstoben, um den tödlichen Lanzenstichen zu entgehen.

»Herr des Himmels«, stöhnte Graf Heinrich von Virneburg auf seinem Hügel, »jetzt werden sie die Truppen des Herzogs umgehen und sie von hinten in die Zange nehmen.«

Aber dann geschah ein kleines Wunder. Der Erzbischof drehte nach links ab, überquerte noch einmal mit seinen Berittenen die alte Straße mit ihren Gräben und versuchte nun, das Brabanter Zentrum von der Seite her anzugreifen. Dabei verloren seine Ritter nicht nur ihre Schlachtordnung, sondern stießen auch mit den verbündeten Luxemburgern zusammen, deren Reihen nun von rechts zusammengedrückt wurden.

Die feindlichen Reihen verkeilten sich ineinander, und die Katastrophe war erst einmal abgewendet worden.

Erstaunliches ereignete sich zur gleichen Zeit am rechten Flügel des Brabanter Aufgebots, der von den Grafen von Jülich und Loon gehalten wurde. Ihnen gegenüber war Graf Rainald von Geldern aufmarschiert, hatte sich aber noch nicht bewegt. Etliche seiner Ritter, Battele schätzte, dass es wohl ein Drittel war, bewegten sich plötzlich nach links und setzten sich in die Richtung ab, in der das nur schwach bewachte Lager des Herzogs von Brabant lag.

Der Graf von Virneburg schaute ihnen leicht irritiert nach, unternahm aber nichts, um sie aufzuhalten. »Sie wollen das Lager ausrauben«, rief Battele, aber der Graf winkte nur ab. »Wenn wir verlieren, brauchen wir nichts mehr von dem, was da zurückgelassen wurde«, sagte er, »und wenn wir gewinnen, holen wir uns alles zurück. Schaut lieber, wie es um den Herzog bestellt ist!«

Von dem war im allgemeinen Getümmel nichts zu sehen. Der Graf rief Battele zu sich und befahl ihm, ein Ersatzross für den Herzog hinter die Brabanter Schlachtreihen zu bringen, für den Fall, dass des Herzogs Pferd verletzt werde. Ein kluger Befehl, denn Graf Heinrich von Luxemburg versuchte schon seit einiger Zeit, zu Johann durchzudringen, weil er die Schlacht anscheinend in einem Zweikampf entscheiden wollte.

Mit dem Schlachtruf »Auf den Herzog!« versuchten seine Ritter, ihm eine Bresche durch die Brabanter Reihen zu schlagen, aber zunächst gelang das nicht. Stattdessen traf er auf den Bruder des Herzogs, der sich zur Wehr setzte, indem er mit seinem Streitkolben auf das Pferd seines Gegners eindrosch. Der Hengst brach aus und stürmte nach hinten, aber Heinrich brachte ihn rasch wieder unter Kontrolle.

Jetzt befahl er einem seiner Ritter, den Topfhelm abzusetzen, damit er bessere Sicht bekomme und ihn so durch die kämpfenden Ritter zu Herzog Johann führen könne, was auch gelang.

Aber Heinrich benutzte weder Lanze noch Schwert, sondern versuchte, Johann vom Pferd zu zerren, was einigermaßen ungewöhnlich war und prompt misslang.

Wieder verloren sich die beiden aus den Augen. Als Heinrich kurz darauf mit ansehen musste, wie sein Bruder Walram den Tod fand, griffen er und seine Ritter erneut wie entfesselt an. Dem Herzog von Brabant wurde sein Schlachtross unter dem Sattel weg erstochen, und Johann musste sich mühsam und zu Fuß seinen Weg durch das Getümmel suchen, bis er hinter den Linien auf Battele stieß, der ihm ein neues Pferd brachte und ihm half, in den Sattel zu kommen.

Erneut sammelte er Ritter um sich und ritt zurück in die Schlacht, wo sich ihm Heinrich von Luxemburg ein weiteres Mal entgegenstellen wollte. Ein Ritter des Herzogs jedoch warf sich dazwischen und stieß Heinrich sein Schwert in den Bauch. Kurz darauf fiel auch ein jüngerer Halbbruder des Grafen, sodass binnen weniger Minuten alle drei auf dem Schlachtfeld kämpfenden Mitglieder der Luxemburger Grafenfamilie den Tod fanden.

Battele, der dem Herzog ein Ersatzpferd besorgt hatte und zum Grafen von Virneburg zurückgelaufen war, wurde sogleich als Kundschafter zum rechten Brabanter Flügel geschickt, wo er erfreut feststellen konnte, dass die Grafen von Jülich und Loon langsam die Oberhand gewonnen hatten, da ja Graf Rainald von Geldern auf ein Drittel seiner Mannschaft hatte verzichten müssen, das es vorgezogen hatte, lieber das gegnerische Lager zu plündern, als an der Seite seines Herrn zu kämpfen.

Irgendwann sah Rainald die Aussichtslosigkeit seiner Lage ein und suchte nach einem Gegner, dem er sich ehrenhaft hätte ergeben können. Er fand ihn in dem Grafen Arnold von Loon, der ihn jedoch nicht gefangen nahm, sondern ihm riet, alles abzulegen, was sein Wappen trug, damit ihn niemand erkenne. Auch schenkte er ihm ein altes Packpferd, damit sein wertvolles Ross nicht auf seine hohe Stellung hinweisen konnte.

So ließ er ihn fliehen, aber obwohl Rainald weder an seiner wappengeschmückten Kleidung noch durch seinen Schild, den er weggeworfen hatte, zu identifizieren war, erkannten ihn zwei Brabanter Ritter wieder und führten ihn als Gefangenen ab.

Batteles Anwesenheit als Späher war nun nicht mehr notwendig, denn der Graf von Virneburg sah von seinem Hügel aus natürlich auch, dass der Kampf am rechten Brabanter Flügel eingestellt worden war, und schickte Battele hinüber zum linken, wo eine merkwürdige Entwicklung zu beobachten war.

* * *

Jan war wütend. Wie die Hasen hatte man sie an diesem Vormittag über die Heide gescheucht, und die Ritter des Erzbischofs hatten zum Schluss nicht einmal mehr zugestochen mit ihren langen Lanzen.

Aber wirklich erst zum Schluss.

Vorher hatten sie das Fußvolk des Grafen von Berg abgeschlachtet. Wenigstens die Hälfte von ihnen. Der Rest hatte sich retten können. Viele waren verletzt und alle gedemütigt.

Vor einer Woche war der Vogt vom Damenstift in Gerresheim mit ein paar Reitern auf dem Hof erschienen und hatte dem Bauern befohlen, seinen Sohn und den Knecht am übernächsten Tag an den Rhein zu schicken. Er selbst dürfe daheim bleiben und auf das Vieh aufpassen.

»Und wozu das Ganze?«, hatte der Bauer gefragt.

»Der Graf braucht jeden Mann«, lautete die Antwort. »Mehr musst Du nicht wissen. Und schau zu, dass sie bewaffnet kommen.«

»Und wenn ich mich weigere?«, hatte der Bauer noch gefragt.

»Dann fackeln wir Deinen Hof ab!«

Es waren zumeist Knechte und Söhne von hörigen Bauern, die sich zwei Tage später in dem kleinen Dorf an der Düssel trafen, um dann rheinaufwärts zu marschieren. Zum größten Teil kamen sie von den Gehöften, die zu den Stiften in Kaiserswerth und Gerresheim gehörten, aus Mettmann und Erkrath, aus Stockum und Ratingen.

An der Fähre, die sie über den Rhein nach Neuss bringen sollte, stießen sie auf ein paar Hundert Knechte aus Dörfern im Bergischen Land, die von Berittenen des Grafen Adolf von Berg angeführt wurden, die auch das Übersetzen auf die andere Seite des Flusses organisierten und den Fährmann entlohnten. Weiter ging dann der Marsch nach Süden, bis sie vor der belagerten Zollfestung Worringen eintrafen, wo sie ihre Waffen einem Vogt des Grafen vorweisen mussten.

Der runzelte die Stirn, aber was hatte er denn erwartet, dachte Jan. Lange Lanzen mit eisernen Spitzen etwa? Oder gar scharfe Schwerter? Vielleicht Schilde mit aufgemalten Wappen und Helme mit Visier? So naiv konnte er doch wohl nicht sein.

Sie besaßen weder Pfeil noch Bogen und schon überhaupt keine Armbrust. Wozu auch hätten sie daheim Derartiges gebraucht. Jan hatte immerhin einen alten Dreschflegel umgearbeitet, dessen hölzernen Prügel er mit langen Eisennägeln gespickt hatte. Andere führten rostige Eisenstangen mit sich, mit denen man beispielsweise einem Streitross die Beine zerschlagen konnte. Wiederum andere hatten die Blätter ihrer Sicheln an einem langen Stiel befestigt, sodass sie mit einigem Glück einen Reiter von seinem Pferd reißen konnten, aber die meisten führten nur eine Schleuder nebst einem Beutel mit Steinen und ein Messer bei sich.

Vor Worringen trafen sie auf anderes Fußvolk, größtenteils Handwerker aus der Stadt Köln, die wesentlich besser gerüstet waren. Viele trugen Brustpanzer und Schwert und die meisten sogar eine Armbrust, mit der sie – wie Jan von ihnen erfuhr – bei ihren Zusammenkünften fleißig übten.

Das klang recht gut, aber Jan bezweifelte doch sehr, dass dieser zusammengewürfelte Haufen Fußvolk einem Angriff schwer bewaffneter Ritter würde standhalten können.

Obwohl er sich im Grund nicht vorzustellen vermochte, wie eine solche Attacke vor sich ging.

Jan schaute sich unsicher um. Auch die Grafen von Berg und Mark mussten doch über ein Ritterheer verfügen, und die Kölner Handwerker hatten erzählt, dass sich die vornehmen Geschlechter der Stadt, die natürlich allesamt über teure Rösser verfügten, für diese Schlacht gerüstet hatten. Aber weder die gepanzerten Reiter der Grafen noch die Streitmacht der vornehmen Geschlechter waren in der näheren Umgebung auszumachen. Bevor sie eintreffen, dachte Jan, würde die Schlacht ja wohl nicht richtig beginnen.

Aber das war ein Irrtum.

Kaum hatten sich die Reihen der Kölner Handwerker und der Bergischen Bauern und Knechte halbwegs geordnet aufgestellt, als sich gegenüber die Reiterei des Kölner Erzbischofs in Bewegung setzte. Das schien vorläufig noch nicht beunruhigend, denn zwischen ihr und dem Bergischen und Kölnischen Fußvolk lag eine halb verfallene Straße, an deren beiden Seiten tiefe und sumpfige Gräben verliefen. Die würde der Erzbischof mit seinen Rittern wohl kaum überqueren.

Und auch das war ein Irrtum.

Es dauerte zwar einige Zeit, bis die Ritter des Erzbischofs ihre scheuenden Pferde dazu bringen konnten, durch die halb zerfallenen, mit Matsch und Kieselsteinen gefüllten und streckenweise vermoosten Gräben zu waten, aber letztendlich gelang es doch. Die Reihen formierten sich neu, die Ritter senkten ihre Lanzen und setzten sich langsam in Bewegung und auf die Reihen der Bauern und Bürger zu.

Sie waren keine hundert Meter mehr von ihnen entfernt, als sie in einen stürmischen Galopp verfielen. Die Heide bebte unter den donnernden Hufen der Rösser, und die Kölner Handwerker feuerten in Panik ihre Armbrüste auf die anstürmende Welle ab. Viel zu früh und dazu noch schlecht gezielt. Die Bolzen, so sie denn überhaupt trafen, prallten an Helmen und Brustpanzern ab, und zum Nachladen blieb keine Zeit.

Schon waren die Ritter über ihnen, ritten die braven Handwerker nieder, spießten die Bauern auf, durchbrachen spielend die Reihen der ungeübten Knechte, wendeten in ihrem Rücken und griffen von Neuem an. Wieder das gleiche Bild. Wer nicht aufgespießt wurde, geriet unter die Hufe der Pferde, und innerhalb weniger Minuten war der Spuk vorüber.

Gottlob kann ein flinker Bursche, und das war Jan, mit einigem Geschick einem schwerfälligen Pferd, das immerhin einen gepanzerten Ritter tragen muss, mit ebenso viel Geschick und dem notwendigen Glück entrinnen. Zumal wenn er sich in die oben geschilderten versumpften Gräben der alten Straße rettet, wohin die Ritter ihm nicht folgen, weil sich das nicht lohnt, um einen armen Teufel niederzustoßen.

Und so war es nur dem Ehrgeiz des Erzbischofs zu verdanken, dass erstaunlich viele Bürger und Bauern das Desaster überlebten. Mit ihnen wollte sich Siegfried von Westerburg nicht länger aufhalten. Er befahl seinen Männern, von der Verfolgung der Fliehenden abzulassen und stattdessen nach links zu schwenken, um von der Flanke aus seinen Hauptgegner, den Herzog von Brabant, anzugreifen, der das feindliche Zentrum hielt.

Dazu musste er allerdings über die alte Straße mit ihren Gräben zurück und stieß dabei mit seinem eigenen Zentrum zusammen, das von seinen Luxemburger und Limburger Verbündeten besetzt war. Je länger die Schlacht dauerte, umso mehr löste sie sich in Zweikämpfe auf, in deren Verlauf die luxemburgische und limburgische Elite ums Leben kam und auch der Kölner Erzbischof und seine Männer mehr und mehr ins Hintertreffen gerieten.

Währenddessen hatten die Reste der Bergischen Fußtruppen und der Kölner Handwerker im Brabanter Lager versucht, neue Kräfte zu sammeln und die Scham über das kopflose Auseinanderlaufen in der ersten Phase der Schlacht zu überwinden.

Dabei unterstützte sie ein plötzlich aus dem Nichts aufgetauchter Mönch, vielleicht war es auch nur ein Laienbruder, der jedenfalls auf den Namen Walter Dodde hörte. Er lief zwischen den einzelnen Gruppen herum, beschimpfte sie als trottelige Hasenfüße, die nicht begreifen wollten, dass der Kölner Erzbischof nicht länger ungerechten Zoll erheben und so die Kaufleute schikanieren dürfe. Dass er sich um seine Kirche kümmern, aber sich nicht in politische Streitigkeiten einmischen solle. Und schon gar nicht Krieg gegen die Grafen von Berg, und folglich auch gegen sie, seine Untertanen, zu führen habe.

»*Ruhmreiches Berg!*«, schrie der komische Vogel immer wieder, »*Ruhmreiches Berg! Das sollt Ihr rufen und dabei an Euren Grafen denken, wenn Ihr angreift!*«

Die Bauern verstanden zwar nicht, warum der Mönch da so herumschrie, aber gleichwohl vermochte er sie zu begeistern, sodass auch sie jetzt riefen: »*Ruhmreiches Berg!*«

Und als dann noch endlich die Reiterei ihres Grafen auftauchte und viele andere bewaffnete Männer aus – wie es den Anschein hatte – vornehmem Geschlecht, da griffen sie wieder zu ihren Keulen, Sensen und Dreschflegeln, bereit, zusammen mit der Verstärkung erneut in die Schlacht zu ziehen.

Die Ritter des Grafen und die vornehmen Bürger aus der Stadt Köln galoppierten nach vorn, um die Männer des Erzbischofs zu umgehen und in ihren Rücken zu gelangen. Der Anführer der Kölner Geschlechter jedoch sah, dass das Fußvolk verwirrt zurückblieb, ohne zu wissen, wohin es sich wenden sollte. Er ließ sich aus dem Sattel gleiten, nahm seinen Helm ab und rief, alle sollten ihm folgen. Dann eilte er, obwohl in voller Rüstung, dem Trupp fast laufend voraus, und alle stolperten hinter ihm her, nahmen jedoch nicht wahr, dass der alte Mann schon nach einigen Schritten zu wanken begann, um schließlich tot zusammenzubrechen.

Erst nach der Schlacht sollten sie erfahren, dass es sich um einen gewissen Gerhard gehandelt hatte, einen der vornehmsten Männer aus dem Kölner Geschlecht der Overstolz, den weder Lanzenstich noch Schwertstreich getroffen hatte. Der alte

Mann war ob der Aufregung und durch den Lauf in voller Rüstung wohl einem Herzschlag erlegen.

Jan und die anderen hatten inzwischen die vorderste Frontlinie erreicht. Hier fochten Ritter in erbitterten Zweikämpfen Mann gegen Mann bis zur völligen Erschöpfung und versuchten, sich gegenseitig aus dem Sattel zu reißen. Einige Kriegsknechte sorgten sich um ihre schwer verletzten Herren, andere brachten erbeutete Pferde in Sicherheit.

Die Bauern dagegen schlugen wahllos auf jeden ein, der sich ihnen in den Weg stellte. Was wussten sie, wer Freund oder Feind war! Jeder Fremde erschien ihnen als tödliche Gefahr, und nur wer tot war, konnte ihnen nicht mehr gefährlich werden.

Das galt auch für den jungen Kerl, der aufgeregt und mit beiden Armen winkend auf ihn zulief.

»Seid Ihr wahnsinnig«, schrie er, »Ihr schlagt auf die Falschen ein!«

Ein Knecht hielt ihm sein langes Messer an die Kehle und brüllte: »Und zu wem gehörst du?« »Ich gehöre doch zu Euch, ich gehöre zu Herzog Johann von Brabant!«

»Kenne ich nicht«, schrie der Knecht: »Rufe *ruhmreiches Berg*!«

»*Ruhmreiches Berg*«, keuchte Battele verzweifelt, und der Knecht ließ von ihm ab. »Also los«, sagte er, »dann zeig uns die Feinde.«

Und Battele zeigte ihnen den Fahnenwagen des Erzbischofs, der sofort von den Bauern umzingelt wurde.

Ein gepanzerter Reiter, der auf schlecht ausgebildetes und ebenso schlecht bewaffnetes Fußvolk zureitet, ist kaum aufzuhalten. Aber ein Ritter, der von einer Meute blindwütiger Bauern umringt ist, hat kaum eine Chance. Jetzt, da sie wussten, wer der Feind war und woran man ihn erkennen konnte, spielten sie ihre Überlegenheit im Nahkampf aus.

Sie rissen die Männer des Erzbischofs von den Pferden, und wenn das nicht sofort gelang, zertrümmerten sie den Schlachtrössern die Beine und hackten die Reiter in Stücke. Es war ein Massaker. Der Fahnenwagen war längst erobert, die Besatzung größtenteils gefallen und der Rest geflohen.

Der Erzbischof, der einsehen musste, dass alles verloren war, suchte einen würdigen Gegner, um sich ihm zu ergeben. Alles war besser, als von diesem Mob abgeschlachtet zu werden.

Er ritt auf den Herzog von Brabant zu, um ihm anzuzeigen, dass er aufgeben wolle. Battele sah noch, wie der Herzog die Kapitulation annahm, seinen Gefangenen aber sofort an den Grafen von Berg übergab, der ihn aus der Schlacht und hinunter zum Fluss bringen ließ. Wahrscheinlich um ihn schleunigst auf das andere Rheinufer zu schaffen. Siegfried von Westerburg war jetzt mehr als Gold wert.

Aber da war noch jemand, den Battele nicht aus den Augen lassen wollte: Als einer der letzten Kämpfer auf der Seite des Erzbischofs hatte sich Walram von Valkenburg mit einem letzten Aufgebot an versprengten Rittern unter seiner Fahne auf den linken Flügel zurückgezogen, weil er hoffte, dort eher eine Chance zu haben, da ihm aufseiten der Jülicher etliche Bekannte und Verwandte gegenüberstehen würden, von denen er eher Milde erhoffen konnte.

Der Propst des Aachener Marienstiftes jedoch griff ihn aus persönlichen Gründen an, und im folgenden Zweikampf verletzte man sich gegenseitig. Und wieder war es der Graf von Loon, der sich als Vermittler anbot und Walram zur Flucht verhalf. Der sollte letztendlich der einzige bedeutende Anhänger des Kölner Erzbischofs bleiben, der weder getötet wurde noch in Gefangenschaft geriet.

Wer vom Fußvolk des Erzbischofs das Schlachten überlebt hatte, befand sich längst auf der Flucht. Während das Aufgebot der Stadt Köln den eroberten Fahnenwagen im Triumphzug Richtung Köln zog, wurde Siegfried von Westerburg selber in einem Kahn über den Rhein nach Monheim gerudert, von wo er später auf Schloss Burg gebracht werden sollte.

Battele wanderte über das Schlachtfeld, wo sich längst ganze

Schwärme von Raben und Krähen eingefunden hatten. An die tausend Tote habe er gezählt, berichtete er später dem Grafen von Virneburg, und mehr als fünfhundert Männer lägen verwundet auf der Waldstatt.

Sehr viele davon würden wohl kaum überleben.

Aber es gab da noch ein Problem, berichtete Battele. Vor allem das Bergische Fußvolk hatte nicht nur jeden umgebracht, der ihm gerade über den Weg gelaufen war. Nach Ende der Schlacht hatten sich die Bauern über die Leichen hergemacht und alles geraubt, was sie nur tragen konnten. Natürlich die Waffen, aber auch alles, was ein Wappen trug, woran man die Toten hätte erkennen können: die Helme und die Schilde, das Sattelzeug und die teils wertvollen Kleider.

Zudem waren die meisten Leichen von den Pferdehufen bis zur Unkenntlichkeit zertrampelt worden. Man hatte auch nicht genügend Zeit, die Leichen auf andere Art zu identifizieren. In der Hitze des Sommers würde die Verwesung rasch einsetzen. Der Graf von Virneburg wusste, dass es nur eine einzige praktikable Möglichkeit gab.

Er ließ die Toten in Massengräbern verscharren. Bis heute weiß niemand wo.

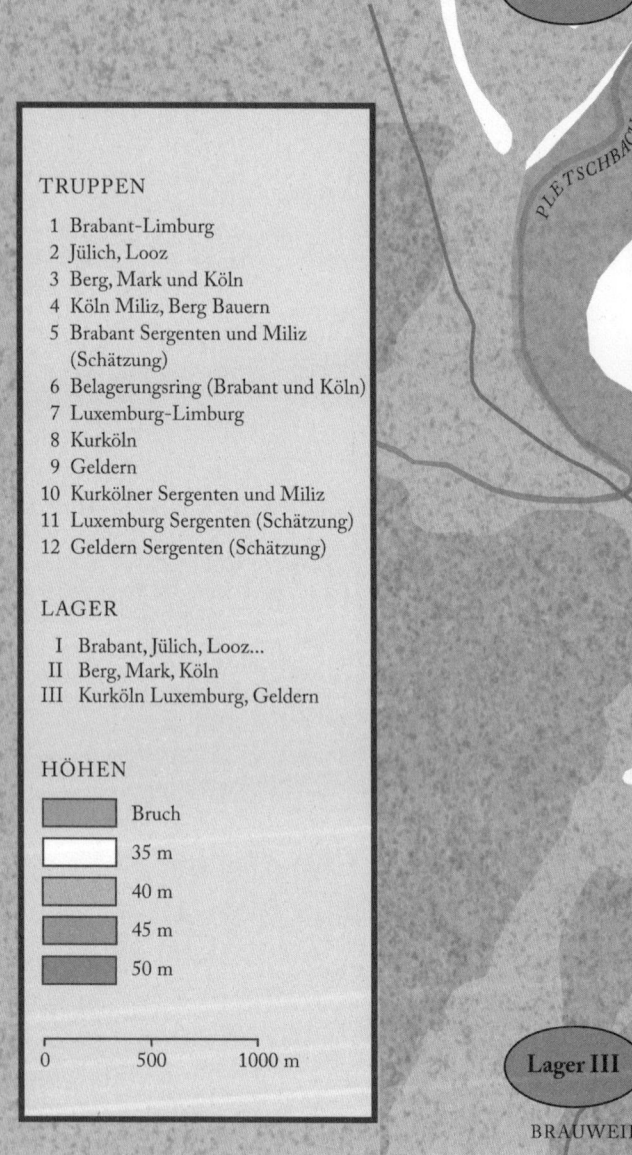

Lager I 6

PLÉTSCHBACH

TRUPPEN

1 Brabant–Limburg
2 Jülich, Looz
3 Berg, Mark und Köln
4 Köln Miliz, Berg Bauern
5 Brabant Sergenten und Miliz
   (Schätzung)
6 Belagerungsring (Brabant und Köln)
7 Luxemburg–Limburg
8 Kurköln
9 Geldern
10 Kurkölner Sergenten und Miliz
11 Luxemburg Sergenten (Schätzung)
12 Geldern Sergenten (Schätzung)

LAGER

I   Brabant, Jülich, Looz...
II Berg, Mark, Köln
III Kurköln Luxemburg, Geldern

HÖHEN

	Bruch
	35 m
	40 m
	45 m
	50 m

0   500   1000 m

Lager III

BRAUWEILE

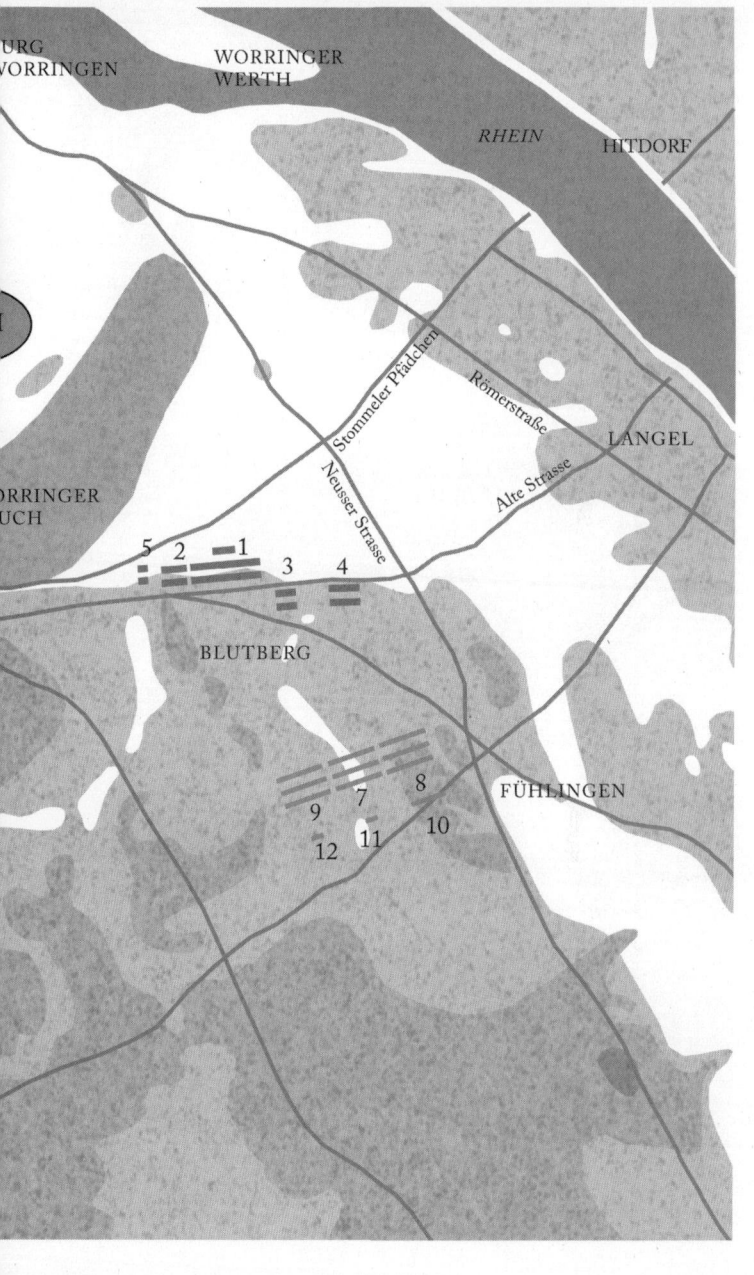

URG
WORRINGEN

WORRINGER
WERTH

RHEIN

HITDORF

Stommeler Pfädchen

Römerstraße

LANGEL

WORRINGER
UCH

Neusser Strasse

Alte Strasse

5 2 ▬ 1

3   4

BLUTBERG

FÜHLINGEN

9   7   8

12 11   10